中国当代散文大家。辽宁省作家协会名誉主席、南开大学等校兼职教授。曾任中共辽宁省委常委、宣传部部长，并任鲁迅文学奖散文杂文奖评奖委员会主任。早年接受系统的国学教育，大学毕业后做过教师、记者、官员，人生阅历、社会经验极为丰富，是当今文学创作与学术研究的『通才』。历史文化写作的代表作家，享有『南秋雨，北充闾』之誉。

王充闾 著

逍遥游
庄子全传

图书在版编目(CIP)数据

逍遥游：庄子全传 / 王充闾著. —北京：北京大学出版社，2019.9
ISBN 978-7-301-30642-0

Ⅰ. ①逍⋯　Ⅱ. ①王⋯　Ⅲ. ①庄周（约前369—前286）—传记　Ⅳ. ①B223.5

中国版本图书馆 CIP 数据核字(2019)第 179519 号

书　　　名	逍遥游：庄子全传 XIAOYAOYOU: ZHUANGZI QUANZHUAN
著作责任者	王充闾　著
策划编辑	王炜烨
责任编辑	王炜烨　杨书澜
标准书号	ISBN 978-7-301-30642-0
出版发行	北京大学出版社
地　　　址	北京市海淀区成府路 205 号　100871
网　　　址	http://www.pup.cn
电子信箱	zpup@pup.pku.edu.cn
新浪微博	@北京大学出版社
电　　　话	邮购部 010-62752015　发行部 010-62750672 编辑部 010-62750673
印　刷　者	北京中科印刷有限公司
经　销　者	新华书店
	965 毫米×1300 毫米　16 开本　30 印张　401 千字 2019 年 9 月第 1 版　2025 年 7 月第 4 次印刷
定　　　价	85.00 元

未经许可，不得以任何方式复制或抄袭本书之部分或全部内容。
版权所有，侵权必究
举报电话：010-62752024　电子信箱：fd@pup.pku.edu.cn
图书如有印装质量问题，请与出版部联系，电话：010-62756370

目 录

第一章　身世之谜

003　第一节　时代巨人
028　第二节　乡关何处
049　第三节　战国当年

第二章　人间世

071　第四节　不做牺牛
089　第五节　布衣游世
107　第六节　人生减法
133　第七节　以道观之

第三章　逍遥天际客

153　第八节　故事大王
184　第九节　圣人登场
205　第十节　出国访问
218　第十一节　庄、惠之辩
240　第十二节　传道授业

第四章　道术

275　第十三节　道的面孔
302　第十四节　十大谜团
322　第十五节　千古奇文
346　第十六节　文化渊源

第五章　谁似先生百世闻

365　第十七节　哲人其萎
384　第十八节　身后哀荣
401　第十九节　文脉传薪
426　第二十节　诗人咏庄

459　附录　庄子行年简表

470　主要参考文献

第一章

身世之谜

开篇统照全局,对庄子作绪论性的综述,然后分别就其国属、里籍和家世、生平以及社会时代背景,从空间与时间两个方面进行追踪和探索。

第一节

时代巨人

Ⅰ

我们的传主庄周老先生，按照名人辞典的界定，应该是"战国时期伟大的哲学家、思想家、文学家"，这种定位无疑是很完整、很规范、很标准的。不过，如果再个性化一点，谓之为"诗人哲学家"，也完全名副其实。当然，再演进一步，也可以说是名扬中外、震烁古今的"时代巨人"。

哲学与诗，作为人类智慧的结晶，都是创造力的产物，它们以不同形式，共同诠释生命、彰显个性、演绎人生。历史上，真正伟大的哲学家，无不重视对艺术中的美的体验，其本体往往是诗性化的，而且，他们的哲学著作大都富于直觉的体悟，具有想象性、形象化与鲜明的个性色彩，有的还颇具浪漫的激情和狂恣的幻想。

哲学，不仅是理性思维的果实，它也常常是诗性思维的宁馨儿。也正是为此吧，西方哲人甚至认为，只有诗人或者艺术家，才能成为真正的哲人。我国现代学者、文学家闻一多对此有深切的体验，他说："向来一切伟大的文学和伟大的哲学是不分彼此的"；"文学是要和哲学不分彼此，才庄严，才伟大。哲学的起点便是文学的核心"。庄子的哲学"不像寻常那一种矜严的、峻刻的、料峭的一味皱眉头、绞脑子的东西；他的思想的本身便是一首绝妙的诗"；他所表现的感情既简单，又神秘，"他那婴儿哭着要捉月亮似的天真，那神秘的惆怅，圣睿的憧憬，无边际的企慕，无涯岸的艳羡，便使他成为最真实的诗人"。"所以，庄子是开辟以来最古怪最伟大的一个情种；若讲庄子是诗人，还不仅是泛泛的一个诗人。"在这里，诗，既是一个文学概念，也是一个哲学概念。

庄子接受感官的呼唤，放射出激情火花，又能随时运用理性的抽象，营造出幽思玄览。如果说，他从诗那里找到了灵感的源头；那么，哲学则使他获得了悟解的梯航。在他的身上，诗与哲学实现了有机统一，统一于对宇宙人生终极问题的思考与追问，统一于对庞大的外在的社会价值体系的弃置，而着眼于对生命、对命运、对人性的形上思索和诗性表达。可以说，庄子的不朽杰作，是在一个诗性最匮乏的时代，却以其熠熠的诗性光辉，托载着思想洞见、人生感悟、生命体验，而泽被生民，垂范后世。

说到庄子是一位"时代巨人"，这就引出了德国哲学家雅斯贝尔斯提出的人类文明的"轴心时代"的话题。在几千年的人类文明史上，曾经出现过这样一个神奇的现象：几乎在同一时期——公元前800年至前200年之间，世界范围内几大文明古国，在相互隔绝、独立发展的情况下，都分别出现了一批伟大的思想家：中国有老子、孔子、墨子、孟子、庄子等，古希腊有赫拉克利特、苏格拉底、柏拉图、亚里士多德等，印度有释迦牟尼，以色列有犹太教的先知们。他们对于人类所关切的宇宙、社会、人生等最高层次的根本问题，都提出了独到的见解，进而形成不同的文化传统，作为东西方文明的共同精神财富，在两千余年的漫漫征途中，润泽着人类饥渴的心灵。

雅斯贝尔斯认为，这是标志着人类意识觉醒、人类文明精神重大飞跃的时期。他突破了长期以来的西方中心论，在《历史的起源与目标》一书中指出："对我们来说，轴心期成了一种尺度。在它的帮助下，我们衡量各种民族对整个人类历史的意义"；"直至今日，人类一直靠轴心时代所产生、思考和创造的一切而生存。此后的每一次新的飞跃，都会回顾这一时期，并被它重新燃起火焰。自那以后，情况就是这样。轴心期潜力的苏醒和对轴心期潜力的回忆，或曰复兴，总是提供了精神原动力"。由于这几百年时间里成批地出现了世界级的思想、文化巨人，所以，学者们又把它称为"巨人时代"。

在中国，最先关注这一奇特现象，并从文学方面予以阐释的是闻一多。在1943年，也就是雅斯贝尔斯提出"轴心时代"的论断六年之前，他就凭借其天才的直觉,敏锐地指出:"人类在进化的途程中蹒跚了多少万年,忽然这对近世文明影响最大最深的四个古老民族——中国、印度、以色列、希腊,都在差不多同时猛抬头,迈开了大步。"

这个"巨人时代",在中国恰值春秋战国时期。这一时期,无疑是典型的衰世、乱世与浊世,但它又是以"百家争鸣"为标志的中华文明史上第一个群星灿烂、光焰四射的文化昌盛期。现代学者钱穆认为:"中国历史上第一等大人物,多在乱世衰世。所谓大人物,他不仅在当世,还要在身后,对历史有影响有作用。"比如,儒家的创始人孔子、孟子,道家的创始人老子、庄子,"其影响后代中国,实在大极了"。

记得日本当代作家井上靖在谈到契诃夫的《樱桃园》和贝克特的《等待戈多》对于当代文学的影响时,曾以"如来佛的掌心"为喻,说"就是现在,有时也觉得是在他们的掌上似的"。这个说法很形象、很新颖,也很深刻,不过,只就一部剧作就做出如此绝高的评断,未免稍有过誉之嫌;但是,如果把这个比喻移植过来,用于那几位"中国历史上第一等大人物",说是我们至今所思、所想、所作、所为,从本源上讲,仍然没有跳出他们的掌心,大概还是确当、中肯的。

相对于东西方的其他文化巨人,庄子的哲学思想、思维取向,有其瑰奇特异、卓尔不群之处。

就学术内容看,古希腊哲学家以求知而谈哲理,一般都具有严格意义上的博大精深的形而上哲学体系,其中许多人"上穷碧落三千界""不问苍生问本根",探索的多是"万物究竟起源于水还是起源于火"之类的抽象问题。早于庄子二三百年的泰勒斯,一到夜间,就翘首企足,仰观天象,心神过于集中了,以致不慎坠入旁边一个水坑里,遭人嘲笑"只顾关注天上的星辰,却忽视了身旁的一切"。与古希腊哲人恰成对照,"中国古人,素擅长政治及实践伦理学,与罗马人最相似。其言道德,唯重实用,不究虚理"(陈寅恪语)。尤其是儒家学派,很少在纯精神领域中耗神费力、驰骋想象;他们所关注的都是人的社会性,世道人心,伦理教化,特别是立德、立功、立言

"三不朽"这一人生鹄的。

而集道家思想之大成的庄子,却能独辟蹊径,兼备二者之长,既关注天道、自然,又重视社会、人生。正是庄子,"在哲学史上第一次提出了时空这对范畴,为时空下了定义,明确它在哲学上的意义"(任继愈语)。他说:"有实而无乎处者,宇也;有长而无本剽(本末)者,宙也。"(《庚桑楚》)庄子认为:道,"在太极之上而不为高,在六极之下而不为深,先天地生而不为久,长于上古而不为老"(《大宗师》);道,"视之无形,听之无声,于人之论者谓之冥冥"(《知北游》);道,凌于物际,超乎时空,充塞天地。——这些方面全都具有形上品格;而生命哲学,举凡人性、人生、命运、生命意识、心灵世界的感悟与认知,更是他所着意研索的课题。庄子哲学显现诗性特征,是充分个性化的,有些方面近于艺术;它重精神、重境界、重感悟,超越政治、现实,超越物质、功利,围绕着把握生命、张扬个性、崇尚自由而生发智慧,启动灵思。

就学术品格、精神境界看,庄子思想尤其可贵的是具有鲜明的包容性。在庄子看来,宇宙原自无始,世界没有绝对,事物皆是"固有所然,固有所可"。这正是交流、对话所应具有的容忍、理解、"进入对方"的那种品格。当代一些学者认为,庄子思想意境宽广,概念、观念、命题十分富足,易与异质文化形成多领域、多层次的接触面,构成交流、对话的语境。庄子思想为中国文化消化吸收异质文化提供了观念的通道、思想的桥梁。他既质疑一切固有的观念、模式,又以开放、宽容的态度对待不同学派的建树。庄子承认和尊重个体的差异性,以为各种事物、各种歧见"然与可"的判断,都各有成立的依据。作为中国第一部准学术史,《庄子·天下》篇综述战国诸子的学说,对其中各家之评断相当公允,体现出宽容、开放的学术精神。

相形之下,儒家学派就有些褊狭了,他们对于异质思想具有很大的排斥性。与庄子处于同时代的孟子,力辟杨墨,他说:"杨氏为我,是无君也;墨氏兼爱,是无父也。无父无君,是禽兽也";"杨墨之道不息,孔子之道不著,是邪说诬民,充塞仁义也"(《孟子·滕文公下》)。到了后世,宗儒者、唐代文学家韩愈更是变本加厉,对于佛老这一"异端",在批判、制止的同时,还要"人其人(逼令还俗),火其书,庐其居(寺观改作民房)"(《原道》),显现出一副势同水火、有此无彼、你死我活的纯然对立姿态。

　　庄子具有高远的精神境界和开阔的胸襟、视野。孔子说:"君子有三畏:畏天命,畏大人,畏圣人之言。"(《论语·季氏》)庄子不是这样,什么先王的遗范、现世的礼制,在他的心目中,都缺乏应有的权威;而人身的偶像、神鬼的灵明,他更是不予理睬。至于那些"拘于虚(受空间限制,"虚"同墟,处也)、笃于时(受时间限制,为时所蔽)、束于教(束缚于所受教育)"(《秋水》)等外在的框限和内在的束缚,对于普通人来说,都是缠夹不清,甚至无法摆脱的;而在他那里,尽数得到了化解——"无天灾,无物累,无人非(他人非议),无鬼责(鬼神责备),不思虑,不豫谋。光矣而不燿(不炫耀),信矣而不期(不期约,纯粹顺乎自然)。其寝不梦,其觉无忧;其生若浮,其死若休;其神纯粹,其魂不罢(疲劳)。虚无恬淡,乃合天德(合乎自然禀性)。"(《刻意》)他的襟怀旷远,气魄绝大,他要"乘云气,骑日月,而游于四海之外"(《齐物论》);他要"登天游雾,挠挑无极(腾跃于无极之境)"(《大宗师》)。他的目标是:"乘天地之正,而御六气之辩(变),以游无穷者。"(《逍遥游》)

　　当代学者陈鼓应指出,庄子讲"至人无己",这里的"己",是指为功名、智巧、形骸、嗜欲所困缚的小我。"无己",并非没有自我;乃是超越执于一偏的小我,扬弃世俗价值所拘系的小我,使自己从狭窄的局限中提升出来,而成为拥有大我的至人。这个大我,非生理我,非家庭我,亦非社会我,乃是达于天地境界的我,与万物相感通、相融合的我,亦即宇宙的大我。

　　庄子以其极度的清醒,本着超越世俗的价值标准,揭示了遭致遮蔽的生命真实,尖锐地指出:"自三代以下者,天下莫不以物易其性矣。""天下尽殉也:彼其所殉仁义也,则俗谓之君子;其所殉货财也,则俗谓之小人,其殉一也,则有君子焉,有小人焉。若其残生损性,则盗跖亦伯夷已,又恶(何)取君子小人于其间哉?"(《骈拇》)就是说,自从夏、商、周三代以来,举世的人沉溺于世俗奔逐,都为身外之物而改变本性,为某种目的而牺牲自己,无论其为伯夷式的"君子",还是盗跖之类的"小人",尽管所追索的目标不同,亮出的名堂各异,但就其损蚀本性、戕残生命来说,其间并没有本质的差别。

面对世界的荒谬、社会的黑暗、民生的疾苦,庄子并非高蹈上游,迥隔尘凡,脱略世事,也不是"丧己于物,失性于俗",同流合污;而是在与众生同游共处之中,坚持自我的价值取向,"游于世而不僻(偏僻;一说,"僻"通背,"不僻"即依顺),顺人而不失己"(《外物》),实现精神对现实的超越。《大宗师》篇中有"游方之内"与"游方之外"的说法,实际上讲的也就是入世与出世。庄子所秉持的,既非真正的入世,也不是纯然的出世,而是介乎二者之间的"游世"。逍遥尘垢外,"乘物以游心"。

按照我国最早的一部百科词典《广雅》诠释,"游"的本义乃是"戏也",其引申义为"自适";庄子则早在公元前3世纪,就天才地把它应用于思维运作与精神活动,赋予它以无拘束、无负累、无干扰的超越性的意蕴,率先运用"游"这个比况性的哲学范畴,使祛除心灵桎梏、超越自身局限、远离扭曲天性的真正解放了的思维主体的精神运作、思想追求与生命活动,获得一种个体化、自主化、智慧化的意象与境界。

这种精神存在与思想境界,使他并不看重人在社会中的实用价值,对现实功利不屑一顾,更无意践行儒家那一套"修齐治平"、经邦济世的方略;也不认同老子的政治道德,奉行所谓"君人南面之术"。他拒绝参与政治活动,同统治者保持严格的距离;却又不同于上古的隐士许由、巢父,栖身岩穴,洁身自好,不与世事;也不像后世的佛门衲子那样遁入空门,"跳出三界外,不在五行中"。对于那种通过身心逃遁、精神麻醉以求得浮世安闲的取向,他是嗤之以鼻的。

作为首倡人的自由解放的伟大思想家,庄子视自由精神、独立人格、自然天性、逍遥境界为人生的终极价值;主张与道冥一,物我两忘。当代学者涂光社指出,"庄子学说是批判世俗伦常的哲学,是悟化的生命哲学——追寻精神自由和维护人类自然天性的哲学";"在人类思想史上,庄子最早以个体生命精神的自由为出发点,鼓吹士人从'殉名''殉利''殉天下'的自我'异化'中解放出来",他是"追求精神自由并欲穷究其真谛的第一人,全面批判'文明'进程中人性'异化'的第一人,关注生死和精神营卫,力图揭示生命意义以及演化规律的第一人,深入考察精神现象,揭示美的本质和内在规律的第一人"。

在庄子看来,万物本乎自然,一切都是相对而存在的;万物本齐,物我可泯,死生一如,有无、大小、美丑、是非无不处于相对状态;唯于生命自由、精神解放持绝对态度。这种不依凭任何条件的"无待"的绝对自由,尽管不过是停留在精神层面上的一种理念,但在天下滔滔、举世迷狂的时代,面对颠倒众生的心为物役、人性异化的残酷现实,仍不失为一副净化灵魂、澡雪精神、提振人心的清凉剂。也正是这种绝对自由的精神追求与思想理念,使他获致了一种超拔境界与恢宏气象。

宇宙千般,人间万象,在庄子的视线内,物我限界一体泯除,时空阻滞化为乌有,大小不拘,久暂无碍,通天入地,变幻无穷。

2

历史上,天才思想家有两种类型:一类犹如北斗之类的恒星,终古如斯,照临着遥夜;一类像划破夜空的流星,冲入大气层之后,在剧烈的摩擦中发出耀眼的光华,倏忽消逝。

庄子无疑属于前一类。

他所沾溉于后人的,无论其为哲学思想,抑或是文学、美学,都可以说是恒久的。其影响所及,主要是读书士人,或曰知识分子。在中华大地上,历朝历代的文人,向来都喜欢他、称赞他。早在西晋,夏侯湛就写了《庄周赞》:

迈迈庄周,腾世独游。

遁时放言,齐物绝尤。

垂钓一壑,取戒牺牛。

望风寄言,托志清流。

东坡居士眼空四海,可是对于庄子,却拳拳服膺,他曾喟然叹息:"吾昔有见于中,口未能言。今见《庄子》,得吾心矣!"尔后又有徐霖,充满敬意地说:"《庄子》雄豪宏肆,以神行万物之上,以心游宇宙之表,至乐极诣,古无斯人!"清人吴世尚在《庄子解·序》中评论:"吾观庄子之文,最为入情入理,高处着眼,大处起议,空处落笔,淡处措想。"现代则以鲁迅先生为代表,他高度评价庄子的散文,许之以:"汪洋辟阖,仪态万方,晚周诸子之作,莫能先也。"

历代"粉丝"中,也包括那些"崇文之主"。北宋第三代皇帝真宗赵恒算是典型的一个。鉴于《庄子》一书"文理可尚,但传写讹舛",他曾诏令词臣详加"校定"。一次,真宗宴会近臣,语及《庄子》,遂命将《秋水》篇奉上,当即有一着绿衣、梳翠鬟的女童上前琅琅诵读。为此,闻一多曾赞许赵恒为"最善解《庄子》"者。

从前的读书士子,未曾诵读过《庄子》、言说过《庄子》的,恐怕是少之又少。鲁迅先生有言:"我们虽挂孔子的门徒招牌,却是庄生的私淑弟子。"现代作家林语堂说得更加斩截:"官吏尊孔,而作家、诗人崇尚庄子。"即便是那些崇儒之士,甚至对于道家心怀怨怼的人,他们也大都对庄子其人其书颇感兴趣,就连"儒家的内阁总理大臣"(冯友兰语)朱熹也不例外。朱夫子分明晓得庄子专门掘他的"祖坟",而他却偏偏对其爱赏不置,尤其佩服庄子的学识、文采。他说:"庄子是一个大秀才,他事事识得";"庄子文章只顺口流出,煞高!"

一部中国古代思想史表明,分别以官方思想与民间思想为其本质特征的儒、道两家,既有对立、对抗的一面,也有互通、互补的一面。庄子哲学对于文士的精神导引、心灵抚慰作用,正是在儒道互补与对立的"张力场"中大显身手的。作为中国文化发展的基本线索之一,它在历代知识分子的精神世界中,与孔孟之道同生共长,相互呼应,或交替,或交锋,或交错,或交融,时隐时显,忽断忽续,一直发挥着重要的影响作用。

当代学者张岱年指出,"庄子水平最高,提出的问题多而且深刻,是汉代以后所不及的"。他还说,庄子倡导的自由精神——摆脱功名利禄、金钱权力等外在的种种束缚而求得自己精神上的超越;老、庄共同提出的"无为"思想——抵制统治者对民众、对社会、对自然的过度干预,这些方面都是极富现实针对性和普世价值的。

中国士人的价值取向,不像西方知识分子那样开放多元,自古就以从政做官为正宗,甚至是唯一选择,因此,解褐入仕的追求特别执着、强烈,以致"削尖脑袋"钻营竞进,不惜彼此推排、相互倾轧。庄子摆脱功名利禄、"不为有国者所羁"的思想,对此起到了一定的消解作用;同时,提供了一条与登龙入仕大相径庭的回归自然本真、重视生命本体、超越世俗功利的人生道路。

读《庄》、解《庄》,有不同的层次,取舍万殊,门径各异,深者得其深,浅者得其浅。但归根结底,还应和人生观、价值观联结在一起。就是说,应该着眼于人生境界、生命智慧,而不是停留在一般的知识层面上。这里有一个典型的事例:

晚清重臣曾国藩,在攻下南京、取得对太平天国的绝对胜利之后,清醒地认识到,值此大功告成、夙愿得偿之际,既是鲜花着锦、烈火烹油,无以复加的鼎盛时期,也是他们弟兄最招朝廷疑忌、最受朝野上下忌恨的艰难时刻。因此,必须居安思危,急流勇退,切记"功高震主""兔死狗烹"的古训。于是,想到《庄子·让王》篇中的不邀功、不窃禄、恪守本分的楚人屠羊说(悦),表示要"低头一拜屠羊说,万事浮云过太虚"。——应该低头跪拜屠羊说为师,学习他高超的见识和过人的智慧。荣誉也罢,诽谤也罢,都不过是蓝天上的一片浮云,很快都会被风吹散,一切都将成为过去。他还在日记里写道:"近来焦虑过多,无一日游于坦荡之天,总由于名心太切,俗见太重二端";"今欲去此二病,须在一'淡'字上着意";"凡人我之际,须看得平;功名之际,须看得淡"。

脉象把得很准,处方也开得正确,说明他确是绝顶聪明。无奈,生命是不能模仿的。他从庄子那里获取的只是认知,只是见识,而无关乎一己的本性,无关乎人生境界。个性与价值观决定了,他只能在那里徒唤奈何,最后依然找不到自我。当然,如果他真的按照庄子说的去做,真的能拜屠羊说为师,真的"在一'淡'字上着意",剔除太切的名心太重的俗见,那他还是"用破一生心"的曾国藩吗?

林语堂曾经设想:"如果希特勒在猛扑之前有一些老子'持而盈之,不如其已'(累积到了满溢,不如及时停止)的智慧,人类就不会空洒那么多的鲜血。"这可就显得过于天真,未免有些学究气了。以"战争魔王"希特勒的人生追求、价值取向,怎么可能具有"持盈保泰""知止不殆"的道家思想呢?充其量只能挂在嘴上,用一句俗话来形容,是"老虎挂念珠——假装正经"。当然,希特勒就是希特勒,他才不会去"挂念珠""装正经"哩!

庄子哲学是艰难时世的产物,体现了应对乱世、浊世、衰世的生命智慧。庄子无意逃避现实,但也不取凌厉进击、战胜攻取的强者姿态,唯以坚守本性、维护自由为无上律令。他所探究的中心课题,是如何在夹缝中生存,如何在乱世、浊世、衰世中养性全生、摆脱困境,其中涵括了也饱蕴着一代哲人对其所遭遇的种种痛苦的独特生命体验。

"人世难逢开口笑""新鬼烦冤旧鬼哭"。这样,每逢灾祸频仍的时日,那些处于"倒悬"之境的士子,穷途失意的文人,或者虽曾春风得意、后来却屡经颠踬磨难而豁然开悟的"过来人",几度沧桑历遍,世事从头数来,他们都会想起《庄子》中那些警策的教示,祈望从中获取灵魂的慰安、心理的平衡,寻求解脱的路径、生命的皈依。从这个意义上,可以说《庄子》是失意者的《圣经》。它告诉人们,可以采取另一种方式活下去,可以从另一种视角看待问题、观察事物。长期担任过北京大学校长的蒋梦麟有言:"中国人在得意的时候是儒家,在失意的时候是道家。道家这种'以退为退''顺应自然'的态度,曾经减轻了中国人在失意的时候的苦恼,也给他们带来了不少苦中的乐趣。"

明朝万历年间有位学者名叫冯梦桢,他曾经说过:"余弱冠时,所遭多变,掩户日读庄(周)文、郭(象)注,沉酣濡首,废应酬者几两月,嗣遂如痴如狂,不复与家人忤,亦遂不与世忤,一切委顿,萧然至今。"此人年轻时仕途多舛,快到三十岁了才中进士,一度飞黄腾达,后"因伤于流言蜚语"而辞官归隐。这样,庄子的逍遥游世、随遇而安的思想,遂成为他化解戾气,"不与世忤"的药石。

近代文学家、翻译家林纾还讲过这样一番人生经历:

忆余二十一岁时,病咯血,失眠六夕,且殆。忽忆及《南华》"恶知乎死者不悔其始之蕲生乎",因自笑曰:今日之病,予为丽姬入晋时矣。竟废书而酣寝。医至诊脉,大异曰:"愈矣!"余曰:"《南华》之力也。"

今年六月后,病瘅,不得前后溲,在医院中读自注之《南华》,倏然卧以待死,一无所恋已,得善药而愈,距咯血时盖五十年矣。然则《南华》一书,固与余相终始乎!

这里讲了他五十年间,几次以《南华经》(即《庄子》)为"善药",治愈咯血、失眠与肢体麻木的切身体验。文中引述了《齐物论》中"丽姬入晋"的故事:艾地封疆守者的女儿丽姬,为晋国国君所迎娶,开始时哭得衣襟都湿透了;待到入宫之后,与国君同睡一床,共享美味,才后悔当初不该哭泣。庄子以此为喻,说"予恶乎知夫死者不悔其始之蕲生乎(我怎能知道死去的人不后悔自己当初努力求生呢)";而林氏以丽姬为喻,同样也是说,参透了生死,无所忧伤,无所顾念,因而得以酣然入睡,结果病痛竟不治而愈。

近代教育家、养生家蒋维乔也有如下说法:"余少年多病,喜读《老》《庄》,实行其专气致柔、心斋、坐忘之养生法。而尤得力于《庄子》,以构成我遗名利、齐生死、独往独来之人生观。"

《庄子》竟然成为疗疾祛病的养生"善药"。难怪当代学者南怀瑾说，"道家文化很像药店"，"身体健康的时候，大家可能不会在意药店在哪里，生了病马上想到的，就是药店或者医院"。那么，儒家文化呢？他也说了，是"日常生活中的粮食店"，人要活下去，每天都离不开五谷杂粮。就此，我也悟解了宋代诗人李洪说的"《南华》一卷是医王"的道理。

诚然，说庄子能够治疗疾病，不要说他人会视为天外奇谈；恐怕连他本人也绝对没有想到。他一不是救苦救难的南海大士观音菩萨，他没有祛除人间千灾百病的神奇法术；二不是神医国手，不具备扁鹊、仓公那样手到病除的本领，甚至对把脉之法、岐黄之术也毫无研究。就是说，他不能"戡天役物"，救死扶伤，没有解决日常生活中实际问题的本事。他的思想，他的学问，他的功力，主要是作用于心灵层面与精神境界，也就是通过释放精神能量，使身处困境的人群在逍遥游中卸却种种负累，解脱重重羁绊。如果用医学术语来表述，可说是起到一种"消结化瘀""疏肝理气"的作用。

《庄子·庚桑楚》篇有言："兵莫憯（通惨）于志，镆铘为下；寇莫大于阴阳，无所逃于天地之间，非阴阳贼之，心则使之也。"其意若曰：对人伤害最厉害的兵器是心志，镆铘利剑也还在其次；最强大的敌人是阴阳，充塞于天地之间，无所逃避。其实，并不是阴阳来伤害的，乃是人们心神自扰，而使自身受到伤害。心病的产生来自于心神自扰，源于自身的烦乱。可见，解脱心灵负累，作用于精神层面，该是何等重要！

问题的讨论，还可以再深入一层。《黄帝内经》有"圣人不治已病，治未病"的理念。已经病倒了，当然需要治，能够治好也十分可贵，但这终究属于被动应对；而"治未病"，亦即在患病之前早自为计，事先掌握预防的主动权，方为上策。《庄子》一书正是这样，其作用乃在于它可以通过释放精神能量，醒世觉迷，释疑解惑，引导人们增长智慧，识机在先，也就是提前获得一种解除外在枷锁与心中魔鬼的困扰，疗治精神创伤的思维方式与认知视角。

醒世觉迷,释疑解惑,表现在如下几个方面。

——以超越的眼光、豁达的心胸、高远的境界来观察和处理客观事物。德国哲学家尼采有言:"人类是病得很深的动物。"不要说处于人祸连绵、战乱频仍的乱世,人们的心灵滴血,饱受创伤;即便是太平年月,在正常情况下,也不可能从根本上完全摆脱精神的困境:

首先,人在本质上是有限的存在,不仅要受到空间、时间的拘缚和种种社会环境、传统观念的约束,而且,很难摆脱名缰利锁的诱惑与折磨,"求之不得,寤寐思服。优哉游哉,辗转反侧"。到头来,烦恼丛生,心力交瘁;即便是侥幸到手了,也难免劳形苦心,身为形役,所谓"既患得之,又患失之",仍然是苦不堪言。

其次,人生多故,世事沧桑,"不如意事常八九,可人心处无二三"。荣与辱、顺与逆、成与毁、得与失,相伴而生,随时为变。每一番颠折的结果,带来的都是痛苦与烦恼。

第三,人是唯一知道自己会死的动物。纵使自身未曾面对生死大限,亲人、友好间的生离死别、浮沉聚散,也依然会带来愁苦悲伤。

第四,后果最为严重的还是嫉妒、猜疑、贪婪、骄纵、恨怨、攀比等心灵上的毒瘤,它们在时时作祟,给心灵带来种种愁烦、般般痛苦。

那么,如何才能消解与摆脱这些内心酿造的苦闷与忧伤呢?这就用得上《庄子》了。人们常说,"既要拿得起,又要放得下",面对这些精神负担、心理压力、内在矛盾冲突,最急需的就是要"放得下"。庄子的哲学思想,可以为"放得下"提供一种开阔、多元、超拔的认知视角。

英国历史学家饶列说:"只有死才能够使人了解自己。"确实如此。常人也好,伟人也好,不必死生契阔,不必火烫油煎,只要罹患过一场大病,被迫躺在病床上急救过几次,就会领悟到许多过去从未思考过或者经常被忽略的道理。如果不是正常状态下的自由公民,而是贪官污吏、罪犯刑徒,这类体验则更多地来自于锒铛入狱、镣铐加身之际。平时颐指气使、气焰熏天、自以为不可一世的人,濒临死境或者失去自由的时刻就会知道,原来自己也不过是个普通的角色;无论其为亿万富翁,还是高官显宦,到头来同穷光蛋、拾荒者并没有多少差别。什么赫赫威名、巍巍权势,什么豪宅别墅、名表名车,什么金条银锭、锦衣玉食,什么粉黛佳姝、仆从护卫,一切平日抓着不放的东西,转眼之间,就全都不再属于自己了。这个时候才会冷静地思考一回:从前那么疯狂聚敛,贪得无厌,恣意搜求,究竟所为何来?

问题在于,人若是都得等到行将就木或者身陷囹圄之际方才觉醒,岂不是为时太晚了吗? 因此,最佳选择还是能够使"红尘解悟"来得早些,早些,再早些!

那么,从读《庄》解《庄》中,是否有望提前获得一些启悟和警示呢?

比如,领会"削迹捐势,不为功名";"物物而不物于物(主宰外物而不为外物所宰制),则胡可得而累邪"(《山木》)的深刻蕴涵,能不能有助于警惕名累、势累、情累、物累,保持身心自由,防止"人为物役""心为形役"呢?

比如,记取庄子说的"人生天地之间,如白驹之过却(阳光掠过空隙),忽然而已","此身非吾有也"(《知北游》)的警世恒言,是否可以看清世事,厌弃奢华,变得清醒一些、聪明一些、超拔一些,从而自觉地戒贪渎、"不伸手",少往身上套几条枷锁呢?

再比如,庄子说过:"无知无能者,固人之所不免也"(《知北游》);"计人之所知,不若其所不知"(《秋水》)——任何人都不可能全知全能,任何人的作用都是有限的,没有理由无限度地期求,无限度地追逐,无限度地攀比。这种人生的有限性,构成了知足、知止的内在根据。懂得了这一点,是否有望在现实生活中"多做些减法,少做些加法"呢?

——从平衡心态上做文章,防止和避免认识上的绝对化。在庄子看来,事物的性质都是相对的,一定条件下的失去,从另一面来看却是获得;一种状态下的生成,从另一种状态来看则是毁损。"以道观之,物无贵贱"(《秋水》)。在"道"的世界里,事物是齐一的,并无本质的差别。而且,世间万事万物,都处在不断变化与流转之中;人生的种种际遇,都是相比较而存在的,视角不同,衡量标准有异,情况、状态就会随之而发生变化。看开了这个道理，自然会化解许许多多胸中积闷、眼底波澜，使自己的心态平和下来。也正是为此吧，所以，明代诗人祝允明有"医经士典都余策，一卷《南华》万物平"之句。

北宋大文豪苏轼深得庄学三昧，他在《超然台记》中说：

> 凡物皆有可观。苟有可观，皆有可乐，非必怪奇伟丽者也。哺糟啜醨皆可以醉；果蔬草木，皆可以饱。推此类也，吾安往而不乐？夫所为求福而辞祸者，以福可喜而祸可悲也。人之所欲无穷，而物之可以足吾欲者有尽，美恶之辨战乎中，而去取之择交乎前。则可乐者常少，而可悲者常多。是谓求祸而辞福。夫求祸而辞福，岂人之情也哉？物有以盖（遮蔽）之矣。彼游于物之内，而不游于物之外。物非有大小也，自其内而观之，未有不高且大者也；彼挟其高大以临我，则我常眩乱反复，如隙中之观斗，又焉（怎么）知胜负之所在。是以美恶横生，而忧乐出焉，可不大哀乎！

——顺应自然，以理化情。庄子强调，"喜怒哀乐不入于胸次"（《田子方》）。这并非说，要完全杜绝七情六欲；而是主张种种情感应该因应自然、顺化自然，并且能够融理性于情感之中，做到以理化情。他说："吾所谓无情者，言人之不以好恶内伤其身，常因自然而不益生也。"（《德充符》）冯友兰说，在庄子看来，情对于人，是一种束缚，而理（理性与理解），则可以使人的情感得到化解，进而从束缚中解放出来。这种解放的结果，就是得到了自由。

——游心于恬淡之境，清静无为，顺着事物的自然本性而不用私意。虚静其心，用心若镜。《应帝王》篇讲，不要占有名声，不要暗藏机谋，不要承担负累，不要运用智力；体会无穷无尽的变化，逍遥于无迹无象的境界，完全活出属于自己的本色来。用心应该像镜子一样，对外物的来去，既不送也不迎，只反照回应而不收藏，且随时清场，不留存前尘往迹。这样，就能够承受万物变化而没有任何损伤。

这段话的原文比较艰深一些,但内蕴十分丰富。

> 无为名尸,无为谋府,无为事任,无为知主。体尽无穷,而游无朕。尽其所受乎天而无见得,亦虚而已!至人之用心若镜,不将不迎,应而不藏,故能胜物而不伤。

这些都是超拔于智能、认知层面的,表现为一种心性修养、胸襟度量、人生境界。以此来观照客观事物,处置人生课题,就会减轻种种烦恼,削除无谓纠缠,跳出般般计较的泥淖。

3

同"轴心时代"其他思想巨擘一样,庄子及其哲学占据着三个制高点:

一是,居于古代巨人时代的峰值位置。庄子思想的产生与形成,既标志着人类意识的大觉醒,更参与实现了人类文明精神的重大突破。春秋末期以降,直到战国中后期,哲人、泰斗相继登场,天才杰作、经典著述层见错出。在这种百家蜂起、众声喧哗、群星聚耀的情势下,任何一位思想家,要想秀出群伦,独张胜帜,是艰难无比的。在哲学、文学、美学诸多方面同时取得骄人创获的庄子,同孔子、老子一样,作为不世出的罕见奇才,都属于人类文化思想史上的特例。

二是,具有普世性的品格,表现为生命力的持久。庄子从宏观现实出发,基于人的本性和人类共时处境的思考所提出的自然观;其生命哲学关于生命现象的思考,关于生命精神的积极营卫;特别是追求自由精神,防止和克服人性的异化——这些方面都具有跨地域、跨时代的普世价值。时间,显然于庄子有利,因为作为反映本质、诠释人性、把握规律的哲学、美学、文学,生命力都是最长久的。庄子的思想、精神,植根于人的根本属性,不依附于社会的政治经济结构,也不受地域、种族的框限,因而不会因时、因地而改变。这类体现人类最高智慧的结晶,有助于世人从东方古老的文化中寻求现代的灵感。

三是,一切历史的本质,就在于它的当代性。20世纪以来,庄子的生命智慧及其独具特色的思维方式与认知视角,逐渐引起世人的重视,其当代性价值正在日益充分地显现出来。比如,在后现代的历史语境下,人类主体的最大丧失是自我的丧失、本性的丧失。而庄子思想所给予我们的珍贵启示,恰是通过弘扬自由精神、实现精神的超越,寻找与确立本真的自我。再如,大批有识之士期待着通过创造性地解读《庄子》,特别是围绕"天人合一"的思想和人与自然、人与社会、人与自我的关系问题,寻求解决现代所面临的一系列世界性课题的途径。

《庄子·大宗师》篇断言:"故其好之也一,其弗好之也一。其一也一,其不一也一。其一与天为徒,其不一与人为徒。天与人不相胜也。"说的是,天与人是合一的,不管人喜好与否,都是合一的。持此观念,与万物同,就是"师于天";反之,就是"随于众"。天与人并非互相抵触、互相侵犯的。钱穆认为,天人合一观是整个中国传统文化思想之归宿处,是中国文化对人类最大的贡献。西方人喜欢把"天"和"人"割离开分别来讲,把"天命"与"人生"别分为二,分作两个层次、两个场面,分别各有所归,这一观念的发展,在今天科学愈发达,愈易显示它对人类生存的不良影响。

当代学者彭定安指出,伴随着科技进步而出现的高度发达的生产力、高速发展的经济、高福利生活以及由此"三高"所引起的世界范围内的时代危机、社会弊端、人类困境,引起了人们的"三大反思":针对人类生存环境的大破坏、传统的过度流失、人类本性的摧残所引发的对于现代化的深切反思;针对科技在迅猛发展中带来的负面效应所引发的对于科技战略、科技思想的深切反思;针对人类生存中物质与精神的失衡,权力、金钱、享乐、感官刺激的膨胀所引发的对于最佳生活方式的深切反思;在此基础上,同时提出了向自然、向传统、向相对朴素生活的"三个适度回归"的设想。

无论是深切反思还是适度回归，其诸多内涵，我们都能从《庄子》中找到新的思想契机与理论资源。早在两千多年前，庄子就以其天才的预见，敏锐地觉察到人在物质层面日益进化，而在精神层面却日渐退化的趋势，指出作为人的异己力量，物质技术正在成为人性异化的本源。他在由衷地赏鉴出神入化的各种手工技艺的同时，提醒人们警惕智能竞争、滥用技术所导致的"人为物役"的严重后果；他从自然、社会、人生诸多方面，预见到技术与道相违，直至使人异化的弊端，发出了"有机械者必有机事，有机事者必有机心"(《天地》)的严正警告，呼唤回归本真，回归先民的未被功利、权势、机巧、智谋污染过的"赤子"情怀。

崇尚自然，回归自然，顺应自然，这是庄子哲学的一个核心理念。这个"自然"应该是广义的，既指本真的自然界，也涵盖自然境界，并具有本性、本然、本根的内蕴。我们日常所接触的，大量属于人化的自然。为了使环境更适合于生存、发展，不断满足自身的需要，人类自始就极尽其重塑自然、改造自然之能事。而人类的行为绝不是无影灯，光亮的背后总伴有一片黑暗。这样，在获致社会巨大进步的同时，由于过度的开发、攫取，也带来了无穷的祸患。

英国现代派诗人、诺贝尔奖获得者艾略特在20世纪30年代就心情沉重地指出："由于毫无节制地实行工业化，正在导致人性的扭曲和自然资源的匮乏；而我们大多数的物质进步，则是一种使若干代以后的人将要付出惨重代价的进步。"当代哲学家金岳霖1943年也在一篇论文中指出："西方有一种征服自然的强烈愿望，似乎总在对自然作战。这种态度的结果，一方面是人类中心论，另一方面是自然顺从论"；"对自然的片面征服似乎让人性比以往更加专断，我们应当小心谨慎，不能随便提征服"；"自然规律从来没有为了人的利益，顺从人的意志而失效或暂停；如果我们想用堵塞的方法来征服自然，自然就会重重地报复我们；不久就会在这里那里出现裂缝，然后洪水滔天、山崩地裂"。

天道好还，施无不报。人类如果踏上了追逐财富、贪得无厌、肆意掠夺的不归路,其后果是在"人化"自然的过程中,也"物化"了自己,"醉中忘却来时路""反认他乡是故乡"。

庄子曾明确提出:"彼至正者,不失其性命之情。"(《骈拇》)他把顺应自然所赋予的本来面目,作为人生的根本依据。他看重人类的尊严,但反对以人为中心,认为人于自然万物,无异于"毫末之在于马体";他看重自我,提倡个性张扬、精神解放,但反对以自我为中心,其最高生命境界是"天地与我并生,而万物与我为一"(《齐物论》)。他呼吁:要摆脱狭小的视界,突破以人的标准为中心的框限;站在天地宇宙、自然万物的高度,来看待事物的发展变化。就此,法国作家、诺贝尔奖获得者罗曼·罗兰予以高度评价:"庄子是历史上第一个自觉而深刻地揭示人与自然关系的美学家。"

面对"以人害天""人为物化",人们肆意干预自然的严酷现实,庄子在《秋水》篇借助北海若之口,大声疾呼:"无以人灭天,无以故(智巧)灭命,无以得殉名。谨守而勿失,是谓反(返)其真。"指出:天地之间皆有其自然之造化,不能失其所养。但是,这类空谷足音般的提醒与呼唤,千百年来,却很少得到认同与响应。其原因,在于缺乏痛切的感知,正如清代长篇小说《镜花缘》中所昭示的:"福近易知,祸远难见。"工业发展、无序开发的结果,效益当下可见,而其危害和所付出的代价——生态环境的恶化,这种结构性的变迁,具有累积性、叠加性,要经历一个分散的、渐进的漫长过程,宛如"温水煮青蛙"一般,世人不易体察,以致疏于警觉,疏于戒备。

1962年,美国生物学家雷切尔·卡森,石破天惊般地抛出一部《寂静的春天》,指出潜伏在我们环境中的重重灾难,完全是由"现代的生活方式发展起来之后,由我们自己导入人类世界的";强烈呼吁要把地球与人类从贪欲、从技术的陷阱中拯救出来。它像茫茫暗夜中的一束强光、一声呐喊,使广大公众悚然惊寤。尽管当时遭到了围攻与恫吓,终究还是在人们的头脑中注入了新的意识:重新认识人与自然的关系,并且对于科技的负面效应提高了警觉。于今又过去了半个多世纪,人们对于科技的"双刃剑"特性,对于过度开发所造成的自然生态的深度破坏,特别是损害人类健康、戕残人性的灾难性后果,总算有了比较清醒的认识。

德国物理学家兼思想家、诺贝尔奖得主海森伯,从20世纪50年代开始,曾在多次演讲中,援引庄子关于"有机事者必有机心",机心会干扰、破坏灵魂的淳朴与宁静的论述。他在《当代物理学的自然图像》中说:"很清楚,这则古老故事包含了许多智慧,因为'灵魂追寻'中的这种'不确定性',也许恰到好处地描述了我们现代危机中的人的状况。"

现在,就世界范围来说,地球母亲已经到了疮痍满目、遍体鳞伤的地步;而相对落后的地区,在"弱肉强食"的丛林法则支配下,更是加倍地承受着发达国家以高能耗、高代价、高污染为特征的"物化文明"所带来的生态劫难。言念及此,我们重温一番庄子的"顺物自然""人与天一""天与人不相胜""无以人灭天"等一系列生态哲学主张,以及由此形成的尊重自然、顺应自然、保护自然的生态文明理念,该是何等亲切,又是何等警策、何等震撼啊!

庄子思想的普世价值,在域外的文学艺术界,同样产生强烈的反响。

美国作家梭罗在生活的坎坷、意志的顽强以及个性的坚守方面,与庄子有其相似之处。他赞同《庄子》中的很多见解,尤其崇尚庄子旷放自得的精神生活,向往、追寻庄子所倡导的清新、空灵、诗意、简约的生活方式;期望从蛙鼓声声、鸟鸣嘤嘤中得到欢愉,在晨曦暮霭、朗月清风里收获宁静,决意通过自己的切身体验,告诫世人不要为纷繁复杂的俗务所迷惑,以至失去生活的方向和意义。他曾孤身一人跑到无人居住的瓦尔登湖边,自建了一个小木屋,在周围隙地种植玉米、豆类、萝卜和马铃薯,自食其力,过着原始、简朴的生活,总共住了两年两个月零两天。他认为,这是一种理想的生活模式。于今,近两个世纪过去了,这个小木屋以及瓦尔登湖,已经成为融入大自然、疏离社会群体和挑战物质文明、告别城市喧嚣的一种象征。

英国作家奥斯卡·王尔德对于庄子——用他的话说,"这个生活在黄河边上,长着一双杏眼的智者"——由衷地崇拜。"他有幸得到一本当时最好的《庄子》英译本,读完之后,竟然进入一种如痴如醉的状态,并且著文向国人介绍他在《庄子》中的伟大发现:'如果你们真正了解了庄子是个什么样的人,你们一定会吃惊得发抖的!在我看来,我们中的任何人,只要稍微了解一点庄子那摧毁性批评的巨大力量,他的民族自傲心就会立即消失殆尽的。'"王尔德还曾说过:"这部完成于两千年前的中国书,对欧洲人来说,依然早了两千年。"这说明,作为一种永恒的存在,中国这位伟大的思想家,不仅超越了地域的空间,也超越了历史的时间。

德国戏剧家布莱希特,成功地借鉴中国戏剧艺术经验,特别是从庄子那里汲取了丰富的哲学思想。他像当年许多德国知识分子一样,怀着极大的兴趣,阅读和研究《庄子》,不仅从中获得表现主义戏剧的理论支撑,而且激活了创造性思维,开阔了学术视野,从哲学层面上推进了认知的深度与广度,从而"由一个欧洲人变成了一个世界性的人"。对于《庄子》这部哲学杰作,他五体投地地折服,曾说:"这样的书,在我们这里再也写不出来了,因为缺乏这种智慧。人们只能在自家的作坊里炮制思想,结果这种思想总也摆脱不了迂腐气息。"他在《四川好人》《高加索灰阑记》《例外与常规》《大胆妈妈和她的孩子们》等多部剧作中,引进了《庄子》的思想蕴涵,通过"古为今用""中为西用"的高明手段,使其戏剧作品既增添了艺术情趣,又散发着迷人的哲学魅力,成为西方文艺家中仅见的"曲翻古调填今事,义探新思改旧观"的一个典范。

而作为痴迷的说梦者,阿根廷作家博尔赫斯,对于庄子更是顶礼膜拜,推崇备至。早在青年时代,他就通过一个英译本,潜心研索《庄子》,并在作品中屡屡引用。从有关资料中得知,他对《天下》篇中讲的"一尺之棰,日取其半,万世不竭"无限着迷;"庄周梦蝶"的寓言故事,更使他悠然神往,竟像发现新大陆似的,向他的老师、阿根廷作家马塞多尼奥讲解,并把它写进作品《漆手杖》里:"我瞅着它,我想起了庄子。庄子梦见自己变成了蝴蝶,醒来后不知道究竟是人做梦变成蝴蝶,还是蝴蝶做梦变成人。"他还把《齐物论》中"方其梦也,不知其梦也;梦之中又占其梦焉,觉而后知其梦也,且有大觉而后知此其大梦也"这一论述,作为小说《圆型废墟》的主题。在小说《另一个我》中,描述1969年2月的一个上午,在英国剑桥,他遇见了1914年在日内瓦的自己。为了证明二者是同一人,1969年的博氏谈了他于1914年在日内瓦的往事,而1914年的博氏却说,这达不到证明的效果,"如果我梦见了你,你当然会知道我的事情"。1969年的博氏只好说:"若是今天上午和我们的会面都是梦境,那么,我们都得相信自己既是做梦人,同时也是梦中人。也许我们已经清醒,也许我们还在做梦。"他真是把庄子哲理美文的创造性和想象力发挥到了极致。

论者认为,博尔赫斯的文学创作,划开了20世纪现代主义文学与后现代文学的分水岭。早在20世纪30年代,博尔赫斯就写出了《叙事的艺术与魔幻》的论文;日后,更以其魔幻现实主义的创作实践,使东西方文学界霑益无穷。可是,他却谦虚地说:"魔幻文学祖师爷的头衔轮不到我,两千多年前梦蝶的庄周也许当之无愧。"

墨西哥诗人、诺贝尔奖获得者帕斯,对于庄子也是殷殷眷注、拳拳服膺。1964年,他与法国姑娘玛丽·何塞结婚,在赠诗中,他将爱侣与自己共同镶嵌进庄子的"蝴蝶梦"里:

> 一只蝴蝶在汽车丛中
> 飞来飞去
> 玛丽·何塞对我说
> 那一定是庄子
> 正路过纽约
> 但那只蝴蝶
> 不知道是梦见成为庄子的蝴蝶
> 还是梦见成为蝴蝶的庄子
> 蝴蝶不会疑惑
> 它自在飞舞

帕斯曾深情灼灼地说："我最崇拜的散文家之一，是位中国人——庄子。我的确认为他对我们有用。我推荐所有人都读读庄子的书，它与蒙田的著作一样重要。"在16世纪的文学家、思想家中，很少有人像法国的蒙田那样受到现代人的普遍尊崇和接受，所以，帕斯把庄子同他相提并论。

实际上，域外研究庄子、崇敬庄子的文人、学者，绝不止于上述几位，人们还可以随便地举出很多。比如，苏联时期那位文艺批评家什克洛夫斯基就曾说过："不久前，我被一篇中国小说中的语词震慑住了。一个人梦见一只蝴蝶，醒来之后他便陷入沉思，不知是他梦见了蝴蝶，还是蝴蝶梦见了他。"这里说的无疑是庄子。在这位文艺批评家看来，那个古老的"蝶梦寓言"，就是一篇精短小说。诺贝尔奖获得者、日本物理学家汤川秀树也曾多次说过："我特别喜欢庄子，他的作品充满了比喻和佯谬，而且，其中最吸引人的，是这些比喻和佯谬揭示出在我面前的那个充满幻想的广阔世界。"

在人类的历史长河中，那些发生在过去的时段，曾经被所谓"相斫书"或"断烂朝报"所大书特书的人和事，无论其为王朝递邅、列国争锋，还是祸起萧墙、沙场喋血，都在终古如斯的时序迁流中，随着历史帷幕的落下，统统地收场了，除了一抹斜阳落照，几块断碣残碑，任何影子也没有留下，后世之人早已淡忘如遗。可是，人类文明史上的伟大智者，关于社会、自然、人生、人性、心灵、命运等课题的思考与阐释，却仍然像磁石一般，强有力地吸引着千秋万代的来人。

庄子乃其佼佼者。

西方一位哲人说过，伟大人物可以塑造一个时代，而一般的人只能被时代所塑造。无疑，庄子是伟大的，但他却既未能也根本不想通过事功去影响社会、塑造时代，当然也谈不上"被时代所塑造"。他，只是自我——独与天地精神往来的自我。他从来都不是公众人物，终其一生都与世俗观念相忤，未曾更不屑于为着那些身外之物而营谋、奔走；他的最高需求只是身心自由。《养生主》篇讲，生活在草泽边的野鸡，虽然谋食比较艰难，但也不希求被畜养在笼中。那样，尽管物质生活充盈，但却失去自由，因此，很没有意思。原文是:"泽雉,十步一啄,百步一饮,不蕲畜乎樊中。神虽王(旺),不善也。"这可以看作是庄子的自白,或者自画像。

应该说,他的一生,过得足够的轻松自在,足够的自得自足,足够的从容潇洒。

现代学者钱穆说过,"在中国人的观念中,往往有并无事业表现,而其人实是十分重要的",因为"无论如何,这些人都是文化传统中的大人物,他们承前启后,从文化传统来讲,各有他们不可磨灭的意义和价值"。庄子正是如此。在苦涩的"人间世",做超越的"逍遥游";他在为后世创辟了一条回归生命本体的路径,开启了一扇走出生命"围城"的门户之后,便像清风、白云一般飘然而去,没有留下一丝身影、一行脚印。

这样一来,就使我们所筹谋的穿越貌远神秘的时空隧道,追寻他那幽渺虚灵的踪迹,进而直窥灵府的堂奥,充满了艰巨性和复杂性。

第二节

乡关何处

I

中国文化传统讲究"知人论世"。孟老夫子就强调:"颂其诗,读其书",还要"知其人"。

我曾多次设想,有朝一日,要走进庄子的故里,踏着他的屐痕,实地考察一番中原大地,体味他的灵思,亲炙他的遗泽。这个愿景终于可望实现了,可是成行之日,却又有些踌躇,甚至茫然,因为找不到立足的"原点",弄不清楚他究竟"乡关何处",像宋人诗中所说的:"翁也家何在?悠然天地间!"于是,就坐下来阅读有关历史资料、学术论文。岂料,不看还好,看得多了,反而弄得蒙头转向——歧见纷呈,无所适从,引用一句《左传》中的成语,真是"治丝益棼"了。

记述庄子的行迹,最早也最具权威性的当属《史记》。司马迁是历史上最为谨严的一位史学家,被誉为"史界之造物主"。他的生年上距庄子辞世不到一百五十年,而且,曾南游江淮,北涉汶泗,"厄困蕃、薛、彭城,过梁、楚以归"(《史记·太史公自序》)。其间,肯定亲自访察过庄子生前到过的许多地方,接触过大量的前尘遗迹与故老传闻。遗憾的是,这些都没有见诸文字——他未曾为庄子专门立传,只是在《老子韩非列传》中,附笔记叙了二百三十四个字,堪称"惜墨如金"。

之所以出现这种情况,一种解释是,司马迁继承他父亲《论六家要旨》中的思想,推崇"黄老之学",接受道家无为而治,"指约而易操,事少而功多"的主张,但落脚点在于"治世",在于"务为治";而对"芴漠无形,变化无常","大抵率寓言也"的《庄子》,则并未引起足够重视,甚至连真正体现庄子思想的"内七篇",在本传中都只字未提。司马迁秉持儒道互补的立场,把儒家积极进取的阳刚精神和道家清静寡欲的阴柔气质统一起来,兼取二者之长,而自成一家之言。关于孔子,尽管他也有所批评,但主导方面是尊崇的;因此,对于《庄子》中的"诋訾孔子之徒""剽剥儒墨"方面的论述,未必完全认同。

另外一种解释是,相比较而言,庄子当时的知名度还不算太高,"毕生寂寞","死后还埋没了很长的时间。西汉人讲黄老而不讲老庄","两汉竟没有注《庄子》的"(闻一多语)。这可能也是一个重要原因;否则,就不易理解,连上古的许由,太史公还要登箕山访其墓冢;为踏察战国时魏信陵公子"不耻下交",礼遇侯嬴的遗迹,他还"过大梁之墟,求问其所谓夷门""适长沙,过屈原所自沉渊,垂涕想见其为人"。与此形成鲜明的对照,对于庄子却只是淡淡地写下了三个字"蒙人也",既未标明他是哪国人,也没有交代"蒙"所在的地域。这在先秦诸子的几位大家中,应属特例。比如老子,详细到国、县、乡、里:"楚苦县厉乡曲仁里人也";孔子"生鲁昌平乡陬邑,其先宋人也";"孟子者,邹人也";"荀卿,赵人"。这样一来,关于庄子的国属、故里,就给后代学人留下了一个特大的谜团,以至众说纷纭,言人人殊。

在这种情况下,历代治《庄》学者就只好到他本人的著作中去钩沉、寻索了。当然,这也并非易事。晋人郭象在《庄子·序》中就曾说过,观其书,自以为"经昆仑,涉太虚,而游惚怳之庭矣","遂绵邈清遐,去离尘埃,而返冥极者也",说得神乎其神,令人望而却步。但舍此更无他途,毕竟原著中还是闪现着作者不灭的灵魂,依稀散发着微煦的体温,留存了他大量的生命印迹。

《列御寇》篇有宋人曹商"返于宋,见庄子"的记载;又谓"人有见宋王者,锡(通"赐")车十乘,以其十乘骄稚(傲慢)庄子",这足以证明庄子乃是宋国人。再就是,《史记·宋微子世家》篇,有唐人司马贞的《索隐》,里面征引了一段《庄子》佚文:"桓侯行,未出城门,其前驱呼'辟',蒙人止之。"桓侯当时是宋国君主,名字叫"辟",而前驱开道的人不知,径直呼"辟"(让行人避道、回避)。蒙人出于对国君的敬畏,遂出面制止这种无礼行为。可见,战国时蒙地属于宋国;而且,"未出城门",就有蒙人制止呼"辟",说明蒙地距离宋国都城很近。

下面,再从其他先秦古籍以及两汉著作中考察庄子的国属。

韩非出生在战国末期,略晚于庄子,他在《难三》篇中引述:"故宋人语曰:'一雀过羿,羿必得之,则羿诬矣;以天下为之罗,则雀不失矣。'"意思是,如果认为善射的后羿能够见雀必得,不漏一个,那就错了;可是,若是以天下为网罗,那雀可就无所逃了。此语出自《庄子·庚桑楚》篇,可见"宋人"系指庄子。

西汉经学家、目录学家刘向《别录》云:"庄子者,宋之蒙人也。"其后,东汉史学家班固,在《汉书·艺文志》"庄子五十二篇"句注云:"名周,宋人。"东汉科学家、文学家张衡写过一篇《髑髅赋》,里面拟庄子自白:"吾宋人也,姓庄名周。"东汉时人高诱注《吕氏春秋》《淮南子》亦云:庄子名周,宋之蒙人也。出生于东汉末年的皇甫谧在《高士传》中也说:"庄周者,宋之蒙人也。"看得出来,两汉人士对于庄子出生于"蒙","蒙"属宋地,是一体认同的。而且,这一结论也为晋、唐时期绝大多数治《庄》学者所接受。比如,西晋学者兼军事家杜预就说:"宋国梁地有蒙县,蒙为宋县,可知(庄)周为宋人。"

宋国,为商纣王的庶兄微子的封地,都城设在商丘。其疆域在今河南东部,并领有山东、江苏、安徽一部分;到了春秋战国时期,虽然国势日衰,辖区有所缩小,但直到灭亡之前,宋国始终拥有商丘及蒙地。这里一直处于南北文化的交会、对接地带。由于土地平旷,交通便利,与周边各国往来频繁,因而形成了以殷商文化为基础,以道家文化为核心,广泛接受多种文化影响的特色独具的文化质素。

庄子为宋人,在唐代之前已经成为定论,并无异议;但是,宋代以还,开始出现了不同说法。首倡"楚蒙说"的为北宋的乐史,接下来,王安石、苏轼、张耒,南宋的罗愿、郑樵、朱熹,明代的归有光,清初的王夫之,现代的王国维,都认定庄子出生地"蒙",在楚而不在宋。此外,还有"梁蒙说""齐蒙说""鲁蒙说"相继出现。初唐的魏徵在《隋书·经籍志》中,即有"梁漆园吏庄周"的说法,唐代陆德明也说:庄子"梁国蒙县人也";主张庄子为齐人的,古时有南朝僧人智匠,今人有学者蔡德贵等;主张"鲁蒙说"者有近人王树荣等。但三说影响有限,从之者甚少。

2

除了国属,争议最多的是庄子的出生地。尤其是20世纪90年代之后,各地对文化名人加倍重视,竞相挖掘这类文化资源,延请专家学者参与认证,从而论辩此伏彼起,争竞不休。概括起来,大致有"河南商丘说""河南民权(考城)说""山东曹州说""山东东明说""安徽蒙城说"五种。

我于1997年、2005年、2012年,曾前后三次,带上《庄子》和谭其骧主编的《中国历史地图集·春秋战国卷》,还有一些治《庄》学者的论辩文章,耗时近一个月,往返于南北直线距离大约三百公里的狭长地带,踏访了上述这些地区。

三次访察的重点有所不同,方法各异:

第一次是按照传闻中的庄子遗迹,定点、聚焦,实地访察,去了商丘、开封、曹州、凤阳(濠梁)等地,获取了一些直观印象。

第二次,按照《庄子》一书中提供的线索和现当代学者的考证资料及整理的庄子活动年表,北起曲阜、淄博、菏泽,中经商丘、开封,南下淮北蚌埠,旁及邯郸、大名、徐州等地,亦即战国时的宋、魏、楚、赵、鲁、齐等国的部分辖区,察其川泽丘阜,遍览府州县志,凡是庄子可能到过的区域,尽量实地踏查一番。

最后这次,把范围收缩到菏泽、商丘、亳州三市及其所属六个县区,先后十几次邀请有关人士,包括当地一些治《庄》学者进行座谈,听取意见,交换看法,搜集资料,获得许多有益的启发,掌握了一些新的线索。

漫步在鲁西南、豫东、皖北大地上,但见稻麦蒙茸,河渠纵横,高速公路坦平如砥,两侧遍是良田、沃野,完全不是意念中的丘壑起伏、林荫翳日、河泽密布的地形地貌;自然景观已经同《左传》《战国策》《史记》《汉书·地理志》等古代文献所记载的迥然有异。无情的时间之水,把一切都带向远方,埋入地下。似曾相识的黄沙、远树、夕照、炊烟,又有哪一样还残存着旧日的踪影?古籍中提到的勾渎之丘、中丘、乘丘、梁丘、青丘、左丘、犬丘、陶丘、襄丘、富丘、谷丘、黎丘、沈丘和汲水、濠水、濮水、雕水、泓水、蒙泽、孟诸泽等没有生命的自然景观,已经百分之百地变形,甚至从地面上消失了;更不要说有生命的百代人生——饮食男女、生育死亡、饥馑流离、刀兵战乱,伴随着悠然远逝的碧水清风、荣枯代谢的庭花岸柳,尽数淘洗得杳无踪迹。

道理很简单,由于今昔政治社会的变迁,加上长期生产实践对于地理环境的改造,特别是此间处于黄泛区,黄河几十次泛滥、改道,泥沙层层淤积,致使固有的地貌、人烟,已经完全改变了形态。面对此情此景,不禁感慨系之。当年欧阳修滁州访古、苏东坡赤壁夜游,所接触的景区的嬗变,长者不过几十年,短者仅三阅月,他们却分别发出"向之凭恃险阻,划削消磨";"曾岁月之几何,而江山不可复识矣"的慨叹。而今,"岁月其徂",两千三百多年过去了,还能指望留存什么遗迹呢!

一千九百多年前,东汉的张衡在这片中州大地上,"游目于九野,观化乎八方","步马于畴阜,逍遥乎陵冈",以科学家而兼文学家的超常想象力,悬拟与"委于路旁,下居淤壤,上负玄霜"的庄子的髑髅,展开一场凿破时空、混同幽明的对话。这已经是很了不起的奢望了;而我,却有着更大的胃口,幻想着依托梦境——这人类永恒的美学资源、无穷无尽的心灵财富,能够同庄子本人做一次面对面的深入访谈。当斯时也,心中记怀着宋人张耒"白头青鬓隔存没,落日断霞无古今"的诗句,同一位绝古空今的前贤往哲,做一番祛除时间界隔的晤对,那该是何等惬意的满足啊!

我想,既然中唐时期的文学家沈亚之可以凭借梦境的幻化,穿越一千六百年的时间隧道,从公元9世纪返回到公元前的7世纪,直接与春秋时代的秦穆公畅然交往,尔后写出一篇脍炙人口的《秦梦记》;那么,我怎就不能踵其后尘,在一场悠悠幻梦中,拜会那"蓬蓬然"的庄老夫子,"俄然觉"后,也完成一篇《庄梦记》呢?

但是,热血沸腾之后,稍一冷静下来,脑子里便画出了一个半米长的问号:人家沈亚之醒转过来,得知所住旅舍原来紧靠着秦穆公的坟墓;可是,庄老夫子的墓地又在何处呢?河南、山东、安徽几个地方都各据传闻,竞相认定,争执不休,弄得我迷离莫辨,无所适从,即便想要"与鬼为邻",又到哪里去寻梦、结梦、圆梦、述梦呢?

觌面肯定是无缘了,我便"中心藏之",付诸遐想——

也许,就像我在今天奔走路途,苦心搜索着他的物质家园那样,庄子当日也正在昼夜蹀行,寻觅着他的精神家园。西哲不是说过,"哲学就是怀着永恒的乡愁寻找家园"吗?"庄子的著述,与其说是哲学,毋宁说是客中思家的哀呼;他运用思想,与其说是寻求真理,毋宁说是眺望故乡,咀嚼旧梦。"(闻一多语)这个"家园",非物质的,纯属精神;不在外界,而存乎内心。所谓回归家园,亦即归根返本,亲近本源,回归自己的本性。

庄老先生一生的足迹,绝大部分都是刻印在家乡的黄土地上;然而奇异的是,他却时时刻刻抱有一种穷愁羁旅、客中思家的孤独感与漂泊感。作为一个辛苦的旅人,他在那晚钟摇动的黄昏,此刻,料应正向着无尽的苍茫,搜寻着仅仅属于自己的一缕炊烟吧?

日暮乡关何处是?烟波无语草芊芊。

不难想象,其时,他的情怀是落寞的,心境是凄苦的。他为那些浑浑噩噩的世人,处于"人为物役""心为形役"的种种无家可归的"异化"状态,而感到沮丧,感到惆怅,嘴里喃喃地说:"苶然(困顿之状)疲役而不知其所归,可不哀邪(耶)!"(《逍遥游》)

我仿佛看到,在那"还乡"之路上,庄老先生身着一袭缀满补丁的粗布衣裳,脚穿系着绑带的草鞋,肩背一个破旧的行囊,晓行夜宿,穿行于蜿蜒起伏的山陵丘壑之间。困乏劳顿之态,令人心生哀悯,但他却乐此不疲。

寻寻觅觅，走走停停，大自然予他以无尽的充实、无穷的逸趣："山林与（欤）！皋壤与！使我欣欣然而乐与！"（《知北游》）而复杂多变的社会自然环境与生生不已的物种演化，更使他感受到大千世界的奥蕴深邃、繁富多彩，从而激发了活力，启迪着灵思，强化了超常的创造性与想象力，形成他独具特色的哲学、美学、文学风格。

据当代学者刘成纪统计，《庄子》一书中，写到飞鸟二十二种、水中生物十五种、陆地生物三十二种、虫类十八种、植物三十七种、无生命物象三十二种、虚拟的神性物象三十四种。无疑，这些飞潜动植、草木虫鱼的生机迸射、逸趣天成的动人场景，都为庄子的"乘物以游心"以及诗性生活的描写，提供了丰富的思想文化资源。

3

进入 21 世纪以来，山东东明关于庄周故里的研究论证活动，十分活跃，先后召开过三次研讨会，整理出一大批文字资料。实际接触中，一个突出印象，是这里研究庄学的人士，意念专注，兴趣浓厚，而且脚踏实地，投入大量艰苦细致的劳动，就中以李福禄的学术考证和王守义的碑碣发掘最为突出。

《史记》上讲，"（庄）周尝为蒙漆园吏"。那么，漆园在哪里呢？东明学者认证，其地在东明的裕州屯。所据文献是唐初的《括地志》和明代的《一统志》。前者说："漆园故城在曹州宛句县北十七里，庄周为漆园吏即此。"后者记述："漆园城在东明旧县（今东明集村）东北二十里，今名漆园村，内有庄子庙，以其常吏于此也。"此论亦见于明《濮州志》、清《山东通志》《曹州府志》。而且，他们还找出地下文物为证，近年在当地挖出多块与庄子有关的明清石碑，其中一方有"庄子为吏处"的记载。

他们还从《庄子》一书中找到古濮水、古黄河与东明的关联：《秋水》篇称"庄子钓于濮水"，说明他的住所当离濮水不远。这条河流今已不在，战国时期,济水流经今河南封丘一带,分出支流是为濮水,尔后与济水平行向东,东明恰好处在两水之间,更接近于濮水。《庄子》书中至少有两处提到黄河:一是庄子家贫,往贷于监河侯,间日而至。这个"侯"所监测、管理的"河"应该就是黄河——《左传》中多见"河上""河东""河西""河内""河神"字样,一例指的是黄河——而且,工作地点必然在黄河岸边。庄子走了将近一天,大约是几十里路程吧。二是《秋水》篇说,"秋水至,百川灌河。泾流之大,两涘渚崖之间,不辨牛马",也是指的黄河。水势之大,竟至"两涘渚崖之间"连牛马都分辨不出来了,肯定是庄子当日所亲历亲见。现在的东明,西部与北部都有黄河流过。那天,当地学者陪我看过。时届夏初,河水尚未暴涨,但那种滔滔滚滚的气势,已经十分壮观。

他们说,东明地处平原地带,这里的山多为几十米高的丘阜,积土而成。此间的南华山,还有县内沙古堆的白云山、龙山集的龙山,都是这样。经过两千多年的流水冲刷和风雨剥蚀,高度大大削减。清咸丰七年(1857)修筑黄河大堤时,为节省土方,曾借助南华山部分山体。当地久有传闻,庄子就在南华山下结庐著书;死后,葬在百米外的龙山夏商文化遗址的高阜上,其所在地就名为庄寨村。关于此地的庄墓,明《一统志》亦有记载。那天,现任庄氏宗亲会会长庄廷阁还告诉我,从《庄氏族谱》得知,庄子一脉传到今天,已有七十九代,其第五十八代嫡孙庄全来此定居后,当地始有"庄寨"之名。

当时,我提出了一个疑问:既然庄子墓就在南华山下,那么,为什么山不在了而墓却存在?李福禄解释说,当年修筑黄河大堤时,庄氏家族中有身份的人,多次与监修官交涉,出于对这位历史名人的尊重,最后制定了修堤"躲墓不躲山"的原则。庄墓原本就在夏商文化遗址的高阜之上,加上庄子后裔及历代县官春秋祭扫,填土封坟,使之保存完好。墓地旁边,还建有庄子观。

出东明,经菏泽市区,南行到了曹县,先后会见了治《庄》学者萧若然与潘建荣。为论证漆园故城在曹州,他们除征引唐代《括地志》所记外,还提出,此论亦为唐代张守节在《史记正义》中所援引,并加注:"其地古属蒙县。"唐代《元和郡县图志》载:"宋州小蒙故城,县北二十二里,即庄周之故里。"据考,小蒙城在今曹县西北,县境内尚有漆园城、庄子观以及庄子垂钓之濮水、钓台等遗迹。近年来,在曹县西北部的地下,挖掘出记载唐玄宗册封庄子为"南华真人"的石碑。

"可是,东明学者却说漆园、濮水、南华山、庄子观、庄子墓等遗迹都在他们那里。这又如何解释?"

对我的询问,潘建荣做如下回答:"实际上,这些遗迹大多数都在曹县地面上,或者扩大一点范围,是在东明、曹县所归属的菏泽辖区内。东明县过去不论从地缘上,还是历史文化上,都和庄子搭不上边;要说发生联系,是在金代正隆年间,为了避开河患,东明县城迁往黄河北岸冤句故城之后;特别是明弘治年间再次迁到濮水北岸的南华之境,这才和庄子挂上了钩。"

潘建荣说,濮水自河南封丘出于济水,流向所经,全在今豫东和鲁西南菏泽之境。《括地志》明确标出,濮水"在曹州离狐界"——唐代离狐县城在今菏泽市区西北四十里李庄集村。唐代《元丰九域志·曹州·南华县》条下记载,"濮水在县南五里",庄子当年垂钓之地,显然应在这一带。而南华原名离狐,辖区范围很大,包括今东明县东北部、菏泽市区西北部、鄄城县西南部。金大定八年(1168),南华县、冤句县、曹县的县城,同时圮于黄河水患。

于是,我又实地考察了南华山遗址。当地学者认定,从李庄集所在的南华故城往西延伸三十里,直到东明县菜园集庄子庙村,这一带连绵不断的土丘,就是当年的南华山。明嘉靖年间修撰的《山东通志》记载:"曹有南华山,世传为庄子栖隐之地";"(庄周)隐于曹州之南华山,因名其经曰《南华》"。当地村民也世代口耳相传,庄子曾隐居南华山,死后即葬在龙山遗址上。战国时,此地周围尽是长满漆树的高大土丘,环境幽雅,交通闭塞,远离干戈扰攘,在此隐居,当是一个比较理想的处所。

4

交谈过程中,大家形成了一点共识,就是要弄清庄子出生地,核心问题在于"蒙"在何处。因为"庄子为蒙人"这个结论迄无争议;可见,蒙之所在弄清了,庄子故里所在的疑问也就迎刃而解了。

现代历史学家吕思勉在《先秦学术概论》中说:"庄周,《汉志》云宋人,《史记》云蒙人,尝为蒙漆园吏。汉蒙县故城,在今河南商邱县东北,故宋境也。"当代历史学家范文澜在《中国通史简编》中也说,庄子"宋国蒙(今河南商丘县东北)人"。

当代庄学史专家方勇认为,庄子故里应在今商丘市东北,古称蒙县,并引述东晋戴祚《西征记》:"城在汳(汴)水南十五六里,即庄周之本邑也。为蒙之漆园吏,郭景纯(东晋学者)所谓'漆园有傲吏'者也。悼惠施之没,杜门于此邑也。"戴祚曾从刘裕西征姚秦,作《西征记》,亲践北土,书中所言当为亲历亲见,不会有什么错误。北魏郦道元《水经注》也说:"汳水又东迳蒙县故城北,俗谓之小蒙城也。"如果把郦道元和戴祚等人的话结合起来看,便可确定庄周故里即在商丘之东北;更具体地说,也就是在商丘东北的蒙县城北、汳水南十五六里的地方。那么,其地离商丘故城到底有多远呢?唐代《元和郡县图志》谓庄周故里在宋城县治北二十二里。

方勇还引述《淮南子·齐俗训》:"惠子从车百乘,以过孟诸。庄子见之,弃其余鱼。"孟诸或盟诸便是蒙泽,无疑在宋国境内。具体位置,据班固《汉书·地理志》"睢阳"下自注说:"故宋国,微子所封。《禹贡》盟诸泽在东北。"可见,庄子钓鱼之孟诸就在商丘市之东北。他在《庄子里籍考辨》一文中说:

> 那么,司马迁自己心目中的"蒙"到底指哪儿呢?今案《史记·绛侯周勃世家》云:"攻丰。击秦军砀东。还军留及萧。复攻砀,破之。

下下邑,先登,赐爵五大夫。攻蒙、虞,取之。击章邯车骑,殿。定魏地。"这里在叙述周勃的进军路线时,所提到的丰,在今江苏丰县;砀东,在今安徽砀山县;留,在今江苏沛县;萧,在今安徽萧县;下邑,在今安徽砀山县;虞,在今河南虞城北;魏地,指今河南开封、郑州一带。显然,司马迁所提到的这些地方,基本上可看成是在一条直线上,那么,既然处在这条直线上,而又离下邑、虞最近的"蒙",也就自然非商丘东北的"蒙"莫属了。由此可见,司马迁《史记·老子韩非列传》所说"庄子者,蒙人也"之"蒙",必指商丘东北的古蒙县无疑。

我是认同方勇关于庄子故里的判断的。这里,想根据实地所见,做一点补充:蒙邑或者蒙县,在商丘东北,不仅见于文献记载,而且,得到考古成果验证。2005年去商丘访问,我听当地学者介绍:六年前,中美联合考古队考古发掘,发现商丘古城遗址呈叠压形,最下层为东周宋城,中为汉唐睢阳城,最上为明商丘城。东周宋城共有六门,其东北门称蒙门。清代顾炎武《日知录》:"凡宋城之门,皆以所向之邑名也。"就是说,蒙邑在商丘故城东北方向。康熙年间《商丘县志》载,商丘城东北四十里,为汉代蒙县县治所在地,庄周故里在此。

关于两千多年来蒙邑的变迁,商丘本地学者赵云峰做了如下考证:周武王封微子启于宋,奉商祀,建宋公国,国中有蒙邑;秦时置蒙县;西汉时封梁国,辖蒙县;宋至清初,黄河多次决堤改道,其城址逐渐淹没于地下。1971年,文物部门在宋国故城东北方向的蒙墙寺村(今河南商丘梁园区李庄乡)发现汉代古城遗址;其地多庄氏、严氏(东汉时,庄氏为避明帝刘庄之名讳,改姓严)后裔。

实地考察中,由商丘本地学者陪同,我还看了现存的传说中的庄子遗迹。蒙墙寺西向偏北约五公里,今民权县老颜集乡唐庄村有庄子墓,为圆形土冢,清乾隆五十四年(1789)重修时立石碑一通,上有阴刻"庄周之墓"四个擘窠大字。石碑背面,镌刻着州县官员以及黎民百姓共三百二十六名立碑人的姓名。

蒙墙寺向北偏西约七公里,今民权县顺河乡青莲寺村有庄子故里遗址,2002年定为河南省重点文物保护单位。村落范围不大,两条主街呈"十"字形。村民介绍,现在的北街原为古巷,称为"庄子胡同",系庄子故居所在。故居南端为庄子讲学堂,后毁于兵火、水患。在"庄子胡同"的东南隅,有一口古井,名为"庄子井"。井深数丈,井壁坚如文石,光泽似黑玉,泉清而味甘,传说为庄子汲水处。后来,几遭黄河水患,屡次进行整修,保存至今。

民权县对庄学的研究起步较早,这里有一批土生土长的治庄学者。两番造访,我都曾与他们交谈过。因为我幼年的塾师刘汝为曾经说过,庄子故里可能就在商丘之东北、考城以东。为此,我特意向当地学者做了咨询。他们说,民权县的两处庄子遗迹,原来均在考城,是1956年划过来的。早在唐代,经学家陆德明就在《经典释文·序录》中讲过,"庄子生于蒙,亦考城人";南宋史学家罗泌《路史》中,亦有"蒙即考城,为庄子生处"之说;南宋祝穆所撰地理总志《方舆胜览》,详于介绍名胜古迹,书中说,"考城东名蒙泽,乃庄周故里也"。

他们还告诉我,历代有许多诗人到此凭吊庄子,咏怀述志;尤其值得重视的是本地人士的题咏,他们生于斯、长于斯,故老传闻,耳濡目染,更是"其来有自"。南朝诗人江总有"玉洁蒙县,兰熏漆园。丹素可久,雅道斯存"的咏庄诗句。江总是考城县江集村人,生在公元6世纪之初,自称是庄子的异代同乡。

因为幼年接受塾师谈话的影响,后来又看到一些资料和较多的地面实物,我曾一度倾向于"庄子故里考城说",并有过两点附议与猜想:

其一,曹县、东明、商丘市郊与民权等地,全都声称庄周出生在他们那里,并且各都亮出了大量证据,或方志记载,或古史钩沉,或碑碣物证,或口耳传闻,最早的可以追溯到晋唐时期,起码也都在明清之前,就是说,并非今人为了某种需要炮制出来的。那么,这一相互雷同又相互排斥的现象,是在怎样条件下产生的？为了破解这个谜团，我曾大胆猜想：这几个地方同属战国时宋国的蒙邑或汉初的蒙县；而且，商丘北部的蒙墙寺遗址，与民权的两处庄子遗迹所在的唐庄村、青莲寺村，以及曹州的庄子遗迹（传说庄子晚年隐居的南华山），相互距离很近，甚至接壤联片，大体上呈三角形；那么，是否有这种可能：他们所说的其实是同一个地点，只是所持角度不同，或南，或北，或西，各执一端而已？

其二，那么，如何解释这些地方都在商丘西北或北部而并非东北方向这个矛盾现象呢？当时分析认为，蒙邑范围较广，县城所在地在商丘东北，而庄子故里虽属蒙邑，但所在位置却在县城之西或西北。

这些都是过去的想法。不过，即使在当时，头脑里也始终画着一个问号：现今的民权、曹县（也包括东明）一带，从前都属于黄泛区，春秋战国以来，黄河多次改道，许多丘陵、山阜都已淤成平地，哪里还会留下村庄、胡同、墓园、水井的遗迹？那次去开封，察看汴河故道，听说汴河桥已经埋在十米之下。北宋距今不过千年上下，若是再上溯一千三百年，又该怎样？所以，一般地说，凡是那些描绘得十分具体、逼真，能够一一指认的上古遗迹，难免令人怀疑其真实性。

5

1997年，经行楚地，曾有皖北之行。那天，在当地一位学者陪同下，我们车经凤阳城，直奔古钟离郡的临淮关，去走访"濠梁故地"。

郦道元《水经注》有"濠水北入于淮"的记载；唐人成玄英《庄子疏》中指出，濠水"在淮南钟离郡，今见有庄子之墓，亦有庄、惠遨游之所"。

在前往的途中，我诵读了清代诗人黄景仁凭吊这一遗迹时所写的《濠梁》七律：

谁道南华是僻书？眼前遗躅唤停车。

> 传闻庄惠临流处,寂寞濠梁过雨余。
> 梦久已忘身是蝶,水清安识我非鱼。
> 平生学道无坚意,此景依然一起予。

所云"僻书",引自《唐诗纪事》:令狐绹曾就一个典故向温庭筠请教,温说:"事出《南华》,非僻书也。"这首诗的开头两句,诗是说,谁道《庄子》是冷僻的书籍呢?里面提到的遗迹就随处可见!

眼前我就看到了一处,于是赶紧请人把车子停下来。三四两句,交代这里就是传说中的庄子、惠子濠梁观鱼的地方;冷雨后,石梁上杳无人迹,很寂寞、荒凉。五六两句,通过庄蝶两忘、鱼我合一的典故来抒写自己的感慨,是全诗的诗眼。最后两句是说,尽管我平时缺乏学道意识,但依然觉得此情此景有深刻启发。

正在热烈的交谈中,忽见一道溪流掠过,上有石梁飞架,我忙向陪同者请教:这就是濠梁吧?他否定了。我们又行走了二十多分钟,眼前又现出类似的景观,我觉得这里太符合意想中庄、惠观鱼的条件了,可是一问,依旧不是。当地学者莞然一笑,说:

"这种心情很像刘玄德三顾茅庐请诸葛,见到崔州平以为是孔明,见到石广元、孟公威以为是孔明,见到诸葛均、黄承彦以为是孔明。沉寂两千多年的濠梁故地,竟有这么大的吸引力,真使我感到自豪。"

汽车戛然煞住,"庄惠临流处"就在眼前。不看还好,看后竟然大失所望。濠水悠悠依旧,只是太污浊了。黑黝黝的水流泛着一层白色的泡沫,悄然向北流去。不见树木,也没有飞鸟,一丝一毫"诗意的存在"都没有。关于庄子的墓地,询问当地几位故老,都说早年听说过,可是具体地点谁也不清楚。

世异时移,沧桑迭变,一切都无复旧观,不仅人非物亦非了。我想,当年如果面对的竟是这样的浊流污水,庄老先生不仅无从看到"儵鱼出游从容"的怡然景色,怕是连那点恬淡、闲适的心境也要荡然无存了。

>>> "谁道南华是僻书?眼前遗躅唤停车。传闻庄惠临流处,寂寞濠梁过雨余。"谁道《庄子》是冷僻的书籍呢?里面提到的遗迹就随处可见!这里就是传说中的庄子、惠子濠梁观鱼的地方。

十五年后，我又访问了皖北、淮西的蒙城。这里和东明、民权一样，也拥有一支既具备一定文化素养、又十分热心庄学的研究队伍，而且都取得了可观的成果。司马迁的惜字如金，语焉不详，令后人迷离扑朔，摸不着头脑："只在此山中，云深不知处"；但也激发出人们浓烈的探索情趣——何处是乡园？宋蒙？梁蒙？还是齐蒙、鲁蒙、楚蒙？最后掀起了三省多地的研究热潮。反过来，其他未曾涉及的省市地区，就较为消沉宁寂了。

我在蒙城参加过三次座谈会，同夏茹冰、马杰等当地学者进行了深入交谈。听着与会者的方言土语，联系《庄子》中一些楚地神话故事、人物形象，所谓"书楚语，作楚声，纪楚地，名楚物"，心想，这当是一些学人顽强坚持"楚蒙说"的一份依据吧？

访谈期间，除了充分听取当地学者本人的见解，还阅览了他们所提供的有关"楚蒙说"的大量学术论文与参考资料。宋人乐史在《太平寰宇记》中记载"六国时，楚有蒙县，俗谓小蒙城，即庄周之本邑"；再就是王安石的《蒙城清燕堂》诗，就中有"吏无田甲当时气，民有庄周后世风"之句；比较集中的是朱熹的一些论说。《朱子语类》载：

> 李梦先问："庄子、孟子同时，何不一相遇？又不闻道及，如何？"
>
> 朱子答曰："庄子生于蒙，在淮西间，孟子只往来齐、宋、邹、鲁，以至于梁而止，不至于南。"

朱熹持"楚蒙说"的一个重要依据，是"大抵楚地便多有此样差异底人物学问"，他还论及《庄子》的奇异特色与楚文化之间的密切联系。

今人主此说者，多以宋时学者"楚有蒙县"、庄子"楚之蒙人"的说法为前提，并提出一些新的论据。如当代学者孙以楷认为，要确定庄子为蒙城人，考察漆园所在，是非常重要的。"据《尚书·禹贡》：'荆河唯豫州……贡漆。'今安徽蒙城属《禹贡》中讲的豫州，漆园当在其地。商丘东北之小蒙城，史称蒙泽，其地并无漆园；山东曹州有漆园，但显系后人所为，因为那里不是产漆之地。既称蒙而又有漆园者,唯有蒙城。"又,《秋水》篇记庄子与惠施辩于"濠梁之上","其在蒙城以及怀远县南濮水入淮处,都不过数十里之遥。如果庄子不是楚人,而是宋人,且又不做官,居家又极贫,无隔夜之粮,又怎么可能奔波三四百里来濮水钓鱼,并与惠施论辩游鱼之乐"?

当代学者常征从反面论证庄子不可能是宋人。"终春秋战国之世,楚宋间大都处于敌对状态。楚平王曾使太子建率重兵屯城父(在今亳县南)以备宋,宋为避楚,也曾迁都于相、于徐。楚威王安能派遣使者,持奉重币,堂而皇之地深入敌国去礼聘庄子?若庄子果为宋人,贤名远播于江汉,而竟不为宋君所留意,这也不合于事理。故我认为,《史记》中庄子所出的'蒙',和做漆园吏的'蒙',与宋国睢阳以北的蒙县不相干,而当在楚境。易言之,庄子非为刘向等所说生居宋国,而当是楚国的隐而不仕的学者。"

几日的交往,在一起厮混熟了,和当地一些学者成了要好的朋友。我笑着诘问:"论文与资料,我一一读过,这些该不是'一面之词'吧?"

他们倒也非常实在,随口应答:"很难说。"当即介绍了几份辩难的论文。

针对朱夫子的论点,学者刘生良论辩说:

> 庄子怪异的思想,奇幻的文思,确实与楚文化比较接近;但若以此断言"庄子自是楚人",显然理由不足。首先,从地缘关系看,宋国南面紧邻楚国,庄子"其学无所不窥",不仅遍览楚国的典籍;而且,曾身到楚国,从而接受楚文化的影响,是自然不过的。其次,从文化渊源看,宋国所承传的是殷商文化,它在历史上曾对楚文化产生过影响,楚人信巫鬼、重淫祀、好占卜、爱神话、尚玄想、喜幻游等特点,宋人古已有之;宋、楚两国的文化本来就比较接近,属于远亲近邻。神异浪漫之特色非楚文化所专有,奇异怪特之文化人也并非都是楚人。春秋战国时期,各地都出过一些瑰奇怪异的文士,庄子之外,还有郑人列御寇、赵人公孙龙、齐人邹衍、秦人杨朱、宋人宋钘,等等。第三,从

《庄子》一书内容和文化背景看,所记远古帝王传说和北方人物故事,尤以宋国人事为多,可见庄子为宋人,当无疑义。几十年前,现代学者马叙伦亦曾做过分析:"宋亡后,魏、楚与齐争宋地,或蒙入于楚,楚置为蒙县,汉则属于梁国。庄子之卒,盖在宋之将亡,则当为宋人也。"

方勇认为,"蒙城县为庄子故里之蒙,实属无稽之谈"。西汉至唐初并无此蒙城,汉代这里为沛郡山桑,直至唐天宝初年,才改称蒙城县。显然,此蒙城与庄周"为蒙漆园吏"之"蒙",并无关联。

针对常征所提疑问,"楚、宋为敌国,楚王安能派遣使者堂而皇之地去礼聘庄子",有的学者辩驳说,在"邦无定交,士无定主"的战国时代,诸侯越出封界招揽贤才以图强,士奔驱列国游说君王以逞能,是司空见惯的事,并举出了《战国策》中所载梁惠王"遣使者黄金千金、车百乘",前往齐国礼聘孟尝君的实例。

6

各有所据,言人人殊,众说纷纭,莫衷一是。这种现象的产生,有其复杂的客观和主观因素:

一是,《庄子》一书本身带来的困惑。我们的传主庄老夫子不仅自己披露得过少,而且,即使偶有述及,也是"以谬悠之说,荒唐之言,无端崖之辞"出之,像是有意弄得云山雾罩,任凭后人去猜哑谜、打"三岔口"。

二是,历史上多种因素,导致问题更趋复杂。六国时期,由于征伐、兼并,有些地区或为宋辖,或为梁辖,或为楚有,或为齐有,变动比较频繁;秦汉之后,随着社会政治的变迁、经济发展的需要,与庄子有关的豫、鲁、皖诸省部分县市,区划、建置时有调整,地名屡经变更,许多地方实同而名异,或名同而实异;加上后世出于种种缘由,如魏晋崇尚玄学、唐代南华封仙、宋明重文尊古,以及道教向民间延伸等,许多地方出现了庄子祠、观、钓台、漆园之类的纪念性建筑,都增加了庄子籍里考订的难度。

三是,地理方面的特殊情况。庄子故里及其生前活动区域,处于中原地带,离古黄河较近。民间说法,黄河是"铜头铁尾豆腐腰",意为上游在山谷间,石锁峡束,从不泛滥出槽;入海处像摊开的扇面,从容舒展,也比较固定;唯有腰部——大约指河南、山东的黄泛区,河道淤积严重,黄河成为"悬流",堤防无力承受,任凭洪水肆虐,翻滚无定。这样,许多古代遗迹便都淹没于地下,无从查考;由于水患频仍,不少村落、城址更是不断迁徙,后人难以认定、辨识,必然歧见纷呈。

四是,还有一些人为造成的因素。近世一些地方官员、耆宿,为提高本区域文化品位,扩大知名度,在组织修志过程中,往往按照历史某一时期的建置、区划,做选择性的取舍,收录历史名人于本州、本县以壮声势,这更进一步加剧了确认的难度。再就是随着地理环境、生产条件的变化,庄子后裔大多向邻近省区迁徙,择地而居,为了缅怀其先祖遗泽,往往在新的住地修建庄子祠堂、墓园等纪念性场所,以挑承香火,开展祭祀活动;有些还命名所在村落为"庄村""庄寨"。比如,《庄氏族谱》记载:"始祖讳周,公下五十四世祖讳百万,字广财,系二门后裔……明永乐二年(1404),自山东青州府益都马儿山阳枣林迁居曹邑今址,因构筑寨墙而名庄寨";"五十六世祖讳武,字允文,系三门后裔,住菏泽县城东南十六里庄庄"。这种情况下产生的遗迹、轶闻,往往与庄子故里和实际活动地区混淆起来,很难加以辨识。

尽管存在着上述诸多困惑和疑点、难点,但是,经过十几年的三次实地考察,特别是参阅《庄子》一书,以及历代有关典籍和广大治《庄》学者的论述,我以为,还是可以做出如下基本判断的:

——庄子生前的活动范围,宽泛一点说,大致在今豫、鲁、冀、皖四省范围内;今河南商丘市区、民权(考城)县和开封市区,山东菏泽市区、曹县、东明和曲阜市区,河北的邯郸市区,安徽凤阳的古钟离郡(濠梁所在)等,皆有可能为其曾经驻足之地。我很赞同崔大华和刘生良两位学者的意见。

崔大华认为，"庄子的活动范围，以商丘为中心，南到淮河，北至邯郸，东止于鲁国，西到过大梁，向南北东西四个方向呈椭圆形展开"；刘生良说，庄子"言之具体、略可见其行踪者，当是西至梁国，南到濠梁，北观黄河，东临大海，又曾钓于濮水，居于宋之'穷闾陋巷'，主要活动于宋、魏之地"。

——其国属为宋，世居蒙地。

——至于其故里所在，当为宋国都城商丘的东北部，即蒙县城北、汲水南十五六里的地方。而具体地点暂时尚难指认，除非未来有重大考古发现，比如地下发掘出竹简、碑碣、墓葬等实物。

上述三个梯次，大体上呈三个以商丘为中心的同心圆形，层层收进，逐渐缩小，最后聚焦到"出生地"这个原点上。

第三节

战国当年

I

如果说,研索庄子的国属、里籍及其平生活动区域——作空间方面的文章,面对的是多项选择而无所适从的话;那么,作时间方面的文章——钩沉、探赜庄子的身世出处、生卒年代,则无异于捕风捉影,大海捞针,迷离、困惑之外,还带有一种神秘感。

叩其原因,主要是这位老先生像是天外飞来,不知其所自出,也不晓得他要到何方去。说是一条"神龙"吧,亦未见得准确——"神龙见首不见尾",就是说,在云烟缥缈中,总还现出头角峥嵘,夭矫天半;而庄子呢,人们却全然不清楚他的先世、远祖的来历,甚至连祖辈、父辈、子孙辈的情况,世人也一无所知。至于本人的生涯、行迹,年寿几何,归宿怎样,社会交往、治学根脉、后世传承状况,则统付阙如。一切都是"恍兮忽兮""芒乎昧乎",可以说整个就是一谜团。加上荒诞不经的明人话本小说作俑于前,多种戏曲剧目接踵其后,什么《蝴蝶梦》呀,《大劈棺》啦,闹闹营营几百年,弄得神神鬼鬼,乌烟瘴气,更给这位伟大的哲学家、思想家、文学家,罩上一层怪诞不经的面纱。

应该说,太史公所记,语焉不详,确实为庄子身世的研究、探索,带来了相当的难度;但也产生一种"曲终人不见,江上数峰青"的有余不尽的审美效应;而且,这种开放性的未完成状态,也为后人留下了巨大的想象余地和思索空间。

它使人联想到西方的断臂美神维纳斯。

自从"米洛的维纳斯"的断臂雕像在罗浮宫展出之后,一些艺术家、历史学家、考古专家便筹划着为她复原双臂、恢复原有姿态,并给出了多种整修方案。这样,也就出现了种种设计、种种猜想——

一种是,原来的维纳斯,是左手拿着苹果,搭在台座上,右手挽住下滑的腰布;

另一种设想,维纳斯原本是两手托着胜利的花环;

还有一种推测,维纳斯右手擎着鸽子,左手拿着苹果,像是要把它放在台座上,让鸽子啄食;

有的设想更加离奇,认为维纳斯正要进入内室沐浴,由于不愿以裸体现身,右手紧紧抓住正在滑落的腰布,左手握着一束头发;

还有一种猜测,维纳斯的情人、战神马尔斯战胜征服者,载誉归来,两人并肩站着,维纳斯右手握着情人的右腕,左手轻轻地搁在他的肩上……

当然,最后的结局是:由于争议不休,哪一种方案也未获采纳,人们公认还是现有的断臂状态为最美。这里只是想说,那个美丽的断臂女神雕像,正是由于它的不完整性,或者说是不确定性、模糊性,才使得人们可以无限度地想象。

就史料的残损不全来说,庄子与此有相似之处;但也存在着根本性的差异:维纳斯属于雕塑家创造的艺术品,而庄子却是历史上的真实人物,并非"艺术空筐",不容凭虚架构。在载记阙如的情况下,后人只能从传主本人的著作及相关史籍中,通过钩沉、索隐,对这件"绝世精品"进行织补、连缀,"踵其事而增华",使之尽量接近原型、展现原貌。大前提是复原,而不是再造。就是说,它的想象余地是有限的。

在这方面,今人做出了可喜的努力。前有马叙伦的《庄子年表》,后有曹础基的《庄子活动年表》等一批有价值的考证资料,大都严谨可信,起码是提供了可贵的研究线索与参考意见。

考索传主的身世,离不开本人的著作。这里首先碰到的问题,就是如何看待《庄子》一书中的寓言。南怀瑾认为,寓言就是比喻。庄子所说的寓言,也就是印度因明(逻辑)学所讲的"喻"。比喻是有意义的,不是没有意义,所以用了"寓"字。这是庄子最先提出的。后来翻译外国神怪虚幻小说,还有《伊索寓言》,借用了庄子的这个词。一些年轻学子不知其所由来,一听说寓言,便以为都是虚假的谎言。这是观念上的误会。

关于庄子寓言的真实性问题,料应会有较大的争议。但无论如何,不能认为,《庄子》中的寓言都是虚假的谎言,纯属无稽之谈。太史公在庄子本传中,也只是标定"《畏累虚》《亢桑子》之属,皆空语无事实",并未全盘否定。至于作者本人说的,"以谬悠之说,荒唐之言,无端崖之辞","不可以庄语",正如同《红楼梦》作者自己所说"满纸荒唐言"一样,原是一种自觉的理性选择,就是说,出于一种叙事策略。清代刘熙载说得很形象:"庄子之文,如空中捉鸟,捉不住则飞去。"其效应,反映在客观上,由于是"藉外论之",似非已出,既增加了说服力、可信度,又可以避开并世持异议者的指责、非难。所述无须证实,且亦无法证伪,从主观上来说,则是对于语言传达功能的局限性的一种应对方式,而且,由于它的开放性、多义性、模糊性,也为容纳、融合与接受多种规定性提供了可能。

明确了这个基点,再细按现今传世版本,看到庄子本人形象,在全书有一定情节的故事中,共出现了二十几次。以此为基础,同时参照其他有关记述和庄子活动年表,对其八十几年的生命历程,粗线条地加以梳理,大体上明确下述一些问题:

关于庄子的家世,学界大体上有两种说法:

一种观点认为,庄子是宋国土生土长的贵族后裔。学者张松辉推断,"庄子出身于宋国的没落贵族,应该是宋庄公的后裔"。庄公的孙子公孙固,在成公时担任大司马。《史记》记载,公孙固杀了成公,尔后,他又为成公之弟所杀,时在公元前 620 年;到了前 609 年,宋文公时,庄氏家族又参与了一场叛乱,为首者遭到诛戮。"庄氏一族在宋国先后受到过两次政治打击,再加上庄族后裔与公室的血缘关系越来越远,那么到了庄子时代,庄族人员只保留贵族名义,而不再担任国家重要职务,也是情理中事。"

另有一种观点,认为庄子先世是楚国人,后来迁徙到了宋国。学者杨义、崔大华等均主此说，并做了详尽的考索。南宋史学家郑樵所撰《通志·氏族略》载，庄氏出于楚庄王，以谥为氏。在"庄氏"这一条目下有注："楚有大儒曰庄周，六国时尝为漆园吏。"杨义指出，庄子的年代距离楚庄王已经二百余年，大约在他出生前二十几年，楚悼王任用吴起实施变法，为节省开支，重点"抚养战斗之士"，"损不急之官，废公族疏远者"，汰洗一些散官、闲官，贬为庶民，遣送到北境边陲。庄子父祖辈有可能在这次被迫迁徙中离开了楚国。也还有另一种可能：吴起变法，激起了部分宗室大臣的忌恨和反抗，悼王一死，便被射杀，"并中悼王尸"，这就犯下了"夷宗"重罪。肃王继位后，追查、论罪，死者七十余家。庄子家族在这场内乱中受到了牵连，为了避祸，北迁宋国。崔大华认为："庄子家世的面目，已被世代久远的历史风尘剥蚀、覆盖得无法辨识了。但是，庄子超脱世俗、追求精神自由的思想中所内蕴着的那种袭人心扉的没落感，想象神奇、变幻无端的汪洋文字，特殊的楚方言，等等，却又清晰地显示出他与衰落了的楚国公族及具有浪漫主义特质的楚国文化，有完全可以肯定的、很近的亲缘关系。"

说到庄子本身，大体上可以粗线条地划分为三个时段：

青少年时代——

《史记》本传中说他"与梁惠王、齐宣王同时"，以这两位战国时期著名的国君作为参照系数，应该说是有据可查、确凿无误的。至于具体年限，大致可以认定，约在公元前369年，庄子出生于宋国都城商丘东北的蒙地。

大约在二十四五岁前，他主要是在故乡读书访学。

这个时期，也许受到父祖的庇荫，家境尚称丰裕，不是像后来那样"奔走于衣食"，为生计而发愁、受窘。这样，客观上便为他读书、治学提供了必要条件。战国史专家杨宽认为，当时由于学习上的需要，传写的各种古书比较以前增多；又由于丝织业的发展，绢帛生产的增多，当时的书不仅写在竹简上，已开始写到绢帛上，绢帛便于抄写，也便于保存和携带。《墨子·明鬼下篇》说："又恐后世子孙不能知也，故书之竹帛。"这时，一些大学者都有较多的藏书，例如墨子，"南游使卫，关（扃）中载书甚多"。《庄子·天下》

篇说:"惠施多方,其书五车。"书籍收藏的增多与流传的广泛,无疑有助于学者们治学、论辩、授徒和著书立说。

有一点可以肯定:自幼,庄子必然接受过系统的教育,起码是阅读过大量的传世藏书。当时,伴随着乡校的出现,教育在一定范围内得到了普及,政治权力的拥有者与思想话语的承载者,由过去的高度统一转向了相对分离的状态。这样,思想文化便逐渐出现了独立的发展空间,知识阶层也就是"士"的队伍,得到了空前的壮大。作为贵族的后裔,或者没落的贵族子弟,庄子应该置身于"士"的队伍之中。有的学者甚至推测,他曾亲历过一小段贵族生活,有着类似曹雪芹的经历,由贵族世胄屈居漆园小吏,进而沦为下层平民。他把"天上人间"游了个遍,才看透了一切,大彻大悟,从而"吐峥嵘之高论,开浩荡之奇言"。借用《红楼梦》里的话,他很可能是一个"翻过跟斗"的过来人。因此,他有一种沧桑感,能够体会到那些荣显终生、不知患难困穷为何物的天潢贵胄,或者与富贵从未搭边的普通民众所无法体察的东西。

从《庄子》一书的记载中看得出,他比较熟悉金工、玉工、漆工、织工、陶工、木工、洗染工、屠宰工等的操作技术,特别是一些高级手工艺人"惊犹鬼神""不失毫芒"的精确、奇巧的技艺,而对于农业以及农民田间劳作的情况,相对而言,涉猎较少。就此可以推知,他应是自幼就生活在市郊或者小城镇里面。

中年时段——

大约从二十五岁到六十岁,这三十余年间,庄子的生计日见艰难,直至出现冻馁之虞,织屦、渔钓不足以自给,向监河侯借粮又横遭白眼。

多数时间,他闲居索处,读书、思考;同时也进行一些社会交往,或辩对访谈,或深入市井民间,接触手工艺人、畸人隐者。

他性喜闲适、幽静,平生结交友朋甚少,其中最重要的一位,是同乡辩友、名家代表人物惠施。约在公元前344年、庄子二十五岁左右,与惠子初次见面。

三年后,惠子相魏不久,庄子又前往见之,惠子恐其夺己相位,搜寻三日夜,庄子主动出面,以"猜意鹓鶵"讥之。

公元前340年,宋剔成自立为君,大约在此前后,庄子为漆园吏,时年二十八九岁。次年,楚威王遣使聘庄子为相,庄子却之。

三十一二岁时,又主动辞去漆园吏职。此前,宋君剔成之弟戴偃,发动宫廷政变,逐兄自立。

他曾遍游宋国各地,以增广社会见闻;大约在三十五六岁时(公元前334年左右),前往大梁,见魏惠王,后又南游楚地,东游于鲁,北游于赵。

四十四岁左右,他在家乡见到了邑人曹商,曹商归自秦国,自我炫耀,庄子讥其"舐痔得车"。

三年后,约在公元前322年,庄子曾有皖北之行,与惠子濠梁观鱼,以良好的心态,欣赏"鱼之乐也"。

庄子五十七八岁左右,妻死,鼓盆而歌,惠子前往吊丧;大约又过了两年,公元前310年,惠子因病殁于故乡,庄子痛失知己,深情悼惜。

老年时段——

六十岁之后,庄子晚境苍凉,独身栖息故园,课徒著书以自遣。弟子数人,书中留下名姓的,只有蔺且一人。

一次,为人送葬,过惠子之墓,慨然悲叹:"自夫子之死也,吾无以为质矣,吾无与言之矣!"

期间,与弟子蔺且等,先后游于山中和雕陵之樊。

一说,庄子晚年尝隐居于曹州的南华山。

"其学无所不窥""著书十余万言",共五十二篇。一般认为,"内七篇"为自撰,时间靠前;"外篇""杂篇"中一些篇章,可能出自弟子之手。

庄子将死,弟子欲厚葬之,庄子表示反对。

约在公元前286年,庄子以衰病辞世,享年八十四岁。

一说,葬于曹州南华山的夏商文化遗址。

关于其生卒年,由于史籍失于记载,学界意见并不统一。(关于庄子的生卒年份,学术界大体上有五种说法:马叙伦认为,约在公元前369—前286年;吕振羽认为,前355—前275年;范文澜认为,前328—前286年;杨荣国认为,前365—前290年;闻一多认为,前375—前295年。这里从马叙伦说。)至于月日,就更无从谈起了。不过,据鲁西南地区庄氏家族聚居地的民众世代流传,每年农历二月初九和八月二十四为庄子的生辰与忌日。在这两个日子里,鲁、冀、豫等省的庄氏后裔,前往庄氏宗祠祭拜,时日已久,赓继不绝,据说已经延续了七十多代。

2

看得出来,庄子的人生阅历和生命体验,虽不复杂,却也是丰富而充实的。他信守"游于世而不僻,顺人而不失己"的人生旨趣和处世态度,以一个大彻大悟的"过来人"身份,洞察世事,解悟人生。

当年,孔门弟子子贡谈到他们的"至圣先师"的学业修为、思想造诣时,曾以宫墙作譬,说,夫子的宫墙有几丈高,如果不得其门而入,那么,里面宗庙的雄伟、房舍的繁富就根本看不到。当然,能够找得到大门的人恐怕也不多。(《论语·子张》篇中,子贡曰:"譬之宫墙""夫子之墙数仞,不得其门而入,不见宗庙之美,百官之富。得其门者或寡矣"。)而颜渊则从"道"直接切入,说,夫子之道,越抬头看,越觉得高;越用力钻研,越觉得深。看着看着,似乎在前面,忽然又转到后面去了。到了这个境界,就是要想再向前迈进一步,又不知怎样着手了。(《论语·子罕》篇中,颜渊喟然叹曰:"仰之弥高,钻之弥坚,瞻之在前,忽焉在后","虽欲从之,末由也已"。)

现在,我们读解的是古代中国的另一位旷世哲人。面对庄子其人其书,清朝林西铭有言:"只见云气空蒙,往返纸上,顷刻之间,顿成异观。"要说我个人的直接观感,如果取譬设喻,就像东海一般浩瀚,泰山那样巍峨,定睛看时,仿佛有狂流飞瀑奔腾直下,漫天星雨云外飞来,心头油然涌荡起一种定要叩问其根由、研索其究竟的强烈欲望;可是,这又谈何容易! 就主观来说，我们不像那些"孔门高弟"，无缘成为前贤往哲的及门弟子，"怅望千秋一洒泪，萧条异代不同时"，足足相距两千三百多年啊！而这个客观对象——庄子的境界之超邈，思想之复杂，身世之隐秘，又远远超过孔子。简直是疑团处处，迷雾重重，问题一个接着一个，凿空无术，索解为难。光说"不得其门而入"，"遂欲从之，末由也已"，就未免有些简单化了。

诸如：

为什么同是置身乱世，庄子会迥异于其他先秦诸子——对当时险恶的社会环境会有那样清醒的认识？对当时的社会政治情况，会做出那种独到的剖析？

为什么庄子对于个体生命在乱世中的生存处境，会有那么深刻的危机感？对身心自由、个性解放会有那么强烈的呼唤？

为什么庄子对于人生悲剧特别是读书士子的悲剧命运，竟有那么深切的敏感与痛感？

为什么在整个社会的激烈阵痛中，庄子在广大士人热情奔赴政治活动、猎取功名利禄的洪流中，能够另辟出一方崭新的天地？

为什么在先秦诸子中，庄子能够以其独特的识见，穿透黑暗现实的重重雾障，守护内心深处的精神尊严，予后世知识分子以精神的支撑与慰安？

为什么庄子对于远古时代有那么美好的向往？庄子向往原始的混沌蒙昧，难道真的是想复古吗？

为什么在庄子心目中，社会政治竟是那么污浊、那样险恶？为什么庄子会把社会的黑暗、时世的污浊、民生的痛苦、人心的异化，看得那么透彻，那么决绝？

为什么庄子那么厌恶官场，绝意仕进，远离权力阶层，尽一切努力摆脱功名利禄的诱惑与羁縻？

为什么在庄子笔下，"暴君昏上"的形象那么集中？笔下几乎没有一个理想的政治人物，特别是圣君贤相，这是怎么回事？

为什么在庄子笔下出现那么多"德有所长而形有所忘"的畸残人物？

为什么庄子要借髑髅的话,发出生不如死的慨叹?

为什么庄子要持间世、游世的立场?

为什么《庄子》的众多篇章中,都涉及对战争和杀戮的批判?

为什么庄子的悲剧意识与痛苦情怀那么强烈?

为什么说,庄子是眼冷心热?他究竟是有情还是无情?

为什么说,庄子处世的着眼点,是弱者的求全?

为什么庄子要说:"嗟乎神人,以此不材!"(见《人间世》):唉,精神世界完全超脱物外的"神人",就像这不成材的树木呢!)他的"散木情结"是怎么产生的?

为什么宋朝的陈忱、黄震要说:"《南华(庄子)》是一部怒书""乱世之书"?

为什么庄子会成为整个世界思想史上最深刻的抗议分子?

为什么有的学者说:在人类思想史上,庄子是"追求精神自由并欲穷究其真谛的第一人,全面批判'文明'进程中人性'异化'的第一人,关注生死和精神营卫,力图揭示生命意义以及演化规律的第一人,深入考察精神现象,揭示美的本质和内在规律的第一人"?

为什么庄子对技术会那么戒备,那么警觉,甚至反感?

为什么庄子说:"以天下为沈(沉)浊,不可与庄语?"(《天下》)为什么著书要采用"三言"形式?

…………

按照唯物史观关于社会思想、社会理论所由产生的来源要到社会存在中去寻找的原理,研索庄子的思想脉络、价值取向、人生态度,同样需要结合他所处的时代背景、社会环境、人生阅历、生命体验,进行由表及里、由此及彼的全面分析,从而解读他何以会有那样的认识,他究竟想要说什么,为什么要那么说。这样,面对庄子所产生的重重疑问,或可有望一一获解了。

作为时代、社会的产物,庄子其人其书的出现,绝不是偶然的。

从春秋末年起,横亘整个战国时代,为"古今一大变革之会",是中国历史上典型的社会转型时期。这时各国间的兼并、征伐,较之春秋时代的列强争霸,势态更加激烈,规模更加扩大,战祸连年,绵延不绝。而与此同时,整个社会,伴随着铁器的普遍应用,牛耕的渐次推广,社会生产力显著提高,农业、手工业快速发展,科技显著进步,水陆交通便利,商贸日趋活跃,各地相继出现一批繁荣的商业都市。这样,各个阶级的地位也随之发生变化、调整,社会分化严重,加速了经济、政治制度改革,促进了文化、思想交流。

春秋战国之际,文化知识从官府散入民间,所谓"王官之学散为百家"。作为一个自觉的社会集团,新兴的士的阶层形成了。"通古今,辨然否,谓之士。"(《说文解字》)他们的思想空前活跃,聚徒讲学成为一时风尚,各个学派自由竞争,相互批判、辩论,"各推所长,穷知究虑,以明其指";又相互影响,"辟犹水火,相灭亦相生也"(《汉书·艺文志》),呈现出百家争鸣、英才辈出的局面,其中最具影响力的有儒、墨、道、名、法、阴阳六家。作为我国历史上第一次思想解放运动,百家争鸣在政治、经济、哲学、法律、军事、科学、文艺等各个领域,都对后世产生了深远的影响,许多学说成为以后各朝代思想家的学术资源和理论形式。

当时,各国当政者为推进变法改革、保持国家强盛,竞相礼贤下士,收罗人才;一些权臣枢要更是罗致大批有一技之长者,延揽客卿、门客,为自己效劳。一些平民出身的策士,纵横捭阖于诸侯之间,通过游说国君,有的竟以一席话立获重用,置身富贵,所谓"一人之辩,重于九鼎之宝;三寸之舌,强于百万之师"。

士,成了战国时期最为活跃的一个阶层。

19世纪英国小说家狄更斯在《双城记》开篇中,以下述文字描述转型中的欧洲社会形态:"那是最好的时代,那是最坏的时代,那是智慧的时代,那是愚蠢的时代,那是信仰的时代,也是怀疑的时代,那是光明的时代,也是黑暗的时代,那是希望的春天,也是绝望的冬天。"把这番话移用于中国的战国时期,可说是略相仿佛,甚至是恰合榫卯。

3

庄子所处的战国中后期,堪称中国社会典型的乱世,既有政治的动乱、社会的混乱,又有人心的紊乱、思想的淆乱;既诱发出人的欲望无限放纵、磅礴膨胀,又表现为活力四射、激情洋溢。由于它是伴随着经济社会、思想文化全面的转型与裂变,因而呈现出社会整体的动荡不安、险象环生。说是"天崩地坼",不为过也。

——战乱飙风口。"战国"二字,真是名副其实,二百四十八多年中,竟发生二百二十二次不同规模的战争,长则几年,短则数月。国家与国家、集团与集团之间,生存竞争日趋激烈。争城夺地,杀人盈野,老弱转乎沟壑,少壮散之四方,"易子而食,析骸以爨"的惨痛情景,时有发生。

庄子所在的宋国,是个夹在几个大国之间的小国,所谓"四战之地"。由于地处中原,交通便利,土壤肥沃,物产丰富,拥有当时初现繁荣的商业都市商丘、定陶,结果长期为周围的列强所垂涎,不断遭受到四周的赵、魏、齐、楚等国的进攻。而宋君偃又是个道地的"战争狂人",穷兵黩武,四出挑衅,东伐齐,南侵楚,西败魏,灭滕,攻薛,最终为齐所灭。在庄子的有生之年,一直是战祸连绵,无时或止。

——暴君昏上图。宋君偃是历史上有名的暴君。他公开声言:"寡人所说(悦)者勇有力也,不说(悦)为仁义者。"(《吕氏春秋·顺说篇》)他骄纵无道,以皮袋盛血,悬挂起来,然后对它放箭,叫做"射天",还鞭打土地,砍烧谷神、土神的牌位。他辱骂劝谏的老臣,掊击驼背人的背脊,砍断清早过河人的腿骨,"所杀戮者众矣","又多取妇人为淫乐,一夜御数十女"。为此,众诸侯都称他为"桀宋",说他重蹈其先祖商纣王的覆辙,"不可不诛"。最后,终于导致"国家残亡,身为刑戮,宗庙破灭,绝无后类,君臣离散,民人流亡"(《墨子·所染》)。

庄子生活在这个暴君肆虐的政治环境中将近半个世纪,耳濡目染,所获得的都是最为真切的实际感受。在《列御寇》篇,庄子通过"探骊得珠"的故事,从侧面揭露了宋君偃残暴的行径:

人有见宋王者,锡车十乘,以其十乘骄稚庄子。庄子曰:"河上有家贫恃纬萧而食者,其子没于渊,得千金之珠。其父谓其子曰:'取石来锻之!夫千金之珠,必在九重之渊而骊龙颔下,子能得珠者,必遭其睡也。使骊龙而寤,子尚奚微之有哉!'今宋国之深,非直九重之渊也;宋王之猛,非直骊龙也;子能得车者,必遭其睡也。使宋王而寤,子为齑粉夫!"

这段话翻译成现代语言,大致是:宋国有个政客拜见刚刚自立为王的宋君偃,宋王很高兴。欢快之余,宋王便赏赐给他十辆车子。他见到了庄子,以此来炫耀。庄子对他说:"你呀,先坐下来,听我给你讲个故事!河上有个贫寒人家,世世代代靠着编织苇席来谋生。他的儿子会潜水,那天扎进深渊里,想寻摸一点什么财物,摸着摸着,突然发现一颗价值千金的宝珠。高高兴兴地拿给他父亲看。他的父亲不但没有兴奋,反而劝告儿子:'赶快找块石头来把它砸碎。为什么?那千金之珠肯定得自九重深渊里黑龙的颔下。你是正赶上它在睡觉,偷偷地摘取下来的。一当它醒转过来,发现脖子上的宝珠没有了,那还了得?你就等着遭到吞食的命运吧!'现在宋国水深莫测,不止于九重的深渊;而宋王的凶猛,更不次于那条黑龙。你能得到十辆车子的赏赐,一定是正逢他睡着了的时候。若是等他醒转过来,你可就要粉身碎骨了。"

在《人间世》篇,庄子又假托颜渊和孔子的对话,借助春秋时代的史事背景,揭橥在权谋诡诈、战乱频仍方面有过之而无不及的战国时代的黑暗现实:君主专横独断,残民以逞,社会成了人吃人的血腥屠场,令人惨不忍睹。作为这个时代"暴君昏上"的典型,卫君行为专断,一意孤行;处理国事,随意性很强,却从不反省过失;草率出兵,不顾士兵死活,一仗下来,死尸满坑满阜,多如积草,老百姓呼天抢地,走投无路。见到这种情况,颜渊抱着儒家匡世救民的情怀,要挺身而出,去卫国扶危济困。当他把这个想法说给老师之后,久经世事、阅历丰富的孔子,听了却长叹一声,说,只怕你到了那里要惨遭杀害呀!然后,接着说下去:

"信誉坚实、德行纯厚,未必能投合世人口味;虚以待己,与世无争,也难以获得人们理解。而以仁义绳墨之言,陈述于暴君面前,会被视为用别人的罪过来换取自己的美德,是有意损害别人。而害人者,人必反害之,这样,你就危殆了。即便是卫君喜贤才而恶不肖,朝中亦自有人,何待你去显摆!那么,你将何以自处呢?你只能是闭嘴不敢进言,否则卫君一定会抓住你偶然说漏嘴的机会,快捷地同你辩争。这样,你必将眼花缭乱,而面色伴作平和,你说话自顾不暇,容颜将被迫俯就,内心也就姑且认同卫君的所作所为了。这样做,就像是用火救火,用水救水,可以称之为错上加错。有了依顺他的开始,以后顺从他的旨意便会没完没了;否则,当你未能取得信任便深层次进言,所谓'交浅言深',那么,最后必将被暴君处死!"

附原文:

> 且德厚信矼,未达人气,名闻不争,未达人心。而强以仁义绳墨之言術暴人之前者,是以人恶育其美也,命之曰菑人。菑人者,人必反菑之,若殆为人菑夫。且苟为悦贤而恶不肖,恶用而求有以异?若唯无诏,王公必将乘人而斗其捷。而目将荧之,而色将平之,口将营之,容将形之,心且成之。是以火救火,以水救水,名之曰益多。顺始无穷,若殆以不信厚言,必死于暴人之前矣!

孔子说这番话,是事出有因的。《左传》记载,公元前480年,也是在卫国,当时太子、贵族间发生动乱,同样是孔子的大弟子,子路身为卫国大夫孔悝的家宰,因卷入这场斗争而献出了宝贵的生命。

——生民水火境。庄子所在的宋国,"十年十一战,民不堪命",以致"殊死者相枕也,桁杨者相推也,刑戮者相望也"(《在宥》)。被处死的人骸骨堆积,戴镣铐的人相推相拥,连绵不断,遭刑戮的人随处可见。个体生命处于无常状态,危机四伏,命运残酷,人心惶惶,简直就是"游于羿之彀中"(弓弩射程之中、必中之地);到处都是"机辟"(陷阱)、"网罟",人生不过是"螳螂捕蝉,黄雀在后"的一系列惨杀链条中的一个环节;再加上,水、火、虫、风、疾疫等自然灾害频仍,内忧外患绵延不绝,生民处于"倒悬"状态,陷入如水益深、如火益热的痛苦深渊。

《庄子·则阳》篇中记载:

柏矩到齐国去,在市街上看见一具受刑示众、挺立在那里的僵尸,便推动他使之僵卧在地,并解下自己的衣服给他覆盖在身上,尔后,仰天号哭,悲悯地说:"你呀,你呀!天下有大灾大难,你就先遇上了,真可怜啊!人们总告诫说:不要去做强盗、不要去杀人。可是,一当荣辱感确立,就会产生弊病;一当货财积聚了,就会出现争端。现在确立了人们所诟病的,聚集了人们所争夺的东西,使人们置身于穷困之中而无法摆脱。这样一来,要想不走到这种地步,又怎能办得到呢?"

附原文:

(柏矩)至齐,见辜人焉,推而强之,解朝服而幕之,号天而哭之,曰:"子乎!子乎!天下有大菑,子独先离之。曰莫为盗,莫为杀人。荣辱立,然后睹所病,货财聚,然后睹所争。今立人之所病,聚人之所争,穷困人之身使无休时。欲无至此,得乎?

相对于整个社会都已陷入苦难的深渊,个人的困穷、灾难以至于惨遭刑戮,已经无足轻重,失去了它的震撼力量,更何从昭示公理、伸张正义呢!

——精神"失乐园"。比起社会动乱、环境险恶、蒿目时艰来说,更使庄子精神极度痛苦的,是人心险恶、道德沦丧、世风日下,整个社会普遍存在着追逐财富与权力的精神沉沦。当代学者李泽厚在《中国古代思想史》中对此有所描述:"财富、享受、欲望在不断积累和增加,赤裸裸的剥削、掠夺、压迫日益剧烈。'无耻者富,多信者显',贪婪无耻,狡黠自私,阴险毒辣……文明进步所带来的罪恶和苦难,怵目惊心,从未曾有。"

人们在充分享得文明恩赐的同时,也日益感受到它的负面效应——发展进程中所产生的异己力量。就是说,伴随着社会分化、职业分工、货财积累、贫富悬殊,造成了人的等级分化,机心、巧伪愈演愈烈,世风、人性每况愈下,生态危机日益加剧。面对这种种"异化"现象,庄子慨然兴叹:"日出多伪,士民安取不伪?"(《则阳》)"世丧道矣,道丧世矣,世与道交相丧也。"(《缮性》)

"日之将夕,悲风骤至。"种种精神创伤与文明异化,使庄子倍感情怀抑郁,沮丧悲观,所谓"近死之心,莫使复阳(恢复生气)也"(《齐物论》)。当然,从另一角度看,对于一位出色的思想家,没有比碰上一个恶相环生、复杂多变的时代更为幸运的了。时世愈艰危、愈动乱,真正的思想家所思考的问题,就愈接近于根本,亦即表现为一种终极关怀。从其为精神世界提供思维动力与心理张力来说,正是时代塑造了旷世哲人庄子。

4

作为感觉最为敏锐、因而思想也最为痛苦的时代灵魂,庄子以一介平民,对于政治的污浊、人间的苦难、生民"桎梏""倒悬"一般的生存困境,特别是包括自己在内的知识分子的悲剧命运,有着独特的认知与深切的体悟;并通过自己的心智、性灵、情感的陶铸,把这种生命体验以言语和文字的形式表达出来,构成了一份撼人心魄的精神遗产。

这种特殊的生命体悟,决定了他所感受到的社会危机意识和悲悯意识,不仅严重,而且异常深刻。恰如唐朝成玄英在《南华真经疏序》中所言,庄子"当战国之初,降衰周之末,叹苍生之业薄,伤道德之陵夷,乃慷慨发愤,爱著斯论"。就是说,庄子思想肇源于对悖谬时代、荒唐社会、苦难人生的切身感受与深度思考;而这也正是我们理解庄子及其思想产生的非常重要的社会背景。

面对现实生活中的悲剧存在,同苦难大众有着紧密联系的庄子,自然是悲剧意识填胸塞臆。论其基调,应该属于入世情怀,但他却以出世的冷眼观之;而在悲凉、绝望的背后,在其生命的底层,更是翻腾、涌动着茫茫无尽的愤激之情。就此,闻一多指出,在庄子的"'谬悠之说,荒唐之言,无端崖之辞'里面,实际上含有无限的悲情,流露出一种苍凉的气息"。

这种悲剧意识与激愤情怀,彰显在如下几个方面:

——艰难时世中个体生命的生存惨剧。

庄子的悲剧意识,是客观存在作用于主观情志,社会现状反映在心灵世界的产物。他在《齐物论》中说:"一受其成形,不亡以待尽。与物相刃相靡,其行进如驰,而莫之能止,不亦悲乎!终身役役而不见其成功,苶然疲役而不知其所归,可不哀邪!"大意是,人承受形体而出生,就执着于形体的存在,直到生命尽头。它与外物相互较量、摩擦,追逐奔驰,而不能止步,这不是很可悲吗!终生劳碌却看不到什么成功,困顿疲惫而不知道自己的归宿,这不是很可哀吗!

作为"役人之役"(奴隶的奴隶),人生不啻一场噩梦。源于此,才有冢中枯骨乐死而恶生的诉说。它形象地表明,生当战国之际,人的生存环境以及普遍存在的外在压力,使人的精神自由遭致剥夺,竟然达到生不如死的地步。

明末两位同样身处乱世的哲人,对此看得至为透彻:《水浒后传》作者陈忱有言:"嗟乎!我知古宋遗民(指庄子)之心矣。穷愁潦倒,满腹牢骚,胸中块垒,无酒可浇,故藉此残局而著成之也。昔人云:《南华》是一部怒书,《西厢》是一部想书,《楞严》是一部悟书,《离骚》是一部哀书。今观《后传》之群雄激变而起,是得《南华》之怒也。"而思想家陈子龙则说:"庄子,乱世之民也,而能文章,故其言传耳。夫乱世之民,情懑怨毒,无所聊赖,其怨既深,则于当世反若无所见者。忠厚之士未尝不歌咏先王而思其盛,今之诗歌是也。而辨激悲抑之人,则反刺诟古先以荡达其不平之心,若庄子者是也。"

——战祸频仍、黑暗统治等人为灾难所造成的生灵涂炭、民不聊生、走投无路的社会悲剧。就中,栖身乱世的知识分子的处境尤其惨痛。

《人间世》篇引用楚国狂人接舆唱给孔子的哀歌,借以警世觉迷,语语沉痛,令人心灵震撼:

> 凤兮凤兮,何如德之衰也。
> 来世不可待,往世不可追也。
> 天下有道,圣人成(可以成就事业)焉;
> 天下无道,圣人生(应该保全生命)焉。
> 方今之时,仅免刑(仅仅免于刑戮)焉!
> 福轻乎羽,莫之知载(不晓得怎样才能享受到);
> 祸重乎地,莫之知避。
> 已乎(算了吧),已乎!临人(待人)以德。
> 殆乎,殆乎!画地而趋(自拘自苦)。
> 迷阳(多刺的草)迷阳,无伤吾行(胻的借用字,脚胫)。
> 吾行郤曲(刺榆,意为满地荆棘),无伤吾足!

处世之艰,莫可言喻。于是,紧接着,庄子就以经典性的语言给予读书士子以暮鼓晨钟般的警示:

> 山木自寇也,膏火自煎也。桂可食,故伐之;漆可用,故割之。人皆知有用之用,而莫知无用之用也。

——人性迷失、文明异化所造成的精神悲剧。

人为物役,沉溺在欲望之中,导致人性的迷失;而贪欲无度,或为名,或为利,或为权势、地位,又会招来无穷祸患。其悲剧性在于世人对此竟安之若素,熟视无睹。

《天地》篇就此做了进一步阐释:世俗的东西占据了优势,这是毫无办法的。三人同行,若是一人迷惑,要去的目的还可望到达,因为迷失的人少;若有两人迷惑,可就徒劳无望了,因为迷失的人多。现在是天下人都在迷失,虽然我有明确的期求方向,也无济于事。这不是可悲吗!

原文是:

大惑者,终身不解,大愚者,终身不灵。三人行而一人惑,所适者犹可致也,惑者少也;二人惑则劳而不至,惑者胜也。而今也以天下惑,予虽有祈向,不可得也。不亦悲乎!

有鉴于此,庄子在《徐无鬼》篇借南伯子綦之口发出哀叹:"嗟乎!我悲人之自丧者,吾又悲夫悲人者,吾又悲夫悲人之悲者,其后而日远矣。"所谓"人之自丧者",就是指那些追逐名利以致丧失自己天性的人。下面两重"悲夫",表明对这一事态的严重的认识在不断加深,其后将日益远离炫鹜而达到淡泊无心、寂静无为的境界。

——失望以至绝望带来的心灵悲剧。

庄子最感悲伤的,还是其所衷心向往的精神超越、生命自由根本无望实现,所谓"来世不可待,往世不可追也"。在剧烈的社会动荡中,连身家性命的维系都大成问题,遑论生命的价值、精神的自由!"覆巢之下,安有完卵!"什么"乘物以游心",什么"得至美而游乎至乐",一切一切,都已沦为甜蜜蜜的幻想。

——"大觉"之后前路迷茫、孤独无告的悲剧。

庄子沉痛地说:"梦饮酒者,旦(早上,这里指醒来)而哭泣;梦哭泣者,旦而田猎。方其梦也,不知其梦也。梦之中又占其梦焉,觉而后知其梦也。

且有大觉而后知此其大梦也。"(《齐物论》)这使人想起鲁迅先生的话:最痛苦的莫过于清醒后的无路可走。庄子的悲剧意识,正来源于清醒之后对于所处社会、时代的深刻认知与批判;而尤其沉痛的,却是终究无路可走。

——除了社会时代因素造成的悲剧,还有与生俱来的生命本身所自然形成的悲剧意识。

这源于无法抗拒的铁的自然法则,亦即时间的限定性。诸如"人生天地之间,如白驹之过却(隙),忽然而已"(《知北游》);"我生也有涯,而知也无涯。以有涯随无涯,殆已"(《养生主》)。难怪德国哲学家叔本华要废然哀叹:"时间以它的力量,使所有的东西在我们手中化为乌有,万物从此而丧失了真正的价值。"

悲剧意识包含在生命的本质之中,是生命意识觉醒的反映,体现了人类的生命自觉。因此,对于庄子的悲观思想、悲剧意识,不能认为是什么"没落阶级思想情绪的表现";应该看作是面对广大民众特别是读书士子,在社会变革时期遭受到空前未有的灾难,而又找不到出路的一种苦闷的象征,一种困惑情绪的映射。俄国思想家、文学家列夫·托尔斯泰,晚年曾产生过悲观绝望、虚无主义的思想。对此,有些人批评说是没落贵族意识;可是,革命导师列宁却明确指出,这是资本主义代替封建主义制度的社会变革时期,广大尚未觉悟群众的意识,"悲观主义、不抵抗主义、向精神'呼吁',是这个时代必然要出现的思想体系"。庄子思想产生的背景与此相似。

第二章

人间世

从庄子的人生追求、价值取向、胸襟视野、平民身份以及个性特征等方面,展述其高远的精神风貌、人格风范和超越世俗的自由精神、自然天性、逍遥境界。

第四节

不做牺牛

I

《史记》本传中记载,庄子曾为"蒙漆园吏"。蒙邑,经考证,在宋国都城商丘东北部,也就是庄子的出生地。蒙邑的漆园当是国家所属的漆树种植园,可能也包括制漆作坊。这个吏职,级别甚低,而且不属于行政范畴,只是一个经济管理性质的下层小职员。

漆树是我国特有的经济树种,其所产之漆在我国古代应用范围很广。由于它有防潮、防腐和美观、耐磨的功效,不仅应用于宫殿、舟车、乐器、家具、器皿、棺椁等方面,而且,对于战车、战船、矛杆、弓弩等战备用品,漆也是不可或缺的。

经考古发现,早在四千多年前,我国先民就已开始从漆树上取漆,经过制作,用于生产生活多个方面。宋国疆域属于古豫州范围,《尚书·禹贡》篇有豫州"厥贡漆、枲、絺、纻"(漆以及织成布和未成布的麻、葛类,同为周时贡品)的记载。战国时代魏国史官所著史书《竹书纪年》里讲:"梁惠成王十六年,邯郸伐卫,取漆富丘,城之者也。"说的是赵国南侵卫国,夺取富丘(在今商丘之北菏泽境内)盛产的漆,并筑城于此。这个时节,庄子大约十多岁。看来,先秦时期,漆及其制品确是当时国计民生中一项重要产品,在宋、曹等国的许多地区都曾广泛种植漆树。

学界大抵认同,庄子为漆园吏时间很短。大约任职于公元前340年左右,两三年后,便主动辞去了这个职务,其时他刚过三十岁。

期间,还发生了庄子却楚之聘、"不做牺牛"的事件。学者曹础基根据明代焦竑《老子翼·附录》:"(周)显王三十年(楚威王元年),楚聘庄子为相,不就,隐濠上漆园"的记载,断定楚威王遣使聘庄,当在公元前339年或稍后。

对此,《庄子·秋水》《列御寇》篇和《史记》庄子本传中均有记载,然间有异辞。《秋水》篇记载:这天,庄子正在濮水岸边钓鱼。楚威王派遣两位大夫先去表达心意,说:"我们的国王希望将国家大事托付给先生。"庄子手持钓竿,头也没有回,说:"我听说楚国有一只神龟,已经死了三千年。楚王特地用竹箱装着,手巾盖着,把它供奉在庙堂之上。你们说,这只龟,是甘心死了,留下骸骨,受到尊贵待遇呢?还是宁愿活着,拖着尾巴在泥地里爬行呢?"两位大夫答说:"它当然愿意活下去,拖着尾巴在泥地里爬行了。"庄子说:"那么,你们就请回吧!我还是希望拖着尾巴在泥地里爬行了。"

原文是:

庄子钓于濮水,楚王使大夫二人往先焉,曰:"愿以境内累矣!"庄子持竿不顾,曰:"吾闻楚有神龟,死已三千岁矣,王以巾笥而藏之庙堂之上。此龟者,宁其死为留骨而贵乎?宁其生而曳尾于涂中乎?"二大夫曰:"宁生而曳尾涂中。"庄子曰:"往矣!吾将曳尾于涂中。"

庄子本传所记:

楚威王闻庄周贤,使使厚币迎之,许以为相。庄周笑谓楚使者曰:"千金,重利;卿相,尊位也。子独不见郊祭之牺牛乎?养食之数岁,衣以纹绣,以入大庙(准备宰杀献祭)。当是之时,虽欲为孤豚(孤弱的猪崽),岂可得乎?子亟去,无污我。我宁游戏污渎之中自快,无为有国者所羁,终身不仕,以快吾志焉。"

做如是选择,自然是取决于庄子的人生追求、价值取向。屈身做吏,觍颜事人,是他所鄙弃不屑的;他也完全没有飞黄腾达、荣宗耀祖、立功立德的期望;更不像同时代的孟轲那样,抱有"发政施仁""救民水火""乐以天下,忧以天下"的家国情怀。他所追求的只是真正的身心自由、生命自主;哪怕是做一只草泽里的野雉,只要能"不畜樊笼",全靠自力,无恃无待,无累无患,就心满意足了。这个愿望可谓普通至极,平凡至极,可是,真正能够做到,又谈何容易!

成书于汉代初年的《韩诗外传》中,对此有一段阐释:

> 君不见大泽中雉乎?五步一啄,终日乃饱;羽毛泽悦,光照于日月,奋翼争鸣,声响于陵泽者何?彼乐志也。援置之囷仓中,常啄粱粟,不旦时而饱;然独羽毛憔悴,志气益下,低头不鸣。夫食岂不善哉?彼不得其志故也。

庄子以极度的清醒和超凡的远见,洁身自好,特立独行,逍遥于政治泥淖之外,"苟全性命于乱世,不求闻达于诸侯",始终和统治者保持着严格的距离。这同其他的晚周诸子,在观念上存在着本质的差异。在那种社会昏暗、政治污浊的环境中,绝大部分读书士子,都迷失了自我,摒弃了生命价值,"莫不以物易其性""危身弃生以殉物""小人则以身殉利,士则以身殉名,大夫则以身殉家,圣人则以身殉天下"(《骈拇》)。对此,陈鼓应有个解析:"先秦时代,士人群起而出,然而大多是依违于仕隐之间。庄子则超越了仕与隐的冲突与两难,既'独与天地精神往来',又'不谴是非,以与世俗处',在板荡的时代中,做一位清醒者、殊异者。"

他在政治上,既傲然独立,绝不苟活以媚世,又能随物适变,无所可否,摆脱世务,使自己无所可用;生活上,则选择极度简单的方式,坚持自食其力,靠着编草鞋、钓鱼虾来勤俭度日,维持低标准的生存状态。这样,在人格上,就可以保持自我的尊严与高贵,不受任何政治派别、社会集团的控制与影响;精神上,潇洒、超拔,营造一种从容、宁静、宽松、澹定的心态,以超群的智慧化解现实中的种种矛盾,祛除一切形器之累。像晋人潘岳《秋兴赋》中所写的:"逍遥乎山川之阿,放旷乎人间之世。悠哉游哉,聊以卒岁。"

为了追求人格的独立与心灵的自由,庄子终生奉行"不为有国者所羁"的价值观,从而成为"官本位文化"坚定的反叛者,获得一种与天地自然同在的精神超脱,与宇宙万物融为一体的陶醉感、轻松感。

作为博古通今的大学者,庄子熟知各国的史事,特别是那些在学术界具有代表性的历史人物。诸如,生活于春秋时代的道家始祖老聃和儒家的创始人孔丘,还有早于自己三四十年的法家代表人物商鞅,等等。老聃号称"古之博大真人",《庄子·天下》篇说他,"人皆取先,己独取后""人皆取实,己独取虚""人皆求福,己独曲全,曰苟免于咎";韬光养晦,奉行"道常无为而无不为"的人生理念,以养性全生为宗旨。而孔丘则是"知其不可而为之",栖栖惶惶,席不暇暖,历经十四个春秋,奔走于各诸侯国之间,一路上,饱遭长沮、桀溺、楚狂接舆、荷蓧丈人等的讥讽、批评,郑国人甚至嘲之为"累累若丧家之狗",但其所推行的以"仁政"为核心的政治主张,却最终也找不到买主。尽管"其在于《诗》《书》《礼》《乐》者,邹鲁之士、搢绅先生多能明之",但那些霸主、时君却无意于施行儒家的所谓"仁义之道"。迨至战国时期,这种情况未见扭转,甚至有以过之。当商鞅向秦孝公进行类似的说教时,孝公竟酣然睡去,醒转过来还斥之为"妄人"。商鞅从中接受了教训,最后以刑名、法术之学取悦于孝公,变法图强,卒成霸业;但他自己却并未因此而获得好运,最后的下场是"作法自毙",惨遭"车裂",分尸示众。

如果说,发生于秦国的这场惨剧还远在西陲的话,那么,在此前十七年和此后九年发生于宋国都城的两场宫廷政变,对于庄子来说,则是闻见所及的了:先是剔成杀戮了奢侈无道的宋桓侯,自立为国君;后来,他的弟弟戴偃,又"依样画葫芦",逐兄自立,剔成逃奔到齐国。这一切,都彰彰在人耳目,纵非宫廷中亲历亲与,听起来也令人汗毛倒竖,齿根发冷。庄子自然不肯和那些虎狼之徒搅和在一起,于是,便痛下决心,抽身脱险,远远离开政治这个"是非坑"。

其实,即使不存在这类政治风险、杀身之祸,就庄子的禀赋与天性来说,他也确实不是一个做官的材料。拉他从政,无异于套牛拉磨,驾犬耕田,不仅官当不好,自己也会跟着吃苦遭罪。

无分中外古今,基本上可以肯定,哲学家成就不了出色的政治家。哲学家所拥有的,是一颗整天都在思索问题的无比沉重的大脑,一颗时刻都在滴血的敏感的心灵,他们把灵魂受难看成是精神享受;他们可以有洞见,有卓识,有妙赏,有深情,却缺乏政治家所断不可少的运筹帷幄的韬略、指挥若定的魄力,更不谙熟戡天役物、覆雨翻云的手段。难怪赫拉克利特执意要把王位继承权让给兄弟,并且说:"宁愿跟小孩子一道掷骰子玩,也不去摆弄政治。"

也许有人要问,既然如此,那么,庄子何以还偶涉官场,在漆园里谋个临时差事呢?现在猜想,这里有两种可能:一是,为了养家糊口,出于"稻粱谋"的无奈,如同孟子所说"仕非为贫也,而有时乎为贫";二是,老朋友惠施看他实在衣食无着,便出面举荐,而他难拂盛意,只好虚与委蛇,实际上并不热衷于此,更没有久于官场的打算。

虽然庄子并不适合从政,但从《人间世》篇看得出来,他对于官场腐败、仕途险恶、宦海浮沉的观察,却是至为透彻而深切的——其间波诡云谲,凶险莫测,说不定什么时候就会遭致灭顶之灾;即使没有性命之虞,由于世路多艰,社会关系盘根错节,处兹乱世,参预政事,也极端不易,必将是"朝受命而夕饮冰,我其内热与"!(早上接受任务,晚上就得喝水解热,我真是忧心如焚啊!)这是由于时时处在两难境地,无论其为成功或者失败,都必然遭致祸患:"事若不成,则必有人道之患"(将被追究责任,横遭罪谴);"事若成,则必有阴阳之患"(情感悲喜无常,会引发身体阴阳失调);"是两也,为人臣者不足以任之"(这种双重的祸患,是人臣所承受不了的)。

这是讲一般从政,至于同暴君打交道,那就更是难乎其难了。接下来,庄子就讲了这方面的实例:

鲁国的贤人颜阖被请去担任卫灵公太子的师傅。上任之前,他去请教素有贤大夫令誉的蘧伯玉,说:"现在有一个人,天性残酷暴虐,杀人不眨眼。请问：我该怎样与他相处呢？如果不讲原则，一味迁就、放纵，肯定要危害国家；如果讲究原则，事事较真，那就必定要危害自身。他的聪明足以明察别人的阙失，却无视自己的过错。你说，我该怎么办呢？"

蘧伯玉说："你问得很好。处此逆境，你必须加倍小心谨慎。首要一条，是身子要立得稳，外貌应表现出亲近之态，内心要存着调和、诱导之意。尽管如此，也还有一定的隐患。亲附他不能太过分，诱导他不能太显露。过分亲附，就会陷身其间，遭致覆灭；诱导的意图显露出来，他会以为你贪图声名，难免招灾惹祸。"

附原文：

颜阖将傅卫灵公太子，而问于蘧伯玉曰："有人于此，其德天杀。与之为无方，则危吾国；与之为有方，则危吾身。其知适足以知人之过，而不知其所以过。若然者，吾奈之何？"蘧伯玉曰："善哉问乎！戒之慎之，正女身也哉！形莫若就，心莫若和。虽然，之二者有患。就不欲入，和不欲出。形就而入，且为颠为灭，为崩为蹶。心和而出，且为声为名，为妖为孽。

这岂不就是后世所常说的"伴君如伴虎"吗！

2

在中国古代思想史上，庄子率先提出了人的自由问题；他把自由精神作为生命的最高准则，看得高于一切，重于一切。辞官却聘，"不做牺牛"，"不为有国者所羁"，这类纯乎出于高度自觉的人生道路抉择，都和这种自由精神紧密地联结着。就是说，它的根本出发点，在于追求自由，珍惜自由。

那么，何谓自由？一般从字面上阐释，自由就是任情随意，无拘无束，可以从心所欲地做任何事情。这种看法不尽科学,也不符合庄子所倡导、所追求的自由的原义。庄子是从哲学层面上提出问题的,认为自由是一种精神方面的感受与追求,那种自由境界,是一种主客观之间无任何对立与冲突的精神状态,是一种无任何牵系与负累的超然心境,首先体现在"逍遥游"上。按照陈鼓应的解释:"逍"是消释而无执滞,"遥"是随顺而无抵触,"游"是象征无所拘碍的自由自得状态。总括言之,即形容精神由解放而得到自由活动的情形。

但同是自由,也要分成多个层次:《逍遥游》篇说到的大鹏与列子的情态,固属诗意盎然,任情适意;但那都只是相对的自由状态,而不能算作绝对的自由。"九万里风鹏正举",凭借的是六月飓风所掀起的波涛的托浮,然后才能背负青天,毫无阻碍地飞往南冥;"风之积也不厚,则其负大翼也无力"。列子"御风而行,泠然善也",过了十五天而后回来,同样要依恃风力的撑持,因此,也不能算作真正的逍遥,原因是还"有所待"。"所待"的条件不在己,条件一变,自由便随之丧失。而庄子所向往的,乃是真正的逍遥,是"无待"的——"乘天地之正,而御六气之辩(变),以游无穷者,彼且恶乎待哉!"只有达到这种境界,才称得上是绝对的自由。

言念及此,庄子是带有强烈而鲜明的现实针对性的。鉴于在那社会激烈转型的时代,许多人终日营营役役,跳踉腾挪,或成为专供他人驱使的两脚工具,或沦为自己情志、欲望的奴隶,或变作种种身外之物的殉葬品,以致完全忘却自己的真实面目与人生本色,他提出了三个著名的观点:

一是,生命的存没乃自然之理,所以要听命自然,服从自然,皈依自然:"死生,命也,其有夜旦之常,天也。人之有所不得与,皆物之情也"(《大宗师》);此,衍生出性分所至,人本无为的观点。

二是,因此,应该超然对待生命的存在,"不知悦生,不知恶死,其出不䜣(欣),其入不距(同'拒')"(《大宗师》)。

三是,个体生命本身是一切存在的出发点,反对"危身弃生以殉物",反对身为物役,明确提出:"帝王之功,圣人之余事也,非所以完身养生也";治

理国家、天下，不过是"绪余"而已。"夫天下至重也，而不以害其生，又况他物乎！"(《让王》)

三者统一构成庄子的生命观。它的实质、它的核心乃是自由观，最后落脚在生命自由、精神独立、"不做牺牛""不能危身弃生以殉物"上。一、二两点与第三点并不抵牾，前者说的是生命的自然形态，后者强调的是生命的价值，它们的着眼点不同。其实，庄子在"一受其成形，不亡以待尽，与物相刃相靡，其行进如驰，而莫之能止，不亦悲乎"的后面，接着讲的就是重视个体生命的意义："终身役役而不见其成功，苶然(困顿之状)疲役而不知其所归，可不哀邪！人谓之不死，奚益！"(《齐物论》)

庄子站在时代的制高点上，俯瞰世间种种沧桑变化，以天才思想家的高度敏感性，感时伤世，最早地揭示了"人为物役""心为形役"这种生命存在的悲剧现象，开启了两千年后一些西方哲人关于"人的异化"思想的先河。我们阅读西方现当代一些哲学家、文学家的著作，常常感到庄子的在场，发现他们有些观点竟然同庄子的惊人的一致。比如，认为个人是本原，是圆满自足的整体，社会和国家不过是它的派生物（庄子称之为"绪余"），因而无须依靠社会、国家来判定其价值。德国哲学家康德认为："世界上的一切，都不过是工具或手段；只有人，才是唯一的目的"；"人，实则一切有理性者，所以存在，是由于自身是个目的，并不是只供这个或那个意志任意利用的工具"。这些论点都同庄子的思想暗合，甚直如出一辙。

同"不做牺牛"的生命宗旨相呼应，在庄子心目中，为君也好，为臣也好，实在谈不上有什么生命价值；相反，其所作所为，往往以爱民为名，乃"害民之始"。在《徐无鬼》篇，他曾就此对魏武侯提出了尖锐批评："君独为万乘之主，以苦一国之民，以养耳目口鼻"；直至发动战争，屠杀他国的士民，并吞人家的土地，以满足一己的私欲。而下面的官吏，即使是至微至末的职位，也免不了要充当媚上欺下、鱼肉百姓的帮凶角色。所以，依庄子之见，最佳的选择，就是做个远离政治的布衣、隐士。

春秋战国时代的知识阶层，也就是"士"，是一个特殊的群体。他们"以道自任",作为文化的传承者和道义的担当者,作为国家、民族的感官与神经,一定程度上左右着社会的发展、人心的向背。但是,吊诡的是,社会却没有先天地为他们提供应有的地位和实际的政治权力,而要获取一定的权势以推行自己的主张,就必须像孔夫子那样,栖栖惶惶,奔走道途,争取解褐入仕,取得君主的信任和倚重。显然,这种获得(而在孔子,却是终生也未能获得)是以丧失一己的独立性、消除心灵的自由度为其惨重代价的。这是一个"二律背反"式的难于破解的悖论。古代士人的悲剧性正是在于,他们参与社会国家管理的过程,实质上就是臣服于统治权力的过程,最后,必然形成普泛的依附性。不仅丧失本性,丧失精神自由,更为惨痛的还会危身弃生,性命不保。"达摩克利斯"之剑,一天到晚,总是高悬在头顶上。

当然,也有部分读书士子,选取了"独善其身"的避世、隐逸之路。作为一个社会群体,他们更看重个体生存形式和精神活动的自由自在;要在攫取爵禄、奉侍王侯之外,创造出另一种自身的存在价值,保持其独立人格与自由的意志。他们一般都具有较高的文化层次和道德修养,智慧与才能往往高出常人;但由于认定社会现实、仕途官场是污浊的,因而不愿与时辈为伍,与俗流同污,而是洁身自好,独立轶群,"不事王侯,高尚其事"。他们否定外在权威,卸却自身责任,远离功利,逆俗而行;以放弃仕途的富贵荣华为代价,博取更多的精神自由和更高雅的审美体验;忽视物质的享受,追求精神的超越,鄙弃以利相交、虚伪夸饰的人际关系,向往恬淡自然、超越功利的精神境界;秉持一种特殊的生存方式、生存理念和生命追求。

但是,说来容易,而要实际践行,却又难乎其难。那些真正的隐逸之士,为了逃避世俗的纷扰,总要匿迹于远离市廛的江湖草野,栖隐在山林岩穴之中,过着一种主动摒弃社会文明的原始化、贫困化的物质生活,像庄子所说的:"就薮泽,处闲旷,钓鱼闲处,无为而已矣。此江海之士,避世之人,闲暇者之所好也。"(《刻意》)对于他们来说,最大的艰难困苦,还不是物质条件的匮乏与贫贱生活的折磨,而是精神层面上的苦境,所谓"隐身容易隐心难"。

隐士幽居与孀妇守节有些相似，与其说要过物质上的难关，毋宁说，主要还是战胜心灵上的熬煎。就是说，找一个远离尘嚣、摆脱纷扰的林泉幽境，把身子安顿下来，比较容易做到；可是，要真正实现心神宁寂，波澜不惊，使灵魂有个安顿的处所，却须破除许多人为的障碍，经过一番痛苦的磨炼。为此，他们往往通过亲近大自然，获得一种与宇宙万物融为一体的陶醉感和脱掉人生责任的轻松感，使隐居中的寂寞、困顿和酸辛，从那些无利害冲突、超是非得失的审美愉悦中，得到心理上的慰藉和生命价值的补偿。

翻开晋皇甫谧的《高士传》，那类尘心荡尽、真正安于隐逸的人士，为数并不很多。上古的许由、巢父，可以拔得头筹。许由初隐于沛泽，因帝尧欲以天下让之，而逃耕于颍水之阳、箕山之下。后来，帝尧又召之为九州长，许由不愿闻之，便洗耳于颍滨；适逢巢父牵牛来饮水，见许由洗耳，问明缘由，便责备他隐居不深，欲求名誉，以致污秽犊口，遂牵牛于上流饮之。

还有一位善卷先生，据《庄子·让王》篇记述，舜以天下让善卷，善卷曰："余立于宇宙之中，冬日衣皮毛，夏日衣葛絺。春耕种，形足以劳动；秋收敛，身足以休食。日出而作，日入而息，逍遥于天地之间而心意自得。吾何以天下为哉！"

汉代的严光，早年曾同南阳郡的刘秀一起四出游学，彼此结下了深厚友谊；后来刘秀夺得天下，文官武勇，风虎云龙，从四面八方聚集而来，唯有严光却躲得远远的，更名变姓，高隐不出。光武帝仰慕其才情、人品，令各郡县四处寻访。找到之后，严光却拒绝出山，使者往返三次，被逼不过，勉强登车到了京城洛阳。见到刘秀之后，他严词加以责问："从前唐尧以盛德著称，但仍有巢父隐居不仕。人各有志，何必相逼呢？"光武帝无可奈何地说："我贵为天子，富有四海，可是，竟不能屈你为臣呀！"于是叹息登车而去。严光也就回到了富春山下七里泷中，钓他的酸菜鱼去了。

像这类自甘退出社会舞台，彻底放弃对现实社会的价值关怀，绝对排斥入世而超然物外的狂狷者流，当属于原根意义上的隐士。

但更多的却是"有执志而有所待者"，比如西周初年的姜太公，"隐迹磻

>>> 庄子的隐居闲处,又不完全等同于一般意义上的隐者。

溪七十余,钓滩清浅鬓萧疏。满怀韬略为香饵,只钓文王不钓鱼"(宋代王十朋诗)。还有那位志存高远、足智多谋的诸葛亮,南阳高卧,耕田读书,闲来抱膝长吟,无非是等待时机,献身明主。至于那类以退为进、以隐求官,把隐居作为晋身仕宦的"终南捷径"者,也代不乏人。他们属于政治投机者流,同隐士更是搭不上边。

不过,庄子的隐居闲处,又不完全等同于一般意义上的隐者。他既无意于像儒家那样积极入世,不想卷入险恶的政治漩涡,就是说,不属于"有所待者",也并不主张遁迹山林,逃避社会,远离人群,而是采取"顺世""游世""间世"的态度——既不完全脱开,又能拉开距离,处于"逍遥游"的人生理想境界。他说:"唯至人乃能游于世而不僻,顺人而不失己。"(《缮性》)"隐,故不自隐(不是遁迹山林,而是寄迹人间,心隐而身不隐)。古之所谓隐士者,非伏身而弗见也,非闭其言而不出也,非藏其知(智)而不发也,时命大谬也(意为命途多舛、世运不济所造成的)!"可见,他的隐居闲处,在一定程度上,也是受客观形势所迫而做出的一种无奈选择。

3

适逢"千金买马骨""诸侯争养士"的战国时代,以庄子的天纵之才,既有学问,又有思想,更富卓见,地地道道的学派领袖、一代宗师,只要他能稍微俯身迁就一下,还愁无官可做、无禄可求吗?可是,他为了追求精神自由,活得逍遥自在,宁可长期过着饥寒、困窘的生活,决不肯以精神沦落来换取物质享受。

《外物》篇记载:

庄子贫穷,到了揭不开锅的地步,只好到监河侯的衙署去,想要借贷一点口粮,以暂渡难关。

监河侯说:"好啊。等我收了封邑里的税金,就借你三百金,你看可以吗?"

庄子忿然作色,板着面孔说:

"昨天我到这里来,中途忽然听到有人叫我的名字。回头一看,原来车辙里有一条小鲫鱼,在那儿跳呢。我就问鲫鱼:'你在那里干什么呢?'小鲫鱼说:'我是东海龙王的当差,现正处于困境,你难道不能用升斗的水救活我吗?'我说:'好的。我这就要南行,游说吴越之王,等我引西江的水来营救你。你看,可以吗?'这个小鲫鱼沉着脸说:'我失去了水,处在艰危的困境。所求不多,只要得到一斗一升的水就可以活命。可是,你却这样说话,那还不如索性到干鱼店铺里去找我呢!'"

附原文:

庄周家贫,故往贷粟于监河侯。监河侯曰:"诺。我将得邑金,将贷子三百金,可乎?"庄周忿然作色曰:"周昨来,有中道而呼者。周顾视车辙中,有鲋鱼焉。周问之曰:'鲋鱼来!子何为者邪?'对曰:'我,东海之波臣也。君岂有斗升之水而活我哉?'周曰:'诺。我且南游吴越之王,激西江之水而迎子,可乎?'鲋鱼忿然作色曰:'吾失我常与,我无所处。吾得斗升之水然活耳,君乃言此,曾不如早索我枯鱼之肆!'"

贫困的庄子,除了遭遇监河侯的冷眼,还曾受到过邑人曹商的无耻奚落与卖弄。《列御寇》篇记载:

曹商受宋王之命,出使秦国。他到了以后,一见面,秦惠文王当即赏赐他几辆车子;待到正式交谈,秦王倍加喜悦,赏赐车辆百乘。他志得意满地回到宋国,见到了旧日相识的庄子,便语含讥讽并大肆夸耀地说:"老朋友啊,要论忍饥耐寒,处于穷闾陋巷之中,终年累月困窘织屦,最后弄得面黄肌瘦,这是我所赶不上你的;而办理外交事务,会晤大国君王,一举而从车百乘,那可就是我的长项了。"

庄子说:"听说秦王有病,召请医生,赏格定得很高:能给他的脊背破痈排脓的得车一乘,能给肛门吮脓舔血的得车五乘。所治部位越是往下,手法越卑污的,得车愈多。你是不是整天在那里,给人家吮痔疮、舔屁股呢？不然,怎么会得到那么多车辆的赏赐呢！你赶紧走开吧！"

原文是：

> 宋人有曹商者,为宋王使秦。其往也,得车数乘；王说之,益车百乘。反于宋,见庄子曰："夫处穷闾陋巷,困窘织屦,槁项黄馘者,商之所短也；一悟万乘之主而从车百乘者,商之所长也。"庄子曰："秦王有病召医,破痈溃痤者得车一乘,舐痔者得车五乘,所治愈下,得车愈多。子岂治其痔邪,何得车之多也？子行矣！"

诚如现当代作家林语堂所评述的："庄子属于极端厌恶官吏的一类人,他既不愿服官,更不肯叩头,所以一贯地洁身处世,而且,总是把尖锐的矛头指向官场的奢华和显贵,对以势骄人者、趋利之徒、权贵人物,极尽挖苦之能事。"

有这样一句话："财富和地位不会改变一个人的长相,但可以让他撤除伪装,原形毕露。"两千年前的曹商正是这样。只是,这类吮痈舐痔、厚颜无耻的丑行,在后世的官场中从来没有绝迹。旧籍中记载这样一则故事：

五代时后蜀有个徐姓县官,年龄已经很大了,却总是寻隙觅缝,想要找个晋升的机会。幸好貌美年轻的女儿,被当朝的宰相看中了,选做了姨太太；于是,趁着"之子于归",也就是女儿出嫁时,悄悄地嘱咐她,多在宰相面前美言几句,替老爹求个情——原来,他已经认准了"彭州牧"这个肥缺。说着,就涎着脸皮,把事先写好的一首诗,塞到女儿手里：

> 深宫富贵事风流,莫忘生身老骨头。
> 因共太师欢笑处,为吾方便乞彭州。

应该说,庄子之所以"不愿服官,更不肯叩头",一贯地洁身自好,是由于他秉持着一种超越凡俗的处世哲学。在他看来,只要能够奉行虚静的自然之理,就"可以保身,可以全生,可以养亲,可以尽年"(《养生主》)。对于这种处人、处己、处世的态度,魏晋时的嵇康在《答难养生论》中做过中肯的阐释:

> 故世之难得者,非财也,非荣也,患意之不足耳!意足者,虽耦耕畎亩,被褐啜菽(意谓身体劳累,衣食很差),莫不自得;不足者,虽养以天下,委以万物,犹未惬然。则足者不须外,不足者无外之不须也。无不须,故无往而不乏;无所须,故无适而不足。不以荣华肆志,不以隐约趋俗,混乎与万物并行,不可宠辱,此真有富贵也。

生命恬适之要领,在于求得内在的自足;内心生活充实了,方寸不为外物所累,就无往而不自得其乐。从容自得,不仰外求,这是庄子处世、处己中最为光华四射的一点。

针对一些隐者必须遁迹山林,否则心神难以安顿的想法,庄子在《外物》篇曾鲜明地托出自己的观点:"人有能游,且得不游乎?人而不能游,且得游乎?夫流遁之志,决绝之行,噫,其非至知厚德之任与(欤)!"大意是说,人如果能够游心自适,哪里有不悠游自得的呢?人如果不能游心自适,哪里有悠游自得的呢?至于流荡隐遁的志向,决绝弃世的行为,大概不是智能高超、禀赋深厚的人所会采用的!

后世的陶渊明深谙此中"三昧",有句云:"结庐在人境,而无车马喧。问君何能尔,心远地自偏。"与陶氏大体上同时的史学家、《后汉书》的作者范蔚宗在《逸民传·序》中也说:"然观其甘心畎亩之中,憔悴江湖之上,岂必亲鱼鸟、乐林草哉?亦云性分所至而已!"这里所谓"性分",其旨归正是庄子所说的那种不仰外求、内生于心的本性。

就此,林语堂有过一段议论:"中国最崇高的理想,就是一个不必逃避人类社会和人生,而本性仍能保持原有快乐的人。如果一个人离开城市,到山中去过着幽寂的生活,那么,他也不过是第二流隐士,还是环境的奴隶。城中隐士实是最伟大的隐士,因为他对自己具有充分的节制力,不受环境的支配。"

这里说的是一种境界。之所以誉为"最伟大的隐士",林氏的着眼点,在于当事人的立身行事之高。就是说,如果敻绝尘寰,山林遁迹,远离世务,那么,人际间的一切纠葛便也随之而消弭了;而现在是"结庐在人境""游于世而不僻""非伏身而弗见""非闭其言而不出""非藏其知(智)而不发",这样,就必然面对一个如何处人、处己、处世的问题。

在这方面,庄子表现出了卓绝的人生智慧。

天才,注定要为其超越于时代、超越于常人付出应有的代价,甚至要献出宝贵的生命。比如中国的嵇康、李贽,西方的布鲁诺、伽利略,弯起指头来可以数出几十个。可是,作为天才中的天才,庄子却不在其列。应该说,这得力于他的"散木情结",明哲保身。

在《人间世》《山木》等篇中,他曾列出两组鲜活的事例进行对比:一组是,"直木先伐,甘井先竭","山木自寇,膏火自煎","桂可食,故伐之";另一组是,栎社之树、商丘之木因不材(不成材)而得以免遭砍伐,白颡之牛、亢鼻之豚、患痔之人因不宜祭神而得以全生,支离疏以残形痼疾而终其天年。前者表明:有用则自戕,有用是灾难;后者揭示:无用则无患,无用有大用,不材可以自存,无为、无求能够免除祸患。两相对照,得失立见,道理至为鲜明,至为警策。

唐代白居易写过两首《闲卧有所思》的七律,其二曰:

> 权门要路是身灾,散地闲居少祸胎。
> 今日怜君岭南去,当时笑我洛中来。
> 虫全性命缘无毒,木尽天年为不材。
> 大抵吉凶多自致,李斯一去二疏来。

"有所思",思什么?思的是进退去留、祸福吉凶的道理。这里提到了三位古人:李斯拜荀子为师,学成后,决定西去秦国。辞别老师时,他说:"诟莫大于卑贱,而悲莫甚于穷困。久处卑贱之位,困苦之地,非世而恶利,自托于无为,此非士之情也。故斯将西说秦王矣。"这就叫"李斯一去"。到了秦国,逞才用智,尽展所能,结果为权臣赵高所忌恨,被腰斩于咸阳闹市,并夷三族。"二疏"为西汉时的疏广与其侄疏受。他们深得朝廷信任,官至太傅、少傅,叔侄同时担任太子的老师,一时传为美谈。就在那鲜花着锦、烈火烹油的人生极致时刻,疏广对疏受说:"吾闻'知足不辱,知止不殆','功遂身退,天之道'也";而今"宦成名立,如此不去,惧有后悔,岂如父子(伯叔亦称诸父)相随出关,归老故乡,以寿命终,不亦善乎?"疏受欣然同意。于是,两人就推称有病,执意请求去职,最后得到了皇帝允许。回乡之日,许多官员、朋友前来送行,车子有几百辆。过路行人见了,都赞叹说:"贤哉,二大夫!"这就叫"二疏归来"。

散木不材也好,无用无患也好,一个大前提,或者说出发点,是以名位为轻、生命为重,视身心自由为至高无上。世间大多数人,从认识上,大概能够赞赏"全身养性""功遂身退"的明哲,也会认同《庄子·让王》篇所设喻的"以隋侯之珠,弹千仞之雀"的不足取;但是,"知之匪艰,行之维艰",认识是一码事,践行却另是一码事,此其一;其二,实利就在眼前,而祸患往往隐于身后。这样,许多人在名缰利锁与权势地位的诱惑面前,就会迷失本性,难以脱身了。

《列子·杨朱》篇记载了一段杨朱与孟氏的对话:

> 杨朱游于鲁,舍于孟氏(住在孟氏家里)。孟氏问曰:"人而已矣(人活着就行了),奚(何)以名为?"(杨朱答)曰:"以名者为富。""既富矣,奚不已(止)焉?"曰:"为贵。""既贵矣,奚不已焉?"曰:"为死。""既死矣,奚为焉?"曰:"为子孙。""名奚益于子孙?"曰:"名乃苦其身,燋其心。乘其名者,泽及宗族,利兼乡党,况子孙乎?"

这一问一答,生动地描绘了人生在世为名、为富、为贵、为子孙而奔波拼命,以功名利禄为终极追求的扭曲心态。堪资嗟叹的是,这种扭曲心态,两千多年来从来未曾绝迹,而且颇具普遍性。

走笔至此,脑子里涌上来几句俚诗:

人间浊世漫苍黄,泽雉牺牛各有方。
散木不材为岂易,破头流血悟蒙庄。

第五节

布衣游世

I

在古代,一个读书士人,不肯做献祭的"牺牛""不为有国者所羁",就意味着自绝于仕进之路,甘心做一个平民百姓、一个布衣知识分子。

说到"布衣",人们会联想到那位"卧龙岗上散淡的人"诸葛亮。他在送呈皇帝的《出师表》中写道:"臣本布衣,躬耕于南阳,苟全性命于乱世,不求闻达于诸侯。"我也曾想要借用这番话来状写庄子,可是,细一琢磨,就觉得有些拟于不伦了——开头那个"臣"字,并不符合庄子的意愿。须知,他可是"天子不得臣,诸侯不得友"的旷世超人啊!

庄子是一个大知识分子,思想绝对超前,而且学问精深,博闻广见,大到宇宙、时空,远至南冥、北冥,小至蝼蚁、稊稗、浮尘、芥子,近及牛羊、鸡犬、彩蝶、游鱼,他无不涉猎。在哲学史上,是他最早提出了时空概念,为时空下了准确的定义。他能用生动的语言、形象的事例,来表达天道与人道的微言妙义;许多看似日常生活化的议论,都蕴含着深邃的哲理。

太史公曰:"余读孔氏书,想见其为人。"同样,我读庄子书,也想见其为人。中外历史上,有些思想家、文学家,你可能非常喜欢他的作品、信服他的言论,却未必欣赏他的为人,所谓"可信者未必可爱";庄子,却是人们既喜欢他的作品,又都欣赏他的为人。

按照一般人的揣度,凡是那些须仰视才可得见的大师级人物,特别是凭着思想和头脑营构世界的大哲学家,必然都是神情冷漠、凛然不可侵犯的,令人产生一种高不可攀的惶悚感与疏离感。可是,这种心理用到庄子身上,并不符合实际。他不是那种望之俨然、正襟危坐、卓尔不群的圣者形象;也并非像后世道教徒所描绘的,长髯飘拂,庞眉修目,道貌岸然,一副仙风道骨;或者如同遥远的姑射山上的神仙,"不食五谷,吸风饮露",迥绝凡尘,无一毫"人间烟火气";当然,也不像孔门弟子形容他们的老师那样,"仰之弥高,钻之弥坚;瞻之在前,忽然在后",可望而不可即。

庄子是平民,庄子就在人间,就在我们身旁。在我的读书印象中,觉得如果给他画像,不应忽略这样三个特征:首先是那种宠辱不惊,心平气静,悠然自得,潇洒从容的神情和气度;其次,要把他那饶有风趣、好开玩笑、滑稽幽默、富于感染力的智者形象表现出来;最后,形貌上看去,和蔼可亲,平易近人,属于那类钻到人群里很难辨识出来的普通人物;引人注目之处,是身形瘦削,"槁项黄馘"——干瘪、细长的脖子,托着一个面色枯黄、前额笨重的脑袋。

庄子居住在宋国都城商丘东北部的一个小城镇里,这里距离市区不过二三十里。作为宋国公族的后裔,或者流落到宋国的楚国公族的后人,自然曾经接受过系统的教育,即便是由于家道衰落,未曾进过贵族的官学;那么,当时私学之风已经盛行,肯定也能置身其间,受到良好的栽培。

可是,就是这样一位出身高贵、满腹经纶,精神生活极度充实富有的大学者,却忍饥耐寒,居贫处贱,物质条件相当匮乏,生活十分困苦,困苦到要靠织屦、捕钓糊口;终年穿着破衣敝屣,即使是面见"万乘之君",也还是这身打扮。他自甘清贫,安之若素,却绝不出去营谋仕进,同其他百家诸子持截然相反的态度。

受立德、立功、立言这"三不朽"人生鹄的所支配的儒家学派的读书人,明确提出要"上致君,下泽民","学成文武艺,货与帝王家"。"孔子三月无君,则皇皇(遑遽、忧悼貌)如也";孟子曰"士之失位也,犹诸侯之失国家也"。只要是身为儒者,无论其为"性善"论者,还是主张"性恶"之说,一例着眼于人与人之间的等级定位与调适合作,维护"君君臣臣"的社会政治秩序,而不会站在平民百姓立场上。

李悝、商鞅等法家人物,尚刑名之学,实施变法图强,无疑是直接为君主政治效劳的。兵家的孙膑、庞涓等,师事鬼谷子,习"纵横捭阖"之术,最终要实现的理想,仍然是"了却君王天下事,赢得身前身后名"。

纵横家张仪虽有贵族后裔身份,但家境却十分贫寒,苏秦则出自农家。按说,他们应该保留一些平民意识,可是恰恰相反,这两个人天天想的、日日盼的、嘴里念的、梦中见的,全都是时君、权相,绝不会是那些赤脚汉、草根族。张仪游说楚国宰相,结果被诬偷窃了人家的玉璧,横遭鞭笞数百。妻子说:"你如果不是学了那套纵横术,专门巴结君王,何至遭受这番毒打!"张仪说:"舌头是我的本钱,舌头在,就不愁没有出头之日。"于是,鞭伤稍见痊复,便继续凭着"三寸不烂之舌",周旋于朝廷内外,攀高结贵,遍干诸侯,钻营奔兢,争名逐利。

庄周则异于是。他像一只"高鸣向月"的丹顶鹤,超凡脱俗,挺身特立。作为一个具有草根性质的知识分子,他和周秦之际的其他思想家、哲学家最显著的分野,是完全脱离统治阶级的利益,和那些"治人者"严格划分界限;他的思想倾向、所持立场,许多都是站在平民百姓一边。这一点,也有异于同是道家祖师的老子。老子具有一整套的治国方略,譬如《道德经》中所载记的:"以正治国,以奇用兵,以无事取天下";"取天下常以无事,及其有事,不足以取天下";"国有利器,不可示人";"以道作人主者,不以兵强天下";"天下神器,不可为,为者败之,执者失之";"如何万乘之主,以身轻天下?轻则失臣,躁则失君";"是以圣人处无为之事,行不言之教";"治大国若烹小鲜"。无一不是关乎治术、关乎君国的。通观《庄子》全书,看不到有关封建政治的积极言论,很少发现他对帝王权贵建言献策;相反的,在他的笔下倒是充斥着暴君昏上的形象,及其种种残生害民的恶行。

可能是由于他身居草野,远离上流社会,长期同底层民众在一起,因而始终存有浓重的平民情结。他不仅同那些贫贱的农民、勤劳的手工业者有着相同的身份、境遇,而且常常出入市廛,置身于百工居肆,有时本人还从事一些手工业方面的体力劳动。这样,作为其中的一员,他就有机会、并能注入深厚的感情,同那些耕夫、渔民、屠户、木匠、驭手和编织匠、洗染工、采漆工等被剥削、受压迫的社会底层民众，以及拒不出仕的畸人、隐者，拉近了距离，进而建立良好的关系。

如果说，布衣身份尚属于外在因素，随着地位的调整，服饰、身份会因时而变——从前不是有"解褐入仕"的说法吗（当了官，就要脱去平民的粗布衣裳换上官服）；那么，平民情结则深深地打上心灵的烙印，进入人生观、世界观的层面。历代一些富有良知的读书士子，对于劳苦大众也都怀有同情心理，所谓"体恤民瘼，恫瘝在抱"，"穷年忧黎元，叹息肠内热"，对于反动统治者穷兵黩武、大兴土木、劳民伤财、肆意搜刮民膏民脂的恶行，更是极表愤慨。这些人在登科入仕之后，致力于惠民兴利、造福乡梓；或者立身清正，除暴安良，大胆实施政治改革；或者直言敢谏，力矫时弊，甚至不惜断头流血。他们无疑都是流芳百世的仕宦楷模、贤臣良宰。但在封建王朝的整体环境下，他们的立足点，还是"劳心者治人，劳力者治于人"，必然采取一种俯视群伦的"临民"姿态，而把理想的实现寄托在圣帝贤王身上——"致君尧舜上，再使风俗淳。"他们即便是一朝沦落，削职为民，挂冠归里，成为事实上的布衣，但那种鲜明的阶级胎痕还仍然留存在骨子里，而与道地的平民情结无涉。

2

商丘，作为"首善之区"，是战国中后期一个比较繁华的都市，也是一处手工业制作中心。城内城外，聚集着铁匠、木匠、漆工、织工、首饰匠、洗染工、琢玉工、皮革工、制陶工、砖瓦工、缝纫工等各种工匠师傅，他们都是凭着自己的一技之长，为社会贡献技艺，给自家谋求生路。

庄子在读书治学的间隙，常常喜欢进城游观，顺便在店铺里歇歇脚，同这些工匠师傅唠唠家常；他们也都把庄子看作是自家人，愿意同他说一些心里话。特别是一些近乡同里的人，都知道这位先生是和自己身份相同的平头百姓，居住不过两间茅屋，出行全凭一双脚板，穿着打扮，饮食习惯，都和大家相差无几,甚至生活标准还要低上一等。而庄子,则对这些穷苦人的生产生活相当熟悉,有的技艺,比如编结草鞋、刻制竹简、制漆、捕钓等,他也能够熟练地操作。单就这一点来说,他倒是有些像创建墨家学派、自称"北方之鄙人"的墨翟——纯粹出身于农民,从小放牛、打柴,参加多种体力劳动,以吃苦为高尚。也正是因为庄子具备这样得天独厚的条件,他才能在书中那么逼真传神地描绘各种各样的能工巧匠,诸如善于粘蝉的驼背人、操舟若神的船夫、揉制钩带的工匠、神乎其技的庖丁,为齐王训练斗鸡的纪渻子,等等。

他游踪不定,一会儿进到屠户棚中,唠起宰牛的闲嗑儿;一会儿,又蹲在河边上,擎起鱼竿,屏息注视钓丝的摆动;一会儿,同那些畸人隐者道出一段尖刻无比的寓言,充当一个世路人生的解剖师;一会儿,又漫步在黄沙古道上,负手低吟,"迷阳迷阳,无伤吾行",成为一个道地的诗人。他还乐于同那些残疾人打交道,神情凝重地听他们诉说惨淡的人生、曲折的经历。

他很善于讲故事,是一个想象力超群、表情丰富、善于模拟的故事大王。举凡飞禽、走兽、游鱼、草蛇、蝴蝶、鸣蝉、蚊虫、蚂蚁,到了他的口中、笔下,都活灵活现,生动传神,而且被人格化、情感化、形象化了。对于一些动物的生活习性,有很真切的观察和表述。你看他写马:"喜则交颈相靡(摩),怒则分背相踶(踢)";写鸟:"随行列而止,委虵而处(宽舒自得之态)";写鸱鸺(猫头鹰):"夜撮蚤(捉跳蚤),察毫末,昼出瞋目(瞪大眼睛),而不见丘山"。

庄子的生命体验、生活经验十分丰富,对于物性,有着极其精细的体察。我们可以肯定,他没有喂养猛虎的实际体验,由于家境贫穷,大概连骡马之类的大牲畜也没有豢养过。可是,他对这些动物却观察得非常细致。你看,他在《人间世》篇讲到:饲养老虎的人,不敢拿活物给它吃,因为担心它在扑杀活物时,会怒气勃发,激起其凶残、暴戾的天性;也不敢用完整的动物去喂虎,必须切成碎块,否则,老虎在用牙齿撕裂动物的时候,会激发怒气,恢复其残酷的本能。他还说过这样一件有趣的事:喜欢马的人,用精致的竹筐去接马粪,提着珍贵的器皿给马接尿;当发现蚊虻叮在马身上,出于感同身受的由衷怜惜,啪地一拍,没想到马竟然受到惊吓,咬断口勒,毁掉笼头,挣碎胸络,狂奔起来。本意出于爱惜,结果却适得其反。庄子还注意到了生活中"螳臂当车"的悲剧现象:螳螂不知道自己力不胜任,凭着一股狂妄的心性,奋力举起臂膀去阻挡车轮,最后闹到粉身碎骨的下场,而车轮照常前进。

当然,我们的哲学大师,并非像一般动物学家那样停留在物情、物象的观察上,他在体察物性的背后,还有深刻的寄寓。学者王博指出,庄子笔下的养虎人,是精通政治的,他对老虎一直采取顺的态度,以换得与老虎的和平共处;如果是逆,等待他的就只有死亡。生活在政治与权力的世界中,无异于生活在老虎旁边。君主在某种意义上就是老虎,你要小心着不能让他发怒,要顺从他,而不能和他"对着干";即便你"对着干"完全是出于一片忠心,可是君主是没有闲暇来关注你的用心,爱马者的例子表达的正是这一点。"对庄子来说,如下的问题一直是挥之不去的:我爱某个人,可是这个人愿意接受我的爱吗?或者他会理解我的爱吗?"庄子还告诫世人,必须有自知之明,不要把自己的才能估计得过高,只有既了解自己又了解这个世界,才会找到合适的角色和位置。

庄子的人生,带有强烈的主观感应色彩,感性体验至为丰富,对于浮生百态,世故人情,更是体察入微,洞若观火。这在先秦诸子中,绝对能够拔得头筹。在《列御寇》篇,他曾借孔子之口,说:"凡人心险于山川,难于知天;天犹有春秋冬夏旦暮之期,人者厚貌深情(外表不显露,感情藏得深)。"

对于人的心理活动,庄子尤其谙熟。在《徐无鬼》篇,他假借他人之口,说被流放到远方的人,离开国境几天之后,见到自己所熟悉的人,就感到很欣慰;离开十天半月之后,见到自己曾在本国见过的人,即便并不熟悉,也会感到十分亲切;等到去国一年之后,哪怕是碰见像是本国的人,也高兴得不得了。这岂不就是离开故人愈久,思念就愈深吗?流落到空山幽谷里的人,连野兽来往的路径都被杂草塞满了,他在里面住得很久很久,一听到人的脚步声,就会欣然色喜,更何况是兄弟、亲戚在身边谈笑呢!

原文是:

> (徐无鬼)曰:"子不闻夫越之流人乎? 去国数日,见其所知而喜;去国旬月,见所尝见于国中者喜;及期年也,见似人者而喜矣;不亦去人滋久,思人滋深乎? 夫逃虚空者,藜藋柱乎鼪鼬之迳,踉位其空,闻人足音跫然而喜矣,又况乎昆弟亲戚之謦欬其侧者乎!"

对于人情世故,庄子确有实际而深切的体会。《天运》篇讲:"忘亲易,使亲忘我难。"这里包括双层寓意:一层意思,父母舐犊情深,不论子女年龄多大,也总当作孩子,而子女就不一样了,所谓"儿行千里母担忧,母行千里儿不愁";另一层意思,作为子女,若要做到不使父母牵挂累心,得以顺情适志,实非易事。庄子还说:"有弟而兄啼"——兄弟同母,母亲必须等到断奶之后才有可能孕育弟弟。这样,哥哥就会认为,父母舍长而育幼,已经失爱于双亲,因而啼哭不止。《寓言》篇讲:"藉(借)外论之。亲父不为其子媒。亲父誉之,不若非其父者也。"《天地》篇讲:"厉之人,夜半生其子,遽取火而视之,汲汲然惟恐其似己也。"说一个相貌丑陋的人,妻子在半夜生下小孩,他就急忙取火照亮,心情忐忑地观看孩子的长相,唯恐他会长得像自己一样。寥寥数语,曲尽人生百态。诚如清代学者林云铭所评论的:庄子是个"最近情"的人,"世间里巷,家室之常,工技屠宰之末,离合悲欢之态,笔笔写出,心细如许"。

《外物》篇讲环境对人的影响,说:"婴儿生无硕师而能言,与能言者处也。"婴儿生下来,不靠师匠教授便会说话,这是和会说话的人在一起的缘故。讲得更为深刻的是:"室无空虚,则妇姑勃谿。"意思是,生活中应该留有空间以容其私。室内如果没有一点空隙,私人生活空间非常狭小,时刻都好像处于被人监视之下,一点回旋余地也没有,即所谓"牢狱文化";这样下去,婆媳间就免不了要互相吵架、争斗。如果延伸一步,放大到一般的人与人之间的关系,理想境界似乎是"亲密无间"。但这样就好吗?恐怕也未必。两人若是过于亲密,一点距离、一点空隙、一点差异都没有了,彼此间的一切都是公开的、同一的,私人空间完全丧失,其结果是物极必反,反而会使亲情、友情化为乌有,最后会导致疏离与破裂。很难设想,如果没有深厚的生活基础做后盾,会能体察得如此细腻,如此深刻。

类似的人生感悟,还有很多,比如《人间世》篇所说的:"克核太至,则必有不肖之心应之。"意思是,凡事逼得太过分了,人家就会兴起不善之心(恶念)来对付他、报复他。《大宗师》篇讲的"其耆(嗜)欲深者,其天机浅",更是极为警策的格言。一个人如果一味沉溺于嗜好欲望、感官享受,那么,他的层次就必然是很浅薄的,谈不上有什么灵思慧悟。在谈到这个问题时,钱穆引证了《列子》中的一则寓言:一个人入市,见到金子就肆意窃取,旁若无人,结果被人捕获了。问他:"你怎么胆子这么大?"他说:"那个时候,我眼睛里,只见金子不见人。"窃夺金子的嗜欲太深了,太重了,以致虽有他人在场,也视而不见,行若无人,原有的双眼的天机完全被滞塞了。也是在这一篇,庄子还讲:"泉涸,鱼相与处于陆,相呴以湿,相濡以沫,不如相忘于江湖。"在艰苦条件下,人们尽力相互照顾、相互救助,这虽然可贵,但是,若能在自由生活的天地中,免去这些刻意的照应、救助,岂不是更好吗!

《渔父》篇讲:

> 人有畏影恶迹而去之走者,举足愈数而迹愈多,走愈疾而影不离身,自以为尚迟。疾走不休,绝力而死。不知处阴以休影,处静以息迹,愚亦甚矣!

说的是,有人害怕影子、憎恶足迹,想要抛弃它们而干净利落地行走。可是,老也躲不掉。怎么办呢?干脆就快跑,结果,跑得越快而足迹越多,跑得再快,影子始终紧跟不舍;自己还仍然以为跑得慢,便越发加快脚步,快跑不停,最后,弄得力尽气绝而死。他就不知道,到了没有光线的背阴地方,影子就会消失;停下脚步来,足迹自然也就不见了。真是太愚蠢啦!

《达生》篇中关于"外重者内拙"的论述,也非常有趣,而且涵蕴深刻:"以瓦注者巧,以钩注者惮,以黄金注者殙。其巧一也,而有所矜,则重外也。凡外重者内拙。"庄子以赌博为例:用瓦块做赌注的,可以从容应对,心理毫无负担;用衣带钩做赌注的,因为有一定价值,这时心里就有些紧张;而用黄金做赌注的,心神就会紊乱,因为或输或赢,关系至大。本来,无论哪种情况下,人的技巧都是一样,并没有发生变化;可是,由于有所顾惜,思想里加重了负担,便对外物分外重视。而凡是重视外物的人,内心就必然笨拙。

联系到国际体育竞技比赛,我国的运动员总是内心负载过重,心理承受不了,仿佛十三亿人都在那里盯着他们——由于上层领导与广大观众带有过高的期望值,过强的功利心,似乎一场赛事赢了还是输了,直接关系到整个国家的前途、命运。在这种情况下,临深履薄,心怀惴惴,技艺再高超,动作再熟练,也难以充分发挥出来。还有一种常见现象:就是外科医生操刀,给重要人物或者至爱亲朋做手术,尽管技术十分娴熟、十分高超,而且加倍地认真对待,但是,由于心理负担过重,有时是越怕出纰漏,偏偏就出了纰漏。这类面临重大抉择时的失手,可以说,不是失给对手,而是失给自己;不是败于马虎,而是败在内心的过于"在乎"。

普通人,平常心,家常话,俗世情,说得丝丝入扣,撄攫人心。这是庄子哲学的一道亮色,一定意义上也映照出了庄子的人生本色。

庄子是人不是神,他的德行、他的修为、他的智慧,并非一朝一夕精进到这样的地步。正如鲁迅先生所说的,即便是天才,他离开娘肚子的第一声哭,也同平常的婴儿一样,而绝不可能是一首美妙的诗或者是一曲动听的歌。庄子之所以能够参悟天地的奥蕴,省识人生的玄秘,应该说,端赖于他的困踬生涯和多舛经历。天佑哲人,给予他以特殊机遇,使其能在世态常情之上,步入一种全新的精神境界。

而这类困穷经历与切身体验,对于伟大的思想家来说,未始不是一种特殊的偏得。联系孔夫子的实际,可以加深对这个问题的认识。《论语·子罕》篇记载:"太宰问于子贡曰:'夫子圣者与?何其多能也?'子贡曰:'固天纵之将圣,又多能也。'子闻之,曰:'太宰知我乎?吾少也贱,故多能鄙事。君子多乎哉,不多也。'"对于自己被太宰与子贡目为"圣者""天纵之圣",孔子大不以为然,说:"太宰知道我吗?我小时候穷苦,所以学会了许多值不得称道的技艺。那些地位高贵的人会有这么多的技艺在身吗?不会有的。"

研索庄子其人其书,使我们悟解四个方面的道理:

一是,直接接触创造物质财富的劳动者,原乃"取譬于近,假(借)象于实,以为研几探微之津逮"(钱锺书语)的极好机会。在实际参与或深入观察劳动实践中,"格物致知",通过掌握物质生产属性,进入"直观体道"的精神境界。

二是,学习应用普通劳动者的思维方式、表述方法,把思索的道理穿插到故事的讲述之中,或者通过生活细节的感触与体验,画龙点睛地加以点醒,有效地改造集中说理的话语方式。

三是,作为一种哲学表达、思想交流的手段,充分运用寓言故事的譬喻效果,在本体与喻体之间架设一道认知桥梁。

四是,寓意于象,化抽象理念为可以感知的形象符号,为理念找到一个客体对应物,使一些精深的哲理获得直观的、形象的阐释。

3

《庄子》是一部哲学著作,可是我们展读开来,就会发现,里面随处可见大量形象逼真、性格特异、各有所长、活灵活现的人物,大别之,有六种类型:

第一类是各种残疾人。散见于《庄子》内七篇的,有生下来就只有一只脚的右师,有遭受刖足之刑的王骀、申徒嘉,有被砍断脚趾、只能用脚后跟走路的叔山无趾,有肢体变形、形态扭曲的哀骀它,有曲足、伛背、无唇的闉跂支离无脤,有颈间瘤大如盆的瓮㿻(应是上"央"下"瓦")大瘿,还有形态极为怪异的丑陋者,像脸部隐藏在肚脐下、肩膀高过头顶、颈后的发髻朝天、五脏的血管向上、两条大腿和胸旁肋骨相并的支离疏,有腰弯背驼、面颊隐于脐间的子舆等。这里一个特别值得关注的事,是惨遭刑戮者所在多有,仅《德充符》篇中六位各类残疾人中即有半数是因受刑而断足的,这正是牢狱、刑场般的当时黑暗社会的写照。

可是,他们虽然身体残疾、形貌丑陋,有的"以恶(丑陋)骇天下",以"陋貌而弃于四方",奇丑到了极限;但却都是"德有所长,而形有所忘",亦即具备上好的品格、素质,有出色的道德修养,甚至可说是庄子哲学思想的形象鲜活的践行者,因而博得庄子的深情眷顾,在提到他们时,总是抱着同情心理,"笔端常带感情"。

清人宣颖对此有个形象的描绘:

> 劈头出一个死者,又一个兀者,又一个死者,又一个恶人……令读者如登舞场,怪状错落,不知何故。盖深明"德充"全不是外边的事,先要抹去形骸一边,则德之所以为德,不言自见。却撰出如许傀儡,劈面翻来,真是以文为戏也!

"以文为戏"云云,未必尽然。倒是明末清初的思想家方以智在《药地炮庄》一书中引述杖人道盛(修行者)的话,颇能抉其神髓:

> 予提到《德充符》,益见庄子一副心肠手眼,迥出千古。一篇中重叠拈出种种败缺不堪,为天人所共弃者,与孔老人主宰相酬唱,占其上风,其中良有深意。盖世道愈趋愈下,善少恶多,吉少凶多,治少乱多。故拈此可惊可畏可痛可恨,虚虚实实,聊寓宗旨于万世下。或得一二疑疑悟悟,知其解,几希之脉不至断绝。真如五家别唱,赚杀天

下人。皆不得已,成此机用,岂好为奇特欺笼万世哉?究少不得一喝!

在庄子看来,"天下之养也一,登高不可以为长,居下不可以为短"(《徐无鬼》)。就是说,众生平等,天地的养育原无二致,居高者不应该自以为尊贵,处下者也无须自伤卑贱。庄子还特意指出,比起常人来,这些身残处贱之人,能够更有效地保护自身,全真养性;而与此相反,有些美姿、长髯、身长、高大、强壮、华丽、勇迈、果敢者,虽然在这些方面超乎常人,却难以逃脱遭受役使而陷入困穷的窘境。正所谓"巧者劳而智者忧,无能者无所求,饱食而遨游"(《列御寇》)。

庄子在《德充符》篇中,还通过鲁哀公的一番话,特意地予以宣扬:"卫国有个面貌十分丑陋的人,名叫哀骀它。男人跟他相处,常常想念他而舍不得离去。女人见到他,便向父母提出请求,说:'与其做别人的妻子,不如做哀骀它的妾。'这样的女人已经十多个了,而且还在增多。从不曾听说哀骀它倡导什么,只是常常应和别人罢了。他没有权位去解救他人的灾祸,也没有财物能使他人饱腹疗饥。他面貌丑陋得使天下人吃惊,又总是附和他人而从未首倡什么,他的才智也超不出他所生活的四境,但是,接触过他的人无论是男是女都乐于亲近他。我想,这样的人一定有什么过人之处,于是,把他召来看了看,果真相貌丑陋足以惊骇天下人。跟我相处不到一个月,我便对他的为人深有了解;不到一年时间,我就十分信任他。国家没有主持政务的官员,我便把国事委托给他。他神情淡漠地回答,漫不经心又好像在推辞。我觉得很惭愧,终于把国事交给了他。没过多久,他就离开我走掉了,我忧虑得很,像是丢失了什么,好像国中再没有人可以共欢乐似的。这究竟是什么样的人呢?"

这段话的原文是:

鲁哀公问于仲尼曰:"卫有恶人焉,曰哀骀它。丈夫与之处者,思而不能去也。妇人见之,请于父母曰'与为人妻,宁为夫子妾'者,十数而未止也。未尝有闻其唱者也,常和人而已矣。无君人之位以济乎人之死,无聚禄以望人之腹。又以恶骇天下,和而不唱,知不出乎四域,且而雌雄合乎前,是必有异乎人者也。寡人召而观之,果以恶骇天下。与寡人处,不至以月数,而寡人有意乎其为人也;不至乎期年,而寡人信之。国无宰,寡人传国焉。闷然而后应。氾若辞,寡人丑乎,卒授之国。无几何也,去寡人而行,寡人卹焉若有亡也,若无与乐是国也。是何人者也?"

清代诗人张问陶应用这里的典故,写过这样两句诗:"人尽愿为夫子妾,天教重结再生缘。"纳妾是奴隶制、封建制残余,应该摒弃,那么,想慕一个人,索性就寄厚望于来生吧。

第二类是各类体力劳动者。木瓦匠、粉刷匠、乐器匠,斫轮工、铸工、锻工,宰牛的、屠羊的、灌园的、种田的、捕鱼的、捉蝉的、驾车的、制陶的、卖浆的、养斗鸡的、喂猴子的,林林总总,不一而足。从宫廷到民间,从闾巷到村落,从户内到野外,从农业到百工。行业之全,工种之多,几乎涵盖了社会、民生的各个方面。

第三类是"神乎技矣","用志不分,乃凝于神"的"专家型"人才,以及具有高超技艺的形形色色的工匠师傅,诸如庖丁、轮扁、梓庆、伯乐、纪渻子、真画者、任公子、佝偻老人、吕梁丈夫等;还有大量的各有所长的百工技人。

对于那类精于技艺的"专家型"人才,庄子时有微词,认为他们对人对物虽能尽展所长、各极其致,但往往违反了天理、人性,比较典型的是对于伯乐。在《马蹄》篇,庄子说:

马,蹄可以践霜雪,毛可以御风寒,龁(吃)草饮水,翘足而陆(扬蹄跳跃),此马之真性也。虽有义台路寝(高台大屋),无所用之。及至伯乐,曰:"我善治马。"烧之(烙印),剔之(剪毛),刻之(削蹄),雒(络)之(套上笼头),连之以羁絷(用绳索把它们拴在一起),编之以皁栈(圈在马厩里),马之死者十二三矣;饥之,渴之,驰之,骤之,整之,齐之,前有橛饰之患(衔勒、马镳的痛苦),而后有鞭筴之威(鞭棰的威胁),而马之死者已过半矣。

伯乐等人都是普通的民众,并不属于上层统治者。庄子这样讲,显然不是针对他们个人,而是借用这种活的道具来说事论理,寄寓一己的某些思想观点。

借之说事的还有许多事例。比如《天道》篇里的轮扁:

(齐)桓公读书于堂上。轮扁斲轮(砍削木材,制作车轮)于堂下,释(放下)椎凿而上。
问桓公曰:"敢问,公之所读者何言邪?"
公曰:"圣人之言也。"
曰:"圣人在乎?"
公曰:"已死矣。"
曰:"然则(那么),君之所读者,古人之糟魄(糟粕)已夫!"
桓公曰:"寡人读书,轮人安得议乎!有说则可,无说则死。"
轮扁曰:"臣也,以臣之事观之。斲轮,徐则甘而不固(慢了,光滑却并不坚固),疾则苦而不入(如果动作过快,车轮就会粗糙不堪,而不合乎规格)。不徐不疾,得之于手而应于心,口不能言,有数存焉于其间(这里面有规律存在)。臣不能以喻(明白地告诉)臣之子,臣之子亦不能受之于臣,是以行年七十而老斲轮。古之人与其不可传也死矣,然则君之所读者,古人之糟魄已夫!"

第四类是摒弃有为而归于无为,从而成为一介布衣的隐者。像善卷、伯成子高、汉阴灌园叟、徐无鬼、老莱子、子州支父、石户之农、北人无择等等。他们多是知识者,在庄子笔下,往往是作为"道"的一种存在形态出现的。

第五类是狂者、社会越轨者,比如楚狂接舆、盗跖等。

第六类,行为独特、乖异人伦、不同流俗的所谓"畸人"。鲁迅先生在《汉文学史纲要》中,对于司马迁的《史记》曾许之以"传畸人于千秋";实际上,早在两个世纪之前,庄子就已经这样做了。在他的笔下,那些"内美"者,脱略凡俗,情怀落寞,而魅力四射,真气淋漓,令人历久难忘。

关于畸人,在《大宗师》篇,庄子曾借助孔子之口做出如下界定:"畸人者,畸于人而侔于天,故曰,天之小人,人之君子;人之君子,天之小人也。"说的是:畸人者,异于常人,不合流俗,而与天道相合者也。正是从这个意义上,才说:天道所认为的小人,世俗却认为是君子;而世俗认为是君子的,天道却认为是小人。

其实,庄子自己又何尝不是这种异于常人,不合流俗,而与天道相合的畸人!

说到这些畸人的命运,我想可以借用明人袁中郎评述徐文长的一句话,"无之而不奇者也。无之而不奇,斯无之而不奇(畸)也。悲夫!"因成四句小诗以足成之:

困踬乡园一布衣,垂竿织屦久忘机。
畸人不幸常人幸,齐物何曾见物齐!

4

如果我们深入一步探究,就会发现,在庄子的平民情结中,还有更深刻的寄寓。

其一,在他所殷殷垂注的那些"德有所长,而形有所忘"的特殊人群身上,寄托着他深邃的美学观、伦理观、价值观。他要借助那些形貌丑陋、肢体残缺却心灵高贵的人物,宣示他的灵重于肉、心贵于形,张扬生命内在价值的审美观念与精神境界。

学者徐复观有言:"只要平心静气地去了解,便可以承认在《庄子》一书中,凡他所假设出来的残缺丑陋的人物形象,无非藉此以反映出其所蕴藏的意味之美,灵魂之美。"而闻一多说得就更为直白:"其实,我们所谓健全不健全,不是庄子的健全,我们讲的是形象,他注重的是精神。……庄子自有他所谓的健全,似乎比我们的眼光更高一筹。"归根结底,庄子是在倡导一种游于形骸之外、超越身体外形而追求"道"的本质与自然本性的哲学理念。

《德充符》篇引证孔子的说法:"我出使楚国,碰巧看到一群小猪崽吸吮刚刚死去的母猪的奶汁。不一会儿,一个个小猪崽突然惊惶地眨巴着眼睛,抛开母猪逃跑了。原来,猪崽们发现母猪不再看它们,不像活着时候的样子。可见,小猪之所以爱母亲,并非是爱它的形体,而是爱主宰这个形体的精神。战场上牺牲的战士,没有棺材装殓,因而也用不着棺材上的装饰品;遭受刖形、脚被砍断的人,对于过去穿过的鞋子没有理由再去爱惜。这都是因为,对于他们来说,本体的东西已经失掉了。"

原文是:

> 仲尼曰:"丘也尝使于楚矣,适见豚子食于其死母者,少焉眴若,皆弃之而走。不见己焉尔,不得类焉尔。所爱其母者,非爱其形也,爱使其形者也。战而死者,其人之葬也不以翣资;刖者之屦,无为爱之。皆无其本矣。"

俗话说,"宁看三流演出的现场,不听一流演出的唱片",道理也就在这里。

就此,学者陈鼓应指出,他们不自废自弃,不让萎缩的残体侵蚀充实的心智;他们有与众不同的价值取向,追求形体之外的更高价值的东西;他们重视整体的人格生命,在崇高的生命中自然流露出一种吸引人的精神力量。

其二，取其所取，弃其所弃，重其所重，轻其所轻。所谓"德有所长，而形有所忘"，是说，一旦心灵上相通，道德上契合，即使形体上有所残缺，也会视而不见，疏于计较。在庄子看来，那些表面上的缺陷不再具有实质性的意义。因为美感也好，价值也好，更多地体现于内在精神上。

《山木》篇讲了这样一个故事：

> 阳子之宋，宿于逆旅（旅店）。逆旅人有妾二人，其一人美，其一人恶（丑陋），恶者贵（受尊崇）而美者贱（遭冷落）。阳子问其故，逆旅小子对曰："其美者自美，吾不知其美也；其恶者自恶，吾不知其恶也。"阳子曰："弟子记之！行贤而去自贤之心，安往而不爱哉（贤惠善良却不自我显耀，因而受人喜爱）！"

"美者自美""恶者自恶"，而客观上自有其衡量尺度，亦即"德有所长，而形有所忘"。

其三，庄子所欣赏的，乃是一种美学意味上的审美行为。他借助于劳动者工艺操作的神乎其技，构建一种人与自然深度契合的全新的生活境界。就此，学者颜世安做了深入一步的阐释：庄子虽然与社会下层劳动者很熟悉，并且在思想上接受一些劳动者自然朴实的生活风格的影响，但他并不像墨子那样，认同体力劳动者的基本价值观。在庄子的理论中，劳动者的基本趣味是被否定的，物质欲望和利益追求都是他不屑一顾的东西；他所接纳的只是淳朴的、在劳动技能方面富有美学意味的劳动者形象。就是说，劳动者的某种生活和劳作形态，为回归自然的理想生活提供了原型依据。

与布衣身份、平民情结相联系，我们也注意到庄子在社会观、自然观、审美观等方面的时代局限性。黑格尔老人有句名言："没有人能够真正超出他的时代。"庄子自然也不例外。

庄子所向往的远古"至德之世"，实际上也就是他心目中的"世外桃源"。像《应帝王》《马蹄》篇中所描写的:"其卧徐徐,其觉于于"(睡时安闲舒缓,醒时逍遥自适);"其行填填(满足之意),其视颠颠"(高直之貌);"含哺而熙,鼓腹而游"(口含食物而嬉戏,挺胸鼓腹而遨游)。人们过着无忧无虑,无拘无束,身心完全解放的绝对平等自由的生活。在那里,人与人之间既不存在贫富尊卑之别、美丑善恶之分,更没有什么仁义礼乐的内在束缚和功名利禄的浮世征逐。总的是处在一种无知无识、蒙昧未开的混沌状态。"这种原始人之所以不是恶的,正因为他们不知道什么是善,因为阻止他们作恶的,不是智识的发展,也不是法律的约束,而是感情的平静和对邪恶的无知。"(卢梭《人类不平等的起源和基础》)

这种"乌托邦"式的理想社会,诚然美好诱人,西方的文学巨子王尔德甚至说:"不包含乌托邦在内的世界地图,是不值得一瞥的。"但它终究只是一种空想,即便远古时代曾经存在过,那么,在战国之世的残酷现实中,也是绝对寻觅不到它的踪影的。当然,也可以做另外一种解释,就庄子本意来看,也许它的意义并不在于是否有实现的可能,而是着眼于它的现实批判作用,所谓"慕古在于讽今"。

再如,庄子反对任何破坏自然形态、违反生物本性的行为,这里必然也涉及一些促进社会进步的创新举措与文明发展。他说:"牛马四足,是谓天;落(络)马首,穿牛鼻,是谓人。故曰,无以人灭天,无以故灭命,无以得殉名。"(《秋水》)对于马、牛等动物尚且如此,更不要说制约、束缚、扰乱人的本性了,自然更在他的批判之列。什么儒家的以仁义治国,法家的以刑罚治国,他都一律采取否定态度。他在《天地》篇借伯成子高之口,对大禹说:"昔者尧治天下,不赏而民劝,不罚而民畏。今子赏罚而民且不仁,德自此衰,刑自此立,后世之乱自此始矣。"

一言以蔽之:"凡是存在自然与社会对立的地方,他(庄子)都肯定自然,否定社会。在社会历史观方面,他肯定人的自然本性,反对仁义礼智等社会属性,甚至要取消人类的文明。"(任继愈语)应该说,他的这种取向就未免偏颇了。

第六节

人生减法

I

在对待人生的态度方面,如果以初级算术来设喻,那么,在中国历史上,大致可以找到三种类型的人物:一类人兢兢以求,无时或止,专门使用加法;一类人安时处顺,善用减法;还有一类人,加法、减法混合用,有的前半生用的是加法,后来跌了跟头、吃了苦头,红尘觉悟,改用减法。

说到使用加法,人们可能首先会举出儒家的祖师爷孔夫子——"知其不可而为之""不知老之将至云尔";有的也可能想到上古时代治水的大禹,十三年如一日,奔波于山川、田野之间,"三过家门而不入""鞠躬尽瘁,死而后已"。为了实现一种崇高的理想、宏伟的目标,"生命不息,奋斗不止",体现出可贵的进取意志与牺牲精神,借用天文学的名词,叫做释放"正能量",这类人物是令人肃然起敬的,足资彪炳千秋,垂范万世,不属于我所说的范畴。

我所说的那种人,其典型特征,是个人欲望无穷,贪得无厌,从来不会知止知足,直到生命的最后一刻,也不肯把双手松开、贪心放下。按照这个标尺来衡量,就会立刻想到两个封建帝王:一个是"千古一帝"秦始皇,一个是"一代天骄"成吉思汗。如果觉得单调,还可以再配上一个洋皇帝,那个放言要征服全世界的法国的拿破仑。他们都是雄心勃勃,也是野心无限膨胀的——雄心、野心,汉语中这两个含义不同的概念,在英语中却是同一个词。

说来,秦始皇的欲望真是多极了,大极了:既要"振长策而御宇内",征服天下,富有四海,又要千秋万世把嬴秦氏的"家天下"传承下去;既要一辈子安富尊荣,尽享人间的快乐,又要长生不老,永远不和死神沾边;即便是死,也要尸身不朽,威灵永在,在阴曹地府继续施行着他的统治,指挥那声威赫赫、列阵堂堂的千军万马。难为他,想象力竟然那样发达,制造出了一个举世无与伦比的"欲望的神话"。

宋代诗人陆游有一句非常形象的诗:"利欲驱人万火牛。"说是在欲望的驱使下,人就像有万条"火牛"在屁股后面顶撞着,疯狂地奔逐,拼命地追赶,什么饥寒劳累,崎岖险阻,万夫当关,刀山火海,都视若无物;哪怕是破头流血,甚至拼上一条命,也全不在乎。其顽强意志、拼搏精神、闯关的劲头,可说是"至矣,尽矣,无以复加矣"。

秦始皇的一生,是飞扬跋扈的一生,自我膨胀的一生;也是奔波、困苦、忧思、烦恼的一生。是充满希望的一生,壮丽、饱满的一生,也是遍布着人生缺憾,步步遇到失望濒于绝望的一生。他的"人生角斗场",犹如一片光怪陆离的海洋,金光四溅,浪花朵朵,到处都是奇观,都是诱惑,却又暗礁密布,怒涛翻滚;看似不断地网取"胜利",实际上,正在一步步地向着船毁人亡、葬身海底的结局逼近。"活无常"在身后不时地吐着舌头,手中拎着一条亮铮铮的锁链,准备伺机把他领走。在整个生命途程中,每一步,他都试图着挑战无限,冲破无限,超越无限,却又无时无刻不在向着有限回归,向着命运缴械投降,最后满怀怅恨地辞别人世。这是历史的无情,也是人生的无奈。

黑格尔老人说,死亡是自然对人所执行的必然的无法逃避的"绝对的法律";其实,这也是常识以内人们所熟知的"性命之理"。可是,对这一任何人都无法改变的"绝对法律"或者"性命之理",成吉思汗却从来不予承认,他自视为"长生天"的天神,冀望于规律之外的"例外"。当然,面对日渐衰弱的身躯,他还是觉察到了死神的套杆正在头顶上晃动;只是不肯乖乖地束手就擒而已。他把征服一切的欲望作为助燃剂,去继续点燃长生幻想的火焰,用以取代对死亡的忧虑与恐惧。结果,直至弥留之际,仍然带着无限的依恋,不无伤感地说:"朕之子孙后代,将衣金衣,就美食,跨宝马雕鞍,拥绝色美妇。然而,彼等将不记忆,此等荣华富贵所赖何人而有之也!"波斯国王契克西斯率领百万大军远征归来,望着如狼似虎的军队,突然号啕大哭起来。他想到,这支坚不可摧的帝国大军,一百年后,一个人都不会存在了。所以,悲从中来,哭得跟孩子一样。

"功成身退",原本是自然界的极为普遍、极为正常的现象。日月经天,昼出夜没,寒来暑往,秋去冬来,都是在时序交接中悄然退去,毫无恋栈、迟回之态;草木花卉,鸟兽虫鱼,在完结了生存使命之后,也都是默默无言地陨落了、消逝了,了无留意。唯有人,对于死,心有不甘,永远想在不可能把握中冀求把握,不可能永久占有中贪图占有。唯有人,贪心无厌,欲海茫茫,如同东坡居士《梦斋铭序》中所言:"人有牧羊而寝者,因羊而念马,因马而念车,因车而念盖,遂梦曲盖鼓吹,身为王公。"

至于声威赫赫、势焰熏天的大人物,就更不用说了,活着要成为"长明的灯盏""翘辫子"了,也要做"不坏的金身"。即使从理性上承认死亡的必至性,但当死亡真的临头时,仍会感到无边的失落。用老百姓的话说,叫做"死不起"。而且,生前拥有的越多,死的时候就丧失得越多,痛苦也就越大,就越是"死不起"。对于那类一意攫取、不知止足者而言,生而必死的规律,实在是太残酷了。

拿破仑同样也是"死不起"的,因为他拥有一般人所追求的一切,什么荣耀、权力、地位、财富、金冠、美女,他都应有尽有。不同的是,他比前两个东方的霸主稍微地清醒一些,他曾坦率地承认:"我这一生,从来没有过一天快乐的日子。"

看到这里,有人会得出结论,原来专做加法的都是那些顶天立地、叱咤风云的大人物。这倒也未必。说一个平民的故事:

"世界七大奇迹"中,有一座阿苔密斯月亮女神庙(《圣经》上译为亚底米神庙),地处小亚细亚的埃弗兹。神庙建于公元前560年,以结构复杂、规模宏伟、设计精妙著称于世。当时有个叫埃罗斯特拉特的人,处心积虑,想要扬名天下,震烁古今,于是在公元前356年7月22日晚上,潜入神庙,放火把它烧毁了。审判官了解纵火犯的作案动机,便在处以极刑的同时,下令:"任何人在任何场合都不许提到他的名字!他不是为了出名吗?那就坚决不让他的名字传播开去!有谁违反了这个决定,那就把他也判处死刑。"不过,决定归决定,最终,"埃罗斯特拉特"这个名字还是传播了开来——人们把它作为"疯子"的同义词。

为了出名,竟然以生命为代价;归根结底,还是欲望在作祟。德国哲学家叔本华说,欲望是产生痛苦的根源,痛苦是生命死亡之前的全部内容;但人类的可悲,正在于总是任凭欲望的无限增长,将人置于万物之首,贪婪地抢夺物质以满足自身肉体的欲望。而人类文明的创造,在很大程度上,是为了更多地占有他人财物,因而不断地开发人类的"聪明才智",向外,表现为对大自然的无穷探索与征服、利用;向内,则出现了人与人之间的攀比、争夺。

先用加法,后来改用减法的,情况比较复杂。有的是少年得志,红紫纷呈,中年以后主动退隐的,像清代的袁枚,后来以《随园诗话》名世;有的是踌躇满志、欲望蒸腾之际,突遭剧变,被迫下马的,像明代的状元杨升庵;有的是心存"烹狗藏弓"之惧,功成身退的,像春秋时期的范蠡、汉代的张良、明代的刘伯温等,晚清的曾国藩,也可勉强算作一个。

而终生都在应用减法,且又出于高度自觉的,最典型的就是庄子。作为战国时代的哲学家、思想家、文学家,在那个"诸侯争养士",特别重视智慧、才能的群雄竞斗、列国纷争的时代,庄子如果有意飞黄腾达,高踞统治上层,原是不难如愿以偿的。可是,他却避之唯恐不远。就是说,并非他不见容于社会,为现实所抛弃,而是他不肯接受那个社会,主动放弃出人头地的机会。要说退避,这是真正的退避;要说减法,这是真正的减法。

诚然,这种生存方式,原本是一种无奈的选择。就其较低层次来说,确是出于自我保护意识,明哲保身,全生免害;而它的至高层次,则是追求生命的自由解放,保持人生的个性本色。作为生于乱世的弱者的一种生存智慧,与一般意义上的利己主义、悲观厌世迥然不同,它往往能够提供一种绝处逢生的新路径,使你在遭遇挫折、濒临困境时,能够从中悟解出超越现实、解困身心、振作精神的道理。这就不难理解,历代那些"知迷途之未远,觉今是而昨非"的失意、失败、失路之人,何以会那么倾心庄子、选择庄子、皈依庄子,且多有相识恨晚之憾了。

诚然,就庄子自身来说,他的应用减法,是付出了沉重代价的。他与那些"先加后减",即早年跻身上流社会,后来主动抽身、急流勇退者不同,那些人或有祖上的庇荫,或有余禄、余威足以依凭,即便退隐田园,仍然衣食丰足,可以优游度日;而庄子最直接的困厄,便是衣食无着,饥寒交迫,面临着生命难以存续的严重威胁。在中国古代,"士之失仕,犹农之失耕",庄子家庭原本就十分拮据,主动辞去漆园吏职以后,没有了俸禄,固定的"岁入"就完全断绝了。他栖身于偏僻、狭窄的里巷,靠着编织麻鞋、钓鱼、捕鸟来谋生糊口。从前,人们一说到困穷,就会搬出孔门高弟颜回的例子,孔子说他:"一箪食,一瓢饮,在陋巷。人不堪其忧,回也不改其乐。"现在看来,庄子的困穷程度,较之颜子,实有过之而无不及。

如何认识苦乐、对待苦乐,是因人而异的。庄子的苦乐观,有其超越的视角和独特的标准。

一是,迥异于浮世常情。在《至乐》篇,庄子曾发出疑问:

天下有没有至极的欢乐呢?有没有足以养活身家性命的方法呢?如果有,应当做些什么,依据什么,回避什么,留意什么,从就什么,舍去什么,喜欢什么,嫌恶什么?现在,人们所尊重的,无过于富足、显贵、长寿、善名;所乐者,无过于安逸、美味、华服、艳色、雅音;所厌弃的,是贫穷、卑贱、夭折、恶名;所苦恼的,是得不到安逸享受,吃不得美味佳肴,穿不上华丽衣服,见不到娇姿艳色,听不到悦耳音声——失去这些感官享受,就大为忧惧。以此为标准,来满足形体需要,岂不是太愚昧了吗?

附原文:

天下有至乐无有哉?有可以活身者无有哉?今奚为奚据?奚避

奚处？奚就奚去？奚乐奚恶？夫天下之所尊者，富贵寿善也；所乐者，身安厚味美服好色音声也；所下者，贫贱夭恶也；所苦者，身不得安逸，口不得厚味，形不得美服，目不得好色，耳不得音声。若不得者，则大忧以惧，其为形也亦愚哉！

庄子说明，常人以为苦的，他并不看作是苦；而世俗以为快乐、幸福的，诸如物质的充盈、欲望的满足、官能的享受等，他却视之为身外的负担，人生的重累，性命的桎梏，只会导致人性的异化、本根的丧失。对他所指斥的这类现象，最后以一个"愚"字作结，可说是笔力千钧。

二是，"至乐无乐，至誉无誉"。如果说天下真有至乐，那就是无为，无为才能无惧无虑。可是，"吾以无为诚乐矣，又俗之所大苦也"。

三是，在庄子看来，苦乐都不是在物质层面上；苦也好，乐也好，都来源于精神。一个人只有精神解放、心灵自由、意态放达、了无拘牵，才谈得上快活、适意；反之，心灵的拘禁、精神的闭锁、身心的扭曲、人性的"异化"，都是最大的苦恼。

四是，以超然态度看待苦乐，做到"苦乐不入于心"。他从认识并承认人类的有限性出发，客观地对待无可奈何的现实，从一己的小天地中超拔出来，转换心态，化苦为乐；做到自觉地解除困苦与焦虑，从而达到心胸旷达，心态宁静，心情愉悦，心境悠然。

2

庄子运用减法，从行为层面进入深藏于精神本体的内在追求与价值取向，表现为一种深积淀、多层次的思想境界：

——自甘清苦，不慕荣利，摒弃世间种种浮华虚誉，尤其拒绝参与政治活动，不同达官显宦交往，即便偶涉官场，也要尽早抽身，辞官却聘。这些行为上的、外在方面的减法，属于栖身遁迹的隐士层面。这对世俗常人来说,已经是很不容易坚持的了。

——为了达到以自我为主体的逍遥境界,他强调必须超越"人为物役""以身殉物"的"异化"现实;不能满足于远离权势、名利等外在事物的诱惑,还须自觉地摆脱内在的种种束缚。这个层面就更深入了一步。诚如当代学者李泽厚在《美的历程》中所说的,外在的任何功业、事物,都是有限和能穷尽的;只有内在精神本体才是原始、根本、无限和不可穷尽。有了后者之母就可以有前者之子。

——而要实现内在精神本体的超越,庄子在《庚桑楚》篇指出,就必须毁弃意念的悖乱,解开心志的束缚,祛除对于德的拖累,疏通大道的阻塞。这就要摆脱尊贵、富有、显赫、威严、声名、利禄这些可以迷情惑志的外在欲求,去掉容貌、举止、面色、情理、血气、意念这些束缚心性的东西,限制厌恶、爱好、喜悦、愤怒、悲哀、欢乐这些能够累害德行的情感、情绪、情志,戒除去职、就任、取得、给予、智巧、才能等有可能阻塞大道畅行的行为、意向。这四方面各六种的情志、行为,不在内心涌动,心神就能够端正,心神端正了就能够安静,心神安静了就会澄明,心神澄明了就能进入虚空,心神虚空了就能抵达无为而无所不为的超然境界。

原文是:

> 彻志之勃,解心之谬,去德之累,达道之塞。贵富显严名利六者,勃志也;容动色理气意六者,谬心也;恶欲喜怒哀乐六者,累德也;去就取与知能六者,塞道也。此四六者不荡,胸中则正,正则静。静则明,明则虚,虚则无为而无不为也。

——强调知足知止。知足,是就得之于外而言,到一定程度就不再索取;知止,是从内在上讲,主动结止、不要。知足,使人不致走向极端,不会事事、处处与人攀比。一个人活得累,小部分原因是为了生存,大部分来源于攀比。知止,可以抑制贪求,抑制过高过强的物质欲望。世上常情是:

"身后有余忘缩手,眼前无路想回头。"一个人的追求应该是有限度的,必须适可而止;不属于自己的东西,不能贪得无厌,穷追不舍。否则,让名缰利锁盘踞在心头,遮蔽了双眼,那就会陷入迷途,导致身败名裂的悲剧下场。

过去读苏东坡的诗,看到"不须更待飞鸢堕,方念平生马少游"两句,心头陡地一震。他在这里引用了《后汉书》中马援兄弟的故实。伏波将军马援出征交趾归来,被封为新息侯,食邑三千户。在庆祝会上,他对下属说:

> 吾从弟少游常哀吾慷慨多大志,曰:"士生一世,但取衣食裁足,乘下泽(短毂)车,御款段(缓步)马,为郡掾吏,守坟墓,乡里称善人,斯可矣。致求盈余,但自苦耳。"当吾在浪泊、西里间,虏未灭之时,下潦上雾,毒气重蒸,仰视飞鸢跕跕(飞鸟堕落状态)堕水中,卧念少游平生时语,何可得也!

看得出来,他对功名之累有所认识,起码心情是矛盾而复杂的。但时隔不久,湘西南"五溪蛮"暴动,年已六十有二的马援,又主动请缨前往讨伐,遭遇酷暑,士兵多患疾疫,马援也染病身死。"受尽蛮烟与瘴雨,不知溪上有闲云"(袁宏道诗),立志为国家战死疆场。最后竟因当年从交趾载回一车薏苡粒,被诬陷为私运明珠、文犀,在"海内不知其过,众庶未闻其毁"的情况下,光武帝勃然震怒,削官收印,严加治罪。妻孥惊恐万状,连棺材都不敢归葬祖茔,成为历史上有名的一大冤案。设想如果他能知足知止,见好就收,何以至此!待到"飞鸢堕",才想到从弟的劝告,已经为时过晚;而马援却是"飞鸢堕"后,再次自投"网罗",确实是一个典型的悲剧人物。"不须更待飞鸢堕,方念平生马少游。"也就成了千秋悟道之言,但真正能够记取并且践行的,其实也未必很多。

——强调韬光养晦,藏锋不露。《徐无鬼》篇讲了一个"骄猴中箭"的故事:

吴王渡过长江,登上一座猴山。群猴看见人来,都惊慌地跑开,逃到荆棘、丛林中。只有一个猴子，从容地攀着树枝跳跃，在吴王面前卖弄灵巧的身手。吴王用箭射它，它能够敏捷地一一接住。吴王便命令身旁的射手一齐放箭。结果，骄猴中箭身亡。吴王回头对友人颜不疑说："这只猴子自以为灵巧，仗着身躯敏捷来傲视我，才落得这样的下场。要引以为戒呀！唉，不能以骄傲的态度对待人啊！"颜不疑回去就拜董梧为师，去掉骄纵习气，摒弃享乐，谢绝荣华。三年之后，获得了国人的赞誉。

原文是：

> 吴王浮于江，登乎狙之山，众狙见之，恂然弃而走，逃于深蓁。有一狙焉，委蛇攫抓（"搔"字以"爪"代"虫"），见巧乎王。王射之，敏给搏捷矢。王命相者趋射之，狙执死。王顾谓其友颜不疑曰："之狙也，伐其巧、恃其便以敖予，以至此殛也。戒之哉！嗟乎！无以汝色骄人哉？"颜不疑归而师董梧，以锄其色，去乐辞显，三年而国人称之。

准此意向，宋代诗人范成大写过一首《咏蛩》诗：

> 壁下秋虫语，一蛩鸣独雄。
> 自然遭迹捕，窘束入雕笼。

夜幕降临，墙根处秋虫乱语，其中一只叫得特别凶，其自鸣得意、趾高气扬之态，宛然可见。结果被人们按迹捕获，投入雕笼之中，现出一副惶悚、颓靡的窘态，再无半点生气了。这同被捕之前形成鲜明的对比。诗章形象生动，构思奇巧，而且寓意深刻，颇有警世作用。

其实，许多野生动物是非常明智的，在人类的疯狂捕猎面前，它们会机敏地实施自身保护的策略。《左传》记载，"雄鸡自断其尾"，预先做出防备，免得因为美丽的尾羽而遭人捕杀。钱锺书《管锥编》中记载，西域产牦牛，尾长而劲，当有人射猎时，它便忍痛自断其尾；蚺蛇被人取过胆后，幸而未死者,见人便显示它的创处,以示无胆可采。

　　生而为人,作为"万物之灵",就更应该警醒了。为此,庄子主张:处兹乱世,应该"自埋于民,自藏于畔(意为隐居),其声销,其志无穷,其口虽言,其心未尝言,方且与世违而心不屑与之俱(不随波逐流),是陆沉(虽在陆地,却有如沉于水中,比喻隐居而不离开世间)者也"(《则阳》)。即便才德出众,也要形同无知,大智若愚,像是无知的婴儿一样;真正做到"行贤而去自贤之心""恬淡寂漠,虚无无为"。这样,就符合"天地之道,圣人之德"了——天地覆载万物,生养群伦,从来不自大,故能成其大,不居功,故能成其功;圣人"并包天地,泽及天下,而不知其谁氏","生无爵,死无谥,实不聚,名不立","其知之也,似不知之也"(《徐无鬼》)。

　　由此,想到了孔子对于卫国贤大夫宁武子的评论:"宁武子,邦有道则知(智),邦无道则愚。其知(智)可及,其愚不可及也。"意思是,在国家太平时节,宁武子便充分施展自己的聪明才智;而当天下大乱之时,他就韬光养晦,藏锋不露,在一旁装傻子。他的智能,我们是容易学得到的,可是,那种韬光养晦的人生智慧,就很难达到了。

　　——坚守做人基本准则,不失自我本色,始终保持低调。

　　庄子在《让王》篇讲了普通劳动者屠羊说(悦)的故事:说是楚国有个隐士,隐藏在民间,以屠羊为业,因而人们都称他为"屠羊说"。当时,伍子胥为了报杀父之仇,帮助吴国攻打楚国,楚国一败涂地。

　　　　楚昭王失国,屠羊说走而从于昭王。昭王反(返)国,将赏从者,及(找到了)屠羊说。屠羊说曰:"大王失国,说失屠羊;大王反(返)国,说亦反(返回)屠羊。臣之爵禄已复(恢复)矣,又何赏之有哉!"王曰:"强之(坚持要给他以报答)!"屠羊说曰:"大王失国,非臣之罪,故不敢伏其诛;大王反国,非臣之功,故不敢当其赏。"王曰:"见之(要亲自接见他)!"屠羊说曰:"楚国之法,必有重赏大功而后得见,今臣之知(智)不足以存国,而勇不足以死寇(消灭敌人)。吴军入郢(楚国都城),说畏难而避寇,非故随大王也(并不是有心追随皇上、护卫皇上的)。今大王欲废法毁约而见说,此非臣之所以闻于天下也。"王谓司马子綦曰:"屠羊说居处卑贱而陈义(说理)甚高,子綦为我延之以三旌之位(卿位)。"屠羊说曰:"夫三旌之位,吾知其贵于屠羊之肆(市)也;万钟之禄,吾知其富于屠羊之利也;然岂可以贪爵禄而使吾君有妄施(滥行封赏)之名乎!说不敢当,愿复反吾屠羊之肆。"遂不受也。

晚清名臣曾国藩对此予以激赏,在给他的胞弟曾国荃的生日赠诗中,写道:

左列钟鸣右谤书,人间随处有乘除。
低头一拜屠羊说,万事浮云过太虚。

他从自己的切身体验出发,感慨祸福无常,升沉难料;觉得最高明的还是那个屠羊说,所以应该低头礼拜,奉他为师。

——善用减法,符合"为道"的准则。"为道者日损,损之又损之,以至于无为。无为而无不为也。"(《知北游》引《老子》四十八章)为道不同于为学,为学是一个逐步积累的过程,增长知识、经验,需要逐日积累,不断地增添,这是做加法;为道是一个逐步减损的过程,悬置定见,破除我执,化解知识,去掉贪欲,则要讲究做减法,消减种种生理的欲望、心理的情绪、意念的造作,最后达致"虚一而静",这应该是最高的境界。

3

戒贪、戒得、戒欲的道理,在于"贪"逆天悖理,定会触犯刑法;"得"就是"失",总须付出代价;"欲"将蚀损本性,纵不身败名裂,也会堕志损真——现实的声色货利,正在吞噬着人的本性与良知。所以,老子有"罪莫大于可欲,祸莫大于不知足,咎莫大于欲得"的警告(《老子》四十六章)。

当代经济学家胡寄窗指出:

> 寡欲的具体表现是"知足"。老子学派把知足看得非常重要,以为知足可以决定人们的荣辱、生存、祸福……不仅此也,他们并将知足作为从主观上分辨贫富的标准。如知足,则虽客观财富不多而主观上亦可自认为富有,"知足者富""富莫大于知足"。因此,知"足"之所以为足,则常足矣,常足当然可以看作是富裕。反之,客观财富虽多,由于主观的不知足,贪得无厌,能酿成极大的祸害。从这里可以看出,老子的财富观决定于主观的知足与不知足,亦即决定于"欲不欲",所以带有唯心主义色彩。但他们很重视客观刺激对产生欲望之作用。如他们说"乐与饵(音乐与美食),过客止"。寡欲与知足是不可分割的,未有能寡欲而不知足者,亦未有不寡欲而能知足者。老子提出寡欲、知足,对当时当权贵族的无厌欲求是一个强烈的抗议。(《中国经济思想史》)

庄子在《盗跖》篇中,也曾借助知和之口,告诫世人:

"均平就是福,有余便是祸,物类莫不是这样,而财物更为突出。如今富有的人,耳朵营求钟鼓箫管之声,嘴里饱尝肉食、佳酿美味,以致动摇自己的意志,遗忘自己的事业,可以说是昏乱了;深陷愤懑的盛气之中,像背负重荷而在山坡上爬行,可以说是痛苦了;贪求财物而招惹怨恨,贪求威权而耗竭心力,闲居无事就沉溺于嗜欲,体态光润就助长了气势,可以说是病患了;为了贪图富有、追逐私利,财物堆积得像墙一样高仍不满足,而且越是贪婪就越发不知收敛,可以说是取辱了;聚敛财物而无所用,却专意营谋而不割舍,满心焦虑,仍然增益不休,可以说是忧愁了;在家里总是担忧窃贼与借贷,在外面总是害怕遭到寇盗的劫杀,房舍四周守备得非常严密,出外不敢独自行走,可以说是畏惧了。以上六种情况,乃天下之大害,可是人们竟然遗忘而不知省察,等到祸患来临,再想着散尽资财,返本还初,以求得一日的安宁,已经没有可能了。"

附原文:

平为福,有余为害者,物莫不然,而财其甚者也。今富人,耳营钟鼓管籥之声,口嗛于刍豢醪醴之味,以感其意,遗忘其业,可谓乱矣;侅溺于冯气(盛气),若负重行而上阪,可谓苦矣;贪财而取慰(古训"怨"),贪权而取竭,静居则溺,体泽则冯,可谓疾矣;为欲富就利,故满若堵耳而不知避,且冯而不舍,可谓辱矣;财积而无用,服膺而不舍,满心戚醮,求益而不止,可谓忧矣;内则疑劫请之贼,外则畏寇盗之害,内周楼疏,外不敢独行,可谓畏矣。此六者,天下之至害也,皆遗忘而不知察。及其患至,求尽性竭财,单以反一日之无故,而不可得也。

《诗经·大雅》中,有"诲而谆谆,听我藐藐"之语,后人把它化作"言者谆谆,听者藐藐",意思是一样的。任凭前贤往哲苦口婆心,磨破了嘴皮,叫哑了喉咙,"掰开馒头——说馅儿",告诫世人"知足者富""知足常乐";可是,贪渎的人群仍是聚敛无已,不知餍足,而且前仆后继,愈演愈烈。"人心不足蛇吞象",悲夫!

林语堂讲过这样一个笑话:一个人要从幽冥降生到人间去,他对阎王爷说:"如果要我回到人间,你须答应我的几样条件。""什么条件?"阎王爷问。那人说:"我要做宰相的儿子,状元的父亲;我的住室四周要有一万亩地,有鱼池,有各种花果;我要有一个美丽的太太和一些姣艳的婢妾,她们都要待我很好;我要满屋珠宝,满仓五谷,满箱金银;而我自己要做公卿,一生荣华富贵,活到一百岁。"阎王爷说:"如果人间有这样的人可做,我自己也要去投生,就不让你去了!"

清代乾隆年间,坊间刊刻一部《解人颐》的读物,里面有这样一首俚诗,同样惟妙惟肖地描绘了这种情态:

> 终日奔波只为饥，方才一饱便思衣。
> 衣食两般皆具足，又想娇容美貌妻。
> 娶得美妻生下子，恨无田地少根基。
> 买到田园多广阔，出入无船少马骑。
> 槽头拴了骡和马，叹无官职被人欺。
> 县丞主簿还嫌小，又要朝中挂紫衣。
> 作了皇帝求仙术，更想登天跨鹤飞。
> 若要世人心里足，除是南柯一梦西。

看来，知足知止，说来容易，实际做起来却难上加难。正如《红楼梦》里跛足道人所吟唱的：

> 世人都晓神仙好，只有功名忘不了。
> 古今将相在何方？荒冢一堆草没了！
> 世人都晓神仙好，只有金银忘不了。
> 终朝只恨聚无多，及到多时眼闭了！

看到世人贪得无厌，至死不悟，唐代文学家、思想家柳宗元写了一篇警世寓言《蝜蝂传》：

> 蝜蝂者，善负小虫也。行遇物，辄持取，卬（抬起）其首负之。背愈重，虽困剧不止也。其背甚涩，物积因不散，卒踬仆不能起。人或怜之，为去其负。苟能行，又持取如故。又好上高，极其力不已，至坠地死。
>
> 今世之嗜取者，遇货不避，以厚其室，不知为己累也，唯恐其不积。及其怠而踬（摔倒）也，黜弃之，迁徙之，亦以病矣。苟能起，又不艾（止），日思高其位，大其禄，而贪取滋甚，以近于危坠，观前之死亡不知戒。虽其形魁然大者也，其名人也，而智则小虫也，亦足哀夫！

还有清代小说家蒲松龄在《聊斋志异·续黄粱》中写了一个贪官到阴曹地府遭受惩治的情节:

王命会计生平卖爵鬻名,枉法霸产,所得金钱几何。即有鬈须人持筹握算,曰:"二百二十一万。"王曰:"彼既积来,还令饮去!"少间,取金钱堆阶上如丘陵,渐入铁釜,熔以烈火。鬼使数辈,更相以杓灌其口,流颐则皮肤臭裂,入喉则脏腑腾沸。生时患此物之少,是时患此物之多也。

"生时患此物之少,是时患此物之多也"一语,足以醒世觉迷。

4

说到"多和少"的辩证关系,我首先想到了古今两位时代巨人——

比庄子出生整整早了一百年的古希腊哲学家苏格拉底,长年光脚赤足,穿着一件破烂不堪的长袍,在雅典街头演说。经过市场时,看到商品琳琅满目,布满街头,他感慨地说:"这里竟有那么多的东西,是我根本用不着的!"他长得很丑陋,像个胼手胝足的脚夫,却被雅典美少年崇拜为神祇。他说:"是的,一无所需最像神。"

科学家爱因斯坦,当年任教于美国普林斯顿大学,年薪为一万六千美元,他主动要求减至三千美元,人们大感不解。他解释说:"每件多余的财产,都是人生的绊脚石;唯有简单的生活,才能给我以创造的原动力!""简单的生活,无论对身体还是精神,都大有裨益。"他在弥留之际,立下遗嘱:不发讣告,不搞葬礼,不建坟墓,不立纪念碑。这样,什么墓地呀,故居呀,纪念碑、纪念馆呀,统统都与他无缘。可是,又有谁不承认他的盖世勋劳、伟大精神、永恒价值呢!

听说,伦敦汤普森医院急救中心的接待大厅里,镌刻着这样一句话:

"你的身躯很庞大,但你的生命需要的仅仅是一颗心。"说这句话的是美国好莱坞影星利奥·罗斯顿。1936年,他在英国演出时,因过于肥胖导致心力衰竭,被送进了这所医院。尽管医生竭尽全力,但这位影星的生命还是没能挽救过来。临终前,他留下了这句遗言。

后来,这座医院又为美国石油大亨默尔治疗心力衰竭,取得了成功。出院后,默尔将价值几十亿的公司卖掉,所得全部捐献给社会慈善、卫生事业,自己则到苏格兰一处乡间别墅,颐养天年。在答记者问"这是出于何种考虑"时,他说:"是利奥·罗斯顿那句话提醒了我。"原来,他从中领悟到,巨额财富跟肥胖的躯体没有什么两样,都是获得一种超过自己需要的东西。对多余财富的追逐,只会增加生命的负担。人要想活得健康,活得自在,就必须舍弃多余之物。

其实,这个真理性的认识,早在两千三百年前,《庄子·逍遥游》中就讲过了。当帝尧要把天下让给他的老师、著名隐士许由时,许由说了这样一番话:

"你治理天下,天下已经安定了。而我还来代替你,我是为名吗?名是实的宾位。那我是为着求得这从属的、派生的宾位吗?小鸟鹪鹩在深林里筑巢,所需不过一枝;偃鼠到河里去饮水,所需不过满腹。你请回吧!我要天下做什么呢?厨师虽不下厨,主祭的人也不越位去替他来烹调。"

附原文:

许由曰:"子治天下,天下既已治也,而我犹代子,吾将为名乎?名者实之宾也。吾将为宾乎?鹪鹩巢于深林,不过一枝;偃鼠饮河,不过满腹。归休乎君,予无所用天下为!庖人虽不治庖,尸祝不越樽俎而代之矣。"

就在庄子坐在乡下一间简陋的茅屋里,发表这番宏论的同时,那个小于他十几岁、号称世界历史上最伟大的军事天才、建立了横跨欧非亚的马其顿王国的西方大人物——亚历山大大帝,正在领兵从埃及出发,经中亚进入印度的恒河流域,展开浩浩荡荡的东征,追逐着他的征服全世界的狂想。这天,他在路边意外地发现,一个人不停地在原地跺脚。对这一举动,他感到很奇怪,便派人前去问个究竟。原来,这是一位识机在先的东方哲人。这位智者的答复,竟是冷冷的一句话:"即使你征服了整个世界,最后得到的也不过是脚下这一点点。"

"广厦千间,夜眠七尺。"这句民间流传的俗语,恰好是"鹪鹩巢林,不过一枝;偃鼠饮河,不过满腹"的注脚;而那位东方智者告诫亚历山大大帝的格言,与此更有异曲同工之妙。

佛禅讲究"放下"。何为"放下"? 就是凡事放得开,不计较。"放下"不是放弃,任何东西都不要,而是要有所选择,放弃多余之物,卸掉背上沉重的负担,不能贪得无厌,像小虫蝜蝂那样,见到什么东西都要攫取过来,驮在背上。"放下",既是一种解脱的心态、豁达的修为,更是一种人生智慧。

即便不是多余之物,而纯属需要的东西,如果处置不当的话,也同样会产生庄子所说的"累人之害"。苏轼有一段话讲得很好:"君子可以寓意于物,而不可以留意于物。寓意于物,虽微物足以为乐,虽尤物不足以为病。留意于物,虽微物足以为病,虽尤物不足以为乐。"(《宝绘堂记》)他所说的"寓意",就是借客观事物以寄托自己的思想感情,在这种情况下再微小之物,也可以产生审美愉悦;再珍奇之物,也不致带来得失的痛苦。"留意"呢,亦即出于自身利害关系而产生的占有欲,则有别于审美欣赏的"寓意",无论其为尤物还是微物,都足以为病。——"物之所以累人者,以吾有之也。"

这就让我想到法国女作家加尼哀的一篇小说。故事梗概是,一个生活穷困、默默无闻的年轻画家,他和妻子去散步,发现林中有一栋小房子,充满了浪漫、唯美情调;可是,房价太贵:一万法郎! 这对于他们当时的经济状况来说,简直是天价。本来应该是"事到无成意转平",可他们却真正"留意"了,醒里梦里放置不下:想象着买下之后,该如何装修它,甚至连小屋的名字都起出来了,在无尽的期盼中,贪享着占有的乐趣。夏去秋来,又是收获的季节,画家的画作也有了买主,一万法郎便到了囊中。欢快之余,小夫妻便计算着这笔钱如何使用。最先闯进妻子意念的仍然是那栋不能忘怀的房子。于是,他们便再次前往林中。可是,不看则已,看了竟大失所望,入眼的景色完全变了样,干枯的黄叶散布在周围,夏日明亮的阳光不见了,代之以阴暗、潮湿与沉闷。原来,当初他们是以审美的心情来观赏房屋,此刻则是以买主(占有者)的身份来看的,幻梦、憧憬统统被蒸发掉了。他们默默地踏上了归路。料想不到的是,两人爱情的热度竟也随之而骤减,似乎一切都发生了变化。

应该说,庄子的减法,绝不仅仅是着眼于是否需要的问题,根本出发点是"虚而待物",悟道存真,关键体现在一个"忘"字上。当代学者牟宗三有言:"道家智慧是'忘'的智慧。"这里的"忘",兼有解脱、化解、消减、摒弃的多重含义。

《大宗师》篇有一句名言:"鱼相忘乎江湖,人相忘乎道术。"又说:"不如两忘而化其道。""涸辙之鲋",彼此靠着吞吐口水,相濡相嘘,根本不可能做到相忘;只有置身于江河湖海的广阔天地,鱼才能达到相忘境界。同样,人优游于浩瀚无涯的大道之中,就能相互忘记,逍遥自适;而当遭遇道术沦丧时,情况就不同了,人人自危,难于相处,必然斤斤计较,磕磕碰碰,麻烦不断。

忘不仅在己,而且在人。日常生活中,备受关注,是人所普遍向往的;可吊诡的是,人恰恰是在那种无微不至的关注中,丧失了自我,丧失了自由,丧失了主动。试看那些"名人""名家",哪个不是这样?反之,处于"天放"状态,置身在畅怀适意、优哉游哉、浑然相忘的状态下,倒是可以感受到自由放任、天趣盎然。

人的心灵在悟道过程中,就更容易获得一些天启,解识某种天机。庄子说:"其耆(嗜)欲深者,其天机浅。"嗜好和欲望太深太重的人,其心智必然被堵塞得严严实实,那样天然的人生领悟力就必然很浅了。民间有"火要空心,人要虚心"的格言:生火时,不能把炉膛里的柴禾填得过满,否则,火就烧不旺了;做人也是如此。《人间世》篇有"虚室生白,吉祥止止"的说法:心灵不能堵塞得太满,必须扫除一空,才能透亮、发光。只有清空虚静的心,净除任何尘滓杂念,才能悟出大道,生出智慧,进入清澈澄明的境界。

庄子强调,"忘"的功夫,要通过"三外(忘掉、遗弃)"的路径,达致"三无"的境界。在《大宗师》篇,他借得道者女偊之口,讲述了学道、体道的过程。前三步都是"外":"三日而后能外天下(遗忘世故,放弃对外界的关注)","七日而后能外物(忘掉万物,包括功名利禄,卸掉各种包袱,做到'不为物役')","九日而后能外生(把生死置之度外,心境澄明洞澈)",这与《知北游》篇所讲的"吾身非吾有也",遥相呼应,高度一致。这样,就可望成为"至人、神人、圣人",达致"至人无己,神人无功,圣人无名"的境界(《逍遥游》)。它的标志,是去除自我中心,摒弃为名缰利锁所束缚的小我,让自己的精神穿透形骸,实现与天地精神往来。

庄子《达生》篇还讲了梓庆"削木为镰"的故事:

梓庆做成了一个野兽形状的钟架,人们见了都惊为鬼斧神工。鲁侯问他:"你是靠什么秘诀做成的?"梓庆说:"我是一个工人,哪里有什么秘诀?虽然这样,我还是有一点可以说道的。我在准备做钟架之前,向来不敢耗损气力,一定要靠斋戒来平定内心。斋戒三天,不敢存想奖赏爵禄;斋戒五天,不敢存想毁誉巧拙;斋戒七天,往往忘记自己还有身体四肢。这个时候,不再想到是为朝廷做事,只专注于技巧,而让外来的顾虑消失;然后,深入山林,察看树木的自然本性,遇到形态躯干适当的,好像看到现成的钟架,这才动手加工。没有这样的机会,就什么都不做。"

原文是:

> 梓庆削木为镰,镰成,见者惊犹鬼神。鲁侯见而问焉,曰:"子何术以为焉?"对曰:"臣,工人,何术之有!虽然,有一焉。臣将为镰,未尝敢以耗气也。必齐(斋)以静心。齐三日,而不敢怀庆赏爵禄;齐五日,不敢怀非誉巧拙;齐七日,辄然忘吾有四枝(肢)形体也。当是时也,

无公朝,其巧专而外滑消;然后入山林,观天性,形躯至矣,然后成见镶,然后加手焉;不然则已。"

这里所说的准备工作,分忘利、忘名、忘身三个阶段;然后再以虚静之心,观察树木的天性;进而看出哪种树木即是未来的钟架。这样再动工制作,就会巧夺天工。

说到忘,可以参看禅宗两首佛偈:

身是菩提树,心如明镜台。
朝朝勤拂拭,莫使染尘埃。

这位神秀和尚的偈子,将身心比作菩提树、明镜台,看来,仍然有所执着,没有达到完全忘己的开悟境界;而六祖惠能的偈子,则是"四大皆空",通篇突出一个"忘"字:

菩提本非树,明镜亦非台。
本来无一物,何处染尘埃!

忘,为的是减去心理负担,免除无谓干扰。在《达生》篇中,庄子借用孔子的话来阐明这个道理:"善游者数能(很快就学会),忘水也。若乃夫没人(会潜水的人)之未尝见舟而便操(驾驶)之也,彼视渊若陵,视舟之覆犹其车却(倒车、退坡)也。"由于他们都是无视于水,因而内心不受干扰,随处都能从容以待。

道理是互通的,不仅游水、驶船是这样,即使像放牛这样的粗活,艺术创作这样的精工,也莫不如此。《田子方》篇讲了这样两个故事:

百里奚爵禄不入于心,故饭(饲养)牛而牛肥,使秦穆公忘其贱(地位卑贱),与之政(把政事交给他)也。有虞氏(虞舜)死生不入于心,故足以动人。(虽曾多次被后母陷害,仍以孝出名,令人感动)宋元君将画图,众史(画师)皆至,受揖而立;舐笔和墨,在外者半。有一史后至者,儃儃然(自由自在的样子)不趋,受揖不立,因之舍(回到客馆)。公使人视之,则解衣般礴臝(裸着身子,盘腿而坐)。君曰:"可矣,是真画者也。"

庄子认为,这里的核心所在,是要忘己。何为忘己?在《天地》篇中,庄子曾借用老子的话加以解释:"其动止也,其死生也,其废起也,此又非其所以也。有治在人。忘乎物,忘乎天,其名为忘己。忘己之人,是之谓入于天。"大意是,人的动静、生死、穷达,都不是自己主宰得了的;一个人所能做的,是忘掉外物,忘掉自然,这就叫做忘己。忘掉自己的人,可以说是与自然合一了。

己,通常理解为自我。在庄子笔下,自我,有两种指代,也就是两种形态、两种概念。一种是与道(自然)为一、与天地万物为一的,超越的自我,或曰本质之我、真我;一种是与道相对的,世俗之我,或曰欲望之我、小我。庄子在《齐物论》篇中,曾假托高士南郭子綦之口,谈到一个"今日吾丧我"的哲学命题。"吾"之含义属于前者,亦即超越的自我;而"我"之含义,则为后者,即世俗的我。"今日吾丧我",也就是今天吾摒弃了偏执的我,去除了抱有机心、成心、成见的我。

5

作为运用减法的核心观念,忘己、丧我都属于人生观、价值观的范畴。它们的外化,必然反映到自然观、社会观与政治观等方面。

庄子在《秋水》篇借用河伯与北海若的对话,阐释了这个问题。

河伯曰:"何谓天(自然)?何谓人(人为)?"北海若曰:"牛马四足,是谓天;落马首(给马戴上笼头),穿牛鼻,是谓人。故曰:无以人灭天,无以故灭命(不要用智巧、造作去改变与破坏性命),无以得殉名(不要为贪得而追逐名声)。谨守而勿失,是谓反(返)其真。"

在庄子看来,天地万物就其本性来说,都应该是自然而无为的。《知北游》《至乐》篇分别有所讲述:

> 天地有大美而不言,四时有明法(规律昭然)而不议,万物有成理而不说。圣人者,原天地之美而达万物之理,是故至人无为,大圣不作,观于天地之谓也。
> 天无为以之清,地无为以之宁。故两无为相合,万物皆化生。芒乎芴乎(恍恍惚惚),而无从出乎!芴乎芒乎,而无有象(形状)乎!万物职职(繁多的样子),皆从无为殖(繁衍出来)。故曰:天地无为也而无不为也,人也孰能得无为哉!

同样,就人的自然本性来说,也应该是无为的。庄子在《庚桑楚》篇指出:"性者,生之质也。性之动,谓之为;为之伪,谓之失。"本性是生命的实质所在。感物而动,称为作为;作为虚伪,称为过失。要保持人的本性,就必须处于虚静、恬淡状态。

《天道》篇讲:水面静止时,才会显得明亮,又何况人的精神呢!圣人的心是清静的,可以作为天地的明鉴,万物的明镜。至于虚静、恬淡、寂寞、无为,是万物的本然状态,也是道与德的真实内涵,所以古代的帝王、圣人都休虑息心。心神休静,才能达到空明;空明,才能达到充实;充实,才可实现完备。心境空明便清静,清静才可活动,活动而无不自得。清静便无为,无为便任事各尽其责。无为才可自在愉悦,自在愉悦的人才能不为忧患所困,年寿自然长久。所以说,虚静恬淡寂漠无为,乃是万物的本原。

原文是:

> 水静犹明,而况精神!圣人之心静乎!天地之鑑也,万物之镜

也。夫虚静恬淡寂漠无为者,天地之本,而道德之至,故帝王圣人休焉。休则虚,虚则实,实者备矣。虚则静,静则动,动则得矣。静则无为,无为也则任事者责矣。无为则俞俞,俞俞者忧患不能处,年寿长矣。夫虚静恬淡寂漠无为者,万物之本也。

庄子提倡恬淡无为的自然观,力主除掉人为、矫饰、欺诈、做作,让天地万物本真地存在,让人本真地存在,让艺术本真地存在。所以,后来的法国作家罗曼·罗兰说:"庄子是历史上第一个自觉而深刻地揭示人与自然关系的美学家。"

这类富有形上思维的道理,普通民众未必能够说得出来,但是,他们同样也有自己认可的生活哲理。

报载:

一个在大都市生活惯了的年轻人,去云南丽江旅游,那里给他的突出印象,是生活节奏缓慢,人们显得特别悠闲、自在。而他却从来不知悠闲为何物,走在街上行色匆匆,一边快速赶路,一边忙不迭地往嘴里塞着食物,突然看到前面的公交车进站了,更是一面小跑着,一面把剩下的食品一股脑儿塞进嘴里,喘着粗气冲向车门口,否则这趟车就错过了。想着每天都发生的这一幕幕情景,再对照一下丽江人的生活,他忍不住向当地一个老妈妈问道:

"阿婆,你们这儿的人,怎么都是慢腾腾的?若是加快一点,收入不就多一些?也能多享受一些呀!"

老妈妈听了,没有即时作答,却反问一句:"那我问你,人生的尽头是什么?"

年轻人说:"是死亡呗!"

老妈妈说:"对了,是死亡。既然生命的尽头是死亡,那我们为什么着急忙慌地往那儿奔?咋不好好享受一下经历的每一刻?"

年轻人听了,半晌答不出话来。

在政治方面,庄子更是主张无为而治。他指出:"古之畜天下者,无欲而天下足,无为而万物化,渊静而百姓定"(《天地》);"不得已而临莅天下,莫若无为。无为也,而后安其性命之情"(《在宥》)。

关于这一见解,他在《胠箧》篇中做了详尽的阐释:

君主尚智使巧,逞能役物,是导致天下大乱的根源:在上的君主若是喜欢智巧而违离正道,天下就会大乱了。怎么知道是这样呢?弓箭、鸟网、机关这类的智巧太多了,鸟在天空受到惊吓就会乱飞;钓饵、渔网、笱篓这类智巧太多了,鱼在水中受到惊吓就会乱跳;栅栏、兽槛、兔网这类智巧太多了,野兽在山泽里受到惊吓就会乱跑;欺诈、诡伪、狡黠、曲词、坚白、同异的谈辩太多了,世俗百姓便会受到煽惑,导致思想混乱,无所适从。所以,天下每每大乱,罪过全在于喜好智巧。

原文是:

上诚好知而无道,则天下大乱矣!何以知其然邪?夫弓弩毕弋机变之知多,则鸟乱于上矣;鉤饵罔罟罾笱之知多,则鱼乱于水矣;削格罗落罝罘之知多,则兽乱于泽矣;知诈渐毒颉滑坚白解垢同异之变多,则俗惑于辩矣。故天下每每大乱,罪在于好知。

从反面说过了,他又在《山木》篇假借一位隐士之口,正面描述了遥远的南方"建德之国"的情形,以宣扬其清静无为的政治主张:

其民愚而朴,少私而寡欲;知(耕)作而不知(储)藏,(给)与而不求其报;不知义之所适,不知礼之所将;猖狂妄行,乃蹈乎大方(随心所欲,任意而为,竟能各自合乎自然的道理);其生可乐,其死可葬(安然而葬)。

在正反两面分述之后,庄子又在《缮性》篇中加以前后对比:

古之人,在混芒之中,与一世而得澹(淡)漠焉。当是时也,阴阳和静,鬼神不扰,四时得节,万物不伤,群生不夭(折),人虽有知(智),无所用之。……及唐、虞始为天下,兴治化之流,枭(消、淆)淳散朴,离道以善(离开道去作为),险(危害)德以行,然后去性而从于心(舍去本性而顺从心机)。心与心识知(彼此以私心互相窥测),而不足以定天下,然后附之以文(文饰、花样),益之以博(学)。文灭质,博溺心,然后民始惑乱,无以反其性情而复其初。

庄子在这里指出,即使出于仁德之心,也确实求安于天下,但是,由于背离了人的天性,最后带来的也必然是惑乱重重。

也许是觉得单调的叙述有些乏味吧?在《应帝王》篇,庄子又变换了一种形式,引述了一段对话,以收取形象、生动的效果:

阳子居去见老子,请教说:"假如有人,素性聪慧,心智敏捷,透彻明达,学道精勤不倦,像这样,可以和明王相比吗?"

老子说:"在圣人看来,这不过是胥吏治事,为技能所累,劳苦形骸,扰乱心神。须知,虎豹因为毛皮上有纹饰而遭人捕猎,敏捷的猿猴和能捉狐狸的狗,由于自身的才能而被人捉来拴住。这种因为华彩、技能而困累其身的人,怎能和明王相比呢?"

阳子居觉察到自己拟于不伦,有些惭愧地说:"那么,请问明王是如何治理政事的?"老子说:"明王理政,功劳广被天下,却好像与自己无关;化及万物,而百姓并不觉

得有所依赖;虽有功德,却推功于物,不显其名;他能使万物各得其所,而自己却立足于不可测识的地位,看上去行若无事。"

附原文:

阳子居见老聃,曰:"有人于此,向疾强梁,物彻疏明,学道不勤。如是者,可比明王乎?"老聃曰:"是于圣人也,胥易技系,劳形怵心者

也。且也虎豹之文来田、猨狙之便、执斄之狗来藉。如是者，可比明王乎？"阳子居蹴然曰："敢问明王之治。"老聃曰："明王之治，功盖天下而似不自己，化贷万物而民弗恃；有莫举名，使物自喜。立乎不测，而游于无有者也。"

这就叫做"无为而无不为"。

依庄子看来，问题的关键，在于"有为而累"。从表面上看，有为显示了人的作为，反映了人的制服外物而为我所用的自由意志；但是，与此同时，自身的意志与行为又为外物所牵累，最终不免"为物所囿""为物所役""为物所累"。

记得南宋诗人陆游曾写过一首题为"读易"的七绝：

揖让干戈两不知，巢居穴处各熙熙。
无端凿破乾坤秘，祸始羲皇一画时。

诗人说，原始初民巢居穴处，整天欢蹦乱跳，熙熙攘攘，既不懂得干戈扰攘，也不知道什么礼让雍容。偏偏是伏羲皇爷多事，他要仰观天象，俯察大地，近取诸身，远取诸物，制作出那神奇的"八卦"，在那浑圆、混沌中，多此一举地画出一条曲线，分出了"阴阳鱼"，从而凿破了乾坤的秘密，设置下"男女之大防"。这样一来，可就给后世带来了无穷的麻烦，简直是没事找事！

黑格尔老人也有过类似说法："亚当和夏娃在从知识树上摘食禁果之前，都赤裸裸地在乐园里到处游逛。但是，一旦他们有了精神的意识，意识到自己的裸露，就感到羞耻了。"

芸芸众生，悠悠万事，整天纷纷扰扰，动荡不宁。在庄子心目中，许多东西都是外在的、附加的、多余的——

何必要那么多王治礼制？何必要那么多改造征服？何必要那么多权谋机巧？何必要那么多利欲贪图？

第七节

以道观之

I

先节录一首诗：

> 君行我为发浩歌,鲲鹏击浪从兹始。
> ············
> 丈夫何事足萦怀,要将宇宙看稊米。
> 沧海横流安足虑,世事纷纭何足理。
> 管却自家身与心,胸中日月常新美。

1918年,新民学会会员罗章龙将赴日本留学,他的朋友、时年二十五岁的毛泽东题诗赠别,祝愿远行人能像鲲鹏一样,"抟扶摇而上者九万里",成就一番经天纬地的事业;同时,慰勉他胸中日月常美常新,视宇宙如微末的稊米,目光博大,忘怀得失,勿以"沧海横流、世事纷纭"为虑。诗中用了"鲲鹏怒而飞"与"太仓稊米"两个典故,分别取义于庄子的《逍遥游》和《秋水》篇。

说到"太仓稊米",我联想起唐代白居易的两首诗：

> 人生百岁内,天地暂寓形。
> 太仓一稊米,大海一浮萍。

> 临高始见人寰小,对远方知色界空。

>>> 眼界越开阔,视野便越扩展,所见到的客观事物的范围便会越加宽广;随着视点、视角的变化,人们的认识也会有新的领悟、新的提高。这个问题,庄子在《秋水》篇里,通过北海若与河伯的几次对话,做了形象而透彻的阐释。

回首却归朝市去,一稊米落太仓中。

上述毛泽东的诗与白居易的诗中的"要将宇宙看稊米"和"临高始见人寰小",其真理性已经获得了太空归来的宇航员的证实。世界首个登上月球的美国航天员阿姆斯特朗,回到地球之后,写了一篇回忆录。他说:"当我们踏上月球之路的时候,眼看着地球越来越小,第一天的时候,看着地球还像圆桌面那么大,第二天的时候,地球像篮球那么大,第三天站在月球上看地球,只有乒乓球那么大。"其实,这类景况,中国的古人也早就注意到了:所谓"登东山而小鲁,登泰山而小天下"。看来,这里有个眼界、视野与视角、视点的问题。眼界越开阔,视野便越扩展,那么,所见到的客观事物的范围,便会越加宽广了;而随着视点、视角的变化,客观对象则会随之而发生变化,人们的认识也会有新的领悟,新的提高。

关于这个问题,庄子在《秋水》篇里,通过北海若与河伯的几次对话,作了形象而透彻的阐释。

文章先是交代背景:秋天的雨水应时而来,众多大川、小溪的水都灌注到了黄河,

河面水流顿时宽阔起来。这样,两岸及沙洲之间,远远望去,连对岸游走的究竟是牛是马都分辨不出来了。

于是,黄河之神河伯欣然自得,以为天下所有的壮美都聚集在自己身上。他顺着水流向东而行,到了北海,朝东面望去,根本看不见水的尽头,海的边界。这时,河伯才变换了原先洋洋得意的心态,望着海洋,对北海之神感叹地说:

"俗语说:'听了上百条道理,就以为没有谁能比得上自己了。'看来说的就是我啊!……现在,我总算看到了您的难以穷尽的广大。我要是不到您这里来就糟了,我将永远被有道之士看笑话了。"

北海若说:

"井底之蛙不可以对它谈论大海,因为它拘限在自己狭小的空间里;

夏季的虫子不可以跟它谈论寒冰,因为它受到生存时间的限制;孤陋寡闻的书生不能跟他谈论大道,因为他所受的教育束缚了他的思维。现在,你从河岸上走了出来,看到了浩淼无涯的大海,总算认识到自己的鄙陋,这便可以跟你谈论大道了。

"天下的水,没有比海更大的;千万条河川都汇流到这里,不知什么时候才停歇,可是,大海却不会满溢;海水从尾闾泄漏出去,不知道什么时候才停歇,可是,大海却不会干涸。无论春季还是秋季,它的水量始终没有变化;不管洪涝还是大旱,对它都没有影响。它的容量远远超过江河的流量,已经不能用数字来计量了。但是,我从未因此而自以为了不起。我知道,自己的形体寄寓于天地,气息得自于阴阳交感,自己在天地之间,就如同小石头、小树棵存在于大山之中。这么渺小的存在,又怎么敢自满自夸呢?

"这样算起来,四海存在于天地之间,不就像蚁穴之存于大泽;中国存在于四海之内,不就像米粒之存于谷仓吗?世间物种,数以万计,人只是其中之一;人群聚集于九州,五谷所生长的地方,舟车所通行的地方,个人也只是其中之一。个人与万物相比较,不是像一根毫毛之于整个马体吗?"

附原文:

> 秋水时至,百川灌河,泾流之大,两涘渚崖之间不辨牛马。于是焉河伯欣然自喜,以天下之美为尽在己。顺流而东行,至于北海,东面而视,不见水端,于是焉河伯始旋其面目,望洋向若而叹曰:"野语有之曰:'闻道百,以为莫己若',我之谓也。……今我睹子之难穷也。吾非至于子之门则殆矣,吾长见笑于大方之家。"北海若曰:"井鼃不可以语于海者,拘于虚也;夏虫不可以语于冰者,笃于时也;曲士不可以语于道者,束于教也。今尔出于崖涘,观于大海,乃知尔丑,尔将可与语大理矣。天下之水,莫大于海,万川归之,不知何时止而不盈;尾闾泄之,不知何时已而不虚;春秋不变,水旱不知。此其过江河之流,不可为量数。而吾未尝以此自多者,自以比形于天地而受气于阴阳,吾在

于天地之间,犹小石小木之在大山也。方存乎见少,又奚以自多!计四海之在天地之间也,不似礨空之在大泽乎?计中国之在海内,不似稊米之在大仓乎?号物之数谓之万,人处一焉;人卒九州,谷食之所生,舟车之所通,人处一焉;此其比万物也,不似豪末之在于马体乎?"

第一次对话,讲的是大小之别。

在这里,庄子不是枯燥地说教,而是通过形体不同的两种形象:一个是北海若(北海之神),其大无比——"天下之水,莫大于海",可是,他自己却从未因此而自以为了不起;另一个是河伯,他以自我为中心,沾沾自喜,自我陶醉。在鲜明的对比中,展示了他们生动的对话。

其间,刻画人物的动态心理非常精妙:河伯尚有自知之明,能够依所处环境、条件的变化,及时调整视角,扩展心胸,从感性、直观方面认识到自己的鄙陋,从而剔除以自我为中心的偏见;而北海若则通过现身说法,从理性与感性的结合上,为之阐释"大道",说明万事万物的大小都是相对的——如果把时空扩展到无限大或者缩微到无限小,那么,情况就完全不一样了。

他们的第二次对话,是从河伯的发问切入的:可否把天地看成大,把毫毛看成小?北海若斩钉截铁地回答:不能简单做出这样的结论。何以如此?他通过展示时空的无限性和事物变化的复杂性,说明对事物的认知并做出确切判断是难度颇大的事情。

北海若说:

"万物体量无穷,时序没有止期,得失没有定准,终始循环演变。所以,有大智慧的人,观察到远近问题,就感到体量小的不一定少,体量大的不一定多,因为他知道其间在无穷地变化;他也明白今昔原本如一,所以,不为远不可致而烦闷,也不因近可撷取而强求,这是因为知道时序是没有止期的;洞察盈虚之理,所以得而不以为喜,失而不以为忧,因为知道得失是无常的;明白了死生是每人必走的坦然平等之大道,所以活着不以为喜,死去也不看成灾难,因为他知道终始是变化无定的。

"计算人所知道的,总比不上他所不知道的;人活着的时间,总比不上他未曾活着的时间。以极其渺小的生命去探索极其庞大的领域,难怪会陷于迷惑混乱而无法安然自得啊!由此看来,又怎么知道毫毛为最小的定量,而天地是可以穷尽的最大的领域呢!"

附原文:

> 河伯曰:"然则吾大天地而小毫末,可乎?"北海若曰:"否。夫物,量无穷,时无止,分无常,终始无故。是故大知观于远近,故小而不寡,大而不多,知量无穷;证曏今故,故遥而不闷,掇而不跂,知时无止;察乎盈虚,故得而不喜,失而不忧,知分之无常也;明乎坦涂,故生而不说,死而不祸,知终始不可故也。计人之所知,不若其所不知;其生之时,不若未生之时;以其至小,求穷其至大之域,是故迷乱而不能自得也。由此观之,又何以知豪末之足以定至细之倪,又何以知天地之足以穷至大之域!"

第三次对话,更深入一步,谈到物无论大小皆为有形,只有道是例外的问题。

北海若说:

"从细小事物的立场来观察巨大的事物,是不可能穷尽的;从巨大事物的立场来观察细小的事物,也是无法看清的。两者各有其便,这是情势使然。……无论精粗、细大,都一定是有形的东西。无形的东西,不能用数量来划分;不能界定范围、也就是无限大的东西,无法用数量来穷尽。可以用言语来谈论的,是粗大的事物;可以用意念来传达的,是精细的事物;至于言语所不能谈论,意念所不能传达的,就超出精粗的范围了。"

附原文:

夫自细视大者不尽;自大视细者不明。夫精,小之微也;垺,大之殷也;故异便。此势之有也。夫精粗者,期于有形者也;无形者,数之所不能分也;不可围者,数之所不能穷也。可以言论者,物之粗也;可以意致者,物之精也。言之所不能论,意之所不能察致者,不期精粗焉。

大小、精粗,各有其便。从北海若的谈话中,可以认识到,庄子的思想博大精深,从不拘限于"芥豆之微""秋毫之末",但他并不抹杀细微的分辨;强调既应从整体的立场观察事理,又须注意从各个角度做全面、细致的透视,以避免"自大视细者不明"的弊端。

至于所说的无须用精细与粗大的尺度来衡量,或者说超出精粗的范围,指的正是幽邈玄同的道,他把那一系列的问题最后都归结到道上。原来,在大小、精粗之外,还有一个道与物的命题。庄子说东道西,旁征博引,"定于一"的最终落脚点,总离不开道,有如万水朝东,条条归于大海。

2

河伯与北海若之间的对话,已经进行到第四次了,话题也由事物的外形判断,深入到事物的内在质素——贵贱之辨、大小之分、有无之差、是非之别上。就认识论的范畴来看,如果说,前几次基本上反映的是视界、视野问题;那么,这一次主要是集中在视角、视点,或者我们常说的立场上。

河伯说:"那么,从一物的外表方面,或者从一物的内在方面,要依据什么来分辨贵贱?依据什么来界定大小呢?"

这一问不打紧,可就像开启了闸门似的,一下子拉开了北海若的话匣子。他滔滔不绝地谈起了从大道、自身、世俗、差别、功用、取向等不同立场与视角,观察客观事物所获取的不同结论、不同结果。

北海若讲了六个方面,分别是:

——"以道观之,物无贵贱。"

一个是道,一个是物。在庄子看来,客观世界分作两个层次,或者说存在着两种境界。一种境界是有形的,在通常情况下,任何人都举目可见、挥手可触,这样,就能够计量、可以权衡,从而必然产生层次高下、形体大小、数额多少的比较,这就是所谓低而且浅的物的境界;而道的境界则异于是,它并非实体,因而是无形的,隐蔽在物的境界的背后,属于本源性的存在。在道的境界里,一切比较、计算都泯除了,事态与物性是齐一的。

何为"道"?庄子认为,道乃自然、本体,是宇宙万物之本原与最高认识。道是公正客观,无党无偏、无私无蔽的。古代典籍《礼记》中,曾引述孔子的话"天无私覆,地无私载,日月无私照",称作"三无私"。道所体现的正是这样境界。庄子区别于常人或曰"俗士"的特异之点,正在于他观察事物总是站在道的立场之上——以道观之,或者说体现一种道的境界。

在道的视界里,纷纷万物、芸芸众生,都是一体平等、没有差别的。人也好,物也好,在它眼里,一切等级、畛域都模糊不见了。"以道观之",立足点高。犹如我们乘坐飞机,刚刚起飞之际,俯视地面,举凡楼舍、河川、山峦、林树,高低大小,历历分明;但当达到一定高度之后,再向下俯视,就会发现种种差别尽皆模糊,以至统统不见了。孟子所说的孔子的"小天下"与"小鲁",那是囿于泰山与东山有限的高度差异;若是到了几万米高空之上(且不说大气层以外),如果还能够看得到,那么,泰山也好,东山也好,也不过是两个小小的山丘,又有谁能够分清它们的大与小呢!日常生活中,有一些是非的争兢,得失的计较,闹得沸反盈天,其实,如果立足点高一些,就会发现,完全没有太大的必要。

以道观天下,就能摆脱任何束缚,采取新的视角,放弃蜩与学鸠式的浅薄的嘲笑态度,破除井蛙式的"拘墟之见",换上一种全新的思维方式。

——"以物观之,自贵而相贱。"

从一人一物看来,都把自身看得高贵,不可或缺;而把他人他物看作卑贱不堪,可有可无。这个视角,就是上面所说的物的境界中的视角,是可触可见的、浅层次的、外在的。这种视角,由于取向甚低,不能不受到种种私见、偏见、成见的遮蔽,所以,观察事物、认识问题,必然缺乏应有的客观态度。

比如"文人相轻",这是世间常见的一种典型例证。在《典论·论文》中,魏文帝曹丕指出,出现文人相轻,一是由于"善于自见",各以所长,相轻所短;一是由于"暗于自见,谓己为贤"。钱锺书评论说,"善于自见"适即"暗于自见"或"不自见之患";"善自见"而矜"所长",与"暗自见"而夸"己贤",事不矛盾,只是说法不同。那么,结果呢? 就必然是以己所长,轻人所短。

——"以俗观之,贵贱不在己。"

世俗的立场,是缺乏定见,随人俯仰。《庄子·在宥》篇中说:"世俗之人,皆喜人之同乎己,而恶人之异于己也。"其实,也可以翻过来说:世俗之人,都习惯于自己与众人相同,而没有勇气独持定见,特立独行,独树一帜,标新立异。结果是,众人说贵,自己也跟着说贵,众人说贱,自己也跟着说贱,人云亦云,跟风逐浪,赶时髦,随大流,还美其名曰:"吾从众者也。"

还有一种情况,就是世俗之人经常要通过周围人们的反映来认知自己,以致凡事都须看别人的眼色,毫无自己的主见。庄子提出:"举世而誉之而不加劝(不会更加积极),举世而非之而不加沮(沮丧,消极)。"(《逍遥游》)世俗之人所缺乏的,正是这样一种"道路自信"与心理定力。

庄子以习常见惯的生动事例,语重心长地告诫那些目光如豆,苟安自得的人,提醒他们要想得更深一些,看得更远一些。《徐无鬼》篇讲了这样一则寓言:

偷安自得者,像猪身上的虱子,选择猪毛稀疏的地方待下,自以为是广阔的宫苑园林,在蹄边胯下,乳腹股脚之间,以为找到了最安全便利的处所。哪里知道,总有一天,当屠夫举起手臂,铺上柴草,生起烟火来,那些虱子便和猪毛一起被烧光了。一切都随环境而竞进,随环境而后退,这就是所谓苟安自得之类的。

原文是:

濡需者，豕虱是也，择疏鬣长毛，自以为广宫大囿；奎蹄曲隈，乳间股脚，自以为安室利处。不知屠者之一旦鼓臂布草操烟火，而己与豕俱焦也。此以域进，此以域退，此其所谓濡需者也。

——"以差观之，因其所大而大之，则万物莫不大；因其所小而小之，则万物莫不小；知天地之为稊米也，知毫末之为丘山也，则差数睹矣。"

这里说的是，万物的大小、差异都是相对的。关键在于当相互进行比较的时候，选取什么角度。从等差上看来，顺着万物大的一面而认为它是大的，那就没有一物不是大的了；顺着万物小的一面而认为它是小的，那就没有一物不是小的了。明白了天地如同一粒小米的道理，明白了毫毛如同一座山丘的道理，那么，万物差别的分寸就清楚了。

——"以功观之，因其所有而有之，则万物莫不有；因其所无而无之，则万物莫不无；知东西之相反，而不可以相无，则功分定矣。"

这里说的是，有用与无用属于价值判断。凡是价值判断，都取决于主观视角，就是说，最后的结论都是相对的，而没有一个纯客观的标准。关于这个问题，庄子讲得非常充分。《人间世》篇说，曲辕之地那棵被奉祀为土地神的栎树，虽然无比高大，却既不能制作舟车，也不能用来做梁柱、造棺材，以致"观者如市，匠伯不顾，遂行不辍（往前走，不住脚）"。为什么？因为它"无所可用"。不过，这是从世人的角度看；如果换作栎树自身的视角，那就迥然不同了——它之所以能够寿算千年，长期存活，靠的正是无用。那你说，它究竟是有用还是无用呢？

再者，有用与无用，既相互对立，又相互依存。庄子在《外物》篇讲："夫地非不广且大也，人之所用容足耳；然则厕足而垫之致黄泉，人尚有用乎？"说的是，地面再大，只要脚下有方寸之地，也就可以供人驻足了——周围那些土地并无实用价值；但是，如果把周围的土地全都挖到黄泉，那这方寸之地还能用吗？

同样，东对于西来说，大对于小来说，上对于下来说，多对于少来说，都是相反相成的——彼此相互对立,又互为依存条件,谈不上哪个更为有用,哪个更加必要。正是从这个意义上,庄子才说:"知东西之相反,而不可以相无。"

这一切,里面都充满了辩证法。

——"以趣(取向)观之,因其所然而然之,则万物莫不然;因其所非而非之,则万物莫不非;知尧、桀之自然而相非(自以为然而相互对立、相互非议),则趣操(略同于取向、立场。"操"疑为"舍"之误)睹矣。"

取向、取舍,属于价值判断范畴,因而都是相对的,都依主观视角的改变而改变。这里体现了典型的庄子的相对主义。

既然一切都是辩证的、相对的,依主观视角而决定,那么,我应该做什么,不应该做什么,我在实际生活中,面对着出处进退、辞受取舍,应该如何处置呢?——河伯紧接着提出了这个问题。

于是,北海若做了进一步的阐释:

以道观之,无所谓贵贱,贵贱是反复无端的;所以,不要拘束你的心志,致使和大道相违。无所谓多少,多少是互相更迭变换的;所以,不要执着于一己的行动,而要与道相配合……万物齐一,谁短谁长?道无终无始,物有死有生,不可依恃一时的成就;时而空虚,时而盈满,没有固定不移的形体。岁月无法挽留,时间不能停止;消减、生长、充盈、空虚,终结了还会开始。这就是讲大道的原则,谈万物的条理。万物的生长,犹如快马奔驰,一举一动都在改变,无时无刻不在迁移。应该做什么,不应该做什么,没有一定之规,一切都会自行变化的。

附原文:

> 以道观之,何贵何贱,是谓反衍;无拘而志,与道大蹇。何少何多,是谓谢施;无一而行,与道参差……万物一齐,孰短孰长?道无终始,物有死生,不恃其成;一虚一盈,不位乎其形。年不可举,时不可止;消息盈虚,终则有始。是所以语大义之方,论万物之理也。物之

生也,若骤若驰,无动而不变,无时而不移。何为乎? 何不为乎? 夫固将自化。

北海若的谈话,自始至终,都贯穿着"顺应变化"这样一条主线。正因为万事万物时刻都在变化,盈虚消长,周而复始,无时或息,所以,必须顺时应变,一切本于自然,与道相通、相契,而不相互龃龉。

化,是庄子之道的本质性的特征。青年学者傅粉鸽指出,老庄都认为道是万物之宗,但老子之道重"常",以恒常不变为其基本品性;而庄子之道重"化",面对纷纭复杂的大千世界,强调因顺变化,认为"化则无常"。他既讲"物化",又求"自化",还有"独化";不仅要求形体生命的和顺委蛇,随环境、时机而变化,而且更追求内在精神的转化,使精神不断由低层次向高层次提升。

3

通过读解《秋水》篇,我领悟到这样一个道理:哲学研索本身,原是一种视角或曰立足点的选择,视角与立足点不同,阐释出来的道理就判然有异。视角和眼光是联系着的。爱因斯坦看人、看世界,用的是宇宙的眼光,因而能够跳出"人为中心"这个成见,得出"人不过是宇宙中的一粒尘埃——没有骄傲的理由"的结论。一部《红楼梦》,鲁迅先生说,单是命意,就因读者的眼光而有种种,经学家看见《易》,道学家看见淫,才子看见缠绵,革命家看见排满,流言家看见宫闱秘事……还有人谈到,西班牙大作家塞万提斯笔下的堂·吉诃德这个艺术形象,你如果从"目的论"的视角去看他,觉得十分荒诞;可是,若用"过程论"的视角去看他,又会觉得他很了不起;假如用世故的眼光去看他,觉得他简直是个疯子,实在不可理喻;而用小孩子的眼光去看他,会觉得他非常有趣,竟然是个天真的赤子。

古书上记载:

有个楚国人娶了两房妻子。邻人调戏其长妻,没有得逞,还遭到一顿痛骂,然后又转而调戏其少妻,结果,那个少妻接受了他。

过后不久,那个楚国人病死了。这时,有个客人对那个调戏者说:

"现在丈夫死了,两个女人都在孀居,你可以任意娶上一个。那你将选择哪一个呢?"

邻人不假思索地说:"我当然要娶那个长妻。"

客人不解地问:"那个长妻对你并不好,曾经痛骂过你,而少妻顺从了你,你为何不娶她呢?"

答复是:"作为局外人,我自然喜欢顺从我的女人;现在是给自己选妻子,就要挑选那个作风正派、忠于爱情的女人了。"

这个古老的故事,形象地说明:站在什么立场上,从什么角度看问题,确实是观察事物、判断是非、决定去取的关键所在。

庄子在《秋水》篇通过北海若与河伯的对话,阐释了视野、视域、视角、视点对于认知客观事物的直接影响以至决定性作用。如果"以道观之",世间许多认识都会随之而变化,不要说各种社会事物、文化现象,就连自然界也莫不如此。比如,我们通常说的益鸟、害鸟,益虫、害虫,什么东西有营养,什么东西对身体有害处,这些都是基于人类主观意志、自身利害的认识;就自然来说,从天道来说,各种生物的生存价值都应该是平等的,不存在此高彼低、此益彼害、此是彼非的差别;一切事物"固有其所是,固有其所可;无物不然,无物不可"。所以,树枝与屋梁,丑女与西施,以及一切稀奇古怪的事情,从道的立场来说,都可通而为一。庄子正是基于道的立场,建立了他的"齐物"思想。

在《齐物论》中,他以思辨形式,层层演进,由思维方式导入生命哲学,进到人的生存状态、人生理念等多个层面,最突出的特色是相对主义,即所谓"齐物"。概言之,就是万物齐一,没有差别,或者说,一切差别都是相对的。庄子论述成与毁的相对性,认为有所分解,就有所生成;有所生成,就有所毁灭,总体上的分导致个体上的成,新事物的生正是旧事物的毁;分与成,生与毁,相反相成,对立统一。

学者张恒寿指出：

> 庄子和普通人不同的最大特点，是观察问题总是从"天"（指宇宙、自然）的立场出发，而不从人类的立场或小己的立场出发。因此有许多论点，从常识为基础的哲学家看来，认为属于谬论。比如《齐物论》篇的这段话："我且问你：人睡在潮湿的地方，就会患腰痛或半身不遂，泥鳅也会这样吗？人住到树上就会担惊受怕，猿猴也会这样吗？这三者，谁知道真正舒服的住处是哪里？人吃肉类，麋鹿吃青草，蜈蚣喜欢吃蛇，猫头鹰与乌鸦喜欢吃老鼠，这四者，谁知道真正可口的味道是什么？"普通读者觉得很有兴趣，而不知如何回答；专门学者则批评其为混乱了"类"的逻辑，认为人的是非不能和其他动物并论，所以是非常错误的。实则这一节所举例证，不是说对于同一对象，人和物有不同的好恶。这不属于价值判断，而属于事实判断。从"天"的立场看，很难说哪一种动物的喜怒是最正当的，各种物的生存价值，都应该是平等的。有些论者，不着重看他对于哲学问题的敏感、深刻，而只从一般常识的观点，世俗的观点，予以反驳和责难，这是不恰当的。

在《骈拇》篇，也是从"以道观之"的视角，庄子讲了残生伤性问题：

> 自三代（夏、商、周）以下者，天下莫不以物易（改变）其性矣。小人则以身殉利，士则以身殉名，大夫则以身殉家，圣人则以身殉天下。故此数子（这几种人），事业不同，名声异号，其于伤性以身为殉，一也。臧（男仆）与谷（小孩），二人相与牧羊而俱亡（丢失）其羊。问臧奚事（干什么了），则挟策读书；问谷奚事，则博塞（弈棋之类）以游。二人者，事业不同，其于亡羊均也。伯夷死名于首阳之下，盗跖死利于东陵之上。二人者，所死不同，其于残生伤性，均（相同）也，奚必伯夷之是而盗跖之非乎！天下尽殉也；彼其所殉仁义也，则俗谓之君子；其

所殉货财也,则俗谓之小人。其殉一也,则有君子焉,有小人焉;若其残生损性,则盗跖亦伯夷已(也),又恶(何必)取君子小人于其间哉!

庄子的视角,博大开阔,既不拘限于人类,更不拘限于自我,而是推及宇宙、自然。

"天地与我并生,万物与我为一。"这是庄子的最高境界。

说到宇宙、自然,庄子对于时间的终始与空间的极限,是持怀疑与否定态度的。在《齐物论》中,他是这样说的:

> 有始也者,有未始有始也者,有未始有夫未始有始也者。有有也者,有无也者,有未始有无也者,有未始有夫未始有无也者。俄而有无矣,而未知有无之果孰有孰无也。今我则已有谓矣,而未知吾所谓之其果有谓乎,其果无谓乎?

这段绕口令般的话,大致意思是:宇宙有它的"开始",还有它的"尚未有开始"的阶段,更有它的"尚未有尚未有开始的阶段";宇宙有"有"的状态,又有"无"的状态,还有"尚未有有无"的状态,更有"尚未有尚未有有无"的状态。忽然间出现了"有无"之说,也不知道何者为"有",何者为"无",哪个是"有",哪个是"无"。现在我已经说了这些话,也不知道我果真说了,还是没有说?

在庄子看来,既然无法弄清楚这些问题,那就运用相对主义观念,泯灭空间上的大小与时间上的久暂问题的界限吧:天下没有比"秋毫之末"更大的东西,而泰山却是小的;天下没有比夭殇的婴儿更长寿的人,而彭祖还算短命呢!这里强调了空间的相对性与时间的相对性。

俄国大文豪列夫·托尔斯泰承认时间的相对性。他说,测量时间,除了按年、月、日、时这个客观标准来测量,还有一个主观标准,就是用我们每个人的生命进程来测量——相对性主要体现在这方面。就一个三岁孩子一年中所感受的印象的数量和强度而言,一年等于生命的三分之一;而对于一个三十岁的人来说,一年只是他的生命的三十分之一。对于小孩子,一切都是新鲜的、重要的,在他看来,一年好像一段很长的时间。这就说明为什么我们年纪越大,就会感到时间过得越快。

是呀,尤其是过了中年,"岁月疾于下坂轮"。弹指一挥间,繁霜染鬓,"廉颇老矣"。米兰·昆德拉说得很形象:"一个人的一生有如人类的历史,最初是静止般的缓慢状态,然后渐渐加快速度。五十岁是岁月开始加速的时日。"东晋的军事家桓温,渐入老境之后,看到当年亲手种植的柳树,都已十围,慨然兴叹,说:"木犹如此,人何以堪!"攀枝执条,泫然流泪。京剧名段《武家坡》里,薛平贵"一马离了西凉界",兴冲冲地回到阔别一十八载的武家坡,想不到结发妻子王三姐竟然对他觌面不识,诧异地问道:"儿夫那有五绺髯?"薛平贵及时地提醒她:你也是同样,"不是当年彩楼前"了,"寒窑里找不到菱花镜,且到水缸上照容颜"。不照还好,一照,王三姐哭了起来:"呀,老啦。"

年龄的少与老、长与短,直接关系到生命的进程。在《逍遥游》篇,庄子就这个问题,做了更为深入的阐述。他说:"朝菌不知晦朔,蟪蛄不知春秋,此小年也。楚之南有冥灵者,以五百岁为春,五百岁为秋;上古有大椿者,以八千岁为春,八千岁为秋,此大年也。而彭祖乃今以久特闻,众人匹之,不亦悲乎?"从朝生暮死的朝菌和夏生秋死的蟪蛄的短暂存在来看,人的一生不能不算长久;不过,若是同五百岁为春、五百岁为秋的楚之冥灵(灵龟)相比,同八千岁为春、八千岁为秋的上古大椿相比,人的生命又短暂得可怜。即便是传说中的活了七八百岁的彭祖,以长寿名世,众人都想比附他;那若是同楚之冥灵、上古大椿相比,岂不是很可悲叹吗?庄子想要说明的是,所谓长或短的判断,仅仅具有相对的意义。

如果我们把这个只具相对意义的认识看成是绝对的标准,那便是堪笑又堪悲了。

把相对意义绝对化的一个典型事例,是人对自身以及人与自然的认识。我们的地球母亲,已经有四十六亿年的高寿了,在她诞生了十多亿年之后,才开始有生命形成,而人类的出现,大约只是二三百万年前的事。人和一切生物都是自然的创造物,自然则是人类诗意的居所。在直立之前,人类和所有的动物共同匍匐在漫长的进化之路上,依靠周围世界提供必要的物质与精神资源,生存繁衍,发展进化,原本没有资格以霸主自居,摆什么"龙头老大"。可惜,后来,人类逐渐地把这个最基础的事实、最浅显的道理淡忘了,结果就无限制地自我膨胀,恣意攫取;声威所及,生态环境遭受到惨重空前的破坏,制造出重重叠叠的环境灾难。"天作孽,犹可违;自作孽,不可活。"种种苦头,人类自身今天算是尝尽了,尝够了。

我在辽西地区,看到过一块新出土的鸟化石,经过科学鉴定,认为是一亿四千万年前形成的,对着它我沉思了良久。与这块鸟化石相比,一个人的生命实在是太短暂了。以浪漫主义著称于世的唐代诗人李贺,发挥无边的想象力,也只是吟出:"王母桃花千遍开,彭祖巫咸几回死。"天宫里的王母娘娘的仙桃,三千年开一次花,开过一千遍也不过三百万年,不到这块鸟化石的四十分之一。即使有八百年寿算的彭祖,也不知已经死过多少万次了,更何况普通人呢!《圣经》上说,亚当一百三十岁时生了儿子塞特,以后又活了八百岁;塞特在八百零七岁时还生儿育女,前后活了九百十二岁;塞特的儿子以挪士活了九百零五岁。这些都是神话。须知,上帝、神仙是长生不死的呀!普通人能活上一百岁,就被称为"人瑞"了。可是,即便成了"人瑞"又怎么样?也只是这片鸟化石的一百四十万分之一呀!不过是"弱水三千,只能取一瓢饮"。经过这么一比较,就会觉得那些俗世纷争、人间龃龉、蝇头微利、蜗角虚名,真是连"泰山一毫芒"也谈不上了,闹腾个什么劲头?真该抓住有限时光,干些有意义、有价值的事!

在文明异化、物欲横流的时代,庄子的哲学思想不失为一副清凉散、醒心剂。而世俗间的殷殷计较、种种纷争,置入他的价值系统和"以道观之"的宏大视角之中,纵不涣然冰释、烟消云散,也会感到淡然、释然,丝毫不足介意了。

第三章

逍遥天际客

从庄子的交游、出访、授徒、著书等侧面,叙写其出处与行迹。讲述《庄子》中各色人物:老子、孔子,属于庄子的前辈;惠子是他同时代的老搭档,也是亲密的辩友。

第八节

故事大王

I

从小我就很喜欢庄子。这里面并不包含着什么理性抉择、价值判断，当时只是觉得这个古怪的老头儿很有趣儿。

庄子是一个名副其实的"故事大王"，他笔下的井底蛙、土拨鼠、多脚虫、炮蹶子马，蝴蝶、蜗牛、鸣蝉、野雉，还有龟呀、蛇呀、鱼呀、鸟呀，都是我们日常接触过的，眼熟得很；至于邈姑射之山的"肌肤若冰雪""不食五谷，吸风饮露"的神人，对于小孩子就更具吸引力了；在他们的心目中，这些神仙也许比村长、乡长还要熟悉得多，因为早在杨柳青年画里就都露过面。而且，那些神人也好，动物也好，故事里面都寄寓着深刻的人生哲理。

庄子的可爱，还在于他富有人情味，有一颗平常心，令人于尊崇之外，还增加几分亲切感。这和"被人抬到了吓人的高度"的孔老夫子不同。孔子给人的印象，带有浓重的崇高感、神圣感。连他的属于贤人一流的弟子，都要说"夫子之墙数仞，不得其门而入"，那么，我们这些庸常之辈、后生小子，就更是找不着"北"了。那么，老子呢？他倒不是"出则舆马，入则高堂，上一呼而下百诺"，凛然不可侵犯的大官僚，更不是指挥若定、叱咤风云、耀武扬威的大将军，但是说起他来，总觉得这个白胡子老头奇谋妙算太多，什么"知雄守雌""先予后取"，可说达到了众智之极的境界。但凡一个人聪明过度了，用智太多，就会产生"渐远于人"的感觉。

若是给这三位古代的学术大师来个形象定位，可以说，孔丘是被"圣化"了的庄严肃穆的师表；老聃是苍颜鹤发、道貌岸然、深于世故的战略家；庄周则是一个耽于狂想、兴味盎然的哲人，也是一个浪漫派的诗人。

>>> "读《道德经》如入无人之境。"庄子却是一个喜欢敞开自我、袒露襟怀的人,尽管两千多年过去了,可是,当你翻开他的著作,就会觉得一个神清气爽、超凡脱俗却又鲜活灵动、血肉丰满的哲人形象,赫然站在眼前。

老子也好,孔子也好,精深的思想,超人的智慧,只要认真地去钻研,都还可以领略得到;可是,他们的内心世界、个性特征,却很不容易把握。这当然和他们的人格面具遮蔽得比较严实,或者说,在他们的著作中自身袒露得不够,有直接关系。特别是老子的《道德经》,五千言字字珠玑,掷地作金石声,可是,除去那些"微言大义",见不到人物形象,更缺乏令人开颜解颐的故事、笑话,难怪人家说,"读《道德经》如入无人之境"。庄子却是一个喜欢敞开自我、袒露襟怀的人,尽管两千多年过去了,可是,当你翻开他的著作,就会觉得一个神清气爽、超凡脱俗却又鲜活灵动、血肉丰满的哲人形象,赫然站在眼前。连远哉遥遥的欧洲作家王尔德都说,他是"生活在黄河边上,长着一双杏眼的智者"。其实,庄子本人也曾有个自画像,也可称作自白:"思之无涯,言之滑稽,心灵无羁绊。"——从思想到言论,还有心灵,说得多么贴切!

　　庄子的特异之处,还在于他特别擅长把某些生活经验、生命体验和所要表达的"道",巧妙地糅合到一起,然后以讲故事的形式把它生动地描绘出来,使你难以把形象和哲理截然分割开来。

　　他的讲故事,有一些鲜明的特点:

　　一是,惯于运用虚构的手法,翘首天外,结想无端,所谓"皆空语无事实"。先秦诸子中,韩非子也经常运用寓言故事来说理论事,但他笔下的寓言故事,大多取材于现成的民间传说,距离现实环境比较近;而庄子的许多故事,却出自个人虚拟,凭空结撰,异想天开,靠的是大胆的形象创造和海阔天空、出神入化的狂想,玄虚幽邈,荒诞不经,读来和《山海经》的神话故事有相似的感觉。

　　二是,庄子讲故事,往往并不明确点出所要说明的道理,不是靠着雄辩滔滔、逻辑推理,而是凭借特异的形象思维,通过有趣的人、奇突的事、"芒乎昧乎"的语言文字,自然地展现出来,说完了转身离去,掉头不顾,"拜拜了",或者袖手站在一旁,听任读者去恣意猜想。《外物》篇讲:"演门有亲死者,以善毁,爵为官师。其党人,毁而死者半。"说的是,宋国国都东门大街有个人,"善毁"——双亲过世了,他出色地哀号,直闹得形销骨立,面容枯槁,因而被官方彰表为官师。这样一来,同里之人便趋之若鹜,都学他的样子,悲伤守孝,整天号哭,结果哭死了一大半人。作者寓意是讽刺那些不择手段地求名求官的人,但他只是摆出事实,而不加半点议论。

三是,讲述的人物形象、离奇故事,以及"练话"、趣谈,具有模糊性、多义性,可以做多种阐释,留下广阔的思索空间,需要读者反复地玩味,才能领悟其深层含义;而且,随着视角的不同,读者会得出不同的结论,所谓"一百个人读了,就有一百个哈姆雷特"。这在先秦诸子中,也是最有特色的。

四是,所讲述的内容,富有哲学意蕴,有些是人们习常见惯的事情,却含有深邃的道理。作为一个"散淡的人",他不喜欢涉及那些其他读书士子经常挂在嘴上的出将入相、安邦治国平天下的雄才大略、救世情怀,莫说去做,他连说都不愿意说,脑子里好像根本就没有这些理念。

五是,庄子的寓言故事形象生动,经常以小说笔法,惟妙惟肖地进行人物刻画、细节描写,堪称写生妙手,他写大鱼吞钩,先是牵动大钓钩沉入海中,然后急速跃起,背鳍奋张,白浪涌起如山,海水震荡翻滚,声若鬼哭神嚎。他描写马:"喜则交颈相靡,怒则分背相踶(踢)。"不仅此也,其最大的本事还是善于将哲学范畴、抽象概念进行形象的表述,予以具象化、拟人化、人格化,这在先秦诸子中,可说是绝无仅有的。

比如,他以"造物者""大宗师"来表述"道",《大宗师》篇许由有"吾师乎,吾师乎"的说法,这个"师"并非实指某人,而是说"道"——"师法于道"的"道"。讲"天籁",说是"有万种不同之吹也"(闻一多语),风吹万种窍孔,声音各自不同,但都完全出于自然,并没有什么东西主使着它,所谓"咸其自取"者也。清人刘凤苞有言:"人籁、地籁闻以耳,天籁则闻以心。有声之声,众人皆闻之;无声之声,惟至人独闻之,天籁是已。"庄子还以"无何有之乡"状写虚幻的超迈尘俗的精神境界,他对惠子说:"今夫斄牛,其大若垂天之云;此能为大矣,而不能执鼠。今子有大树,患其无用,何不树之于无何有之乡、广莫之野,彷徨乎无为其侧,逍遥乎寝卧其下。不夭斤斧,物无害者。无所可用,安所困苦哉!"(《逍遥游》)意思是,你看那斄牛,身躯大得像天边的游云,那真是够大的了,却没有本事捉拿老鼠;现在你有一棵大树,愁着它大而无用。那么,为何不把它栽种在空虚无物的地方,广阔无边的旷野,再无所事事地徘徊其间,逍遥自地地卧在树下。它绝不会被斧斤砍伐,遭外物伤害。没有可用之处,那还有什么困愁苦恼呢!

看了庄子的"意出尘外,怪生笔端"的寓言故事,又考虑到"小说"之名确是始见于《庄子》,我们会自然地联想到后世的小说作品。宋代黄震有言,庄子"眇来宇宙,戏薄世人,走弄百出,茫无定踪,固千世诙谐小说之祖也"。从他的寓言故事中想象、虚构成分占很大比重这一点来说,那些文字,即使不能直接目之为小说,起码可以看作是小说的雏形以至滥觞。其实,外篇中的《盗跖》与《说剑》,单就体裁来看,与后世的短篇小说无以异也。

2

表面上看,庄子对世情很冷漠、很冲淡,似乎什么都毫不介意,无动于衷;实际上,他对于世道人心,不仅极为熟悉,而且也十分关切。他的许多寓言故事,都蕴含着深刻思想,显现出卓绝见地。但言说的方式方法,却是平静、安详的,含蓄蕴藉,不动声色,令人忍俊不禁。

他在《山木》篇讲述了孔子的故事——

孔子周游列国,历经艰难险阻,结果却到处碰壁。究竟什么原因呢?他左想右想也弄不明白。这天,他向著名的高士子桑雽请教,说:

"我两次被我的'父母之邦'鲁国驱逐出境;在宋国境内,我在一棵大树下休息,他们竟然砍倒大树,威胁我的安全;在卫国又曾被禁止居留。身在这些商、周后裔之地,我竟然饱受侮辱,备遭窘迫,还曾被围困在陈、蔡交界的地方。这些我都认了,暂且不去说它;可是,最为困惑不解的,也是最想不通的,是当我遭遇到这些患难的时候,亲戚故旧不但不予以同情,反而更加疏远了,学生朋友也纷纷离散了,人情怎么竟会浇薄到这种地步呢?"

子桑雽说:"你没有听说过假国大逃亡的故事吗? 当时,有个逃难的人叫林回,他舍弃了价值千金的玉璧,却背起一个婴儿逃走。有人看到了,不理解,说:'他这样做,究竟是为了什么呢? 说是为了钱财,婴儿并不值几个钱;那么,是为了减少累赘吗? 婴儿的累赘真是多得很,重得很。'于是,他向林回发问了:'你舍弃了千金的玉璧,背起满是累赘的婴儿逃走,究竟为的是什么?'林回的答复是:'我和玉璧是利益的结合,我和婴儿是天性的关联。'由此可见,以利益结合在一起的,到了危难、祸患来临之际,就互相遗弃了;而与天性相关联的,到了危难、祸患来临之际,就能互相结合在一起。互相联结与互相遗弃,两者真是天差地别呀。

"再说,这里还有君子、小人的区别:君子之间的交往,清淡如水;小人之间的交往,甜蜜得像醇酒一样。君子情怀,清淡而能相亲;小人甜言蜜语,关系极易断裂。不是因利益而结合的,就不会因为利益而分离。"

孔子听了,深受启悟,说:"我诚心地接受你的指导。"他漫步安闲地走回去,从此终止了课业,抛开了书籍,不再要求学生恭敬地礼拜如仪。这样一来,师生之间的感情倒是与日俱增了。

附原文:

孔子问子桑雽曰:"吾再逐于鲁,伐树于宋,削迹于卫,穷于商周,围于陈蔡之间。吾犯此数患,亲交益疏,徒友益散,何与?"子桑雽曰:"子独不闻假人之亡与? 林回弃千金之璧,负赤子而趋。或曰:'为其布与? 赤子之布寡矣;为其累与? 赤子之累多矣。弃千金之璧,负赤子而趋,何也?'林回曰:'彼以利合,此以天属也。'夫以利合者,迫穷祸患害相弃也。以天属者,迫穷祸患害相收也。夫相收之与相弃亦远矣。且君子之交淡若水,小人之交甘若醴;君子淡以亲,小人甘以绝。彼无故以合者,则无故以离。"孔子曰:"敬闻命矣!"徐行翔佯而归,绝学捐书,弟子无挹于前,其爱益加进。

历史上未必真的就有这番对话。庄子在这里，不过是通过孔子这个"活道具"来讲述两种相互对立的价值观念："君子淡以亲，小人甘以绝"；以利相合者，经不起危局困境的考验。这个"利"应该是广义的，不仅包括钱财，也应把一切私人打算，诸如保命、护权，争名、夺位，都统统包括在内。在这种种私利面前，很难设想经得住严峻的考验。

幼时读《庄子》，接触过"林回弃千金之璧，负赤子而趋"这句话，好像塾师也讲解过，但过后统统忘记了；直至读了鲁迅先生的《华盖集·忽然想到》，才再次与它碰面——文章煞尾处问了一句："那么，弃赤子而抱千金之璧的是什么？"至今还留有深刻的印象。

是呀，"弃赤子"的该是什么人呢？古往今来，着实不少，最著名的恐怕就是汉朝那位开国大皇帝了。刘邦极端自私、残忍，存在着人性、人格方面的缺陷。楚汉之争全面展开后，彭城之役，汉军的主力被楚军围困，尽归覆没，刘邦率数十骑狂奔逃命。他带着一双亲生儿女——后来的孝惠帝和鲁元公主，乘坐在驾术高超的夏侯婴的马车上。当时，挽马已经疲惫不堪，后面的敌人又穷追不舍，刘邦察觉到惨遭俘获的危险逼近眼前，于是，想尽办法加快奔逃的速度。车上的物品早已抛个精光，只剩下他和一双儿女三个活人，他却要继续往下精简，便屡次用脚去狠踢两个孩子，非要把他们丢下车去不可。听到两个孩子哀哀啼叫，夏侯婴心里十分酸楚，他不忍心看着两个无辜的孩子丧命，便一次次地把他们从地上抱起。这自然要影响到马车奔跑的速度，刘邦气急败坏，如果不是因为要他驾车，也许一剑就把夏侯婴的脑袋砍下了。其为人之鸷狠，于兹可见。获得统治大权之后的转眼无恩，"藏弓烹狗"，杀尽了功臣、宿将，自然都无足奇怪了。

3

《则阳》篇记载：

魏国与齐国约誓立盟，可是，后来齐国的田侯背叛了盟约，那么，应该如何报复和处置呢?魏国朝廷上展开了一场激烈的争论——

魏王气势汹汹,怒不可遏,主张派人去刺杀田侯。

大将公孙衍认为,堂堂万乘之国的君王,竟要用匹夫的手段去报仇,很不光彩;主张带兵二十万,前去攻打齐国。可是,谋臣季子(苏秦,字季子)却不同意,说是全国苦于战乱久矣,现在总算休战了,已经七年,应该珍惜这个安居乐业的和平局面。

大臣华子认为,主张伐齐、反对伐齐的,都是好乱之人。

魏王问了:"那你说该怎么办?"华子说:"君王寻求虚无之道就是了。"表现出明显的超现实的倾向。

正在大家争持不下的当儿,由宰相惠施引见,来了一位客人,他是个贤者,名叫戴晋人。客人劈头问了一句:"有一种叫做蜗牛的东西,请问君王,您知道吗?"

魏王说:"知道。"

客人说:"有一个国家盘踞在蜗牛的左角上,叫做触氏;另一个国家在蜗牛的右角上安营扎寨,叫做蛮氏。这两个国家时常为了争夺土地而打仗,战死的有几万人,胜者追逐败军,要十五天才能回来。"

魏王越听越纳闷,忍不住问道:"啊?这是虚构的故事吧?"

客人说:"我来为您证实这件事。依您推测,四方上下有穷尽吗?"

魏王说:"没有穷尽。"

客人说:"当您的心神遨游于茫茫无尽的太空境域之中,再回过头来想想目力可及的人马舟车所能到达的地方,就会感到似有若无,微不足道。君王您说,是这个道理吗?"

魏王说:"是这样。"

客人说:"在舟车通达的各国之间,有一个魏国,魏国中有一个都城大梁,大梁中有一个国君。那么,国君——您,与蛮氏有什么分别呢?"

魏王说:"可能没有什么分别。"

客人告辞出去,魏王怅然若有所失,追逐奔竞之心顿时化为乌有。

这时,惠子上前求见。

魏王说:"这位客人,真是了不起,像尧、舜那样的圣人也不能与之相比。"

惠子说:"吹竹管的,声音还很大;吹剑头小孔的,就只有咝咝声了。尧、舜是人们所称赞的;但是,在戴晋人面前谈起尧、舜,就好像那咝咝一声响动啊。"(意即小巫见大巫,微不足道。)

附原文:

魏莹与田侯牟约,田侯牟背之。魏莹怒,将使人刺之。犀首公孙衍闻而耻之,曰:"君为万乘之君也,而以匹夫从仇。衍请受甲二十万,为君攻之,虏其人民,系其牛马,使其君内热发于背,然后拔其国。忌也出走,然后抶其背,折其脊。"季子闻而耻之,曰:"筑十仞之城,城者既十仞矣,则又坏之,此胥靡之所苦也。今兵不起七年矣,此王之基也。衍乱人,不可听也。"华子闻而丑之,曰:"善言伐齐者,乱人也;善言勿伐者,亦乱人也;谓伐之与不伐乱人也者,又乱人也。"君曰:"然则若何?"曰:"君求其道而已矣!"惠子闻之而见戴晋人。戴晋人曰:"有所谓蜗者,君知之乎?"曰:"然。""有国于蜗之左角者,曰触氏,有国于蜗之右角者,曰蛮氏。时相与争地而战,伏尸数万,逐北旬有五日而后反。"君曰:"噫!其虚言与?"曰:"臣请为君实之。君以意在四方上下有穷乎?"君曰:"无穷。"曰:"知游心于无穷,而反在通达之国,若存若亡乎?"君曰:"然。"曰:"通达之中有魏,于魏中有梁,于梁中有王。王与蛮氏有辩乎?"君曰:"无辩。"客出而君惝然若有亡也。客出,惠子见。君曰:"客,大人也,圣人不足以当之。"惠子曰:"夫吹管也,犹有嗃也;吹剑首者,吷而已矣。尧、舜,人之所誉也;道尧、舜于戴晋人之前,譬犹一吷也。"

这个故事寓意十分深刻。它向我们提供了一个观察事物、研究问题、

判断形势、实施决策的视角问题,也就是《秋水》篇所讲的"以俗观之",还是"以道观之"。从中起码可以获得三条启示:

其一,魏王也好,主战者与非战者也好,都是"以俗观之",用一副有限的眼光看待问题,就事论事,自然跳不出眼前的小圈子;而戴晋人则是以"游心于无穷"的无限眼光,也就是跳出眼前舟车通达的这块土地,遨游于无穷无尽的境界,实现了对事实判断与价值取向的超越。

其二,故事中,戴晋人只是提供一个观察问题的视角,而没有给出具体的解决方案,但我们可以设想:如果在齐国背盟面前,不是消极地报复或者被动应付,而是反求诸己,励精图治,与民休息,富国强兵,也就是"首先把自己的事情办好";同时,"扎紧自己的篱笆,使野狗无缝可钻",守好自己的边境,让敌国无隙可乘。这不是上上之策吗?《孙子兵法》说:"昔之善战者,先为不可胜,以待敌之可胜;不可胜在己,可胜在敌";"不战而屈人之兵,善之善者也"。说的都是这个道理。

其三,当我们看到小小蜗牛的两只角上,竟有两个国家在那里"争地而战,伏尸数万",血流漂杵,一定会觉得特别可笑。其实,如果联想一下生活中习常见惯的诸多事情,所谓"螺蛳壳里做道场",难道还少吗?那么,这又有什么本质的区别呢?

唐代诗人白居易有这样一首七绝:

焦螟杀敌蚊巢上,蛮触交争蜗角中。

应似诸天观下界,一微尘内斗英雄。

焦螟,是古代传说中最小的虫类;蛮、触,是庄子寓言中的蜗牛角上的两个小国;诸天,佛经中语,可以理解为无穷无尽的大宇宙,从这里看人世间,便获取了一个无限的视角。眼前所处的有限天地,同大宇宙相比,不过是一粒微尘而已。诗中讽喻说,人们常常为一些极末微的事情争斗不已,宛如焦螟在蚊巢里杀敌,蛮、触在蜗角中争雄。如果站得高些,看得远些,把这些人和事放在茫茫宇宙里来观察,就会发现,这无异于是在一粒微尘里争强赌胜,实在是太没有意思了。

4

庄子在《徐无鬼》篇中,还讲过这样一个讽喻性的故事,主角是徐无鬼和魏武侯。故事分前后两段:

两人头次见面,武侯慰问徐无鬼说:"哎呀!先生实在是太疲惫了,住在山林里,生活苦不堪言,所以才来见我。"

徐无鬼说:"我没有什么需要慰问的,我倒是要来慰问君侯。君侯现在面临着两难处境:要是满足嗜欲之好,增长爱憎之情,就将损伤心性;可是,如果摒弃嗜欲,去除好恶,耳目口腹又要受屈了。选择取舍,左右为难,很不容易处置。所以,我特意前来表示慰问。"

武侯未做回答。

过了一会儿,徐无鬼说:"现在,我想向君侯谈谈我的相狗术——狗中下品贪食,以饱腹为满足,这种标格类似性贪的狐狸;中品明察,看得高远一些;上品精神寂静专一,好像躯体并不存在一样。不过,我的相狗术,又不如我的相马术。我所察验的马,能够听从驾驭,跑起来,能直,能曲,能方,能圆,直的合于绳,曲的合于钩,方的合于矩,圆的合于规,这是国马。可是,还比不上天下马。天下范围内的好马,具备无须训练的天生材质,若亡若失,好像忘记了自己,像这样的,奔逸绝尘,不知所终。"

武侯听了,大悦而笑。

徐无鬼是个隐士,却也愿意陈说政事,原本想要"直奔主题",可是,刚开了个头,发现魏武侯了无兴致,闷闷不乐,方知他意不在此,只好改换个话题,尝试着用声色狗马来投其所好,通过曲线进入,果然获得了成功。于是,在第二次见面时,他就开始进入实质性的交谈。

徐无鬼说:"我来慰问君侯了。"

武侯问:"你说什么?——来慰问我?"

徐无鬼说:"是呀,我要前来慰问你的精神和形体。"

武侯说:"这话是什么意思呢?"

徐无鬼说:"天地养育万物是均等的,占据了高位的,不可以自认高人一等,身处卑贱的,也不必觉得矮人三分。你现在身为万乘之主,役使着全国百姓,以满足一己的眼耳口鼻之欲。我想,一个与神明相通的人,是不应该这样做的。与神明相通的人,总是喜好和谐而厌恶偏私;偏私,这是一种病态,所以需要我的慰问。"

武侯说:"我很久就想要晋见先生了。"

在做好上面必要的铺垫之后,接下来,徐无鬼讲了筹思已久、比较成熟的意见:

"有形迹就会造成作伪的形态,有所成就会产生自我矜夸的感觉,有变乱就会引起外战。君侯决不要在城楼下面陈列强大的军队,不要在祭坛前面集合大量的步兵与骑兵;不要背理去贪求,不要以巧诈胜人,不要以谋略胜人,不要以征战胜人。像那种屠杀他国人民、并吞他国土地,用以满足自己私欲的战争,又能给君侯带来什么好处呢?有什么胜利之可言呢!君侯不如停下这一切,来修养内心的纯真,顺应天地自然,而不搅扰他物。"

关于两次见面的情景,原文是这样记载的:

> 徐无鬼因女商见魏武侯,武侯劳之曰:"先生病矣,苦于山林之劳,故乃肯见于寡人。"徐无鬼曰:"我则劳于君,君有何劳于我!君将盈耆欲,长好恶,则性命之情病矣;君将黜耆欲,牵好恶,则耳目病矣。我将劳君,君有何劳于我!"武侯超然不对。少焉,徐无鬼曰:"尝语君,吾相狗也:下之质,执饱而止,是狸德也;中之质,若视日;上之质,若亡其一。吾相狗又不若吾相马也。吾相马:直者中绳,曲者中钩,方者中矩,圆者中规。是国马也,而未若天下马也。天下马有成材,若恤若失,若丧其一。若是者,超轶绝尘,不知其所。"武侯大悦而笑。

徐无鬼见武侯……曰:"无鬼……将来劳君也。"君曰:"何哉!奚劳寡人?"曰:"劳君之神与形。"武侯曰:"何谓邪?"徐无鬼曰:"天地之养也一,登高不可以为长,居下不可以为短。君独为万乘之主,以苦一国之民,以养耳目鼻口,夫神者不自许也。夫神者,好和而恶奸。夫奸,病也,故劳之。唯君所病之何也?"武侯曰:"欲见先生久矣!"徐无鬼曰:"……形固造形,成固有伐,变固外战。君亦必无盛鹤列于丽谯之间,无徒骥于锱坛之宫,无藏逆得,无以巧胜人,无以谋胜人,无以战胜人。夫杀人之士民,兼人之土地,以养吾私与吾神者,其战不知孰善?胜之恶乎在?君若勿已矣!修胸中之诚,以应天地之情而勿撄。

5

庄子讲故事,可谓"顺手牵羊",触笔生妙。有生命的动物,像那龟呀、鸟呀,自然可以信手拈来,为我所用;甚至连那颠倒迷离的梦境、人们毫不在意的影子,同样也能拉过来,赋予它们以深刻的寓意。他的惯用手法,是把深邃的思想蕴含灌注到寓言故事的讲述中去,使你不经意间,就从轻松自如的谈笑中接受了他的观点。

他在《外物》篇讲过一个"神龟托梦"的故事:

宋国国君半夜梦见有人披头散发,在侧门边窥视,并且说:"我来自名为宰路的深渊,清江之神派我到河伯那里去,结果被渔夫余且捕捉住了。"

国君醒来,找来卜者为他占梦。

卜者说:"这是一只神龟。"

国君问:"渔夫有叫余且的吗?"

左右的人答说:"有。"

国君说:"命令余且前来朝见。"

第二天,余且来到朝廷。

国君问他:"你捕到了什么?"

余且说:"我网住了一只白龟,周圆有五尺长。"

国君说:"把你的龟献上来!"

白龟献上,国君又想杀它,又想养它,拿不定主意。于是,叫卜者占卜。

卜者说:"杀掉白龟,用来占卜,吉利。"

于是,就把龟挖去了肉,留下龟甲,用来占卜,接连七十二次都没有失误。

孔子说:"神龟能够托梦给君王,却不能避开余且的渔网;它的智巧能够占卜七十二次都没有失误,却不能避开挖肉的祸患。这样看来,智巧有穷尽之时,神妙有不及之处。即使有最高的智巧,也还需要有万人帮助谋划。鱼不害怕渔网而害怕鹈鹕;摒弃小智巧,大智巧就显露出来;摒弃自以为善,则善行自然露出。"

原文是:

> 宋元君夜半而梦人被发窥阿门,曰:"予自宰路之渊,予为清江使河伯之所,渔者余且得予。"元君觉,使人占之,曰:"此神龟也。"君曰:"渔者有余且乎?"左右曰:"有。"君曰:"令余且会朝。"明日,余且朝。君曰:"渔何得?"对曰:"且之网得白龟焉,其圆五尺。"君曰:"献若之龟。"龟至,君再欲杀之,再欲活之,心疑,卜之。曰:"杀龟以卜吉。"乃刳龟,七十二钻而无遗。仲尼曰:"神龟能见梦于元君,而不能避余且之网;知能七十二钻而无遗,不能避刳肠之患。如是,则知有所困,神有所不及也。虽有至知,万人谋之。鱼不畏网而畏鹈鹕;去小知而大知明;去善而自善矣。"

这个故事,寓意很深,道理也讲得非常透彻,我们可以从中获取多方面的启示:

比如,智巧是一把双刃剑,而且有其鲜明的局限性。智虑、巧思、谋划,再高超,再周严,也总有它照覆不到的地方,所谓"智者千虑,必有一失";"才有所不赡,智有所不及",最后仍然不能免于祸患。那么,怎么办呢?还是应该"离圣弃智",随顺自然,抛开小聪明,臻于大境界。

与此相关联,还能从中领悟到"虽有至智,万人谋之"的道理。这则寓言故事,可为自恃聪明、盲目自信、固持一己之偏者戒。

寓言中还讲述了小智与大智的区别。何为大智?超越于智识层面的有限性,而达于"道"的无限性之谓也。

庄子讲故事,像摇动万花筒一般,真是奇观迭现,妙绪层出不穷,亏得他能够想象得出来!

下面,就看看《寓言》篇中讲的"罔两问景(影)"——

影外微影(罔两)向影子(景)发问:

"刚才你俯身下去,现在又仰起头来;刚才你束发整妆,现在又披头散发;刚才你扑在地下,现在又悄然起立;刚才你抬腿走动,现在又止步不前——这么变幻不断,究竟是怎么回事呀?"

影子说:"区区小事,何劳问询呢!我虽然在那里活动,却并不晓得为什么要这样做。我像蝉蜕下的壳吗,我像蛇蜕下的皮吗,像,却又不是。遇上火亮和阳光,我就出现了;遇上阴影和暗夜,就会消失掉。我时时在疑问:烛火和阳光,是我所要依恃的吗?或者,我竟是无所依恃的呢?它来,我便随之而来;它去,我便随之而去;它活动不停,我便也随之活动不停——不过是自然而然的活动罢了,又有什么好问的呢?"

附原文:

> 罔两问于景曰:"若向也俯而今也仰,向也括撮而今也被发;向也坐而今也起;向也行而今也止。何也?"景曰:"搜搜也,奚稍问也!予有而不知其所以。予,蜩甲也,蛇蜕也,似之而非也。火与日,吾屯也;阴与夜,吾代也。彼吾所以有待邪?而况乎以无有待者乎!彼来则我与之来,彼往则我与之往,彼强阳则我与之强阳。强阳者又何以有问乎!"

影子完全处于被支配的状态,就是说,它是"有所待而然"。影子离不开形体,又离不开阳光与火亮。世间有些人也是这样,看着整天忙忙碌碌,奔走不停,却是随人"步亦步,趋亦趋",自己毫无主动选择的自由。

清代诗人袁枚有一首《咏箸》诗,说的也是类似情况:

笑君攫取忙,送入他人口。
一世酸咸中,能知味也否?

箸就是筷子。它的典型特征是,尽管一辈子都浸在酸咸之中,却并不知味。诗人借助筷子席间忙碌不停,最终却尽饱他人口腹的现象,来讥讽那些随人俯仰,自己始终处于被动地位的可怜虫。

诗中形容筷子的动作,用了"攫取"二字,这又与影子的纯然被动有所不同。人世间,确有一类人,虽然也是受人支使,但是恣意攫取,倚势凌人,直至"为虎作伥",成为"帮凶角色",就更是为人所不齿了。

6

在《应帝王》篇,庄子还讲了一个"浑沌"的故事:

从前,应该是很久很久以前了,有这么三个帝王:南海的帝王名子叫倏,北海的帝王名子叫忽,中央的帝王称为浑沌。

南北两方距离太远,这样,他们每次聚会,便都选在浑沌所在的中央地带。这位中央的帝王,待他们都非常好,热情、和善,又特别周到。他们心存感激,总想着怎样报答一番浑沌的美意。

他们商量说:"人人都有七窍——两只眼睛、两个耳朵、两个鼻孔、一张嘴巴,用来观看、听闻、饮食、呼吸;唯独浑沌什么也没有。我们得试着为他凿开。"

于是,他们就动起手来,每天为浑沌凿开一窍。首先开凿眼睛,然后开凿耳朵,再继续开凿鼻孔,开凿嘴巴。

他们边凿边说:"这回就好了,他就能和我们一样,看美景,听乐曲,享受口腹之欲了。"谁知,话还没有落音,就发现浑沌已经呜呼哀哉了。

原文是:

> 南海之帝为儵,北海之帝为忽,中央之帝为浑沌。儵与忽时相与遇于浑沌之地,浑沌待之甚善。儵与忽谋报浑沌之德,曰:"人皆有七窍以视听食息,此独无有,尝试凿之。"日凿一窍,七日而浑沌死。

这里所喻指的是,有为的政治会给民众带来意想不到的灾害。

"浑沌"象征质朴、纯真、毫无机心的普通民众。掌政的人今天一个主意,明天一个举措,有的也可能出自善意,但纷纭、繁重的政举,却造成民不堪命,最后置于死地的后果。我们还可以引申一下,像学者韩秉方所分析的:这个寓言象征着人类社会原始自然状态遭到破坏,人们本来过着的自在安适的生活,已不复存在。我国由于夏、商、周三代,特别是进入春秋、战国时代,诸侯侵伐并吞,战祸连绵不断,人民痛苦不堪。而诸子百家为了争宠于国君,将原本天人合一、混元一体的大道,分割支离,变为一是之偏、一己之见。天与人,无为与有为,自由与必然,相互对立,以至"浑沌死""道术亡"。这是对每况愈下的动乱社会的强烈抗议,对有为着迹的诸子百家学说的有力批判。

与此相接近,庄子在《至乐》篇中,托孔子之口,讲了一个"鲁侯养鸟"的故事,寓意也十分深刻:

从前,有一只海鸟停留在鲁国国都的郊外,鲁侯感到很新奇,就让人把它捕捉住、送过来,并且以接待贵宾的礼仪迎候它——在太庙里给它敬酒,演奏《九韶》的音乐,使它愉悦心神,宰杀了牛、羊、猪三牲作为它的食物。结果是,海鸟被弄得眼花缭乱,目眩神迷,忧虑悲伤,身心劳瘁,一块肉也不敢吃,一杯酒也不敢喝,三天过去,就被折腾死了。

附原文：

> 昔者海鸟止于鲁郊，鲁侯御而觞之于庙，奏九韶以为乐，具太牢以为膳。鸟乃眩视忧悲，不敢食一脔，不敢饮一杯，三日而死。

这个"海鸟之喻"，在《国语·鲁语》和《左传》中都曾有过记载，原本讲鲁国老臣臧文仲派人去祭祀爰居（海鸟），这里将臧文仲换成了鲁侯，并加以敷陈演绎，踵事增华。《国语》中是展禽（即柳下惠）对此提出批评；这里则搬出权威人士孔夫子来，由他来进行既剀切、精当，又鲜明、生动的"点评"。意在阐明，"以鸟养养鸟"，即按照海鸟生活所需要的方式去饲养它，才合于治道，合于天然，合乎自然本性。

下附孔子分析的原文：

> 此以己养（用自己的生活方式）养鸟也，非以鸟养（按照养鸟的方法）养鸟也。夫以鸟养养鸟者，宜栖之深林，游之坛陆（海滨沙滩），浮之江湖，食之鰍鲦，随行列而止，逶迤而处（过着自由自在的生活）。彼唯人言之恶闻（最怕听到人说话），奚以夫譊譊为乎（怎么能整天唠唠不休呢）！咸池九韶之乐，张之洞庭之野，鸟闻之而飞，兽闻之而走，鱼闻之而下入；人卒闻之，相与还而观之（行人若是听到，却会立刻围拢过来，快意欣赏）。鱼处水而生，人处水而死。彼必相与异，其好恶故异也。

上述的"浑沌之死""海鸟之喻"，都是从"治道"，亦即政治观的角度解读的；其实，作为伟大的哲学家，庄子讲述这两个故事，同时还寓有鲜明的哲学思维与辩证思考的蕴涵。二者昭示了动机与效果、主观与客观的关系，都提出一个从实际出发、信守实事求是的思维方式问题。

下面的这则故事，同样是讲思维方式，以实际事例说明戒偏主中，讲究适度,不为已甚,过则成灾——

东野稷因为善于驾车而得见鲁庄公。他驾车时,前进后退能够在一条直线上,左右转弯形成规整的弧形。庄公认为,即便是画图也不过如此,于是,要他转上一百圈后再回来。

颜阖遇上了这件事,入内会见庄公,说:"东野稷的马会出事故的。"

庄公默不作声。不多久,东野稷回来了,果然出了事故,马仆倒了。

庄公问颜阖:"你依据什么,事先就料到定会出事呢?"

回答说:"东野稷的马力气已经用尽了,可是,还要它转圈奔走,所以说必定会失败的。"

附原文:

> 东野稷以御见庄公,进退中绳,左右旋中规。庄公以为文弗过也,使之钩百而反。颜阖遇之,入见曰:"稷之马将败。"公密而不应。少焉,果败而反。公曰:"子何以知之?"曰:"其马力竭矣,而犹求焉,故曰败。"(《达生》)

7

在《应帝王》篇中,庄子讲了一个"神巫"的故事:

郑国有个"神巫"名叫季咸,他能通过相面,预知人的死生、存亡、祸福、寿夭,具体卜算出某年、某月、某日,准确如神。致使许多郑国人,看到他,都纷纷走避,生怕被他言中。

列子见到他,非常崇拜,赶忙回去告诉他的老师壶子,说:"原先我以为,先生的道术是最高深的,现在,又发现一个比先生还了不起的人物。"

壶子说:"我教你的只是名相,真实的道理还未讲述给你,你就以为得道了吗?只有雌鸟而没有雄鸟,那样产出的卵怎能孵化呢?你用表面的虚文与世人周旋,而求人家信任,所以被人窥测到你的心思。这样吧,你把这位先生请过来,让他给我看看相!"

第二天,列子带领季咸来见壶子。见过面,出来后,季咸告诉列子:"你的老师快要死了,不能活了,过不了十天。我看他神色有异,面如湿灰。"

列子听了,哭得衣服都湿了,回来把这个信息告诉壶子。

壶子说:"刚才我显现给他的,是静态的地象,不动又不止,他看到我闭塞生机。你再请他来看看!"

第二天,列子又邀季咸来见壶子。季咸出来,对列子说:"你的老师幸亏遇见了我,有救了,全然恢复了生气。我看到他闭塞的生机开始活动了。"

列子进去,告诉了壶子。壶子说:"刚才我显示给他的是天地相通之象,名和实都不存于心,一线生机从脚跟发出。他大概是看到我生机发动了。再请他来看看!"

第二天,列子又邀季咸来,见过壶子后,季咸对列子说:"你的老师动静不定,我无法为他看相。等他平静下来,我再来给他相面!"

列子进屋,把这番话转告壶子。

壶子说:"我刚才显示给他的,是没有征兆可见的太虚境界。他大概是看到我神情平衡的生机了。鲸鱼盘旋之处形成深渊,止水之处形成深渊,流水之处形成深渊。深渊有九种情况,我在这里显示了三种。再请他来看看。"

第二天,季咸来见,还没站定,就慌忙逃走了。

壶子说:"快去追他!"

列子追出去,他已经逃得不见踪影了。

壶子说:"刚才我显示的是完全不离本源的状态,我以空虚之心随顺他,使他捉摸不定,如草随风披靡,如水随波逐流,他不知所措,所以就逃走了。"

经过这次,列子才明白自己原本什么也没学会,于是,告辞回家,三年不外出,替他妻子做饭,喂猪就像侍候人一样,对于世间事物毫不在意,抛弃雕琢而回归朴素,超然独立于尘世之外,在纷扰的人间世守住本性,终生如此。

附原文:

郑有神巫曰季咸,知人之死生、存亡、祸福、寿夭,期以岁月旬日,若神。郑人见之,皆弃而走。列子见之而心醉,归,以告壶子,曰:"始吾以夫子之道为至矣,则又有至焉者矣。"壶子曰:"吾与汝既其文,未既其实,而固得道与?众雌而无雄,而又奚卵焉!而以道与世亢,必信,夫故使人得而相汝。尝试与来,以予示之。"明日,列子与之见壶子。出而谓列子曰:"嘻!子之先生死矣!弗活矣!不以旬数矣!吾见怪焉,见湿灰焉。"列子入,泣涕沾襟以告壶子。壶子曰:乡吾示之以地文,萌乎不震不正。是殆见吾杜德机也。尝又与来。"明日,又与之见壶子。出而谓列子曰:"幸矣,子之先生遇我也!有瘳矣,全然有生矣!吾见其杜权矣。"列子入,以告壶子。壶子曰:"乡吾示之以天壤,名实不入,而机发于踵。是殆见吾善者机也。尝又与来。"明日,又与之见壶子。出而谓列子曰:"子之先生不齐,吾无得而相焉。试齐,且复相之。"列子入,以告壶子。壶子曰:"乡吾示之以太冲莫胜。是殆见吾衡气机也。鲵桓之审为渊,止水之审为渊,流水之审为渊。渊有九名,此处三焉。尝又与来。"明日,又与之见壶子。立未定,自失而走。壶子曰:"追之!"列子追之不及。反,以报壶子曰:"已灭矣,已失矣,吾弗及已。"壶子曰:"乡吾示之以未始出吾宗。吾与之虚而委蛇,不知其谁何,因以为弟靡,因以为波流,故逃也。"然后列子自以为未始学而归,三年不出。为其妻爨,食豕如食人。于事无与亲,雕琢复朴,块然独以其形立。纷而封哉,一以是终。

对于这则故事,可以做多层次的解读——

从壶子与神巫季咸斗智、斗法的角度看,季咸智能高超,能够通过相面,预测人之吉凶、福祸,自以为天下无匹;没想到遇见了技高一筹的壶子,"强中更有强中手"。壶子通过调神理气,不断变换自己的功能状态,以迷惑对方,使之无法做出正确判断,所谓"魔高一尺,道高一丈",最后神巫只好败下阵来,悄悄溜走。

从政治观、社会观的角度来理解,庄子通过壶子与神巫的故事,倡导无为,而批判有为。——寓言的中心思想,是应时处世应该深藏若虚,一个"藏"字,一个"虚"字。推之于为政,就要藏锋敛势,守素抱朴,虚己无为。神巫之得与失,都源于有所作为、有所表现,从而让对方得而测之,意向被人猜透了,人家便找到了对策;而壶子的虚静无为,则无所表现,即使表现,也是不断地变换招法与之周旋,这就使得对方神情淆乱,不知就里,无从得而测之。

从悟道的角度理解,壶子应付季咸,成竹在胸,四见而四变,外貌与神情可做千形百态,而内在的真我却岿然不动,安稳如山。

列子对自己误信巫师小术,未能明于大道,感到愧怍,从中悟解了顺应自然,养性葆真,不依凭外在力量的道理。

在今天看来,这则故事对于破除迷信,提倡科学,也有一定的作用。

8

与上述悠悠絮语、娓娓道来形成鲜明的对照,还有一类寓言故事,黢刻、尖锐,无论是语气还是内容,都持比较激烈的批判态度,堪称"嬉笑怒骂,皆成文章"。比如,《外物》篇讲儒者盗墓的故事:

一个夜黑天,两个穿戴着儒冠儒服的一大一小的读书人,蹑手蹑脚,悄没声息地来到荒郊野外,摸索到一处刚刚埋葬不久的有钱人墓地。他们听说,这个有钱人生前虽然极端吝啬,但死后陪葬品颇多,珠玉财宝无数,光是嘴里含的珠子,就价值千金。因此,他们就动了掘坟盗墓的念头。

但是,儒者盗墓,不同于那些专事掘坟盗宝的惯贼,他们毕竟是饱读诗书、晓畅周礼的,尽管攫取财物的目的并无二致,但在形式上、手法上,应该注重斯文,有所讲究。

只见二人肃立坟前,口中咕哝了几句圣贤的教义,然后,又躬身作了长揖。这也就是所谓"先礼后兵"吧。尔后,两人便动手挖掘起来。

掘了一阵,坟墓的洞门终于凿通了。小儒身材矮小,首先爬了进去。大儒在外面望风,打探四周的动静。这时,他用衣袖擦了擦汗水,顺便看了看天色,急着问道:"太阳快要出来了,事情进展到什么程度了?"

小儒在里面回答:"长裙和上衣还没有脱下。哎,我看到了嘴里含着的那颗大珠子!"

大儒说:"书卷果不欺人呀!《诗经》上早就写着:'青青的麦穗呀,漫山坡上平铺。生前不布施呀,死后何必含珠!'你要加倍仔细,先抓起他的头发,再按住他的胡须,然后用小铁锤轻轻敲打他的下巴,慢慢地扒开他的两颊,小心谨慎,一定不要碰坏了口里的珠子。"

附原文:

> 儒以诗礼发冢,大儒胪传曰:"东方作矣,事之何若?"小儒曰:"未解裙襦,口中有珠。""《诗》固有之曰:'青青之麦,生于陵陂。生不布施,死何含珠为?'接其鬓,压其顪,而以金椎控其颐,徐别其颊,无伤口中珠!"

这真是一幅绝妙的图画。描形拟态,形象逼真,人物对话,惟妙惟肖。对于有些儒生满口仁义道德,实则男盗女娼的虚伪面孔和卑劣行径,极尽讽刺之能事。

至于在故事中专门安排儒生做盗墓贼,在庄子那里,亦有深意存焉——儒者依靠掇摘古人的《诗》《书》打发日子,摆出一副雍容礼让的仪态来装点门面。他们饱谙先王之道,张口"子曰",闭口"诗云",言必称圣经贤传,却口是心非,干着"以诗礼发冢"这类见不得人的勾当。

说到"儒以诗礼发冢",唐初道士、御赐"西华法师"的成玄英作"疏"如下:"是以田恒资仁义以窃齐,儒生诵诗礼以发冢,由是观之,圣迹不足赖。"这里把发动政变、窃夺齐国政权的田恒(田成子)和鲁国的儒生捆在了一起来谈,实属触笔成妙,二者确有其共通之处。

接着田成子这个话题,下面来看《胠箧》篇中的一则有事有论、叙议结合的故事:

为了防范那些撬箱子、掏袋子、开柜子的毛贼,人们总是绑牢绳索、扣紧锁钮。这就是世俗所谓的小聪明。殊不知,大盗一来,抬起柜子,搬起箱子,背起袋子,拔腿就跑,唯恐绳索不结实、锁钮不牢固。显然,这种世俗的小聪明,正是为江洋大盗做着聚敛财富的准备。

让我们来试作申论:世俗所谓的智者,哪个不是为大盗积累财物的呢?所谓的圣者,哪个不是为大盗守护财物的呢?为什么这样说?且看:从前在齐国,邻近的村落,彼此相望,鸡犬之声相闻,方圆两千余里,都是齐国人民捕鱼射猎、犁锄耕耘的地方。全国四境之内,用心设立宗庙社稷、管理各级行政区域的,何尝不是取法于圣人呢?但是,田成子一旦得势,便杀掉了齐国的君主,窃夺了他的国家。难道他所盗取的只是国家权力吗?他把整个齐国圣智的礼制、法度都一起盗取过去。这样一来,田成子虽有盗贼的恶名,却处在一个像尧舜那样安稳的环境,小国不敢批评他,大国不敢讨伐他,稳固地擅据齐国。这不正是窃夺了国家,又连圣智的礼制、法度一起拿走,从而维护其窃国之行、盗贼之身吗!

附原文:

将为胠箧、探囊、发匮之盗而为守备,则必摄缄縢固扃鐍,此世俗之所谓知也。然而巨盗至,则负匮揭箧担囊而趋;唯恐缄縢扃鐍之不固也。然则乡之所谓知者,不乃为大盗积者也?故尝试论之,世俗之所谓知者,有不为大盗积者乎?所谓圣者,有不为大盗守者乎?何以知其然邪?昔者齐国,邻邑相望,鸡狗之音相闻,罔罟之所布,耒耨之所刺,方二千余里。阖四竟之内,所以立宗庙社稷,治邑屋州闾乡曲者,曷尝不法圣人哉?然而田成子一旦杀齐君而盗其国,所盗者岂独其国邪?并与其圣知之法而盗之。故田成子有乎盗贼之名,而身处尧舜之安,小国不敢非,大国不敢诛,专有齐国。则是不乃窃齐国,并与其圣知之法,以守其盗贼之身乎?

被鲁迅先生誉为"一塌糊涂的泥塘里的光彩和锋芒"的晚唐诗人罗隐的讽刺小品,在《谗书·英雄之言》中,对这类现象进行了尖锐的揭露。他说,物品的隐藏不露,是为了防备盗贼。人也是一样,盗贼也是人,同样要设法隐藏,同样要戴帽穿靴,同样要穿着衣服。"视玉帛而取之者,则曰牵于寒饿;视家国而取之者,则曰救彼涂炭。"就是说,"盗亦有道",总要找个冠冕堂皇、名正言顺的借口,为之辩护,为之粉饰。

9

这些故事,运用的都是讽刺手法。类似的还有《盗跖》篇满苟得对于儒家伦常、义理的批判:

子张问于满苟得,说:"为什么不进行品德修养呢?须知,没有德行就不被信赖,不被信赖就不受任用,不受任用就没有利禄。所以,从名来考虑,由利来计算,行仁义都是很要紧的。即便是抛弃名利不谈,纯然出自内心反省,那么,读书人的行为,也不能一天不行仁义啊!"

满苟得说:"无耻的人富有,自夸的人显达。获得名利最多的人,几乎全是借助于无耻与自夸。所以,从名来考虑,由利来计算,夸言都是最要紧的。如果抛弃名利,内心反省,那么读书人的行为,也只有守着自然的本性了。

··········

"(现在是)小盗被拘捕,大盗做诸侯,诸侯之门,义仁存焉。齐桓公杀兄纳嫂,而名臣管仲却做他的臣子;田成子杀了君王窃夺了国家,孔夫子却接受他的赏赐。论议的时候表示轻视,而实际做起来却甘心顺从,言行不一,冲突、交战于胸中,这不是很矛盾吗?所以,古书上说:'孰恶孰美?成者为首,不成者为尾。'"(这和后来说的"胜者王侯败者贼"同义。)

子张说:"你不修养德行,将会亲疏之间没有伦常,贵贱之间没有规矩,长幼之间没有次序。那么,五伦、六纪又要如何区别呢?"

满苟得说:"帝尧杀害长子,帝舜放逐胞弟,亲疏之间有伦常吗?商汤流放夏桀,武王杀了纣王,贵贱之间有规矩吗?王季僭越王位,周公杀了哥哥,长幼之间有次序吗?儒者言辞虚伪,墨者主张兼爱,五伦、六纪有区别吗?并且,你正在求名,我正在逐利。名利的实质是不合乎常理,也不见于大道的。我曾与你在无约(假托的人名)面前争论说:'小人为财牺牲,君子为名牺牲。他们用以改变真情、更易本性的出发点不同,但是,他们离弃自我而追逐外物的实质却是一样的。'所以说,不要从事小人所追逐的,要反求你自己的本性;不要从事君子所追逐的,要顺从自然的道理。是曲是直,要听任自然;观照四方,应随时而变。或是或非,掌握循环变化的枢纽;独自修炼你的意念,与大道一起进退。不要执着于德行,不要推行你的仁义,否则,将会失去自我;不要追逐财富,不要企求成功,那将丧失天性。王子比干被剖心,伍子胥遭到挖眼,这是尽忠的灾难;直躬证实父亲偷羊,尾生践约抱柱而死,这是守信的祸患;鲍子立而绝食,枯干以死,申生不为自己辩护,自缢身亡,这是廉贞的过错;孔子未能替母亲送终,匡子未能与父亲见面,这是行义的缺失。这些都是前代的传闻、后世的谈资,认为读书人必须言必正而行必果,以致获取灾殃,遭到祸患。"

附原文:

子张问于满苟得曰:"盍不为行?无行则不信,不信则不任,不任则不利。故观之名,计之利,而义真是也。若弃名利,反之于心,则夫士之为行,不可一日不为乎!"满苟得曰:"无耻者富,多信者显。夫名利之大者,几在无耻而信。故观之名,计之利,而信真是也。若弃名利,反之于心,则夫士之为行,抱其天乎!……"小盗者拘,大盗者为诸侯,诸侯之门,仁义存焉。昔者桓公小白杀兄入嫂,而管仲为臣;田成子常杀君窃国,而孔子受币。论则贱之,行则下之,则是言行之情悖战于胸中也,不亦拂乎!故《书》曰:'孰恶孰美,成者为首,不成者为尾。'"子张曰:"子不为行,即将疏戚无伦,贵贱无义,长幼无序;五纪六位,将何以为别乎?"满苟得曰:"尧杀长子,舜流母弟,疏戚有伦乎?汤放桀,武王杀纣,贵贱有义乎?王季为适,周公杀兄,长幼有序乎?儒者伪辞,墨者兼爱,五纪六位将有别乎?且子正为名,我正为利。名利之实,不顺于理,不监于道。吾日与子讼于无约,曰:'小人殉财,君子殉名,其所以变其情、易其性,则异矣;乃至于弃其所为而殉其所不为,则一也。'故曰,无为小人,反殉而天;无为君子,从天之理。若枉若直,相而天极。面观四方,与时消息。若是若非,执而圆机;独成而意,与道徘徊。无转而行,无成而义,将失而所为。无赴而富,无殉而成,将弃而天。比干剖心,子胥抉眼,忠之祸也;直躬证父,尾生溺死,信之患也;鲍子立干,申子不自理,廉之害也;孔子不见母,匡子不见父,义之失也。此上世之所传,下世之所语,以为士者正其言,必其行,故服其殃,离其患也。"

在这篇对话里,通过满苟得之口,对于儒家的仁义道德、孝悌忠信、伦理纲常进行了比较系统的揭露与批判。子张是孔门高弟,他的言论自然代表儒家思想;而满苟得的说法,则和盗跖相似,有些观点符合道家的基本立场。

10

如何对待疾病与死亡,如何认识生命及其价值,这都是关乎重大的哲学课题。庄子自然有他的独到见解,但他不是以议论出之,而是通过寓言故事来表述。

在《至乐》篇,他通过支离叔和滑介叔"观化"中的对话,阐明疾病作为一种自然变化在人身上的反映,应该顺应接受而无须介意的观点。

支离叔和滑介叔一同在冥伯的丘陵、昆仑的荒野上游乐观赏,那里曾经是黄帝休息过的地方。

这天忽然发现,滑介叔的左臂上长出了一个瘤子。支离叔见他神色有些惊异,像是厌恶它的样子,便问:"你讨厌这东西吗?"

滑介叔说:"不。我为什么要讨厌它!具有形体的生命,原本是一种假托借用;假托借用之下出现的生命又生长出来的东西,就像是灰土尘垢暂时间的聚结一样。而人的死生变化犹如白天与黑夜的交替运行。现在,你我一道观察万物的变化,这种变化降临到了我的身上,我又有什么可以厌恶的呢!"言外之意是,死生尚且属于正常的、平常的变化,臂上长个瘤子又算得了什么!

附原文:

支离叔与滑介叔观于冥伯之丘、昆仑之虚,黄帝之所休。俄而柳("柳"系瘤之借字)生其左肘,其意蹶蹶然恶之。支离叔曰:"子恶之乎?"滑介叔曰:"亡。予何恶!生者,假借也;假之而生生者,尘垢也。死生为昼夜。且吾与子观化而化及我,我又何恶焉!"

庄子在《达生》篇中讲了这样一个故事——
祭祀官穿着黑色礼服,来到猪圈,对着猪猡说:

"你为什么要怕死呢?我准备还喂养你三个月,十天为你守戒,三天为你作斋,然后送你到应该去的场所,做祭祀鬼神的供品——要用白茅草做席位,把你的双肩双臀放在雕满纹饰的供桌上。你看这该多么风光荣耀啊!你愿意这么做吗?"

如果设身处地,真的是从猪的立场上来想问题,也就是替猪着想的话,那么,什么"白茅席位""雕花供桌",还真不如饲以糟糠,让它安安稳稳、自由自在地生活在猪圈里。可是,若是为自己打算,也就是在那个祭祀官看来,由于名利欲、虚荣心作怪,就会希望活着的时候能够享受富贵尊荣,死后能获得尊严、获得厚葬——装在采饰的棺材里,放在雕满花纹的灵车上,那样真是风光无限。为猪着想,会抛弃白茅、雕俎;而从人的角度着想,则贪恋轩冕灵车。说到家,就是满足一己的欲望。一个要安稳地活着,一个主张风光地死去,各有所求。从这个视角来看,二者之间有什么不同呢?可说是一样蠢。

附原文:

> 祝宗人玄端以临牢策,说彘曰:"汝奚恶死?吾将三月豢汝,十日戒,三日齐,藉白茅,加汝肩尻乎雕俎之上,则汝为之乎?"为彘谋,曰不如食以糠糟而错之牢策之中;自为谋,则苟生有轩冕之尊,死得于腞楯之上、聚偻之中则为之。为彘谋则去之,自为谋则取之,所异彘者何也!

这里提出一个耐人寻味的问题:"名与身孰亲?身与货孰多?得与亡孰病?"(《老子》四十四章)声名和生命比起来,谁于我更亲近?生命和财货,哪个更贵重?得到名利与丧失生命,如何权衡其间的利害?

在庄子看来,生命应以自然的方式存在,既不伪饰造作,更不逐求身外之物,始终保持一颗平常心,维护生命本色。可是,世人由于观念里附加上了种种社会意识,诸如伦理观、名利欲、虚荣心等等世俗的挂碍、功利的束缚,这样,就"以物易其性",导致人性的异化。

西汉时有个权臣,名叫主父偃,少时研习纵横之术,但一直穷困潦倒,四处碰壁;后来投靠权贵,晋身朝廷,得到了汉武帝的赏识,青云独步,飞黄腾达,于是,疯狂敛财,贪得无厌。他的一位老朋友看不惯,便点拨他:"你这么肆无忌惮地弄权,就不怕丢了性命吗?"主父偃的答复是:"大丈夫生不得五鼎食,死亦当五鼎烹!"

这里可做两种解释:一是,如果不能荣华显贵地活一回,过上钟鸣鼎食的风光日子,那就在死的时候,轰轰烈烈地闹一场,否则,也太没有意思了。后人还有类似的说法:"不能流芳百世,也要遗臭万年。"二是,只要生时能尽情享受,即便最后鼎烹而死,也算值得。正读也罢,侧读也罢,这些都是后事;当日的主父偃,下场却是极为悲惨的,不仅本人被杀头了,连亲族也都受到了株连。司马迁在其传后,更进一步申说:"主父偃当路,诸公皆誉之,及名败身诛,士争言其恶。悲夫!"

第九节

圣人登场

I

　　讲故事,摆观点,就要有人物。在《庄子》一书中,各色人等,林林总总,不可胜数,其中,我们经常碰面的有三个熟面孔,他们都是大人物:老子、孔子,属于庄子的老前辈;还有惠子,是他同时代的老搭档,也是亲密的辩友。三人中,以"孔圣人"为出场最多,也最为活跃。有人统计,现存的三十三篇中,有二十二篇提到了这位先师,其中"孔子"一词出现八十三次,"孔丘"出现六次,"孔氏"出现四次。

　　说来也很有趣,如果从祖上论起,庄子同孔子竟然称得上是异代同乡。大约孔子去世后一百一十年,庄子出生在宋国都城商丘的近郊;而商丘,正是孔子先祖的定居地,他们曾是宋国显赫的公族。孔子的十世祖弗父何,是宋国君主湣公的长子、厉公的长兄;七世祖正考父,曾连续辅佐宋国的戴公、武公、宣公,政绩卓著;正考父的儿子孔父嘉,官为大司马,在一次宫廷动乱中遭到惨杀;此后,即由木金父(孔子的五世祖)带领家族避祸北迁,到了鲁国的陬邑(在今山东曲阜),并以"孔"作为姓氏。从此,孔氏家族便彻底地沦为平民。

　　《孔子家语》记载:孔子的祖先是宋国的开国之君微子启;有人考证,微子启也是庄氏的祖先。此说如果成立,那倒应了那句老话:"五百年前是一家。"

　　现在,就涉及庄子对孔子的态度了。这个问题很微妙,也很复杂,简直是疑云片片,纠葛重重,难怪历代治《庄》学者,对此都倍加关注,多有论议。

>>>

儒家学,随着其创立者孔子地位的显著提高,在诸子百家中逐渐占据了首要地位。与此同时,先后以老子与庄子为旗手的道家学派也声威鹊起。

综其要,大致上在以下三个方面可以取得共识:

一是,庄子对于孔子是很看重的,特别是对其品格、操守、精神境界予以足够的肯定;否则,就不会花费那么多的时间、精力与篇幅来言说他,不时地抬出他的大驾,借重他的声威,铺排世情,谈经论道。

二是,尽管国属不同,且相隔一百余年,但庄子对于孔子及其学说,还是非常熟悉的。看得出来,他曾下功夫研究过孔子的著作及其行迹,这里也包括他的几个主要弟子。

三是,"道不同,不相为谋",庄子对于儒家学说并不赞同,但他对于这位儒学大师的丰富性、复杂性还是予以尊重的,并没有把他妖魔化、简单化、模式化,当然也不是圣化与神化。总体上看,庄子还是把孔子与儒家群体做适当分割,特别是把他同当时的"小人儒"、后来的俗儒、腐儒,严格区分开来。这样,也就决定了庄子对于孔子的态度,依违其间,变幻不定,很难用某种单纯的词汇来加以概括。

人们注意到,《庄子》一书中孔子的形象定位,纷纭错乱,很不统一。有时甚至在同一篇里,孔子的立论也前后矛盾,互有歧异。《人间世》篇有这样一段记述:

叶公子高要出使齐国,行前向孔子请教。

孔子说:"天下有两大戒律:一是命,一是义。子女爱父母,这是自然之命,也是人心所不可解除的;臣子侍奉国君,这是人伦之义,这在天地之间是无可逃避的。这叫做大戒律。所以,子女奉养父母,无论在何种处境下,都应让他们觉得安适,这就是孝的极致;臣子侍奉国君,无论任何事情都要让他觉得妥当,这就是忠的典范。懂得调养自己心性的人,不受哀乐情绪的影响,知道这些是无可奈何的事,也就坦然接受自己的命运。这就是德的极致。

············

"再者,顺着万物的自然状态,让心神自在地遨游;把一切寄托于不得已,由此涵养内在的自我。这就是自处的最高原则了。"

附原文：

>   叶公子高将使于齐,问于仲尼。……仲尼曰:"天下有大戒二:其一,命也;其一,义也。子之爱亲,命也,不可解于心;臣之事君,义也,无适而非君也,无所逃于天地之间。是之谓大戒。是以夫事其亲者,不择地而安之,孝之至也;夫事其君者,不择事而安之,忠之盛也;自事其心者,哀乐不易施乎前,知其不可奈何而安之若命,德之至也。……且夫乘物以游心,托不得已以养中,至矣。"

前面讲的是典型的孔门圣训;可是,后面的"自事其心者,哀乐不易施乎前,知其不可奈何而安之若命",特别是"乘物以游心,托不得已以养中",则分明是道地的庄子主张,不过是借助孔子的嘴说出来罢了。

在《庄子》二十几篇涉及孔子的文章中,孔子的角色定位不断地变换,时而是正面形象,俨然一位宣扬道家思想的导师;时而又摇身一变,成为长梧子、叔山无趾、子桑户、老聃、太公任、温伯雪子、老莱子、渔父等隐者、高人的陪衬人或者对立面;时而低眉顺眼,毕恭毕敬地向老子虚心求教,直至皈依于道家;时而又以固有的儒家形象,成为饱受讥评、屡遭训诫的对象;时而圣人,时而庸人;时而备受尊敬,时而横遭訾议。与其说,意在重现历史上真实的孔子;毋宁说,他是作者根据自己的需要创作出来的艺术形象,或者说,是一个备用的"演员",到时候就粉墨登场,成为一副随叫随到、百依百顺的"活的道具"。

诚然,"道家"一词始见于《史记》,在《庄子》以至整个先秦典籍中,尚未露面。但是,恰恰是从庄子开始,创辟了儒道两家作为先秦重要学派正面交锋、冲撞、溶融、互补的先河,只是在晚周诸子那里,这个问题似乎并没有得到足够的关注。"名辩思潮"中,名家曾先后与墨、儒、道家展开论辩,到了战国后期,儒家、法家对于名家又展开猛烈的批判。可是,对于庄子"诋訾孔子之徒"的言论,他们却从未置评。即便是名家代表性人物惠子,也主要是批评庄子学说大而无当、没有实用价值;在尔后的多次论辩中,虽曾提到儒、墨、杨、秉四家正在同他辩论,也未曾涉及儒道之间的是非,更没有涉及庄、孔关系问题。

而最令人不解的是,在孟子之后、集儒家之大成的荀子,对于庄子恣意批评儒家、纵情摆布其祖师爷的放肆言行,竟然置若罔闻,无动于衷,未曾以片言只语反唇相讥。莫非他根本没有发现这个问题?显然不是,因为他曾批评过庄子:"滑稽乱俗""蔽于天而不知人"。可见,他是通读过其书的。这种情况的产生,溯其缘由,当和荀子时期儒学已经兼容道、法、名、墨诸家,而有别于固有的"儒家正统"有关。至于法家的韩非,虽然也曾不点名地指斥庄子行"天下之惑术",但其着眼点在于对道家学说做改造性的阐释。而对于孔子在庄子笔下的形象如何、地位怎样,借用一句现成话来说:"若越人视秦人之肥瘠,忽焉不加喜戚于其心。"

2

关于庄、孔的分歧,明确著文指出的,应首推西汉史学家司马迁。他在《史记》中说,庄子"作《渔父》《盗跖》《胠箧》,以诋訾孔子之徒,以明老子之术"。此论一出,在尔后的千年学术史上,几乎没有人提出异议,"庄氏批儒",遂成定论。可是,到了北宋年间,大文豪苏东坡却突发异见,首倡"庄子助孔"之说。他认为,司马迁的论断,"此知庄子之粗者";"余以为庄子盖助孔子者","实予而文不予,阳挤而阴助之(内心是倾向他,可是,文章里没有挑明;表面上排挤,暗地里却是帮助)"。他还举出《庄子·天下》篇加以论证:"其论天下道术",各家都说到了,包括庄子自己,都作为一家对待,唯独没有把孔子列入其中,可见"其尊之也至矣"。如所周知,苏长公一向喜欢作翻案文章、发惊人之语,雄辩滔滔,翻江搅海。不过,此论终究有些理不胜辞,未免予人以根据不足,出言武断之感。当然,由于他的显赫声名与特殊地位,其言在《庄》学界还是产生了一定的影响。这和他力主"庄子出生地蒙,在楚而不在宋"有些相似。

入清之后,治《庄》者著述綦多,而持"庄子助孔"之见者亦有数家。学者方勇在《庄子学史》中举其荦荦大端者,有:清顺治年间的林云铭在所撰《庄子因》中,明确提出"庄叟可谓尊孔之至","与孔子异而同","凡书中贬圣处,皆非本意"的见解。康熙年间的吴世尚著有《庄子解》,认为庄子直接继承、阐发孔子之道,"子思、孟轲而外,庄周一人而已";他还指出,"庄子之学,所见极高,其尊信孔子,亦在千古诸儒未开口之前","人皆谓庄生非(诽)毁孔子,此盲人以耳语耳,一无所见者也"。到了乾隆年间,胡文英《庄子独见》一书中,亦附和此说,认为庄子推尊至圣,"当时亚圣(孟子)之外,知夫子者,唯漆园一人";与其同时的陆树芝,在《庄子雪》中质问:庄子如真的批孔,为何不正面摘取《论语》诸书?可见,他"实欲驾老子以卫孔"也。

看来,若要探究这个问题的真相与实质,应须弄清这样几个相互关联的问题:庄子这样处理,用意何在?他所实施的方法与策略是什么?最终的落脚点在哪里?

在展开这些话题之前,有必要综观一番战国中后期的学术发展大势,也就是应该把上述问题放在当时的学术背景下加以考量。

儒家学派,随着其创立者孔子地位的显著提高,特别是代表儒家两派——理想主义的孟子和现实主义的荀子的先后崛起,在诸子百家中逐渐占据了首要地位,但它也受到了与之分庭抗礼、其势汹汹的墨家学派的挑战与批判。与此同时,先后以老子与庄子为旗手的道家学派也声威鹊起,三者渐成鼎足之势。现当代学者郭沫若在《庄子的批判》一文中,就此做了深入的分析:

> 从庄子的思想上看来,他只采取了关尹、老聃清静无为的一面,而把他们的关于权变的主张扬弃了。庄子这一派或许可以称为纯粹的道家吧?没有庄子的出现,道家思想尽管在齐国的稷下学宫受着温暖的保育,然而已经向别的方面分化了:宋钘、尹文一派发展而为

名家，田骈、慎到一派发展而为法家，关尹一派发展而为术家。道家本身如没有庄子的出现，可能是已经归于消灭了。然而就因为有他的出现，他从稷下三派吸收他们的精华，而维系了老聃的正统，从此便与儒、墨两家鼎足而三了。在庄周自己并没有存心以"道家"自命，他只是想折衷各派的学说而成一家言，但结果他在事实上成为了道家的马鸣、龙树。

马鸣、龙树为大乘佛教的开创者。

正是"想折衷各派的学说而成一家言"，实际上，也是出于"弘道"的需要，庄子遂搬出重量级人物，劳孔夫子的大驾，来为自己树旗、代言、壮声色、增分量。这在《寓言》篇中，已经透露了个中消息。作者交代，为了增强言道的说服力，使其真实可信，需要通过他人之口，更要借重古人、尊者的话。这样一来，既是他人，又是古人，更是尊者的孔老夫子，就成为庄子的首选对象了。于是，在强势话语的"庄氏大舞台"上，按照实际需要，经过梳妆打扮、揉搓塑抹，儒家祖师爷孔夫子，最终便成为一个全天候、多功能的标准"演员"。

方勇指出，在《庄子》一书中，孔子呈现出三种形象：一是以儒家面貌出现——虚心向人求教，勤勉好学；死抱仁义、礼乐，不知随时变化；四处奔走，极意营谋天下。二是由儒而入道——内忘仁义，外去礼文；息奔竞之心，入恬淡之境；遗形去智，乃悟求道之方。三是以道家面貌出现——虚心以游世；不以死生、穷达为念；德充之为美。

近代学者叶国庆则认为，《庄子》中的孔子，有三种形态、三种性格。他以"内篇"为据，说一是庄子化的孔子，二是学"庄学"的孔子，三是道外儒内的孔子；而在"外篇"，除了前两类，第三类的孔子则是返回儒家面目。所不同者，"内篇"非孔，止于讥笑；"外篇"则至于谩骂。

学者胡孟杰着重分析了庄子为孔子设计不同角色的着眼点与落脚点：一是，将孔子模拟为道家的圣人，并借孔子之口说出庄子自己的思想。

我们很难单从这些字句中归纳出庄子对孔子的态度,毕竟这不是庄子的目的;"庄子为颜氏之儒"或"孔子实为庄子心中'至人'的典型"等结论,并没有特殊的意义。二是,以得道者的立场,批评孔子入世的思想。这些文章中较能表达出庄子对孔子的态度,但这些批评多少有"是其所非,而非其所是"的嫌疑。三是,庄子从现实政治环境出发,以孔子为主角,批判儒家与权力结合,文字辛辣,而能直接切入问题的核心。但这些批判,不能说是专对孔子而发的,孔子一生周游列国,不受重用,正是因为他不愿因为国君一人的利益,而改变自己的立场。

准此而言,庄子究竟是"诋孔"还是"助孔",在学术史上,固然不失为一桩重要公案。但从孔子作为庄子的一个"道具角色"来讲,究竟是"批"是"助",本身已经没有什么特殊的意义了。即便是批判、诋訾,显然,矛头对准的也未必就是孔子本人,因为到了庄子所处的战国后期,儒家已经分裂成不同的派别,一分为八也好,一分为十也好,各派之间,"是其所是",相互存在着许多差别。到了后世,就更是"百相杂陈",不断地变换底色。同样是尊孔崇儒,又都是儒家学派的代表性人物,随着时代的变迁,宋代"二程"与朱熹心目中的孔子,已不同于汉代董仲舒所尊崇的孔子;而明代王阳明所尊崇的孔子,映现在晚清大儒康有为的心目中,就更是迥异其趣了。

庄子毕竟是学术高人、斫轮老手,他的运作方式,借用儒家的一句名言,叫做"极高明而道中庸"——曾被朱熹誉为"恰到好处的一种做法"。为了使人信服,能够入人之心、服人之口,也出于对孔子本人的尊重,庄子基本上采取了客观、平实的态度,掌握分寸,不为己甚,包括对儒家学派,也尽量避免过激、过分之词(《盗跖》篇疑为后学所作,不在此列),摒弃那种漫画式的丑化、妖魔化的做法。一般情况下,给孔子定位总是一个谦和、厚重、高于常人的智者、导师的形象。即便是一些陪衬人物,如发问者、对话者,特别是颜回、曾参、子贡等孔门硕秀,也都基本上体现了这一原则。书中尽量照应孔子的身份、个性以至"语录式"的话语特点,摒除夸张、虚饰、谐谑风格,更不见所谓"谬悠之说,荒唐之言"。

着眼点在于增强说服力、可信度。虽以寓言形式出现，但尽量避免明显的违背历史真实的做法，可说是纯正的"庄语"。比如《外物》篇中讲老莱子召见孔子，历史上存在着这种可能性，因为《史记》老子本传中，有"老莱子与孔子同时"的记载。再比如，孔子见鲁哀公，在《德充符》《列御寇》篇凡两见，二人确是同时，《左传》中还记载过鲁哀公祭悼孔子之事；至于是否真有上述两篇中的对话，这就很难说了。与此形成鲜明对照的，在《田子方》篇，却有庄子见鲁哀公的记载，这原是庄子有意为之的"无端崖之辞"，自然也就没有必要一一征信了。

叶国庆认为："寻常在社会上一个人地位既高，要借他来说话的人便夥。孔子的地位既一天一天地高升，借重他的也就多了。借重的办法，或者是替他捏造事实，或窃取前人所记的重为改装一下，《庄子》中的孔子，便是这样变为信史了。"他还指出，宋人围攻孔子和孔子观于吕梁这两件事，分别载于《秋水》篇、《达生》篇，原本属于庄子假托之言。可是，却先后被《说苑》和《孔子家语》收录进去，后来遂成信史。

叶国庆为前辈学者，对于《庄子》有精深独到的研究；但说庄子关于孔子行迹的记述均属捏造，恐亦未免涉于武断。当年刘向、王肃编书，载记先师孔子的圣迹，采录了《庄子》所记，固然足以说明他们对此深信不疑；而他们如此著录，特别是刘向出生在公元前，距战国时期不远，焉知其没有其他依据！至于《孔子家语》这部记录孔子及其弟子思想言行的著作，当在汉朝以前到汉朝早期经不断编纂而成，虽自宋代以来，有人怀疑其为魏王肃伪作，但其重要价值却是不容否认的。而到了清代，文史学家孙星衍，号称"深究经史文字之学，校刻古书最精"。但他在编纂《孔子集语》时，竟也大量征引庄子的文字，以为信史。足见在学术界并不认为庄子说孔、述孔、记孔纯属无稽之谈。

3

现在，就看看庄子安排孔子这个"工具角色"来弘道，主要在哪些方面作文章。

——讲道术的修养。《天地》篇安排了一个孔子向老子问道的情节。

孔子问:"有人修道却似乎与道相违,不可行的认为可行,不正确的当作正确。善辩的人还会说:'坚是坚,白是白,就像时间与空间之差异。'这样的人可以称为圣人吗?"

老子答:"这样的人如同胥吏治事,为技能所累,劳苦形骸,扰乱心神。狗因为会捉狐狸而被人役使,猿猴因为行动敏捷,而被人从山林中捉来。孔丘,我要告诉你的,是你无法听到也无法说出的道理。大凡具备人的形体但却糊里糊涂的人很多,既具备有形的人体而又拥有无形无状的'道'的人,却一个也没有。人的动静、死生、穷达,都不是自己安排得来的。一个人所能做的,是从外物、从自然中,超脱、化解出来,这样就叫做'忘己'。忘掉自己的人,可以说是与自然合一了。"

附原文:

> 夫子问于老聃曰:"有人治道若相放,可不可,然不然。辩者有言曰:'离坚白,若县寓。'若是则可谓圣人乎?"老聃曰:"是胥易技系,劳形怵心者也。执留之狗来田,猿狙之便来藉。丘,予告若,而所不能闻与而所不能言,凡有首有趾、无心无耳者众,有形者与无形无状而皆存者尽无。其动止也,其死生也,其废起也,此又非其所以也。有治在人。忘乎物,忘乎天,其名为忘己。忘己之人,是之谓入于天。"

孔子向老聃请教治道,老聃告诉他:治人者必须忘己。己而能忘,天下又有何物足资挂怀呢?物我兼忘,事理俱忘,方可冥会自然之道。

——讲至人的境界。与道术修养紧相联结的,是何为至人,如何达到至人的境界。《田子方》篇记载:

孔子去见老聃,老聃刚洗完头,正披着发等待干,凝神定立,一动也不动,看去像个木桩一样。孔子就退出来,屏蔽在隐处等候。

稍后，见了面，孔子说："是我眼花了呢，还是真的如此？刚才先生的身体直立有如枯木，好像排除外物，脱离人间而独立自存。"

老子说："我遨游于万物初始的境地。"

孔子问："这是什么意思呢？"

老子答："至阴之气寒冷无比，至阳之气炎热异常；寒冷之气自天而下，炎热之气由地而上，这两者互相交会融合，就产生了万物，也许有什么力量在安排秩序，却又看不见它的形体。万物有消有长，时盈时虚，夜暗昼明，日迁月移，无时不在作用，却看不到它在施功。生有所缘起，死有所归趋，始与终相反而没有开端，也不知将止于何处。如果不是这样，又有谁是这一切的主宰！"

孔子问："请问遨游于物之初，是怎么回事？"

老子说："处在那种境地，是最美妙也最快乐的，就可以称为至人。"

孔子说："我想听听有什么方法。"

老子说："吃草的动物不怕变换草泽，水生的虫类不怕变换池沼，只进行小的变换而没有失去大的常规，所以，喜怒哀乐不会进入心中。天下，是万物所形成的一个整体。了解这是一个整体，就会把万物视为同一，即使四肢百骸都要化为尘垢，而死生终始犹如昼夜的变化，并不致受到扰乱，何况是得失祸福这些小事呢！抛弃得失祸福这些累赘，就像抛弃泥土一样，因为知道自身比这些累赘更可贵。可贵在于我自身不会因变化而失去。而且，万物变化从来就没有止境，那么，还有什么值得担心的！已经得道的人就能了解这一点。"

附原文：

孔子见老聃，老聃新沐，方将被发而干，慹然似非人。孔子便而待之，少焉见，曰："丘也眩与，其信然与？向者先生形体掘若槁木，似遗物离人而立于独也。"老聃曰:"吾游心于物之初。"孔子曰:"何谓邪?"曰:"心困焉而不能知,口辟焉而不能言,尝为汝议乎其将。至阴肃肃,至阳赫赫;肃肃出乎天,赫赫出乎地;两者交通成和而物生焉,或为之纪而莫见其形。消息满虚,一晦一明,日改月化,日有所为,而莫见其功。生有所乎萌,死有所乎归,始终相反乎无端而莫知乎其所穷。非是也,且孰为之宗!"孔子曰:"请问游是。"老聃曰:"夫得是,至美至乐也,得至美而游乎至乐,谓之至人。"孔子曰:"愿闻其方。"曰:"草食之兽不疾易薮,水生之虫不疾易水,行小变而不失其大常也,喜怒哀乐不入于胸次。夫天下也者,万物之所一也。得其所一而同焉,则四支百体将为尘垢,而死生终始将为昼夜而莫之能滑,而况得丧祸福之所介乎!弃隶者若弃泥涂,知身贵于隶也,贵在于我而不失于变。且万化而未始有极也,夫孰足以患心!已为道者解乎此。"

这里借助孔子的求教,由老聃较为系统地阐明了道家心目中的至人境界。陈鼓应指出,老聃说"游心于物之初",所谓"物之初",即一切存在的根源。认识一切存在的根源,认识自然运行的规律,认识"天地之大全",是为"至人"。自然界充满着美与光辉,至人可以"得至美而游乎自乐"。

如果说,上述两点——道术修养与至人境界,是从正面阐述的话;那么,下面两项,戒名智,隐形迹,则是从道术与至人的反面予以提醒。

——讲孔子之道不行于时。

孔子率领弟子,"遨游于仁义之域,卧寝于礼信之乡",顽固地奉行古法古制,不能随时而变。这种做法,无异于"陆地推舟",更是迹近"已陈刍狗"("刍狗"一词最早见于老子的《道德经》。从前,祭祀时用草扎的狗来代替活狗作为祭品,祭祀完了以后就成了废物,被人随地丢弃),必然徒劳心力,忧愁困苦,陷入无比狼狈的境地,甚至要身遭祸殃。

《天运》篇讲了这样一个事例:

孔子率领弟子西游到了卫国。

颜渊请教师金说:"我的老师这次的游历,您以为会怎样呢?"

师金说:"可惜了,你的老师会陷于困境啊!"

颜渊问:"为什么?"

师金说:"刍狗还没有献祭的时候,用竹筐盛着,用绣巾盖着,巫师斋戒来迎送。等到献祭以后,刍狗已经完成它的使命了,行路人便践踏着它的头部和脊背,樵夫也会捡去当柴烧了。作为不祥之物,若是有人再拿来用竹筐盛着,用绣巾盖着,起居睡卧都在它的旁边,那就不但无益,反会贻害于人:即便不做噩梦,那他也一定会不断地遭受妖魔的惊吓。

"现在你的老师,也是捡起了先王用过的刍狗,聚集弟子,游历居处,睡卧在它的旁边。所以,他在宋国树下讲学,树被伐倒;到了卫国,被禁止居留,不得志于商、周等地,这不是他在做噩梦吗!围困在陈、蔡之间,饿了七天,临近死亡边缘,这不是遭受妖魔困扰吗!

"水上通行莫过于用船,陆上行走莫过于驾车。以为船能行驶水上,便想把它推上陆地,那就一辈子也走不了多远。古和今的不同,不就像水和陆吗?周和鲁的不同,不就像舟和车吗?现在企求将周朝的制度施行到鲁国,这就像要推船到陆地行走,不仅徒劳无功,自身还会遭殃。你的老师的弱点,就是不懂得随时应变,做到永无穷尽地与外界的形势相应合。"

附原文:

孔子西游于卫。颜渊问师金曰:"以夫子之行为奚如?"师金曰:"惜乎,而夫子其穷哉!"颜渊曰:"何也?"师金曰:"夫刍狗之未陈也,盛以箧衍,巾以文绣,尸祝齐戒以将之。及其已陈也,行者践其首脊,苏者取而爨之而已。将复取而盛以箧衍,巾以文绣,游居寝卧其下,彼不得梦,必且数眯焉。今而夫子,亦取先王已陈刍狗,聚弟子游居寝卧其下。故伐树于宋,削迹于卫,穷于商周,是非其梦邪?围于陈蔡之间,七日不火食,死生相与邻,是非其眯邪?夫水行莫如用舟,而陆行莫如用车。以舟之可行于水也,而求推之于陆,则没世不行寻常。

古今非水陆与？周鲁非舟车与？今蕲行周于鲁,是犹推舟于陆也,劳而无功,身必有殃。彼未知夫无方之传,应物而不穷者也。

——讲名与智皆为凶器。

《人间世》篇记载：颜回要到尸横遍野、人民走投无路的卫国去,想以自己的所学去帮助治理一番。他就此征求孔夫子的意见,孔子明确表示反对,透彻说明：人间的种种纷争,从根本上讲,都源于求名、用智。争名,必然会造成互相毁损,最后使德流失丧真；斗智,则必然开启竞争、倾陷之隙,尔虞我诈,交相攻讦,从而造成无穷忧患。所以说,二者皆为凶器。

孔子说："唉！你去了只怕是要遭受杀害呀！'道'是不宜喧杂的,喧杂就多事,多事就受到搅扰,搅扰就引致忧患,忧患到来时自救也来不及了。古时候的至人,先求充实自己,然后才去扶助别人。如果自己都还没有立稳,怎能去揭露、制止暴君的行为呢？

"你知道德之所以失真、智之所以外露的原因吗？德的失真是由于好名,智的外露是由于争胜。好名,人们就会互相倾轧；而智,就是人们互相争斗的工具。这两者都是凶器,不可尽行于世……

"以前夏桀杀了关龙逢,商纣杀了王子比干。这二人勤于修身,爱护百姓,但由于居下位而拂逆上峰,所以,君主就利用他们的修养太好来加害他们,这是好名的结果。再者,以前尧之所以攻打丛、枝、胥敖,禹之所以攻打有扈,使这些国家变为废墟,百姓灭绝,国君也遭到杀害,就是因为他们不断用兵,贪得无厌。这些都是求名争利的结果。你难道没有听说过,名与利,连圣人都无法克服,何况是你呢！"

附原文：

仲尼曰："嘻,若殆往而刑耳！夫道不欲杂,杂则多,多则扰,扰则忧,忧而不救。古之至人,先存诸己而后存诸人。所存于己者未定,何暇至于暴人之所行！且若亦知夫德之所荡而知之所为出乎哉？德荡乎名,知出乎争。名也者,相札也;知也者,争之器也。二者凶器,非所以尽行也。……且昔者桀杀关龙逢,纣杀王子比干,是皆修其身以下伛拊人之民,以下拂其上者也,故其君因其修以挤之。是好名者也。昔者尧攻丛、枝、胥敖,禹攻有扈,国为虚厉,身为刑戮。其用兵不止,其求实无已。是皆求名实者也。而独不闻之乎?名实者,圣人之所不能胜也,而况若乎!"

——那么,怎么办呢?只有抛弃功名,捐迹削势,与世无争,才可以免除祸患。《山木》篇中记载:

孔子被围于陈、蔡之间,七天没有生火做饭。大公任去慰问他。

问:"你几近死亡了吗?"

孔子答:"是那样。"

又问:"你嫌恶死吗?"

答:"是的。"

大公任说:"我给你说说不死之道。东海有一只鸟,名叫意怠。这只鸟,飞行缓慢,好像没什么本事;要靠别的鸟带领才肯飞翔,栖息时也夹杂在众鸟之中;行进时不敢领先,后退时不敢落后;饮食时不敢先尝,一定吃剩余的。所以,它在鸟群中不会受排斥,而人们也无法伤害它,因此,它能免于祸患。挺直的树木先遭砍伐,甘美的水井先被汲干。

"你有心夸耀聪明来惊世骇俗,修饬品行来突显别人的污浊,到处张扬,好像举着日月在走路,所以不能免于祸患。从前我听领悟大道的人说过:'自夸的人没有功绩,功成不退的就要堕败,声名彰显的就要受到损伤。'谁能抛弃功名而还给众人啊!大道流行而不显耀自居,德行广被而不自求声名;淳朴平常,同于愚狂,隐匿形迹,抛弃权势,不求功名。所以无求于人,人也无求于我。至人总是默默无闻,可是你,为什么却那么喜好声名呢?"

孔子说:"说得好啊!"

附原文：

> 孔子围于陈蔡之间，七日不火食。大公任往吊之曰："子几死乎？"曰："然"。"子恶死乎？"曰："然。"任曰："予尝言不死之道。东海有鸟焉，其名曰意怠。其为鸟也，翂翂翐翐，而似无能；引援而飞，迫胁而栖，进不敢为前，退不敢为后；食不敢先尝，必取其绪。是故其行列不斥，而外人卒不得害，是以免于患。直木先伐，甘井先竭。子其意者饰知以惊愚，修身以明污，昭昭乎若揭日月而行，故不免也。昔吾闻之大成之人曰：'自伐者无功；功成者堕，名成者亏。'孰能去功与名而还与众人！道流而不明居，德行而不名处；纯纯常常，乃比于狂；削迹捐势，不为功名。是故无责于人，人亦无责焉。至人不闻，子何喜哉？"孔子曰："善哉！"

进退处中，不与物竞；功成弗居，推功于物；削除圣迹，损弃权势；不谴于人，无责于我。

这一切，都是道家的思想精髓。

4

弘道，一个有效的路径，就是安排孔子这个"演员"来现身说法。

——通过孔子师生对话，现身说法，阐明"知足者不以利自累"这一鲜明的道家立场。

《让王》篇有如下记述：

孔子对颜回说："你过来，我想问你：你的家境贫穷，居处简陋，为什么不出去做官呢？"

颜回回答说："我就是不愿做官。我在城外有五十亩田，足够喝稠粥了，在城内有十亩田，足够种植和织作丝麻了，这样可以保证衣食无忧；而精神上,弹琴足以消遣自娱,所学夫子之道足以自得其乐。我不愿做官!"

孔子变容改色,说:"好极了,你的心志!我听说过:'知足的人不因利禄累害自己,自在的人遇到损失也不忧惧,修养内心的人没有爵位也不会愧怍。'我讲述这些话,已经很久了,如今在你身上才见到,这真是我最大的收获。"

附原文:

孔子谓颜回曰:"回,来!家贫居卑,胡不仕乎?"颜回对曰:"不愿仕。回有郭外之田五十亩,足以给飦粥;郭内之田四十亩,足以为丝麻;鼓琴足以自娱,所学夫子之道者足以自乐也。回不愿仕。"孔子愀然变容,曰:"善哉,回之意!丘闻之:'知足者,不以利自累也,审自得者,失之而不惧;行修于内者,无位而不怍。'丘诵之久矣,今于回而后见之,是丘之得也。"

——讲立身处世固守无为之道。《知北游》篇记载:

颜渊问孔子,说:"我曾听老师说过:'无所送,无所迎。'请问它的道理。"

孔子说:"古时的人,随外物变化而内心凝静不变;现时的人,内心多变而不能随外物变化。能随外物变化的人,就是因为内心持守不变。他能安于变化,也能安于不变化。要能安然与变化相顺应,而不妄自增益……

"圣人与物相处却不伤物,不伤物的,物也不会伤害他。正因为无所伤害,才能与人更好地送迎往来。

"山林呀,原野呀,都能使我欣然快乐啊!快乐还没消逝呢,悲哀又接着出现。悲哀与快乐来临时,我不能抗拒,离去时我也不能阻止。可悲啊,世人只不过是外物寄居的旅舍罢了!

"知道自己所遭遇的,而不知道自己不曾遭遇的;能做自己所能做的,而不能做自己做不到的。有所不知,有所不能,本来就是人所不可避免的局限。要是追求人所不能避免的事,岂不是很可悲吗?

"最高明的言论,是没有言论;最高明的作为,是没有作为。平凡人所知道的一切,实在是太浅陋了。"

附原文:

> 颜渊问乎仲尼曰:"回尝闻诸夫子曰:'无有所将,无有所迎。'回敢问其游。"仲尼曰:"古之人,外化而内不化,今之人,内化而外不化。与物化者,一不化者也。安化安不化,安与之相靡,必与之莫多。……圣人处物不伤物。不伤物者,物亦不能伤也。唯无所伤者,为能与人相将迎。山林与,皋壤与,使我欣欣然而乐与!乐未毕也,哀又继之。哀乐之来,吾不能御,其去弗能止。悲夫,世人直为物逆旅耳!夫知遇而不知所不遇,能能而不能所不能。无知无能者,固人之所不免也。夫务免乎人之所不免者,岂不亦悲哉!至言去言,至为去为。齐知之所知,则浅矣。"

通过孔子与弟子颜渊的对话,阐明固守安顺无为之道,做到"外化、内不化""安化、安不化"。所谓"外化、内不化",是说古人淳朴,多与道相合,外形与物相随,而内心凝静;所谓"安化、安不化",是说化与不化,都随物流转,听任自然。

——虚构楚王宴请孔子的故事,申"不言"之义,收"无求"之功,倡导无言、无为、无求,以顺任天道,保持一己的天性。《徐无鬼》篇讲述:

孔子来到楚国,楚王设宴接待,国相孙叔敖拿着酒器站立一旁,勇士市南宜僚把酒洒在地上祭祷,说:"古时候的人啊!在这种情况下总要说一说话。"

孔子说:"我听说过'不用说话的说话',可是,我并没有向人说过,今天就在这里说一说吧:市南宜僚从容不迫地玩弄弹丸,而使两家的危难得以解脱;孙叔敖安寝恬卧,手摇羽扇,就却退了敌人,使楚国得以免动干戈。

我孔丘倒是希望有只长长的嘴巴来说上几句，无奈它原本无用啊！"

市南宜僚和孙叔敖所做的，可以称为不言之言，孔子所谈的，可以称为不用言辞的说辩。故而德是统摄道的同一，而言语止于才智所不知晓的境域，就是顶点了。道是混沌同一的，而得道、悟道却各不相同；知识所不能通晓的，言辩也不能一一列举，名称分立像儒家、墨家那样，就会招致祸患。所以，大海不辞东流的水，成就了博大之最；圣人包容天地，泽及天下，而百姓却不知道他们是谁。因此，生前没有爵禄，死后没有谥号，财物不曾汇聚，名声不曾树立，这才可以称为大人。狗不因为善于狂吠便是好狗，人不因为善于说话便是贤能，何况是志其大者！志在其大，尚不足以称其"大"，更何况是养性修德呢！伟大而又完备，莫过于天地；然而天地无所求，却是最完备的。伟大而又完备的人，无所求取，无所丧失，无所舍弃，不因外物而改变自己的本性。反求诸己而不穷尽，顺任常道而不矫饰，这是大人纯正的真性。

附原文：

仲尼之楚，楚王觞之，孙叔敖执爵而立，市南宜僚受酒而祭，曰："古之人乎！于此言已。"曰："丘也闻不言之言矣，未之尝言，于此乎言之：市南宜僚弄丸而两家之难解，孙叔敖甘寝秉羽而郢人投兵；丘愿有喙三尺。"彼之谓不道之道，此之谓不言之辩。故德总乎道之所一。而言休乎知之所不知，至矣。道之所一者，德不能同也；知之所不能知者，辩不能举也。名若儒墨而凶矣。故海不辞东流，大之至也；圣人并包天地，泽及天下，而不知其谁氏。是故生无爵，死无谥，实不聚，名不立，此之谓大人。狗不以善吠为良，人不以善言为贤，而况为大乎！夫为大不足以为大，而况为德乎！夫大备矣，莫若天地。然奚求焉，而大备矣！知大备者，无求，无失，无弃，不以物易己也。反己而不穷，循古而不摩，大人之诚。

这是典型的借孔以明道的实例。孔子只是一个引子,不过寥寥数语,而且是虚设的,叔敖为相时,孔子尚未出生,宜僚未曾仕楚。大块文章都是作者之言。

——讲守性保真。《渔父》篇塑造一个谦虚谨慎、诚恳好学的正面孔子形象,同时也有针砭、劝勉,目的在于宣扬"法天贵真",人与物同归自然的道家宗旨。

孔子游乎缁帷之林,休坐乎杏坛之上。弟子读书,孔子弦歌鼓琴。奏曲未半。有渔父者,下船而来,须眉交白,被发揄袂(挥袖),行原以上(溯岸而上),距陆(到陆地)而止,左手据膝,右手持颐以听(撑着面颊听歌)。曲终而招子贡、子路,二人俱对。客指孔子曰:"彼何为者也?"子路对曰:"鲁之君子也。"客问其族(姓氏)。子路对曰:"族孔氏。"客曰:"孔氏者何治(研习什么)也?"子路未应,子贡对曰:"孔氏者,性服忠信;身行仁义,饰礼乐,选人伦,上以忠于世主,下以化于齐民,将以利天下。此孔氏之所治也。"又问曰:"有土之君(国君)与?"子贡曰:"非也。""侯王之佐(高官)与?"子贡曰:"非也。"客乃笑而还,行言曰:"仁则仁矣,恐不免其身;苦心劳形以危其真(本真)。呜呼,远哉,其分于道也(离道太远了)!"子贡还,报孔子。孔子推琴而起曰:"其圣人与!"乃下求之,至于泽畔。方将杖拏(渔父正要撑篙)而引其船,顾见孔子,还乡(向)而立。孔子反走,再拜而进。客曰:"子将何求?"孔子曰:"曩者(刚才)先生有绪言(话没说完)而去,丘不肖,未知所谓,窃待于下风,幸闻咳唾之音以卒相丘(希望听到高言美语,有助于我)"客曰:"嘻!甚矣,子之好学也!"……孔子愀然而叹,再拜而起曰:"丘再逐于鲁,削迹(禁止居留)于卫,伐树于宋,围于陈、蔡。丘不知所失,而离此四谤(遭遇四次打击)者何也?"客凄然变容曰:"甚矣,子之难悟也!人有畏影恶迹而去之走者,举足愈数(快)而迹愈多,走愈疾而影不离身,自以为尚迟。疾走不休,绝力而死。不知处阴以休影。处静以息迹,愚亦甚矣!子审仁义之间,察同异之际,观动静之变,适受与(取舍)之度,理好恶之情,和喜怒之节,而几于不免(于祸)矣。谨脩而(尔)身,谨守其真,还以物与人(使人与物各回归自然),则无所累矣。今不脩之身而求之人,不亦外乎!"孔子愀然曰:"请问何谓真?"客曰:"真者,精诚之至也。不精不诚,不能动人。故强哭者虽悲不哀,强怒者虽严不威,强亲者虽笑不和。真悲无声而哀,真怒未发而威,真亲未笑而和。真在内者,神动于外,是所以贵真也。……礼者,世俗之所为也;真者,所以受于天也,自然不可易也。故圣人法天贵真,不拘于俗。愚者反此。不能法天而恤于人,不知贵真,禄禄(碌碌)而受变于俗,故不足(不知止足)。惜哉,子之蚤(早)湛(沉溺)于人伪,而晚闻大道也!"孔子又再拜而起曰:"今者丘得遇也,若天幸然。先生不羞而比之服役(不嫌弃我,耐心训诲,我当做为门人勤服驱役),而身教之。敢问舍所在,请因受业而卒学大道。"客曰:"吾闻之,可与往(还)者与(授与)之,至于妙道;不可与往者,不知其道,慎勿与之,身乃无咎(过失)。子勉之!吾去子矣,吾去子矣!"乃刺(撑)船而去,延缘苇间。

作为出色"演员",孔子应时而出,随时登场,在庄子的掌控下,操着不同的腔调,扮演着生、旦、净、丑各种不同的角色。

第十节

出国访问

I

从前有"一出国门,便成万里"的说法。

实际上,在春秋战国时期,那时的"国",有大有小,差异很大,许多国家甚至没有今天的一个省范围大。比如,在今河南的疆域内,那时,除了东面的宋国,西面还分布着陈、蔡、郑、魏、卫诸国,加上韩、楚的一部分,还有定都于洛邑、日见衰微的东周王室。

这里有两种情况:一是,周室东迁后,王纲解纽,号令不行,全国处于分裂割据状态,最多时候,诸侯国大约有一百二十多个。二是,罗致人才、招贤纳士,是各个诸侯国的图强富国的基本国策,导致人才流动极为频繁。像略晚于庄子的苏秦、张仪,分别以合纵、连横之术,游说各国诸侯,苏秦曾佩六国相印,后起的公孙衍也取得了五国相位。

在这样两种情况下,各国之间的边界不可能是控制得很严的。数百年间,见诸历史记载的,似乎只有楚国的伍子胥过昭关和齐国的孟尝君过函谷关等少数几例,遭遇到紧严的防守、核查;再就是,楚昭王聘请孔子出任要职,路出陈、蔡,遭到拦劫,理由是:"孔子圣贤,其所刺讥皆中诸侯之病,若用于楚,则陈、蔡危矣。"其他跨越国界的,执行军事任务或衔命出使者自然需要验证符节,一般读书士子,进进出出,好像未曾受到什么限制,无须出示证明、护照;还不像远古时代,需要有公认的信物作为出入凭证。当然,必要的规定还是有的,比如,对内,"出疆必请";对外,"出疆载质"("质"同"贽","载质"即带上礼物),还是必不可少的。

总体上看,那时读书士子出国游说、求仕、观光、访问,要比后世容易得多,方便得多。当然,受自然环境、经济发展水平和开化程度的限制,活动的范围还是有限的。似乎中原地带,或者说关东六国,人们出行更密集些。孔子周游卫、曹、宋、郑、陈、蔡、齐、楚诸国,可能是由于路途遥远吧,唯独漏掉了秦国,致使后世的韩愈发出慨叹:"孔子西行不到秦,掎摭星宿遗羲娥",说他摘取了一般星宿,却遗漏了太阳和月亮。除了上述条件所限,要说是还有障碍,恐怕主要是心理层面的。尤其是离开父母之邦,心情总有些恋恋不舍。孟子说过:"孔子之去齐,接淅而行(淅,淘米。意为不等把米淘完、晒干,抬身就走);去鲁,曰:'迟迟吾行也,去父母国之道也。'"一迟一速,判然有别。

作为拮据、困窘的布衣之士,庄子出行的难处当会更多一些。姑无论关山难越,道阻且长,若是再遭遇风雪载途,山洪暴发,江河横溢,其艰难困顿可想而知,单是经济条件的制约,也是一个十分现实的问题。艰于衣食的他,即便是到国外去,大概也只能背上一个简易行囊,备足几双草鞋,揣上十天八天的干粮,然后就开动"双脚机器",用大步来丈量土地。不要说无法和"后车数十乘,侍从数百人,往来数国之间"的孟夫子相媲美,哪怕是稍微体面一点,乘坐上一辆马车或者牛车,大摇大摆地驰出国门,也都属于幻想和奢望。

如此说来,庄子在八十年间,能够出国访问五六次,远涉南北的楚、鲁,近游西面的魏、赵,也就不能算是很少了。当年的孔老夫子,从五十五岁到六十八岁,十四年间,周游列国,也不过是走了七八个国家,而且,它们多在今鲁、豫两省,紧相毗连,距离都不算太远。

至于离乡去国前前后后的心情,似乎庄子也与常人无异。尽管想象中的出游,是那么潇洒、豪纵:"背负青天而莫之夭阏(无所窒碍)","御风而行,泠然善也","乘夫莽眇之鸟,以出六极之外",似乎甩手天涯,毫无顾念。但是,一当真的付诸实施,却又是情见乎辞,不能自已。《徐无鬼》篇讲:越之流人,"去国数日,见其所知而喜;去国旬月,见所尝见于国中者喜;及期年(整年)也,见似人者而喜矣;不亦去人滋久,思人滋深乎"!《则阳》篇里也说:"旧国旧都,望之畅然;虽使丘陵草木之缗(芒昧不分),人之者十九(十之九被掩盖了),犹之畅然。"这种凄怆动人、缠绵悱恻的情怀,均当发自内心,而出之于切身体会。

2

庄子最先造访的外国,是宋国的近邻魏国。魏国原来的都城在安邑(今山西夏县),当时的国王是魏文侯、魏武侯;到了第三代君主惠王之时,都城迁到了现在的大梁(今河南开封)。从商丘到大梁,也就是二三百华里吧,路程并不算远。时间,大约是在公元前334年前后。过了"而立之年"的庄子,来到他的老同乡惠施相爷那里做客,顺便会见了魏国的国君。

《山木》篇记载:

那天,庄子穿着一件补了破洞的粗布衣服,脚上的鞋子也破了,用麻绳绑着,去见魏惠王。

惠王见其形容憔悴,诧异地问:"先生!你怎么困顿、潦倒到这种地步啊?"

庄子回答:"我这是贫穷啊,并不是困顿、潦倒。读书人怀抱道德理想却不能实行,这才叫困顿、潦倒呢!衣裳破旧,鞋子残破,这是贫穷,而并非困顿,也不是潦倒。这就是所说的生非其时啊!

"你没发现擅长跳跃的猿猴吗?当它遇上楠、梓、豫章这些高大的乔木,便可以攀缘树枝,纵横如意地奔跃其间,而称王称长,即使善射的后羿、蓬蒙也拿它没办法。可是,如果它穿行在柘、棘、枳、枸这类纠结多刺的灌木丛中,就只能小心谨慎,危行侧视,战栗不已。——这并非因为筋骨拘挛,变得不再灵活了,而是处势不利,无法施展它的才能啊。

"现在,处在主昏于上、臣乱于下的时代,怀道抱德,不能见用,只能晦迹远害,明哲保身,想要不潦倒、不困顿,怎能做得到呢?古代的比干,忠心耿耿,却遭受到剖心挖腹,就是一个明证啊!"

附原文：

　　庄子衣大布而补之，正廪履而过魏王。魏王曰："何先生之惫邪？"庄子曰："贫也，非惫也。士有道德不能行，惫也；衣弊履穿，贫也，非惫也；此所谓非遭时也。王独不见夫腾猿乎？其得枏梓豫章也，揽蔓其枝而王长其间，虽羿、蓬蒙不能眄睨也。及其得柘棘枳枸之间也，危行侧视，振动悼慄；此筋骨非有加急而不柔也，处势不便，未足以逞其能也。今处昏上乱相之间，而欲无惫，奚可得邪？此比干之见剖心征也夫！"

　　贫困属于经济状况，而潦倒、困顿则是一种心境，一种精神状态。就是说，庄子只是形容憔悴、身体倦怠不舒——这起因于物质生活的匮乏，而并非精神上疲累、颓丧，心灵上空虚无聊。俗话说："人可以有霉运，不可以有霉相。"霉运归因于客观，而霉相则是主观的映现。正如年龄大了，身体多病，这是一种自然生理现象，而老境颓唐、晚景衰靡，则是一种疲惫的精神状态。

　　一句简短的问话，引出来庄子这一篇宏言谠论，显然有借题发挥、旁敲侧击之意。他是要借着这个话题，抨击由于世道黑暗所带来的有志之士精神困顿、心情苦闷的不合理的社会政治现象。

　　《史记》本传中说，庄子与梁（魏）惠王同时。实际上，惠王要年长庄子二十多岁。惠王即位于公元前369年，那一年庄子刚刚出生。据当代学者杨伯峻考证，孟子出生于公元前385年，见到魏惠王时，年约六十六岁，因此，惠王才恭敬地以"叟"相称。是年为公元前320年，惠王也已年过七十，是他在位的第五十个年头，第二年就去世了；直到其子襄王继位，孟子才离魏去齐。这段历史表明，庄子与孟子同魏惠王相见，前后相差大约十四年，所以，他们失去了碰面的机会。这倒是很令人遗憾的。

　　后来，庄子还曾到过鲁国——也是宋国的近邻。鲁国的都城在今山东的曲阜。自从西周初年周公旦的长子伯禽封于鲁国,在此建都,一直到鲁顷公二十四年(公元前249年)为楚所灭,历经三十四代君主,建都长达八百七十余年。

那么,庄子访鲁具体在哪一年呢?由于史籍失载,已经无从考证了。

这天,庄子到了鲁国,面见了国君鲁哀公。哀公也不太客气,开头就说:

"我们这里有很多儒士,很少有学先生道术的。"(意思是说,鲁国盛行仁义之教,又是孔夫子的故乡,一向服膺儒学,而道家无为之学,是很少有人问津的。)

庄子说:"其实,鲁国的儒士是很少的。"

哀公说:"整个鲁国,到处可见身着儒服儒冠的人,怎么能说少呢?"

庄子说:"我听说了,儒者戴圆帽的,懂得天时;穿方头鞋的,知道地势;腰间若是佩有以五色丝带系着的玉玦,这种人遇事都有决断。实际上,真正掌握儒术的君子,并不一定要有这样的装束;而着意于这种装束的,未必就真的懂得儒术。问题在于,君侯既然不以为然,那你为何不在国中发布一道命令:凡是不懂得儒术而着儒服儒冠的,都要处以死罪呢?"

听庄子这么一说,哀公果真如此这般地下了命令。五天过后,整个鲁国再也没有谁敢于身着儒服儒冠了。只有一个男子,穿着儒服站立在公门前面,哀公即刻召他入朝,询之以国家大事,问题千转万变,纵横错杂,他都能对答如流。

庄子说:"你看,整个鲁国,只有这么一个儒者。难道能说很多吗?"

附原文:

> 庄子见鲁哀公。哀公曰:"鲁多儒士,少为先生方者"。庄子曰:"鲁少儒。"哀公曰:"举鲁国而儒服,何谓少乎?"庄子曰:"周闻之,儒者冠圜冠者,知天时;履句屦者,知地形;缓佩玦者,事至而断。君子有其道者,未必为其服也;为其服者,未必知其道也。公固以为不然,何不

号于国中曰:'无此道而为此服者,其罪死!'"于是哀公号之五日,而鲁国无敢儒服者,独有一丈夫儒服而立乎公门。公即召而问以国事,千转万变而不穷。庄子曰:"以鲁国而儒者一人耳,可谓多乎?"

上据《田子方》篇记载,庄子访问鲁国,接见他的国君是鲁哀公,这显然出于有意的假托。在《德充符》篇,庄子分明写了"鲁哀公问于仲尼(孔子)"。饱读史书、满腹经纶的他,自然也知道,鲁哀公早在他出生九十九年前(公元前468年)就去世了。可是,他偏偏要这样写,说明是故意以寓言形式出之,特地营造一种"悠谬""荒唐""恣纵""芒昧"的氛围,达到"姑妄言之""信不信由你"的混沌、模糊效果。《天下》篇中有言:"以天下为沈(沉)浊,不可与庄语。"南宋理学家林希逸解释说:"以天下之人愚而沈浊,不可以诚实之言喻之。庄语,端庄而语诚实之事也。"

在这里,庄子假托"鲁哀公",实际是有意卖了一个"关子",偏偏不肯明说究竟是同鲁国哪位君主有过交往。郭沫若曾说:"哀公如系景公之误,则非寓言。庄周适当鲁景、平二公时代。"

齐国同鲁国紧相毗邻,距离宋国也不算远。那么,庄子是否也曾到过齐国呢?古今一些学者根据《庄子》一书中言及齐者近二十处,认为庄子与齐文化有一定的学术渊源,而且完全有可能去过齐国都城临淄。

司马迁说,庄子与齐宣王同时,如果没有任何干系,干嘛要带上这么一笔呢?闻一多就曾认为,他"在齐国待过一晌";可是,郭沫若却持否定意见。如果以南朝陈释智匠所编《古今乐录》为据:"庄周者,齐人也。明笃学术,多所博达。……后有达庄周于滑王,遣使赍金百镒以聘相位,周不就。"那么,曾"在齐国待过一晌"的说法,自可成立,起码是有这样一种可能——战国时齐国的疆界比较宽广:"南有泰山,东有琅邪,西有清河,北有勃(渤)海。"(《史记·齐太公世家》)不过,释智匠之说,清初学者马骕、阎若璩等都断然予以批驳,认为此乃"异地同名、张冠李戴"之误。

学者蔡德贵认为,从语言风格上看,"以天下为沈浊,不可与庄语,以卮言为曼衍,以重言为真,以寓言为广",这正是齐文化的语言风格。《齐谐》,乃齐国谐隐之书;"齐东野语",即齐地野人之语。《庄子》一书中直接或间接引述齐地流传的神话很多;齐文化中的阴阳说,《管子》中的静心说,齐人甘德"天圆地方"说,都在书中有所反映。特别是,庄子如果未曾亲临齐地,那他仅凭想象,是不大可能对大海进行那样深入细致的描写的。

3

相对于齐、鲁来说,庄子同楚国的关系可就比较密切了。

学者崔大华认为,庄子为宋国蒙人,"然而,《庄子》中的那些具有神话色彩的故事和充满丰富想象的描写,又清晰地显示它和楚国文化有渊源关系":《庄子》中多次出现"昆仑";其中"神人"之名,亦多和楚人所作的《山海经》印合。还有一个重要的证据,就是《庄子》多用楚语,例如"迷阳迷阳,无伤吾行","迷阳"为楚方言中的有刺野草;"蟪蛄不知春秋""蟪蛄"也正是楚语。再就是,一些楚国的国故旧闻,湮灭已久,《庄子》中却时有所见。之所以出现上述情况,其根由"可能藏匿在已经模糊了的庄子的家世中",就是说,他可能是楚国贵族的后裔。

那么,是否还可能存在着另外两种因素呢? 一是,由于家世方面的情愫,庄子成年后,曾经几次去过紧邻宋地的楚之疆土,做过风物考察,故土寻踪;甚至包括郢都(在今湖北荆州纪南城),庄子也有躬身前往的可能。《天运》篇中,庄子就曾说过:"夫南行者至于郢,北面而不见冥山,是何也? 则去之远也。"意思是,到楚国郢都去,向北望去,由于太远,根本见不到坐落于河南信阳的冥山。颇似亲历者的口吻。二是,参加《庄子》外、杂篇撰写或整理的弟子、门徒中,有的就来自楚国。

据史籍可查的,庄子曾经两次做过楚国之游。

《韩非子·喻老》篇载:

庄子听说楚国要兴兵伐越,遂向庄王进了谏言。

庄子先是发问："请问大王,你为什么要征伐越国呀?"

庄王答曰："因为那里政局混乱,而兵力又十分软弱。"

庄子说："我对你的这种举措,深以为患。人的智识,有如自己的眼睛,能够看清百步之外的事物,却不能自见双眼的睫毛。你说越国政乱兵弱,那么,你这个楚国又是怎样呢?大王的军队,败北于秦、晋,丧地数百里,这足以证明兵力也是很弱的;庄𫏋在境内,公然为盗,而官吏无力禁止,这足以证明贵国的政局也是混乱的。楚国的弱而乱,并不次于越国呀!而现在,你却执意要讨伐越国,这不正是我所说的"智之如目"吗!"

庄王听了,深以为然,于是,决定收回出战的命令。

所以说,"知之难,不在见人,在自见。自见之谓明"。

南宋乾道本《韩非子·喻老》篇中,"庄子"作"杜子",清代王先慎作《韩非子集释》时,依据北宋类书《太平御览》所引《喻老》篇,改正了过来。另据清乾隆朝校勘大家卢文弨考订,篇中"楚庄王"乃"楚威王"之误。"庄𫏋在境内,公然为盗",其事即发生在威王在位时节。经过推算,庄子谏止威王伐越,时在公元前333年,也就是庄子会见魏惠王的次年。

不过,也有学者提出疑问:其一,在公元前333年,庄子是否有可能见到楚威王?当时楚国都城在郢,距离豫东,何啻千里。其二,史书《六国纪年》记载:是年楚国兴兵伐越,并灭亡之。但实际情况是,楚国伐齐,进兵徐州;越则亡于公元前306年,即在二十四年之后。

但驳辩者认为,关于一,根据宋、楚相距遥远,就遽下结论否定庄子的楚国之行,实属臆断;何况,也还存在着二人相见于邻近宋国的楚国北方地区的可能性。关于二,情况也可能是这样:威王原本打算攻越,听了庄子的进谏之后,遂转过头来,兴兵伐齐。

这里还有一层,就庄子的政治观来说,他似乎不大可能像惠子那样直接给君主出主意。不要说直接献言,即使像老子那样,坐而论道,徒托空言,他也是不肯做的。因为他对这些东西,根本就没有兴趣。当然,也可以做如是解释:庄子关心民瘼,不愿眼见黎民百姓无辜丧命,因而主动出面制止兵战征伐的行径。而且,六年前,威王曾有远道遣使、跨境聘相之举,尽管庄子当时予以谢绝,但总还念记着这一份旧情,此番相见,诚恳地亮出自己的看法,也算是一番"琼瑶、木桃之报",藉输"献曝之诚"吧。

另据《战国策·楚策》记载:公元前322年,魏惠王接受纵横家张仪的游说,任用张仪为宰相。这样,惠施不仅失去了相位,而且,被迫离魏入楚。有的学者推测,就在此后不久,庄子做第二次楚国之行,南游皖北。此番最大的收获,是与罢相赋闲的惠施一道,徜徉于紧邻淮河的钟离郡,从而发生了那场"濠梁观鱼"的著名辩论。

就是在这次访楚途中,还发生了这样一件奇闻:

庄子路过一处空旷的野地,四无人烟,萧条阒寂,原来是一个荒凉的坟场。因为走得有些疲乏了,他便停下了脚步,随便向四处张望一下,突然在草丛中发现一个死人的头骨,毫无光泽,却还有生人头颅的形状。这个头骨,究竟是属于壮年人还是老年人,已经无法分辨了,反正是空空的、干干的,不知道风吹日晒了几多岁月。庄子就顺手操起一根短棍,在髑髅上敲了一敲,然后发问:

"哎,先生!你是怎么致死的呢?是因为贪生悖理,遭到刑戮,而落到这种地步的吗?还是由于国家败亡,受到刀兵斧钺的砍杀,而死于战乱的呢?抑或是做了见不得人的错事、丑事、坏事,给父母妻子丢了脸,而愧怍自尽的呢?还是遭遇饥寒冻馁,而置自身于死地呢?还是衰颓老迈,疾病缠身,年寿已尽,导致自然死亡的呢?"

说完了这番话,一阵倦意袭来,庄子深深地打了个呵欠,便摆弄了一下头骨,把它作为枕头,安然地睡下了。睡到夜半,庄子梦见髑髅对他说话了:

"听你这番谈话,觉得你倒很像个辩士。照你所说的那些,其实都是活在世上的人的拖累和负担;人死了以后,哪还有这些说道呢?你想要听听人死了是怎么个情况吗?"

庄子说:"我很想听听这些。"

髑髅说:"人死了,上面没有君主,下面没有臣仆,不管你是做什么的,一切都处于平等状态了。也没有四季的冷热寒暑,更卸除了春种、夏锄、秋收、冬藏的劳苦。可以自在从容地与天地共长久。即便是南面称王的皇帝,也没有这样快乐呀!"

对他所说的,庄子并没有深信,便用试探的口吻,同他商量:"我请掌管生命的神灵,给你恢复形体,补还给你骨肉、肌肤,再把你送回到父母妻子、故乡朋友那里,你愿意这样吗?"

髑髅听了,眉目之间,显露出忧愁的样子,说:"我怎能抛弃国王般的快乐,而回到人间,再去经受劳苦呢?"

附原文:

庄子之楚,见空髑髅,髐然有形,撽以马棰,因而问之,曰:"夫子贪生失理,而为此乎?将子有亡国之事,斧钺之诛,而为此乎?将子有不善之行,愧遗父母妻子之丑,而为此乎?将子有冻馁之患,而为此乎?将子之春秋故及此乎?"于是语卒,援髑髅,枕而卧。夜半,髑髅见梦曰:"子之谈者似辩士。视子所言,皆生人之累也,死则无此矣。子欲闻死之说乎?"庄子曰:"然。"髑髅曰:"死,无君于上,无臣于下,亦无四时之事,从然以天地为春秋,虽南面王乐,不能过也。"庄子不信,曰:"吾使司命复生子形,为子骨肉肌肤,反子父母妻子闾里知识,子欲之乎?"髑髅深矉蹙额曰:"吾安能弃南面王乐而复为人间之劳乎?"

此文见于《至乐》篇。在这则寓言故事里,庄子借助髑髅之口,揭露了人间的种种牵累与祸患。从他所设问的五种致死的原因——刑戮、战乱、自裁、饥寒冻馁、衰老疾患,不难想象当时生民处境的困踬、艰辛;而人死了之后,上面没有君主,下面没有臣仆,不管你是做什么的,一切都处于平等状态了,更映衬出封建专制下,普通民众遭受剥削、压迫的悲惨境遇。

对此,晋人郭象的注释是:"旧说云:庄子乐死恶生。斯说谬矣。若然,何谓'齐'(齐一、等同)乎？所谓'齐'者,生时安生,死时安死。生死之情既'齐',则无为(用不着)当生(在生、有生之年)而忧死耳,此庄子之旨也。"

郭注自有道理。不过,庄子在这里,着眼点并非是"齐死生",而是旨在对乱世、浊世的抨击和对社会政治的批判。从这个意义上,说"庄子乐死恶生",亦无大谬——他只是借此发出愤激之词,并非真的就恶生乐死,主张弃绝人世。

4

《说剑》篇记载了庄子游赵之事。

赵立国之初,都城设在晋阳(在今山西太原西南),后来迁都到中牟(在今河南鹤壁),公元前386年,再迁都到邯郸(在今河北邯郸)。

庄子就是在邯郸王宫里见到赵惠文王的。

> 昔赵文王喜剑,剑士夹门而客三千余人,日夜相击于前,死伤者岁百余人,好之不厌。如是三年,国衰,诸侯谋之。太子悝患之,募左右曰:"孰能说王之意(说服君王)止剑士者,赐之千金。"左右曰:"庄子当能。"太子乃使人以千金奉庄子。庄子弗受,与使者俱,往见太子曰:"太子何以教周,赐周千金?"太子曰:"闻夫子明圣,谨奉千金以币从者(犒赏仆从)。夫子弗受,悝尚何敢言!"庄子曰:"闻太子所欲用周者,欲绝王之喜好也。使臣上说大王而逆王意,下不当太子,则身刑而死,周尚安所事金乎?(如果我向上劝说皇上而违逆了他的心意,向下又满足不了太子的意愿,那就会受刑而死,那么,我要那千金又有什么用处呢?)使臣上说大王,下当太子,赵国何求而不得也!"(假如我对上能够成功地说服皇上,从而得以顺遂太子之意愿,那么,我在赵国又要什么没有呢?)太子曰:"然。吾王所见,唯剑士也。"庄子曰:"诺。周善为剑。"太子曰:"然吾王所见剑士,皆蓬头突鬓垂冠,曼胡之

缨,短后之衣,瞋目而语难(头发蓬散,鬓毛突出,帽子低垂,冠缨粗实,衣服后身短小,怒目横眉,一出场就相互责骂),王乃说(悦)之。今夫子必儒服而见王,事必大逆。"庄子曰:"请治剑服。"治剑服三日,乃见太子。太子乃与见王,王脱白刃待之(拔剑出鞘,以白刃相对)。庄子入殿门不趋,见王不拜。王曰:"子欲何以教寡人,使太子先焉。"曰:"臣闻大王喜剑,故以剑见王。"王曰:"子之剑何能禁制(何以制伏敌手)?"曰:"臣之剑,十步一人,千里不留行。"王大悦之,曰:"天下无敌矣!"庄子曰:"夫为剑者,示之以虚,开之以利,后之以发,先之以至(示人以空虚,诱之以实利——留下可乘之机,后于对手发出,先于对手到位)。愿得试之。"王曰:"夫子休(息),就舍待命,设戏(比赛武术之会)请夫子。"王乃校剑士七日,死伤者六十余人,得五六人,使奉剑于殿下,乃召庄子。王曰:"今日试使士敦(假借为"对")剑。"庄子曰:"望之久矣。"王曰:"夫子所御杖(使用的剑),长短何如?"曰:"臣之所奉皆可(所用的剑长短皆可)。然臣有三剑,唯王所用,请先言而后试。"王曰:"愿闻三剑。"曰:"有天子之剑,有诸侯之剑,有庶人之剑。"王曰:"天子之剑何如?"曰:"天子之剑,以燕谿石城为(剑)锋,齐岱为锷(剑刃),晋魏为脊(剑背),周宋为镡(剑口),韩魏为夹(剑柄);包以四夷,裹以四时,绕以渤海,带以恒山;制以五行,论以刑德;开以阴阳,持以春秋,行以秋冬。此剑,直之无前,举之无上,案之无下,运之无旁,上决浮云,下绝地纪。此剑一用,匡诸侯,天下服矣。此天子之剑也。"文王芒(茫)然自失,曰:"诸侯之剑何如?"曰:"诸侯之剑,以知勇士为锋,以清廉士为锷,以贤良士为脊,以忠圣士为镡,以豪桀士为夹。此剑,直之亦无前,举之亦无上,案之亦无下,运之亦无旁;上法圆天以顺三光(日、月、星),下法方地以顺四时,中和民意以安四乡。此剑一用,如雷霆之震也,四封之内,无不宾服而听从君命者矣。此诸侯之剑也。"王曰:"庶人之剑何如?"曰:"庶人之剑,蓬头突鬓垂冠,曼胡之缨,短后之衣,瞋目而语难。相击于前,上斩颈领,下决肝肺。此庶人之剑,无异于斗鸡,一旦命已绝矣,无所用于国事。今大王有天子之位而好庶人之剑,臣窃为大王薄(鄙薄)之。"王乃牵而上殿。宰人(厨师)上食,王三环之(绕桌子转了三圈,不能安坐进餐)。庄子曰:"大王安坐定气,剑事已毕奏矣。"于是,文王不出宫三月,剑士皆服毙(自杀)其处也。

庄子伶牙俐,雄辩滔滔,铺张扬厉,冠绝古今,自能说服赵王,除其所好,大有功于社会、人生。

不过,关于这篇作品,自唐代韩愈以来,许多学者都持怀疑态度,有的推断它是战国策士之作。我觉得,学者崔大华的看法,比较客观、公允:"《说剑》虽然没有和'内篇'思想相关联之处,但和'外篇'《田子方》《达生》在运用名物词语上却有所犀通。所以……若认为是庄子后学模拟策士之文,似乎更为妥切。"

是呀,既然你庄先生可以借助孔子、老子的"重言"来谈经体道,宣扬自己的思想;那么,后学中的倾向纵横家观点、抱策士之见的,为什么不能"依样画葫芦",假借名人以自重其言,劳庄夫子的大驾呢!

即便是如此,也不能得出庄子未曾到过赵国的结论。在没有足够根据可以证伪的情况下,尽可"宁可信其有"也。

第十一节

庄、惠之辩

I

叙述过庄子的五次出访,再来说他同惠施的八番论辩。

"战国从(纵)横,真伪纷争,诸子之言纷然淆乱。"(《汉书·艺文志》)那些奋逞口舌的辩士,为了"播其声""扬其道""释其理",以打动"时君世主",击败对方,创造、发展了一种思想直接交锋的话语方式,即后世所说的"辩对文化"。其功能至强,作用至大,所谓"一人之辩,重于九鼎之宝;三寸之舌,强于百万之师"。而形式则多种多样,或论证,或驳诘;或设喻取譬,或引经据典;或从个别事物推演普遍性的结论,或通过阐释普遍原理而引发新知。不管采取何种形式,运用逻辑思维、通晓世事人情、娴熟语言技巧,都是必不可少的。

阅览先秦诸子著作,发现有两种形式占据主流:一种是独白,自说自话;还有一种形式就是对话——如同对立的两极,相互交接,相互逼进,又相互对垒,相互驳诘。对话的前提,应是相同水准,不同视角、观点。水准相当,才能"棋逢对手";而视角、观点的差异,方可"炮声隆隆""好戏连台"。这在《庄子》一书中,不仅随处可见,而且,奇思迭现,异彩纷呈。在讨论问题时,无论是双方思想相同、相近,抑或是明显对立,都普遍应用了对话形式。

学者张洪兴在《〈庄子〉"三言"研究》中指出,为了增强说服力和感染力,书中的辩对采用了多种方式、方法:一是直陈法。两人在辩对中,直接就问题展开陈述。或者以地位较低、年龄较小的人向位高年长者请教的方式提出问题,并就此展开论述;或者是持不同观点的人就有关问题展开辩论。这种方法是庄子最常用的辩对方法。二是迂回法。不直接陈述道理，而是间接论述，迂回展开。有的是先予否定，再加肯定；有的是从讲述故事入手。三是，譬喻法。用各式各样的比喻进行论证，明喻、暗喻、借喻、象征，不一而足。四是，铺陈法。在辩对过程中，使用各种修辞方法，从不同角度、不同侧面对同一问题进行反复论证。

当然，最丰富、最繁复、最精彩的，还是庄子同惠子的思想交锋，可说是集"辩对文化"之大成，而且贯穿了庄、惠几十年的整个生命历程。

庄子思想深邃，才气纵横，视野开阔，且又浮云富贵，粪土王侯，无论在精神追求、生命格调、生活情趣哪个方面，都超拔于凡尘浊世。这样一来，就面临着一个知音难觅、曲高和寡的问题。"堪怜举世嫌疏阔，谁与斯人慰寂寥？"所幸他的同乡惠施，不仅学富五车、博学多闻，而且，辩才无碍，对于探索知识、追求真谛，也有着同样浓厚的兴趣。

惠子"认为万物流变无常，因此一个东西不可能有相当固定的时候；他说：'日方中方睨，物方生方死。'他认为任何东西的性质都是相对的，因此事物之间，也就没有绝对的区别；他说：'天与地卑，山与泽平（天和地一样低，山和湖一样平）。'他用诡辩的方式，说明天地万物是一体的；他主张'氾爱万物，天地一体'。"（陈鼓应语）

作为真诚的朋友，庄子与惠子在先秦时期，分别在哲学与科学领域同时攀上巅峰的顶尖人物，攒集在一起，有如双星聚耀、奇峰对峙，相映生辉。这在中外思想文化发展史上，都成了动人的佳话。

两个理想的学术"搭档"，旗鼓相当、各擅胜场的论辩对手，同时又是一对"欢喜冤家"。他们虽然具有相同的历史文化渊源、理论观念背景和相对自由的心态；但在个性、取向、情趣、品格方面，却判然有别，甚至大相径庭。惠子以诡辩、偏执闻名，所谓"逐万物而不反（不知回头）""其犹一蚊一虻之劳者也"。

不过，他们之间的显著差异，恰恰为其学术论辩、思想交锋提供了必要的张力。两人只要见面，便都开启灵府的闸门，展开滔滔的雄辩，尽管很少出现某一方拳拳服膺、由衷信服的结局,但那种相互驳诘、相互激活、相互吸引、相互砥砺的场景,总还是令人心动神驰的。

智慧的火花只有在碰撞、敲击中才能闪现。学术发展进程中,如果没有对立面,也就失去了激活的动力,无法使各自的论说更趋充分、缜密和完善,直至促进思辨的深化。从这个意义上说,庄、惠结成"对子"、成为朋友,不是由于相同,而是由于不同。越是不同,便越能在论辩中,各展词锋,从而奇观迭起,波澜涌荡,逸趣横生。应该说,正是由于有了惠子的批判、问难与叩击,才使庄子获得了展示思想、阐释见解、激发活力、调整知识结构的场所与机会。

就此,学者邓联合有一段很剀切的论述:"古代学者,一般的看法是,内七篇为庄子亲笔所写,集中且真实反映了庄子思想原貌。而按照明末清初的大学者王夫之的观点,这最精彩、最重要的七篇文章,很可能是庄子由于同惠施辩论受到对方思想的'刺激'而写出的,或许径直就是庄子为了反对惠施的思想而作。如果真是这样的话,那么,我们就可以说,没有惠施以及他对庄子的屡屡刁难,也就没有《庄子》其书,以及思想家庄子其人了。"这是从庄子的角度讲的,接下来他又把"主观镜头"扫向惠子:"作为哲学家,惠子的文章一篇也没有流传下来,他那许多深刻的思想,是依靠《庄子》一书才得以传世的,而其他的先秦典籍一概没有具体记述。从这个角度说,惠施真得要感谢庄子或庄子的弟子,他甚至还欠了庄子师徒一个'大人情'呢!"

2

庄子与惠子初次相见,据钱穆考定,应在魏惠王二十七、八年。庄子出生于魏惠王元年,就此推测,初见惠子时,大约是二十七、八岁。从庄子这面看,也许是年轻气盛的心性使然,也许是对于接谈的长者抱有过高的期望值,总之,两人初次见面,并未获得理想的效果;惠子留给他的印象并不好,说是失望、沮丧也可。古籍《太平御览》引述《庄子》佚文:"惠子始与庄子相见而问焉。庄子曰:'今日自以为见凤凰,而徒遭燕鹊耳。'坐者皆笑。"寥寥数语,表现出青年庄子的"书生意气,挥斥方遒"。

作为政治家,惠施的从政生涯很早就开始了,但其声名远播,则是在"马陵战役"之后,他为身处困境中的魏惠王出了高明的主意。《战国策·魏策》记载,齐、魏两国战于马陵,魏国惨败,公子申被杀,十万大军覆灭。惠子向魏惠王献策:欲报此仇,与其出兵伐齐,不如折节向其朝拜,然后使人离间齐、楚关系。惠王依计而行。果然,"楚王怒,自将而伐齐,赵(国)应之,大败齐于徐州"。惠施出仕魏国,长达二十年时间,其间十多年担任宰相要职。

也正是在惠施出任魏国宰相期间,庄子前往大梁(今河南开封),去拜访这位乡邦长者。这个信息,不知是怎样传播开来的,结果有人就凭着臆想,说:庄子此行,来者不善,想必是要夺取魏国的相位。说者也许无心,可是,听者却在意了,惠子闻讯,极度惶恐不安。显然,惠施对于庄子的志趣、禀赋,还缺乏足够的了解,尽管此前有过短暂的接触,但毕竟知之不深,因而轻信了他人放出的谣言。于是,在城中搜查了三日三夜。庄子却主动出来相见,对惠施说:

> 南方有鸟,其名为鹓雏,子知之乎?夫鹓雏,发于南海而飞于北海,非梧桐不止,非练实(竹子果实)不食,非醴泉(甜美泉水)不饮。于是鸱得腐鼠(猫头鹰找到一只腐烂的老鼠),鹓雏过之,仰而视之曰:"吓(吓)"!今子欲以子之梁国而吓我邪(耶)?

在《秋水》篇的这个寓言故事中,庄子以传说中的五凤之一——高洁的鹓雏同龌龊的猫头鹰相比,意在表明:楚国以堂堂相位相礼聘,我都一口回绝,难道会来魏国抢夺你的宝座?词锋锐利、峻刻,却以含蓄之语出之。惠子当时是怎样答复的,文中没有交代。想来,他一定是特别尴尬的。

据《说苑·杂言》篇记载:那年,魏国的宰相去世了,惠施闻讯,日夜兼程,赶赴魏都大梁。途中,一条大河挡住了去路。惠施心急如焚,来不及等待渡船,便涉水而过,险些被激流卷走,幸亏有个船夫赶来,将他从水中救起。问道:"既然你不会水,为什么不等待渡船呢?"惠施说:"时间紧迫,我要紧急赶往大梁,去谋取相位啊!"

另据《吕氏春秋·不屈》篇载,惠施初至魏,见魏国积贫积弱,当即向时任宰相的白圭,献上了使魏国富强兴盛之策。白圭却以"新娶妇"不该指责夫家的弊端陋习而责怪之。说明惠施初到魏国,在旧有卿相眼中,地位与声望还是比较低微的。

《韩非子·说林》篇亦曾记载,惠施对陈轸说:你虽然在君王面前,善于树立自己的威信,但是,朝廷内部想要铲除你的人太多了,你必然面临严重的危险。这番话当是出自他对魏国官场相互倾轧的切身体验,难怪他满怀着地位不稳、岌岌可危的忧惧感。

庄子与惠子,在思想观念、价值取向、生活态度上,确实存在着很大的距离。惠子长期处于统治阶层,免不了染上摆架子、讲气派的官僚气息;而这,在"不为轩冕肆志,不为穷约趋俗"的庄子眼中,当然会极度鄙视的。《淮南子·齐俗训》中记载了这样一件事:

惠子路过孟诸,身后从车百乘,声势煊赫。正在持竿垂钓的庄子,远远地见到了,感到一阵恶心。心想:你搞那么大的声势,弄那么多的车队,有什么必要呢?这样一来,竟连自己所钓到的鱼也嫌多了,于是,把它们全部抛回水里,用以表示对凭借威权以张扬声势的惠施之不屑。

关于惠子在官场上的作威作福,讲究派头,《吕氏春秋》中的一段记载,可资作证:匡章当着魏王的面,责问惠子:"地里的蝗螟,农夫都痛恨无比,见着了立刻捕杀。什么缘故呢?就是因为它们祸害庄稼呀!你现在出行,车辆多达数百乘,跟随步行的还有几百人;少的时候,也有几十辆车,跟随步行的数十人。你和那些狐假虎威的帮凶们,都是不耕不耘,专吃闲饭的,其危害禾稼、鱼肉平民,不是更甚吗!"

可见,《淮南子》所记,并非空穴来风。

3

《庄子》一书中,记载庄、惠二人的论辩故事有十一则,内容十分广泛,涉及自然哲学、人生哲学、认识论、审美观、价值观等诸多哲学命题;从辩证关系与认识误区的角度,讨论了有用与无用、有情与无情、益生与不益生、"知鱼之乐"与"不知鱼之乐"、"公是"与"各是其所是"等充满机锋、理趣的问题。

庄子在大梁期间,庄子与惠子曾多次见面。《逍遥游》篇记载:

惠子对庄子说:"魏王送给我一种大葫芦的种子,我把它种下了,后来结出果实,大到足有五石的容量。做什么用呢?用它来装水吧,它又不够坚固,无法负荷那么大的重量;把它剖开做瓢用吧,它又大得没有水缸能够容得下。这葫芦,不能说不够大,可是,丝毫没有用处,我只好把它打碎了。"

庄子听得出来,这是在影射他的学问大而无当,无所可用,但他并不直接戳破、加以反驳,而是从容地说:"先生,你真是不善于使用大的东西啊!咱们宋国有一个人,擅长调制一种可使手不皲裂的药物,他家世世代代都以漂洗丝絮为职业,这药还是派上了用场。有一个客人听说了这个药方,想要用一百金的高价来收买。这个宋人便召开家庭会议进行商量,说:'咱们家,世世代代漂洗丝絮,所得不过数金而已;现在遇到这个买主,药方出售给他,一下子就能得到百金。那么,咱们还是卖出吧。'客人拿到了药方之后,便去游说吴王。适值越国兴兵来犯,吴王就派他担任将领。他率领军队,趁着寒冷的冬天,去和越国人打仗。由于他有不皲手的药,得以占据优势,大败越人。吴王高兴地割地予以封赏。你看,同样一个不皲手的药方,有人因之得到割地封赏,有人却只是应用于漂洗丝絮。这就是使用方法的差异。现在,你拥有五石容量的大葫芦,却发愁它派不上用场,大而无用。你为什么不把它绑在身上,当作腰舟,浮游于江湖之上,却顾自担心水缸容不下它呢？可见，你的心还是茅塞不通，没有开窍啊！"

几天过后，惠子公务处理完了，又来到庄子下榻之处，两人漫无边际地闲谈起来。

惠子说："我住的宅邸前面，有一棵大树，人们都叫它'樗'——也就是臭椿。树干臃肿不堪，疙疙瘩瘩，长满了树瘤子，根本不合绳墨；上面的枝丫，也弯弯曲曲，不中规矩。它高高地矗立在大道边上，多少木匠师傅走过，连正眼也不瞧。我联想到你的言论，正好像这棵臭椿，内容广博而毫无用处，大家自然都会弃置不顾的。"

庄子说："难道你没有见到过野猫和黄鼠狼吗？它们平常总是卑伏着身子隐蔽在暗处，静候着出游的小动物。待到小鼠之类的猎物一出来，它们便上下跳踉，左奔右窜，肆意地追捕，根本没有顾及自身的危险。结果，踩上了捕鼠的机具，陷身罗网之中，死得很惨。还有那氂牛，身躯庞大无比，望去有如垂落天边的云朵。尽管它不能捕捉老鼠，可是，它的功用却是够大的了。现在，你拥有那么一棵大树，却担心它无所可用！你为什么不把它移植到虚无之乡、广漠之野，在它的浓荫密布之下，畅怀适意地徘徊闲步，逍遥自在地静卧安眠呢？那样，你将会同它一样，既无斧斤砍伐之虞，又没有受害遭灾之患。无所可用，这样就会自由自在，免除忌恨倾轧之苦了。"

附原文：

惠子谓庄子曰："魏王贻我大瓠之种，我树之成，而实五石。以盛水浆，其坚不能自举也。剖之以为瓢，则瓠落无所容。非不呺然大也，吾为其无用而掊之。"庄子曰："夫子固拙于用大矣！宋人有善为不龟手之药者，世世以洴澼絖为事。客闻之，请买其方以百金。聚族而谋曰：'我世世为洴澼絖，不过数金；今一朝而鬻技百金，请与之。'客得之，以说吴王。越有难，吴王使之将，冬与越人水战，大败越人，裂地而封之。能不龟手一也，或以封，或不免于洴澼絖，则所用之异也。今子有五石之瓠,何不虑以为大樽,而浮乎江湖,而忧其瓠落无所容?则夫子犹有蓬之心也夫!"惠子谓庄子曰:"吾有大树,人谓之樗。其大本拥肿而不中绳墨,其小枝卷曲而不中规矩,立之途,匠人不顾。今子之言,大而无用,众所同去也。"庄子曰:"子独不见狸狌乎?卑身而伏,以候敖者;东西跳梁,不辟高下;中于机辟,死于罔罟。今夫斄牛,其大若垂天之云。此能为大矣,而不能执鼠。今子有大树,患其无用,何不树之于无何有之乡,广莫之野,彷徨乎无为其侧,逍遥乎寝卧其下。不夭斤斧,物无害者,无所可用,安所困苦哉!"

后来,他们又见面了,惠子再次就"有用与无用"这个话题,同庄子展开了辩论。据《外物》篇记载:

惠子一上来,劈头就讲:"不管你怎么辩解,反正你谈的东西没有用。"

庄子说:"晓得无用了,才能和你来谈有用。大地,该是多么广阔博大呀!然而,人所用的只是立足之地,也不过是一尺见方吧?其他,似乎都与你无关。可是,你却不能把你立足以外的其他地方,都挖除掉,一直掘至黄泉。如果那样,你所站的那一小块地方还能用吗?"

惠子说:"那就确实无法用了。"

庄子说:"可见,无用之用,是再明显不过了。"

附原文:

> 惠子谓庄子曰:"子言无用。"庄子曰:"知无用而始可与言用矣。天地非不广且大也,人之所用容足耳。然则厕足而垫之致黄泉,人尚有用乎?"惠子曰:"无用。"庄子曰:"然则无用之为用也亦明矣。"

是呀,一般都以为,眼前可以把握的东西,对自己才是有用的;殊不知有用与无用,是相对应而言的,不应该把它绝对化。在《徐无鬼》篇,庄子对此做了进一步的阐释:"故足之于地也践,虽践,恃其所不蹍(踩)而后善博也;人之于知也少,虽少,恃其所不知而后知天之所谓也。"大意是,脚踏的地方很小,就因为小,所以要凭借那没有踏到的地方才能走得远;人之所知,对于其所不知,是很少的,就因为少,得依靠不知道的东西,才能了解天地自然之道。未践之地,未掌握的知识,看似无用,实际上成了有用的基础;所谓"有用",总是有赖于周围大量看似"无用"的东西做支撑。此即所谓"无用之为大用"。

4

后来,庄子有皖北之行。其间,惠子恰好也在楚国,两人便结伴出游,来到了濠水边上,其地在今安徽凤阳东北二十里外的临淮关附近。濠水流到这里,成南北走向,水流比较开阔,而水质极好,碧水澄鲜,映出楚天的晴光云影。前面正好有一座渡桥,二人便站在桥上,随便谈论一些感兴趣的事。

这时,水中正好有一队白鱼晃着尾巴游了过来。

庄子说:"你看,这些白鱼结队而出,从从容容地游水,这是鱼之乐呀!"

惠子并没有那么多的闲情逸致,一听庄子这么讲,反倒较起真来。当下问道:

"你并不是鱼,怎么知道鱼的乐趣呢?"

庄子立刻回问一句:"若是这么说,那你也不是我呀,你怎么会知道我不晓得鱼之乐呢?"

惠子说:"我不是你,当然不会知道你了;你本来就不是鱼,那你不会知道鱼之乐,是肯定的了。"

庄子说:"那我们就要把话题从头梳理一下——既然你问:'你安知鱼之乐?'说明你已经承认我晓得了它们,只是问我从哪里知道的。从哪里知道的呢? 我是从濠水之上知道的。"

附原文:

> 庄子与惠子游于濠梁之上。庄子曰:"鲦鱼出游从容,是鱼之乐也?"惠子曰:"子非鱼,安知鱼之乐?"庄子曰:"子非我,安知我不知鱼之乐?"惠子曰:"我非子,固不知子矣;子固非鱼也,子之不知鱼之乐,全矣。"庄子曰:"请循其本。子曰'汝安知鱼乐'云者,既已知吾知之而问我。我知之濠上也。"

辩对文化,为了出奇制胜,说服对方,非常讲究策略与技巧。《秋水》篇的这则故事,就揭示了论辩的一种技巧。有的论者指出,庄子的"请循其本",显然是利用"安知"二字双义解读的特点,来为自己辩解。所谓"双义",是说它既可做"怎么可能知道"理解,又可做"是怎样知道的"理解,前者为惠子所用的原义,后者为庄子所选取的含义。经过庄子这么一转移概念,立刻就使自己占据主动了。

抛开这次对话的具体内容不谈,单看庄、惠二人判然有别的眼光和视角,也非常有趣。在这里,他们二人分别以两种不同的身份、不同的眼光、不同的心境来观看出游的鱼群。惠子是以智者的身份,用理性的、科学的眼光来看,在没有客观依据的情况下,他不肯臆断鱼之快乐与否。而庄子则是以具有浪漫色彩的诗人身份,从鱼群的从容出游,"相忘于江湖",想到自己的逍遥游世,"相忘乎道术";他从艺术的视角去观察,把自己从容、悠闲的心情移植到了游鱼的身上,从而超越了鱼与"我"的限隔,达到了物我两忘、主客冥合的境界。

物我两忘的结果,是客体与主体的合而为一。如同当代学者朱光潜从美学的角度所剖析的:观赏者在兴高采烈之际,无暇区别物"我",于是,"我"的生命和物的生命往复交流,在无意之中,"我"以"我"的个性传输到物,同时也把物的姿态传承给"我",这样,"我"和物的界线便完全消失,"我"没入大自然,大自然也没入"我","我"和大自然连成一气,在一块儿生

>>> 庄子有皖北之行,惠子恰好也在楚国,两人便结伴出游,来到了濠水边上,随便谈论一些感兴趣的事。

展,在一块儿震颤。

情趣的产生,原是物我交感、共鸣的结果。在庄子那里,实现了人生艺术化,逍遥游世,心境悠然,万象澄明,一无挂碍,目之所接,意之所想,无不充满情趣,内则孕育着一己的怡然心态,外则映现着自然的无穷逸趣,于是,流水、游鱼虚灵化、也情致化、情感化了。这样,庄子就能够以闲适、恬淡的情怀与知觉,对客体做美的观照、美的欣赏;或者像德国大哲学家康德所说的,进行无利害的、超功利的"趣味判断"。而惠子则异于是,他以科学化的思维方式和求实的认知态度,进行着理性的解析,用他的以现实功利为主导的认识判断来研判庄子的无目的的、超利害的趣味判断,所以,就显得扞格不入,有如圆枘方凿。

在这里,艺术创造工程中的通感与移情两种心理效应,发挥着至关重要的作用。有了通感,人与人之间的心灵沟通,人与物之间的冥然契合,才会成为可能;而通过移情,艺术家亦可借助于感应、经验来认知外物,同时又把自己的情感移植到外物身上,使外物也仿佛具备同样的情感。正是在这种通感与移情的作用下,诗人才会吟出"感时花溅泪,恨别鸟惊心","华灯一夕梦,明月百年心"的名句来。

当然,这里说的是艺术欣赏与趣味判断;而惠施那种"无征不信","有一说一,有二说二"的求实精神与认真态度,在科学研究中,应该说是难能可贵,甚至是必不可少的。方向不同,对象不同,自然就情趣各异。所以,后世的文人都是把欣赏的目光投向庄子,并把他的那种怡然情趣概括为"濠梁之思"。到了崇尚超拔的意趣、虚灵的胸襟的魏晋南北朝文人的笔下,还有个更为雅致的说法,叫做"濠濮间想"。

《世说新语》记载:

> 晋简文帝入华林园,顾谓左右曰:"会心处不必在远,翳然林水,便自有濠濮间想也,觉鸟兽禽鱼自来亲人。"

东坡居士曾有"乐莫乐于濠上"的说法,可见,他对这种体现悠闲、恬淡的"濠濮间想",是极力称许并不懈追求的。只是,后人在读解"乐在濠上"和"濠濮间想"时,往往只着意于人的从容、恬淡的心情,而忽略了"翳然林水"和"鸟兽禽鱼自来亲人"这种物我和谐、天人合一的自然生态环境。

5

转眼间,十年过去了。

惠子政务操劳,形倦神疲,身体一直不太好,终于在临近花甲之年,赋闲回到了宋国。这样,庄子与惠子在故乡见面的机会,就相对增多了。

前此,惠子大部分时间都在魏国,勤劳王事,南北驰驱。他在皖北与庄子濠上一别,不久,就被并不怎么看重他的楚国王室"礼貌地"送回到老家;但很快,他就又从宋国去了魏国。大约两三年后,又有一次荆楚之行,那是为了外交事务,奉魏王之命,南下郢都,出使楚国;尔后,又曾北上邯郸,赴赵国访问。

惠子还乡后,就赶上了庄子家的丧事。那天,他听到庄周妻子因病去世的消息,便带上一份礼金作为奠仪,匆匆赶到丧家来吊唁。

惠子一进门,见到庄子两腿八字张开,坐在棺材旁边,正敲着瓦盆唱歌呢。当下加以责问:"妻子和你相处几十年,为你生儿养女,现病而死,你不悲伤哭泣也就罢了,怎么还要敲着盆子来唱歌呢?你不觉得这实在是太过分了吗?"

庄子说:"不是这样。在她刚弃世的时刻,回想过去的情分,我确是十分悲戚、非常感伤的;可是,转而一想:起初,我们本来都是没有生命的;岂但没有生命,而且,连形体也没有啊;岂但没有形体,连魂魄、气息也没有啊!正是在恍惚芒昧之间,魂魄、气息悠悠出现了,然后,气变而成形,形变而为生命。现在,反转过来,一切都丧失了,变而为死亡。这样,生死循回,交相变换,犹如春秋冬夏四时运行那样。

"人家劳累了一辈子,从我这斗室里迁徙到了天地的大屋中,安息静卧,而我却要在旁边嗷嗷不休地号丧,我总觉得这不符合达生之道,有违于顺乎生命自然之理。所以,我就止住了哭泣,敲打起瓦盆来。"

惠施听了,无言以应,放下礼金,拔腿就走了。

附原文:

庄子妻死,惠子吊之,庄子则方箕踞鼓盆而歌。惠子曰:"与人居,长子、老、身死,不哭亦足矣,又鼓盆而歌,不亦甚乎!"庄子曰:"不然。是其始死也,我独何能无概(慨)!然察其始而本无生;非徒无生也,而本无形;非徒无形也,而本无气。杂乎芒芴之间,变而有气,气变而有形,形变而有生,今又变而之死,是相与为春秋冬夏四时行也。人且偃然寝于巨室,而我噭噭然随而哭之,自以为不通乎命,故止也。"

翻检方志,发现中原以至楚地,古时民间丧事,确有"鼓盆而歌"(俗称"丧鼓")的习俗,一直延续到宋、元、明、清各代。文学作品中,亦有关于"鼓盆歌""鼓盆悲""鼓盆之戚"的记述。可见,上引《庄子·至乐》篇中所记,当属纪实之笔。

且说,惠子那天听过庄子的一席话,考虑到治丧这种特殊场合,没有当面驳诘,但心里却老是觉得郁塞不舒,如鲠在喉,不吐不快。几天过后,遇到了庄子,便又就着相关话题,展开论辩。显然是"达生之道"辩说的延续。

《德充符》篇记载:

两人一见面,惠子就发问:"人本来就无情吗?"

庄子说:"是的。"

惠子接着诘问:"人如果无情,那他怎么能称为人呢?"

庄子说:"天道赋予人形貌,自然赋予人形体,怎么就不能称为人呢?"

惠子反问:"既然称之为人,怎么会无情呢?"

庄子说:"你这个'情',并非出自天性,而是世俗好恶影响下产生的。我所说的'无情',是说不要放纵自己的好恶,以免内伤其身、戕害本性;应该顺应自然,无须进行人为的增益,以免给生命造成多余的负担。"

惠子问:"不用人为去增益,如何保存自己的身体?"

庄子说:"道给予人以形貌,天给予人以形体,我们应该随任自然,不能因为自己的好恶之情而内伤其身。现在,你驰骛于外物而不知内守,伤害心神,损耗精力,待到辩论疲惫至极的时候,便倚树而吟,据琴而睡。我们的形体,原本是自然授予的,可是,你却恣意损耗,不知爱惜,整天以'坚白之论'去争鸣、论辩!"

附原文:

> 惠子谓庄子曰:"人故无情乎?"庄子曰:"然"。惠子曰:"人而无情,何以谓之人?"庄子曰:"道与之貌,天与之形,恶得不谓之人?"惠子曰:"既谓之人,恶得无情?"庄子曰:"是非吾所谓情也。吾所谓无情者,言人之不以好恶内伤其身,常因自然而不益生也。"惠子曰:"不益生,何以有其身?"庄子曰:"道与之貌,天与之形,无以好恶内伤其身。今子外乎子之神,劳乎子之精,倚树而吟,据槁梧而瞑,天选之形,子以坚白鸣!"

学者王博认为,庄子所谓的无情,说的是人"不以好恶内伤其身,常因自然而不益生也"。因此,所谓的无情,其实是和心相关之事。好恶自然是情,但不以好恶内伤其身,就已经不是情,而是用心了。这种用心,就是"不以人灭天",不因自己的好恶而改变事物的自然。譬如生,可以养,绝不可以益。养生是尽其天年,益生则是在"天"的上面再增加内容,但既然是天,又如何能加呢?

从这里我们也看得出来,对于惠子的劳形苦心,恃智争辩,坚执不化,"逐万物而不返",庄子是很不以为然的。

与此相关,《寓言》篇还记下了这样一件事——

这天,庄子对惠子说:

"孔子生年六十,而六十年中总是与时俱化——起初他所认为对的,最后又加以否定了。其实,今天所认定为'是'的,完全可能正是五十九年来所批判的'非'。"

惠子说:"这是孔子勉力用智的结果。"

庄子说:"你说的也许是孔子年轻时的情况,他到后来已经放弃用智了,因而未曾多言。孔子说:'人从大道自然中禀受才智,在天赋中含伏灵性,不是靠后天勤奋而获得的。那种发出声音都必须合乎韵律,说起话来都不离法度,利也好,义也好,是非好恶的辨别,一切都摆得清清楚楚的,都不过是服人之口罢了。只有使人从心底里服气,而不产生抵牾,这样,社会才能底定、安稳。'算了,算了,不多说了,比起孔子来,我哪里赶得上呢!"

附原文:

> 庄子谓惠子曰:"孔子行年六十而六十化。始时所是,卒而非之。未知今之所谓是之非五十九非也。"惠子曰:"孔子勤志服知也。"庄子曰:"孔子谢之矣,而其未之尝言。孔子云:'夫受才乎大本,复灵以生。鸣而当律,言而当法,利义陈乎前,而好恶是非直服人之口而已矣。使人乃以心服,而不敢蘁立,定天下之定。'已乎,已乎!吾且不得及彼乎!"

同样一件事,在不同观点、不同视角的人看来,可以得出完全不同的结论。关于孔子"与时俱化""觉今是而昨非",庄子归结为得道、心悟,惠子则目之为勉力用智。其实,从这里可以鲜明地看出,庄子借助表扬孔子不固执己见,与时俱化,而且放弃用智,所针对的恰恰是惠子。采用的方式,正是前面说过的辩对中的"迂回法"。

6

过了一阵子,庄子和惠子又聚到一起了,他们的话题是时下各派的学术争论。这当是两位老朋友的最后一次辩论。

《徐无鬼》篇是这样记述的:

这天,庄子首先挑出一个话头:"就比如说射箭吧:一个射手没有依照事先预定的目标来发射,结果却误中了,他便自诩为神箭手。照此下去,那么,举世的射箭之人,岂不都成了后羿了。你说,这样可以吗?"

惠子一反辩才无碍的常态,只是漫应了一句:"可以。"

庄子又问了:"世间不存在共同的、统一的认可,都是把自己的认识说成是唯一正确的结论。结果,天下人就都成为帝尧了。你说,这样可以吗?"

惠子依旧是回答一个词:"可以。"

庄子这才导入了正题,接着说:"那么,儒、墨、杨朱、公孙龙(秉)四家,加上先生你,总共五大家,都是各执一词,究竟谁说的正确呢? 或者像从前的鲁遽一样吗——鲁遽的弟子说:'老师的道理我学到了。我有本事能够做到冬天烧开鼎釜,夏天造出冰凌。'鲁遽说:'这算什么本事? 不过是冬至一阳生,以阳气引发阳气而为火,夏至一阴生,以阴气引发阴气而为冰罢了——这并不是我所说的道理。现在,就把我的道理演示给你们看。'说着,他就调整两张弦瑟,一张放在厅堂上,另一张放在厅堂后的寝室里。结果,弹拨这张瑟的宫音,另一张瑟也跟着动起了宫音,弹拨这张瑟的角音,另一张瑟也应之以角音。其机理在于两张瑟的音律是相互协同的。如果把其中一张瑟上的某一条弦调整了,这就跟原定的五音不合了,若是再弹拨它,那么,二十五条弦就都跟着变动了。调整后的五音并没有什么差别,只是随着这条弦上变调的主音而改变。你们这五家,不也都是像这样吗?"

惠子说:"现在,儒、墨、杨、秉四家,正和我辩论着。互相以言语相抗衡,以声音相压制,各都自以为是,谁也不承认自己错了。这怎么说呢?"

庄子说:"齐国有人把儿子放在宋国,做个守门的阍者。因为守门人都是选择肢体残缺的,便砍断了儿子的腿,使他不健全;而他自己,却对一个长颈的小钟无比珍视,层层包裹起来,珍藏在身边,爱惜器物竟然胜过爱惜儿子。寻找失散了的儿子,他并不出城,只在家门口转悠。这都是丧失伦常、违背公理的。还有一个楚国人,蛮不讲理,借住在别人家里,却辱骂这家的守门人。渡河乘船,更深夜半时节,和船家打架,结果船还没有靠岸,就同人家结成仇怨了。"

附原文:

庄子曰:"射者非前期而中谓之善射,天下皆羿也,可乎?"惠子曰:"可。"庄子曰:"天下非有公是也,而各是其所是,天下皆尧也,可乎?"惠子曰:"可。"庄子曰:"然则儒墨杨秉四,与夫子为五,果孰是邪?或者若鲁遽者邪? 其弟子曰:'我得夫子之道矣,吾能冬爨鼎而夏造冰矣。'鲁遽曰:'是直以阳召阳,以阴召阴,非吾所谓道也。吾示子乎吾道。'于是为之调瑟,废一于堂,废一于室,鼓宫宫动,鼓角角动,音律同矣。夫或改调一弦,于五音无当也,鼓之,二十五弦皆动,未始异于声,而音之君已。且若是者邪?"惠子曰:"今乎儒墨杨秉,且方与我以辩,相拂以辞,相镇以声,而未始吾非也,则奚若矣。"庄子曰:"齐人蹢子于宋者,其命阍也不以完,其求鈃钟也以束缚,其求唐子也而未始出域:有遗类矣! 夫楚人寄而蹢阍者;夜半于无人之时而与舟人斗,未始离于岑而足以造于怨也。"

庄子列举出愚蠢的齐人爱器物胜过爱亲子,鲁莽的楚人不顾艰危的处境而结仇招怨、造作是非的事例,意在批评惠子之流的辩士,迷失本我,轻其性命之情而不知自保,只是留意于词辩、名物之间,徒逞一时口舌之快,颠倒重轻,混淆本末,完全不得要领。

这就涉及《天下》篇收尾处那段评述惠子的文字了:

> 夫充一尚可,曰愈贵道,几矣!惠施不能以此自宁,散于万物而不厌,卒以善辩为名。惜乎!惠施之才,骀荡而不得,逐万物而不反,是穷响以声,形与影竞走也。悲夫!

大意是,惠施发挥一技之长、充实一家之说还算可以;如果进而重视大道、追求大道,那就差不多了。可是,他不能以此更好地安顿自己,反而为纷杂的万物而分散心志,不知满足、厌倦,最后博得一个善辩的名声。实在是可惜呀!惠施的才气横溢而不得循正道,追逐万物而不知回头,这就等于用发声来制止回音,形体与影子竞走,可悲呀!

有赞许,有惋惜,有箴规,有慨叹。语重心长,一往情深。

7

关于惠施的生年,学术界大体有两种意见:历史学家侯外庐在其所作《惠施行年略表》中讲:公元前334年,惠施三十六岁,为魏相;公元前322年,惠施四十八岁,被张仪逐至楚,转入宋。这就是说,惠子出生于公元前370年,长庄子一岁。另一种意见则认为,早在公元前390年,惠子就出世了。不管如何判定,有一点是绝无疑义的,那就是惠子死在庄子之前。惠子因病辞世,大约在公元前310年。这一年,庄子刚好六十周岁。

对于惠子的病逝,庄子是怅憾重重、深情悼惜的。《徐无鬼》篇记载:

那天,庄子给一位亲友送葬,路过已经作古的老朋友惠施的墓地。忆起往昔两人的亲密交往,不禁感慨丛生。他回过头来,对跟随在后面的弟子说:

"楚国首都郢城有个泥画工,用白垩土在墙上作画,不小心,将一块白土滴在了自己的鼻尖上,很小,像蝇子翅膀一样。他就请匠石师傅替他削掉。匠石站在他的面前,看了看,便挥起了斧子,照准鼻尖砍去。伴随着斧头带起的呼呼风声,那小块的白垩土已经干干净净地削除了,鼻尖却没有受到丝毫损伤。其时,无论匠石怎么"运斤成风",郢城那个泥画工,总是镇定地站在那里,面不改色。

"后来,这件神妙无比的事,被宋元君听到了。他便把匠石请过去,说:'你干得真漂亮。那就麻烦你,再给我表演一次吧。'

"匠石说:'要论我的功夫,确实能做得到。只是,这并非个人所能完成的,需要有个镇静不动的人予以配合。而我的那个搭档——郢城的泥画工,已经死去多年了。'"

说到这里,庄子停顿了一下,然后接着讲:

"自从惠施先生去世,我就再也没有够资格的对手了,再也没有能够交谈的对象了。"

附原文:

> 庄子送葬,过惠子之墓,顾谓从者曰:"郢人垩漫其鼻端,若蝇翼,使匠石斲之。匠石运斤成风,听而斲之,尽垩而鼻不伤,郢人立不失容。宋元君闻之,召匠石曰:'尝试为寡人为之。'匠石曰:'臣则尝能斲之。虽然,臣之质死久矣!'自夫子之死也,吾无以为质矣,吾无与言之矣!"

汉代的刘向在《说苑》中也有类似的记载:"惠子卒,而庄子深瞑不言(闭着眼睛长时间不发一言),见世莫可与语也。"

"无以为质"也好,"莫可与语"也好,说的都是失去对手的旷世悲凉,言下流露出一种知音难觅的伤感。

寻觅知己,"求其友声",这是中华传统文化中的一项重要内容,自古就流传下来许多动人的佳话。《淮南子》记载:"钟子期死,而伯牙绝弦破琴,知音莫赏也;惠施死,而庄子寝(停止)说言,见世莫可为语者也。"

原来,春秋时代,楚国郢都有个叫伯牙的人,善于鼓琴,而钟子期善于听辨。伯牙鼓琴,志在高山,钟子期曰:"善哉,峨峨兮若泰山!"志在流水,钟子期曰:"善哉,洋洋兮若江河!"伯牙鼓琴每动一念,钟子期均能得之。后来,子期病死,伯牙谓:世上再无知音,乃破琴绝弦,终生不复鼓琴。到了明代,小说家冯梦龙又踵事增华、添枝加叶,编成了话本,并附上诗句:

> 摔破瑶琴凤尾寒,子期不在对谁弹?
> 春风满面皆朋友,欲觅知音难上难。

感时追昔,寄慨遥深,看了令人欷歔久之。

第十二节

传道授业

I

庄子到了晚年,妻子故去了,老朋友兼论辩"搭档"惠施也遁入了黄泉,像后世文人写的《叹逝赋》中所说的"亲落落而日稀,友靡靡而愈索",茕茕孑立,满目苍凉。这时,外出也很少了,主要是蛰居故里,著书授业。

有学者考证,晚年的庄子,曾隐居于靠近蒙泽北部的曹州南华山。这里邻近黄河,林木葱茏,气候温凉适度,环境清幽、僻静,民风质朴。于是,老先生便带领几个弟子,在此住了下来。此说亦见清初的《曹州志》。

蜗居乡僻,困处一隅,对于一位思想家来说,不能不说是一种局限。恩格斯曾经说过,费尔巴哈的晚年,思想出现停滞状况,这与他乡居生活有关。由于遭受德国反动政府的迫害,费尔巴哈不得不远离城市,长期在农村过着孤寂的生活,以致不能同与其才智相当的友好正常交往,更无法在敌对的论战中磨砺思想锋芒,丰富、发展自己的学说。

庄子在这方面处理得比较好。尽管他没有像孟子那样,常年奔走、游说于诸侯之间,直到七十余岁才"退而与万章之徒,序《诗》《书》,述仲尼之意,作《孟子》七篇";但他中年以后,在潜心治学、著书立说的同时,一直没有间断同一些慕名来访者的交往,包括同才智相当的辩友的论辩;除了同畸人隐士、百工庶民深入交往,还经常主动地同弟子们谈论天道、人道、世道,随时回答他们提出的问题;发表一些关于安时处顺、逍遥游世、人与天一、养性葆真,以及对当时当世的看法。许多思想的火花,都是在相互交谈中激发、碰撞出来的。

说到庄子的传道、授业,也许有人会发出疑问:庄子有言"道不可言,言而非也","道不可闻,闻不若塞","道无问,问无应"(《知北游》)。既然如此,那他还会授徒、传道吗?就此,学者殷南根提醒我们,要注意"庄子言行本身所具有的复杂性"。他说:"庄子关于学不可传、业无可援、惑莫能解的言论,实际上只是针对世俗之人而言的,并不适用于他本人的。作为一位身逢'乱世'的'明大道者',他应该传道、授业、解惑,且十分重视行'不言之教'。如众所云,庄子是个隐者,但在庄子看来,'古之所谓隐士者,非伏其身而勿见也,非闭其言而不出也,非藏其知而不发也,时命大谬也'(《缮性》)。事实表明,嫉俗隐居的庄子也没有'伏其身''闭其言''藏其知',他招收了弟子去破除'俗'见,甚至扬言欲'削曾、史之行,钳杨、墨之口,攘弃仁义'(《胠箧》)。不仅如此,他还通过自己的著述活动,广泛地向人们介绍了自己的独特的心得——'心斋''坐忘''守宗'的得道功夫。在他看来,人人若都能按照他的要求去处世,'天下之德'就会'玄同'了,社会就会由'乱世'返回'至德之世'了,他的理想也就实现了。"

当然,庄子的传道、解惑,从对象上看,是有所选择的,所谓"入则鸣,不入则止"(《人间世》),你听得进我才讲,否则我就闭口。此其一。

其二,强调听讲的人首先需要培养自己的虚心精神,养心凝志,静守虚寂,达到心境空明。

其三,庄子的传道,从方式方法方面看,讲究"随顺、引达",不同于"儒家之偏重在伦理主义上的规范性方式",而是"建立在人性基础上的心理学方法","教育是爱的引导,但爱得不当,爱过了头,结果会适得其反"(陈鼓应语)。应该吸取养马人的教训:用别致的竹筐接马粪,用珍贵的漆器接马尿,恰巧有蚊虻叮在马身上,养马人出于爱意挥手扑打,结果马受到惊吓,咬断了口勒,毁坏了笼头、络辔,此之谓"意有所至而爱有所亡(失)"。

其四,庄子的传道诲徒,带有艺术上的、美学欣赏的特点,着眼于直觉的把悟,重视实际生活的体察,重视生命体验,强调主体内在的感受,而不看重逻辑概念的剖析和事理名物的分辨。

2

在传道、授业方面,从中外的古代思想史上了解到,大凡创造型的天才思想家,一般都不特别看重文本的传授,更不肯像乡村塾师那样,郑重其事地按照高头讲章,字斟句酌,照本宣科。无论是古希腊哲人亚里士多德的漫步学派,还是儒家的孔子、道家的庄子,他们的施教方式,大都属于随机式、即事性的开示,采取一种超乎文献、诉诸直觉体验的言说方式;或者海阔天空般的、纯属神聊海侃式的闲谈;或者在林荫路上,一边走着,一边向门徒们谈天体道;有时,独自一人负手闲步,思考问题。所以,中国古代有"从游"之说,意为老师教学生,不用教案,不用照本宣科,而是像海里的大鱼领着一队小鱼从容地游泳。

道家的传承,着眼在一个"悟"字上,这一点有些类似后世的禅宗。它的路径,主要是强调依靠自己去领悟、去体验、去发现,而并不看重逻辑分析与知识传授。

据《山木》篇记述:

那天,庄子在雕陵的栗园里徜徉,忽然发现:一只怪异的大鸟从南方飞来,翅膀张开,长达七尺,眼睛圆睁,径过一寸。扑腾一飞,翅膀扫过庄子的额头,停息在栗树林里。

庄子颇感诧异,脑袋里画个问号:这是什么鸟啊?翅膀那么长却不能飞得更远,眼睛那么大却目光迟钝。于是,提起衣角,加快脚步,跟了过去。当时,他手里还持有弹弓,便躲在一旁,留心观察它的动静。

树上有一只蝉,正藏身在树叶下纳凉,竟然忘掉了自身的存在。可是,那边却有一头螳螂,已经盯上了它,借着枝叶的遮蔽,悄悄地伺机捕蝉,由于食物即将到口,同样放松了警惕,忘掉了自己的形体。这时候,那只异鹊已经做好了捕杀螳螂的准备,同样是见利而不见害,遗忘了自己的真性。

静观了这整个场景,庄子惊悚地说:哎!世间万物,从私利出发,形成一种可怕的链条,相互招引,相互累害,相互倾轧,相互捕杀。

他当即扔掉了弹弓,抽身走开。由于走得慌张,招致了守园人的怀疑,以为他偷摘了栗子,而边追赶,边斥骂。

庄子回到家里,此后三天,闭门不出,心情一直郁结不舒。弟子蔺且发现了,问道:

"先生,为什么这几天,心情一直不好呢?"

庄子说:"我只是顾念着守护形体,反而忘记了本性、真身;习惯于观照浊水,反而对清泉感到迷惑了。从前,我从夫子那里听说过:到哪里,就要服从那里的禁令,遵守那里的风俗习惯。这次,我到雕陵来游玩,而忘了自身,那只异鹊的翅膀扫过我的额角警告了我;可是,异鹊飞到栗树林中,同样忘却了真性;而我,意在异鹊,遂忘了栗林的禁令,结果遭到守园人的斥责。为此,连续几天,我的心情都不太好。"

附原文:

> 庄周游于雕陵之樊,一异鹊自南方来者,翼广七尺,目大运寸,感周之颡而集于栗林。庄周曰:"此何鸟哉,翼殷不逝,目大不睹?"褰裳躩步,执弹而留之。睹一蝉,方得美荫而忘其身,螳螂执翳而搏之,见得而忘其形;异鹊从而利之,见利而忘其真。庄周怵然曰:"噫!物固相累,二类相召也!"捐弹而反走,虞人逐而谇之。庄周反入,三日不庭。蔺且从而问之:"夫子何为顷间甚不庭乎?"庄周曰:"吾守形而忘身,观于浊水而迷于清渊。且吾闻诸夫子曰:'入其俗,从其令'。今吾游于雕陵而忘吾身,异鹊感吾颡,游于栗林而忘真,栗林虞人以吾为戮,吾所以不庭也。"

如果在先秦诸子中拔擢最标准的人生导师,孔子自当成为首选,"夫子循循然善诱人","学而不厌,诲人不倦"。退而求其次,我觉得庄子也还够格。可贵的是,他不仅以自己的切身体验,对弟子们进行深刻而实际的生命教育;而且,不以神圣、庄严、高贵自居,绝对不摆"教师爷"的架子,以高度的自觉性,现身说法,反躬自责,其态度之真诚、恳挚,令人感动。

他把"螳螂捕蝉,异鹊在后"这一生态系统中的自然现象,上升到哲学高度,从中导出规律性的认识。指出,人类社会政治生活中,同样存在着这样一种可怕的链条:人们从私利出发,相互招引、相互算计、相互制约、相互倾轧,形成险象环生、危机四伏的社会环境。他通过实际事例告诫弟子:逐利忘形,必招后患;应该严加警惕,不能为追逐眼前利益而迷失本性、忘乎所以,以致成为杀手猎取的对象,身处险境而不自知。同时,反省自己"守形而忘身""游于雕陵而忘吾身""游于栗林而忘真"的教训——由于未能"入其俗,从其令",存有猎取异鹊的欲望与行为,以致遭到虞人的怀疑与辱骂,最后陷入"捐弹而反走"的尴尬境地。他之所以三日未出门庭,情怀抑郁,正是在主动进行深刻反省,总结、吸取教训。

平日,庄子大多数时间都在思考问题,有时喜欢一个人单独游游逛逛;但弟子们鉴于"雕陵之樊"遇到的风波,因而,每当他出行时,便都跟随在身后。

那天,师徒们走到一座山脚下,见到一株大树,枝叶异常繁茂,远远望去,十分显眼。可是,伐木的人停在一旁,却不去砍伐它。庄子感到奇怪,便问这是什么原因,伐木者回答得很简单"无所可用"。庄子听了,回头对弟子说:"此木以不材,得终其天年矣。"

为了进一步阐发这一道理,庄子旁征博引,接连讲了两个故事。

其一:

> 匠石之齐,至于曲辕,见栎社树(被拜为土地神的栎树)。其大蔽数千牛,絜之(用绳子量)百围,其高临山十仞而后有枝,其可以为舟者旁十数。观者如市,匠伯不顾,遂行不辍。弟子厌观(饱看)之,走及匠石,曰:"自吾执斧斤以随夫子,未尝见材如此其美也。先生不肯视,行不辍,何邪(耶)?"曰:"已矣,勿丑,言之矣!散木(没有用的木材)也。

以为舟则沉,以为棺椁则速腐,以为器则速毁,以为门户则液橘(流出黑色汁液),以为柱则蠹(被虫蛀)。是不材之木卯,也,无所可用,故能若是之寿。"匠石归,栎社见梦(托梦)曰:"女(汝)辰,将恶乎比予(以什么和我相比)哉?若将比予于文木(与散木相对应的可用之巳,木)邪?夫柤(山楂)梨橘柚、果蓏之属,实熟则剥(打落),剥则辱(受摧残);午,大枝折,小枝泄(拉拽)。此以其能苦其生(因能结果实苦其一生)者也,故不未,终其天年而中道夭,自掊击于世俗(自身显耀招来世俗打击)者也。物莫不若申,是。且予求无所可用久矣,几死,乃今得之,为予大用。使(假使)予也而有酉,用,且得有此大也邪?且也,若(你)与予也皆物也,奈何哉其相物(物议)戌,也?而(你)几死之散人,又恶知散木!"(意为他不懂得"无用之为大用"。)

其二:

南伯子綦游乎商之丘(即商丘),见大木焉,有异(异于寻常):结驷千乘(千辆车),将隐芘(能隐庇)其所藾(树荫)。子綦曰:"此何木也哉?此必有异材夫?"仰而视其细枝,则拳曲而不可以为栋梁;俯而视其大根,则轴解(木心裂开)而不可以为棺椁;咶(舔)其叶,则口烂而为伤;嗅之,则使人狂酲(大醉如狂),三日而不已。子綦曰:"此果不材之木也,以至于此其大也。嗟乎,神人!以此不材。宋有荆氏者,宜楸柏桑。其拱把而上者,求狙猴之杙斩之;三围四围,求高名之丽者斩之;七围八围,贵人富商之家求樿傍者斩之。故未终其天年,而中道之夭于斧斤,此材之患也。故解之以牛之白颡者,与豚之亢鼻者,与人有痔病者,不可以适河。此皆巫祝以知之矣,所以为不祥也。此乃神人之所以为大祥也。"

子綦的后面这段话,大意是:"这就是那类不材之木啊,所以它才能长得如此高大。哎呀,精神世界完全超脱物外的'神人'就像这不成材的树木啊! 宋国荆氏之地,土质不错,适合种植楸树、柏树、桑树。刚长到一握两握粗细,就被人们砍去用来拴猴子了;长到三围四围粗,就被人家砍伐,做了高屋的梁栋;长到七围八围粗,富贵人家买走,用它去做棺材。之所以不能享尽天年,中途夭折于斧斤,都是因为其材可用,而引来了杀身的祸患。而栎树无用,免遭斧斤;白额之牛,鼻孔上翻之猪,身患痔疮之人,都被巫师看做是不祥之物,不堪享祭,所以,向河神献祭的时候,才弃而不用。这样,他(它)们才没有被投进河里。可是,这在神而明之的高人看来,却是最大的吉祥。"

上引的两个故事,均载于《人间世》篇。庄子想要传授的思想是:面对社会动乱,世道浇漓,人际关系纠结重重,生活环境险恶的现实情况,作为弱者,为了全生远害,应该也只能韬光养晦,以无用为大用。

这种"无用之用"的思想,深为后世的文人所接受、所阐扬,广泛地反映在诗文中。唐代大诗人白居易有《林下樗》一诗:

香檀文桂苦雕镌,生理何曾得自全。
知有无材老樗否? 一枝不损尽天年。

"香檀文桂苦雕镌",同庄子借用栎社之口所说的"此以其能苦其生","故不终其天年而中道夭",恰相吻合。

宋代诗人方惟深见到一棵因干枝盘曲而得享天年的古树,写了一首七绝:

四边乔木尽儿孙,曾见吴宫几度春。
若使当时成大厦,也应随例作埃尘。

是呀,这棵千年古树,还有那个"林下樗",正是以其不材而免遭斧斤。

如果当年被"匠石"看中了,选作栋梁之材,那么,它肯定早就毁于兵火,化作埃尘了。

与《人间世》篇相表里,《山木》篇中记述了庄子和弟子们山行的见闻。

这天,他们一路闲谈着,不觉天已向晚,便加快脚步,从山中走了出来,留宿到庄子的一个故友之家。

主人高兴不置,忙着张罗晚餐,让仆人杀雁来款待贵客。

仆人问:"咱们家里这两只雁,一个能鸣,一个不能鸣,杀哪一只呀?"

主人说:"那还用问,当然杀不能鸣的!"

次日,出了朋友之家,弟子便忍不住发问:

"先生,昨天咱们走在山里,见着山中的大树,由于不材,无所可用,得以终其天年;可是,到了主人家里,他们的雁,却因为不材而被人饱了口腹。这么一来,弟子可就弄糊涂了。请问先生,人生到底应该何以自处呢?"

庄子笑着回答:"我将处乎材与不材之间。不过,材与不材之间,似乎是稳妥位置,其实未必然——这样简单地应世,还是不能免于祸患。若是顺乎自然而处世,就不是这样了:既没有美誉,也没有毁辱,有时像龙那样腾飞、跃动,有时像蛇那样蛰伏、静处,随着时序推移、形势变化而施展运作,不偏执于任何一个固定点,或进或退,或上或下,一切以顺应自然为法则,游心于万物的本原,主宰外物而不为外物所役使。那样,还会有什么可以拖累的呢?上面说的这些,都是神农、黄帝的应世的准则。

"而万物的私情、人类的传习,就不是这样了:有聚合就有分离,有成功就有败毁,锐利的会受挫折,尊崇的恒遭物议,有为者常有亏缺,贤能者总遭谋算,没有作为又会受到欺侮。世间一切事物又哪里有什么必然的呢!弟子们,要记住,要想免除祸累,凡事只有与时俱化、顺其自然啊!"

附原文:

(庄子)出于山,舍于故人之家。故人喜,命竖子杀雁而烹之。竖子请曰:"其一能鸣,其一不能鸣,请奚杀?"主人曰:"杀不能鸣者。"明日,弟子问于庄子曰:"昨日山中之木,以不材得终其天年;今主人之雁,以不材死;先生将何处?"庄子笑曰:"周将处乎材与不材之间。材与不材之间,似之而非也,故未免乎累。若夫乘道德而浮游则不然,无誉无訾,一龙一蛇,与时俱化,而无肯专为;一上一下,以和为量,浮游乎万物之祖,物物而不物于物,则胡可得而累邪!此神农、黄帝之法则也。若夫万物之情,人伦之传,则不然。合则离,成则毁;廉则挫,尊则议,有为则亏,贤则谋,不肖则欺,胡可得而必乎哉!悲夫!弟子志之,其唯道德之乡乎!"

上面,实际上亮出了三种不同的应时处世的观点与路径,而且都是庄子自己在不同场合说出来的:第一,"木以不材得终其天年";第二,"处乎材与不材之间";第三,"材与不材之间,似之而非也,故未免乎累。若夫乘道德而浮游则不然","无誉无訾,一龙一蛇,与时俱化","以和为量"。应该说,第三种,是比较全面的。这样,就可以进退自如,不为外物所羁绊,不为浊世不必要的矛盾、纷争而苦恼。

有人认为,不管做何种选择,即便是第三种,也终究觉得庄子的应世态度过于被动、消极,甚至是悲观厌世的;还有人指责,其进退去取之说,摇摆不定,语涉圆滑。如此论议,不能说是无的放矢;不过,我们在对此做出价值判断时,如果考虑到下面三种情况,也就会觉得庄子有其"不得不然"之处。一是,庄子生逢乱世、衰世与浊世,暴君昏相无恶不作,而首当其冲者正是那些读书士子;二是,在读书士子中,庄子所代表的是弱者,也就是说,所持观点出于自我保护意识,立足于全身免祸;三是,虽然同为读书士人,但如同李泽厚所言,儒者是从人际关系中来确定个体的价值,而庄子则从摆脱人际关系中来寻求个体的价值,这样说来,要"免乎累",也就不能不采取规避态度了。

对此,陈鼓应有所评述:"不能说庄子是厌世的,而应该说,庄子是愤世的。庄子的退隐,是不愿意在功名利禄的追逐中迷失自己,不愿意被纳入封建统治结构而成为权威人物的工具价值,是要在乱世之中保存自己的性命,来另外开辟自己的精神天地。他的退隐,是'时命大谬'而'不当时命',既不是厌世,也不是出世,而是一种避世,并且这种避世,是有他的苦衷的。"

3

"有山来枕上,无事到心中。"(贾岛诗句)

近几年,庄老夫子闲居乡僻,很少外出,心境就更加安适畅然了。静下来,有时坐在窗下的案几前,在竹简上写写画画。

这天早晨,弟子蔺且洒扫过庭除,又进入老师住室,帮助清理一下案上的东西。发现许多支竹简整齐地排列着,扫了一眼,有这样几行字:"何谓真人?古之真人,不逆寡,不雄成,不谟士。若然者,过而弗悔,当而不自得也。若然者,登高不栗,入水不濡,入火不热,是知之能登假于道者也若此。"(《大宗师》)他歪着脑袋,细细地玩味着里面的含义:看来,老师讲的是古代体道的真人,他们不拒绝寡少,不炫耀成功,不专事图谋;出现过失不会后悔,处置得当也不得意。这样,登高不会战栗,入水不会浸湿,闯进火堆也不会觉得灼热。只有达到与道契合的境界,才能做到这样。

这时,蔺且突然记起:上个月,也是清晨,还曾听到老师朗声诵读:"之人也,之德也,将旁礴万物以为一,世蕲乎乱,孰弊弊焉以天下为事!之人也,物莫之伤,大浸稽天而不溺,大旱金石流、土山焦而不热。是其尘垢秕糠,将犹陶铸尧舜者也,孰肯分分然以物为事!"(《逍遥游》)

老师过后曾给他们讲过,这种神人,这种德量,将会混合万物而融为一体,世人寄望于他治理乱世,可是,他哪里肯劳心费力去管世间那些俗事!这种神人,没有什么能够伤害他,即便是洪水滔天,也不会被淹没,大旱使金石熔化、土山枯焦,也烧不着他。正是神人所不屑做的尘垢杂事造就了尧、舜,那么,又有谁还肯纷纷扰扰把世间俗务当回事呢!

据他悟解，老师所说的真人也好，神人也好，很难确指其生活在哪朝哪代，因为未必实有其人，不过是一种形象寄托，作为体道、悟道的一种象征。

当然，庄子更多时候，还是同弟子们在一起，天南海北地谈论一些对世事、人生、自然、本性的看法。

《外物》篇记载，这天，庄子谈到了顺适本性、安于自然的问题：

他说："人如果能够旷怀达观，胸次洒然，那么，就无往而不悠然自适；人如果不能自得其乐，安时处顺，那么，就没有办法活得安然自在。那种随俗浮沉、逐物流荡的心志，孤僻固异、与世决绝的行为，都不是厚德大智者之所当为。他们面临着颠覆倾坠而不知悔，顺着邪路飞奔而不肯回头。不知道社会上虽然有君臣贵贱之别，只是时势所致，世道一变都会随之而变的。所以，至人立身行事，能够与时俱化，是不会执着于一种行为的。

"尊崇古代而鄙薄当今，那是不知随时为变的腐儒作风。如果依据太古的豨韦氏时代的风气来观察现今的时世，那还能不发生偏颇吗？唯有至人能够游心于俗世而不流于邪僻，顺应世道人情而不丧失自己的本性。既不俯从世俗之教，也用不着刻意去排拒它。

"眼睛通彻叫做明，耳朵通彻叫做聪，鼻子通彻叫做颤（灵敏），口舌通彻叫做甘，心灵通彻叫做智，智慧通彻叫做德。凡是通道都不能堵塞，堵塞了就发生梗阻，阻塞了不处理就会相互抵牾。牴牾的结果，是各种祸患一齐迸发出来。物类凡是有知觉的，靠的都是气息。气息不顺畅、不旺盛，毛病出在人事上，而并非自然的罪过。自然使气息贯穿于各个孔窍，日夜运行不止；而人的嗜欲无度，就会阻塞自己的孔窍。人的胸腹内空虚，才能容纳脏腑，脏腑空虚，才能通达气液；心灵空旷、超拔，才能无拘无束地遨游于自然之中。居室内没有足够的私人空间，婆媳间没有回旋的余地，还要发生争吵呢；何况心灵，如果不能畅适地游于自然，七窍必然错乱不堪，而相互干扰。深山老林之所以适于人居，招人喜爱，也正是因为那里足够的空旷，人的心神是不堪尘嚣的干扰的。"

附原文：

　　庄子曰："人有能游,且得不游乎?人而不能游,且得游乎?夫流遁之志,决绝之行,噫,其非至知厚德之任与!覆坠而不反,火驰而不顾,虽相与为君臣,时也,易世而无以相贱。故曰至人不留行焉。夫尊古而卑今,学者之流也。且以狶韦氏之流观今之世,夫孰能不波?唯至人乃能游于世而不僻,顺人而不失己。彼教不学,承意不彼。目彻为明,耳彻为聪,鼻彻为颤,口彻为甘,心彻为知,知彻为德。凡道不欲壅,壅则哽,哽而不止则跈,跈则众害生。物之有知者恃息,其不殷,非天之罪。天之穿之,日夜无降,人则顾塞其窦。胞有重阆,心有天游。室无空虚,则妇姑勃豀;心无天游,则六凿相攘。大林丘山之善于人也,亦神者不胜。"

还有一天,庄子的精神特别旺盛,心情也好,只见他时而坐下,时而站起,有时还在屋场上往复闲步。走着走着,便唠起了"天乐"这个话题。他说：

"悟解天乐的,他存在时,顺乎自然而行,死亡时便也随物转化。安静时与阴气一致,运动时同阳气合流。所以,悟解天乐的人,不怨恨上天,不指责他人,不受外物的牵累,也没有神鬼的责罚。所以说,他像天体一样运行,也同大地一样安定,一心凝定而天地归正;他的体魄不受病侵,他的精神不知疲倦,一心凝定而万物宾服。这就是说,把虚静推行于天地之间,疏通于万物之中,这就叫做天乐。天乐者,以圣人之心包容天下也。"

附原文：

　　庄子曰："知天乐者,其生也天行,其死也物化。静而与阴同德,动而与阳同波。故知天乐者,无天怨,无人非,无物累,无鬼责。故曰:其动也天,其静也地,一心定而天地正;其魄不祟,其魂不疲,一心定而万物服。言以虚静推于天地,通于万物,此之谓天乐。天乐者,圣人之心,以畜天下也。"

看得出来,《天道》篇所记述的庄子关于"天乐"的谈话,其实是在阐明一种逍遥悟道的超然境界。

顺着"天乐"这个话题,庄子又谈了对所谓"得志"的看法。据《缮性》篇载录,他是这样讲述的:

古代保全自身的人,不用巧辩去装饰智力,不用机智去累害天下,不用智力去困扰德性,独立自处于世间而回归自己的本性。这样一来,他还有什么要做的呢!

道,本来就不是琐屑的行为;德,本来就不是细微的认识。细微的认识会伤害德,琐屑的行为会伤害道。所以说,只要立身端正就可以了。保存内心淳朴的天性,叫做快意自适,也就是得志。

古人所说的得志,不是指高官厚禄,富贵显达,而是指保全纯粹充实的天性,这样,心中的快乐就无以复加了。现在所谓得志,乃是指高官厚禄。高官厚禄加在身上,并非性命固有的东西,而是外物偶然的寄托。寄托的东西,来了不能抗拒,去了也无法阻止。认清了这一点,就能够做到:不因富贵荣华而放纵心志,不因穷困潦倒而趋附世俗;身处显达与身处困穷,其乐相同,所以没有忧愁、挂虑。如今的人,寄托的外物一旦离开,就再无快乐可言。即便是暂时得到快乐,由于总怕失去,依旧是心慌意乱,片刻不宁。所以说,为追求外物患得患失而葬送自己的,由于受时俗左右而迷失本性的,就叫做本末倒置的人。

附原文:

古之存身者,不以辩饰知,不以知穷天下,不以知穷德,危然处其所而反其性已,又何为哉!道固不小行,德固不小识。小识伤德,小行伤道。故曰:正己而已矣。乐全之谓得志。古之所谓得志者,非轩冕之谓也,谓其无以益其乐而已矣。今之所谓得志者,轩冕之谓也。轩冕在身,非性命也,物之傥来,寄者也。寄之,其来不可圉,其去不可止。故不为轩冕肆志,不为穷约趋俗,其乐彼与此同,故无忧而已矣。今寄去则不乐,由是观之,虽乐,未尝不荒也。故曰,丧己于物,失性于俗者,谓之倒置之民。

为了加深对这些问题的理解,庄子还给弟子们讲了两个实际事例(见《让王》篇)。

先是讲了魏国贤人子华子劝说韩国国君昭僖侯的故事:

韩魏两国互相争夺边境的土地。子华子前去拜见昭僖侯。昭僖侯心事重重,面有忧色。子华子说:"现在,使天下人在你的面前写下文书誓约,誓约上这样写:'左手夺到它,就要砍去右手;右手夺到它,就要砍去左手。然而,这样可以保证你拥有天下。'那么,你愿意去夺取吗?"昭僖侯听了,猛地一激,仿佛真的手就要失去了,忙说:"那我可不干!"子华子说:"这样看来,两只手臂比天下重要;整个身体又比两只手臂重要;韩国远比天下为轻,而现在所争夺的土地,又远比整个韩国为轻。那么,您又何必因为这个愁坏了身体,危害到性命,而去担心得不到这块土地呢!"昭僖侯说:"说得好!劝我的人很多,可是,从来没有听到过这样透彻的话。"

庄子最后做了总结:像子华子这样,可以说是懂得轻重了。

紧接着,他又讲了隐者颜阖拒收鲁哀公钱财的故事:

鲁哀公听说颜阖是个得道的贤人,便派人送去一些钱财、礼品,表达心意。颜阖住在陋巷之中,穿着粗布衣服,自己在喂牛。国君的使者来了,颜阖亲自出面迎接。使者说:"请问,这是颜先生的家吗?"颜阖答说:"这是我家。"使者当即恭敬地把钱财、礼品奉上。颜阖说:"不会是送给我的吧?是不是你听错了?你得问个明白,免得将来受到责备。"

使者一想,也对,便转过头回去查问。待到他弄清情况确实无误,再来访问时,颜阖已经不知去向了。

庄子对弟子说:

像颜阖这样的人,真正是厌弃富贵了。所以说:道的真实本体是用来调理生命的,它的残余部分用来治理国家,它的糟粕部分用来治理天下。由此看来,帝王的功业乃圣人之余事,并非用以全身养生的。现今世俗的君子,多是危身弃生去追逐物欲,岂不是很可悲吗!当圣人有所行动时,一定要看清楚他所设定的目标与采取的办法是否协调。如果有人在此,用随侯的宝珠去弹射高飞的麻雀,世人一定会取笑他。为什么呢?因为他所用的东西贵重,而所换取的东西轻贱。那么生命,不是更比随侯的宝珠还要贵重多少倍吗?

附原文:

韩魏相与争侵地。子华子见昭僖侯,昭僖侯有忧色。子华子曰:"今使天下书铭于君之前,书之言曰:'左手攫之则右手废,右手攫之则左手废,然而攫之者必有天下。'君能攫之乎?"昭僖侯曰:"寡人不攫也。"子华子曰:"甚善!自是观之,两臂重于天下也,身又重于两臂。韩之轻于天下亦远矣,今之所争者,其轻于韩又远。君固愁身伤生以忧戚之不得也!"僖侯曰:"善哉!教寡人者众矣,未尝得闻此言也。"子华子可谓知轻重矣。

鲁君闻颜阖得道之人也,使人以币先焉。颜阖守陋闾,苴布之衣而自饭牛。鲁君之使者至,颜阖自对之。使者曰:"此颜阖之家与?"颜阖对曰:"此阖之家也。"使者致币,颜阖对曰:"恐听谬而遗使者罪,不若审之。"使者还,反审之,复来求之,则不得已。故若颜阖者,真恶富贵也。故曰,道之真以治身,其绪余以为国家,其土苴以治天下。由此观之,帝王之功,圣人之余事也,非所以完身养生也。今世俗之君子,多危身弃生以殉物,岂不悲哉!凡圣人之动作也,必察其所以之与其所以为。今且有人于此,以随侯之珠弹千仞之雀,世必笑之。是何也?则其所用者重而所要者轻也。夫生者,岂特随侯珠之重哉!

4

有时,师生在一起还会谈起一些心性修养的方法与途径。

"心斋"与"坐忘",是庄子思想中关于心性修养的基本范畴,其修养历程是由外而内,层层递进,实行内省,主要内涵是虚静空明,终极目标是与道合一。

《人间世》篇记述了孔子与颜回关于"心斋"的对话。

孔子告诉颜回:"你先去斋戒。"

颜回说:"我家境贫寒,已经几个月没有喝酒、吃肉了。这样,可以算是斋戒吗?"

孔子说:"这是祭祀之斋,而不是心斋。"

颜回说:"请问什么是心斋?"

孔子说:"你要排除心中欲念,达到心志专一,不要用耳去听,要用心去体会;不要用心去体会,而要用气去感应。耳的作用止于聆听外物,心的作用止于体察现象。气,乃是一体空明而能容纳万物的。只有在空虚状态中,道才会展现出来。这种空虚状态,就是心斋。"

颜回说:"我在不懂得这个道理之前,实在不能忘我;接受了心斋教育之后,就感到顿然忘却了自己。这样,可以说是空虚状态吗?"

孔子说:"对了。我告诉你,如能悠游在藩篱之内而不为名利所动,意见能被接纳,你就发言;意见不可能被接纳,你就沉默。没有执着,也没有成见,心神凝聚,而处理事情常寄托于不得已,这样就差不多了。"

附原文:

> 仲尼曰:"斋,吾将语若……"颜回曰:"回之家贫,唯不饮酒不茹荤者数月矣。如此,则可以为斋乎?"曰:"是祭祀之斋,非心斋也。"回曰:"敢问心斋。"仲尼曰:"若一志,无听之以耳而听之以心;无听之以

心而听之以气。耳止于听,心止于符。气也者,虚而待物者也。唯道集虚。虚者,心斋也。"颜回曰:"回之未始得使,实有回也;得使之也,未始有回也,可谓虚乎?"夫子曰:"尽矣!吾语若:若能入游其樊而无感其名,入则鸣,不入则止。无门无毒,一宅而寓于不得已,则几矣。"

《大宗师》篇记载,庄子通过颜回之口,讲了"坐忘"方面的心性修养体会。所谓"坐忘",也就是在"心斋"(洗除心中杂念)基础之上,彻底忘却物我、是非差别以及道德、功利计较,摒弃世俗观念意识,达到与道冥合的境界。

这天,颜回告诉孔子,说:"我有进步了。"

孔子问:"你说的进步,是指什么?"

颜回说:"我忘掉仁义了。"

孔子说:"很好。但是,还不够。"

过了几天,颜回见到孔子,又说:"我进步了,我忘掉礼乐了。"

孔子说:"很好。但是,还不够。"

又过了几天,颜回见到孔子,又说:"我进步了,我坐忘了。"

孔子颇感突然,问道:"什么是坐忘?"

颜回说:"忘却了自己的肢体,抛弃了自己的聪明,离开了本体,除却了智识,同大道融通为一,这样就是坐忘。"

孔子说:"和万物能够同为一体,就没有什么偏私;能参与万物的变化,就没有什么偏执了。你真的成了贤人!我也希望随你一起努力。"

附原文:

颜回曰:"回益矣。"仲尼曰:"何谓也?"曰:"回忘仁义矣。"曰:"可矣,犹未也。"他日复见,曰:"回益矣。"曰:"何谓也?"曰:"回忘礼乐矣。"曰:"可矣,犹未也。"他日复见,曰:"回益矣。"曰:"何谓也?"曰:"回坐忘矣。"仲尼蹴然曰:"何谓坐忘?"颜回曰:"堕肢体,黜聪明,离形去知,同于大通,此谓坐忘。"仲尼曰:"同则无好也,化则无常也。而果其贤乎!丘也请从而后也。"

当代学者王向峰指出,在庄子那里,道是生天生地的本根,又是无为无形的,它蕴含着宇宙的真谛、万物的规律。人若能达于道,就实现了自由与无限。而在现实的纷扰中,"心斋"与"坐忘"乃是体道游心、达于虚静的必由之路。所谓"心斋",就是去除一切欲念与外在束缚,亦即老子所说的"涤除玄览",使人心性空明,无执无住,虚无恬淡,心为道存。"心斋"的最高境界是"坐忘",不仅忘利、忘形,还要忘心——祛除意识、意志活动,"去智与故"。"坐忘"不是"尽忘",应如明末清初大学者王夫之所言:"忘其所忘,不忘其所不忘,绵绵若存而精气自与志相守。"在体道过程中,念念不忘的是生命本真和道,忘的是种种世俗功利得失的羁绊,从而能在虚静的心理体验中,捐除一切挂碍,获得"天乐"所形成的内在生命价值。

在与弟子交谈中,庄子强调养生重在养神,强调精神虚静。《达生》篇记载一个"佝偻承蜩"的故事:

孔子到楚国去,在树林中,看见一个驼背老人在竹竿顶端抹上胶状物质用以粘蝉,动作极为熟练,就像随手捡取东西一样轻松自如。

孔子问他:"你技巧这么娴熟,可有什么诀窍?"

老人说:"当然有啦。先是经过五六个月的练习,我在竹竿顶上放上两个丸子而不会掉落,这样去黏蝉,就很少失手了;接下来,我放上三个丸子也不会掉落,这样,失手的情况不过十分之一;等到我放上五颗丸子而不会掉落,黏蝉就像在地上捡东西一样了。我站稳身体,像一棵直立的树桩子;我举起手臂,像是树上的枯枝。那个时节,天地虽大,万物虽多,我所关注和察觉的只有蝉翼。我决不分散精力,想东想西,对于我来说,蝉翼成了唯一,蝉翼就是一切,你即使拿出万物都不能用来交换。这样,还怎么会黏不到呢!"

听到这里,孔子回过头来对弟子说:"'用志不分,乃凝于神',说的就是这位弯腰驼背的老人啊!"

附原文:

仲尼适楚,出于林中,见痀偻者承蜩,犹掇之也。仲尼曰:"子巧乎!有道邪?"曰:"我有道也。五六月累丸二而不坠,则失者锱铢;累三而不坠,则失者十一;累五而不坠,犹掇之也。吾处身也,若厥株拘;吾执臂也,若槁木之枝;虽天地之大,万物之多,而唯蜩翼之知。吾不反不侧,不以万物易蜩之翼,何为而不得!"孔子顾谓弟子曰:"用志不分,乃凝于神,其痀偻丈人之谓乎!"

庄子提醒弟子们,养心、养神,一定要警惕谋虑、智巧、声名之类的干扰。《外物》篇记下了他的这样一段话:

道德的溢失在于追求声名,名誉的败坏在于表白、夸耀自己,计谋适应情况紧急而出,机智产生于争竞,闭塞起源于固执,公事成功于符合众人的心愿。……心气宁静可以调治疾病,按摩可以防止衰老,镇定可以平息急躁。虽然如此,这些不过是劳者之务,逸者却未尝过问。圣人所用来惊动天下的策略,神人未尝过问;贤人所用来惊动世间的策略,圣人未尝过问;君子所用来惊动一国的策略,贤人未尝过问;小人所用来投合时世的伎俩,君子未尝过问。

附原文:

德溢乎名,名溢乎暴,谋稽乎誸,知出乎争,柴生乎守,官事果乎众宜。……静然可以补病,眦搣可以休老,宁可以止遽。虽然,若是,劳者之务也,佚者之所未尝过而问焉。圣人之所以駴天下,神人未尝过而问焉;贤人所以駴世,圣人未尝过而问焉;君子所以駴国,贤人未尝过而问焉;小人所以合时,君子未尝过而问焉。

现代学者牟宗三说过:"中国哲学,从它那个通孔所发展出来的主要课题是生命,就是我们所说的生命的学问。它是以生命为它的对象,主要的用心在于如何来调节我们的生命,来运转我们的生命,安顿我们的生命。"

正是从这一点出发,庄子看重个人生命在世间的存在意义,而并不看重人在世间的社会价值。

5

庄子博闻强记,"其学无所不窥",头脑里盛满了前贤往哲的遗闻轶事。这样,他的弟子们也就经常能够听到老师许多富有教益的"趣谈"。

他们印象最深的,是孔子非常喜欢音乐,堪称道地的"乐迷"。除了"在齐闻《韶》,三月不识肉味"这个故实,他们还听说:孔子被围困于陈蔡之间,七天没有生火做饭,喝着不加米粒的藜菜汤,饿得面黄肌瘦,仍然"弦歌不绝",其情其景,甚至遭致了门人的误解。

子路和子贡相与议论:"先生在鲁国两次被驱逐,在卫国隐匿行踪,在宋国受到惊吓,不得志于商、周,现在又被围困于陈、蔡,图谋杀害先生的没被治罪,凌辱先生的无人禁阻,可是先生仍是若无其事地弹琴吟唱,乐声不绝。难道君子的不知耻辱,竟会达到这样的地步吗?"

在一旁择菜的颜回,没话回答,便进去告诉孔子。孔子推开琴,叹息道:"子由和子贡,真是浅见的小人。叫他们进来,我和他们谈谈。"

进屋后,子路说:"像现在这样的处境,真可以说是困穷了!"

孔子说:"这是什么话!君子通达于道叫做通,不能通达于道叫做穷。如今我信守仁义之道而遭逢乱世造成的祸患,怎么能说成是困穷呢!于内心反省而不愧疚于道,面临危难而未丧失于德。严寒到来,霜雪盖地,我才真正看到了松柏之葱茂。陈、蔡之间的困厄,对我们来说也是很好的考验啊!"

>>> 孔子"在齐闻《韶》,三月不识肉味"。他被围困于陈蔡之间,七天没有生火做饭,仍然"弦歌不绝"。

孔子安详地再次抚琴唱歌,子路兴奋地执干戈而起舞,子贡说:"我真是不知道天有多高、地有多厚啊!"

故事讲到这里,庄子做出了结论:古时得道之人,穷亦乐,通亦乐,其乐并非由于穷通,而是因为夫子已经悟道,困穷与通达只是像寒暑风雨的循序变化而已。

附原文:

> 孔子穷于陈蔡之间,七日不火食,藜羹不糁,颜色甚惫,而弦歌于室。颜回择菜。子路子贡相与言曰:"夫子再逐于鲁,削迹于卫,伐树于宋,穷于商周,围于陈蔡。杀夫子者无罪,藉夫子者无禁。弦歌鼓琴,未尝绝音,君子之无耻也若此乎?"颜回无以应,入告孔子。孔子推琴喟然而叹曰:"由与赐,细人也。召而来,吾语之。"子路、子贡入。子路曰:"如此者可谓穷矣!"孔子曰:"是何言也!君子通于道之谓通,穷于道之谓穷。今丘抱仁义之道以遭乱世之患,其何穷之为!故内省而不穷于道,临难而不失其德,天寒既至,霜雪既降,吾是以知松柏之茂也。陈蔡之隘,于丘其幸乎!"孔子削然反琴而弦歌,子路扢然执干而舞。子贡曰:"吾不知天之高也,地之下也。"古之得道者,穷亦乐,通亦乐。所乐非穷通也,道德于此,则穷通为寒暑风雨之序矣。(《让王》)

弟子们还听庄子讲了这样一件事:

> 孔子游于匡,卫人围之数匝(几圈),而弦歌不惙(通"辍")。子路入见,曰:"何夫子之娱也(怎么这样快乐)?"孔子予以不是答复的答复:"……夫水行不避蛟龙者,渔父之勇也;陆行不避兕(雌性犀牛)虎者,猎夫之勇也;白刃交于前,视死若生者,烈士之勇也;知穷之有命,知通之有时,临大难而不惧者,圣人之勇也。由,处矣(安息吧,意为不

必担心)！吾命有所制矣(为天命所支配,应该听天由命)!"无几何,将甲者进(带甲武士进来),辞曰:"以为阳虎也,故围之;今非也,请辞而退。"(原来是错把孔子当成了阳虎)。(见《秋水》)

从这则趣闻中,弟子们领悟了遇事应该安时顺命,亦即"无以故灭命"的道理。

说过了孔子,庄子又谈起了老子。说他作为得道者,顺应外物,纯任自然,不计较是非毁誉,同时也抨击了那类智巧骄恣之人——

士成绮见到老子,说:"听说先生是个圣人,我便不辞路途遥远而来,一心希望能见到你,走了上百天,脚掌上结出厚厚的老茧,也不肯停下来休息。现在一看,先生并不是圣人。你家的老鼠洞里有许多余剩的食物,却遗弃了而不养,可说是不仁;生的熟的食物罗列眼前,享用不尽,却还要堆积、聚敛而不停止。"老子神情淡然,不作回答。

第二天,士成绮又来拜见,说:"昨日我用言语刺伤了你;今天,我的心开窍了,有所领悟,可是,还弄不清是什么道理?"

老子说:"巧智神圣的这种人,我自认为不是,也不会去追求。昨天你呼我为牛,我就称作牛;你呼我为马,我就称作马。假如我有其实,别人给予讥刺,而我却拒不接受,这就成了双重的罪过。我的顺应外物总是自然而然,并非为了顺应而顺应的。"

士成绮侧身弯腰,蹑步向前,而问修养身心之道。

老子说:"你的面容高傲,你的目光突显,你的额头高亢,你的口舌夸张,你的身形巍峨;好像一匹被拴住的奔马,身虽被系而心犹驰骛,蠢蠢欲动却强自抑制,一旦发作就会如箭发弩机;你明察而又精审,自持智巧而外露骄恣之态。凡此种种,都不是真实的本性。边远闭塞之地有这样一种人,他们的名字叫做窃贼。"

附原文:

士成绮见老子而问曰:"吾闻夫子圣人也,吾固不辞远道而来愿见,百舍重趼而不敢息。今吾观子,非圣人也。鼠壤而余蔬,而弃妹,不仁也!生熟不尽于前,而积敛无崖。"老子漠然不应。士成绮明日复见,曰:"昔者吾有刺于子,今吾心正郤矣,何故也?"老子曰:"夫巧知神圣之人,吾自以为脱焉。昔者子呼我牛也而谓之牛,呼我马也而谓之马。苟有其实,人与之名而弗受,再受其殃。吾服也恒服,吾非以服有服。"士成绮雁行避影,履行遂进,而问修身若何。老子曰:"而容崖然,而目冲然,而颡頯然,而口阚然,而状义然。似系马而止也。动而持,发也机,察而审,知巧而睹于泰,凡以为不信。边竟有人焉,其名为窃。"(《天道》)

庄子也常向弟子们说起列子。

列子生活贫困,面容常有饥色。有人对郑国的上卿子阳说起这件事:"列御寇,是一位有道的人,居住在你治理的国家却是如此贫困,你恐怕不喜欢贤达的士人吧?"子阳立即派官吏给列子送去了粮食。

列子见到派来的官吏,一再拜谢,却不肯接受子阳的赐予。

官吏离去后,列子回到屋里,妻子埋怨他不知好歹,捶着胸脯,伤心地说:"我听说作有道之人的妻子儿女,都能够享尽逸乐,可是如今我们却挨饿受穷。相国子阳瞧得起你,送过来粮食,可是你却拒不接受,这不是注定我们要贫寒一世吗!"

列子笑着对她说:"郑相子阳并非真正了解了我,他的送粮,是因为听了别人的谈论才这样做的;将来,他也会因为听了别的话而加罪于我。这就是我不愿接他赠予的原因。"

后来,郑国百姓果真发难而杀死了子阳。(《吕氏春秋》《史记》《淮南子》等均有记载:由于子阳执政十分残酷,遭致百姓怨愤而被难。)

附原文:

子列子穷,容貌有饥色。客有言之于郑子阳者,曰:"列御寇,盖有道之士也,居君之国而穷,君无乃为不好士乎?"郑子阳即令官遗之粟。子列子见使者,再拜而辞。使者去,子列子入,其妻望之而拊心曰:"妾闻为有道者之妻子,皆得佚乐。今有饥色,君过而遗先生食,先生不受,岂不命邪?"子列子笑谓之曰:"君非自知我也。以人之言而遗我粟,至其罪我也,又且以人之言,此吾所以不受也。"其卒,民果作难而杀子阳。(《让王》)

6

　　庄子经常通过寓言、故事、对话、论说等言说形式,传道、授业、解惑。他以多重观照、多维视角、多边思考的开放性,同门人以及来访者,形象、生动地阐述关于大小、久暂、有无、美丑、善恶、是非、荣辱、死生、贵贱、寿夭、成毁、盛衰、物我、聚散、出入、清浊、赏罚、利害、盈虚、有常无常、有涯无涯、有为无为、有用无用、然与不然、可与不可等种种处于两极相对的价值观念,体现了辩证思想和相对主义、齐物观念。

　　庄子力图证明,种种是非判断都是相对的,而且可以相互转化,也就是说,世间不可能确立一种共时性的恒定的是非标准和价值准则。"无物不然,无物不可。故为是举莛(草茎)与楹(木柱),厉(丑妇)与西施,恢恑憰怪,道通为一。其分也,成也;其成也,毁也。凡物无成无毁,复通为一。"(《齐物论》)

　　分合、成毁,辩证统一。"话说天下大势,分久必合,合久必分"这句话,挂在后世说书人的嘴上,为人所共知。建设与毁坏相反相成,也是生活中常见之理。阿房宫突兀而起,这无疑是建设;可是,如果从山原、林木、自然景观的角度来考察,却又是不折不扣的破坏,"蜀山兀,阿房出"。

　　学者傅佩荣认为,庄子达到了智慧的顶点。这里有三个步骤:一是超越谁是谁非的争论,因为人世间的是非总是有相对的成分,而每个人也难免有其主观的想法;二是超越万物之间的区分,"以道观之,物无贵贱";三是超越对万物存在的肯定,如能觉悟"未始有物",亦即根本不曾有万物存在,"本来无一物,何得染尘埃"! 这第三步,应该是最高智慧。

在《齐物论》篇,庄子指出:

世界上的事物没有不是"彼"的,也没有不是"此"的。从"彼"的方面就看不见,而从自身的角度来看就知晓了。所以说,"彼"产生于"此","此"也依存于"彼"。这也就是说,"彼"与"此"的观念是相对应而生的。虽然如此,但任何事物出生的同时就伴随着死亡,死亡的同时也伴随着出生。刚刚还认为可以,马上就会认为不可以;刚刚认为不可以,而立刻又认为可以了。有因而认为"是"的,就有因而认为"非"的;有因而认为"非"的,就有因而认为"是"的。因此,圣人不走这条路子,而是观照于事物的本然,这也是因任自然的道理。

"此"也就是"彼","彼"也就是"此"。"彼"有它的一套是非标准,"此"也有它的一套是非标准。果真有"彼此"的分别吗? 果真没有"彼此"的分别吗? 让"彼此"都失去各自的对立面,这就是"道"的关节点。把握了"道"的关节点,才能占据"环"的中心,以此顺应无穷的变化。"是"的变化是没有穷尽的,"非"的变化也是没有穷尽的。所以说,最好的做法,就是止息那种个人的小智小明。

用大拇指来说明大拇指不是手指,不如用非大拇指来说明大拇指不是手指。以白马来说明白马不是马,不如用非白马来说明白马不是马。其实,从事理相同的观点来看,天地就是"一指",万物就是"一马"。

附原文:

> 物无非彼,物无非是。自彼则不见,自是则知之。故曰:彼出于是,是亦因彼。彼是方生之说也。虽然,方生方死,方死方生;方可方不可,方不可方可。因是因非,因非因是。是以圣人不由,而照之于天,亦因是也。是亦彼也,彼亦是也。彼亦一是非,此亦一是非。果

且有彼是乎哉？果且无彼是乎哉？彼是莫得其偶,谓之道枢。枢始得其环中,以应无穷。是亦一无穷,非亦一无穷也。故曰莫若以明。以指喻指之非指,不若以非指喻指之非指也；以马喻马之非马,不若以非马喻马之非马也。天地一指也,万物一马也。

说到当时儒、墨、名家各派学说的是非辩论,庄子发表了一系列的独到见解。比如,针对各个学派的争辩之风,他尖锐地指出：

识见高的悠闲自大,识见低的斤斤计较,长于雄辩的人气盛于理,拙于言辞的人哓哓不休。那些辩士睡觉的时候心神不宁,醒来的时候形体也不得安静,接触外界缠夹不清,整天耗心费力不停地争斗。有的出语迟缓,有的暗藏机锋,有的谨慎致密。小者担忧,惴惴不安；大者担忧,神情沮丧。他们发言好像放箭,专门寻觅对方的是非来攻击；他们不发言的时候,如同诅咒盟誓,静默地等待制胜的机会；有的衰颓得像秋冬凋零的景物,表明他一天天地在销毁；有的已经陷溺其中不能自拔,无法让他回头；有的闭塞、伏藏,如受捆绑,表明已经衰惫不堪；有的心灵已经僵死,再也无法恢复活泼的生机了。他们时而喜悦,时而愤怒,时而悲哀,时而快乐,时而忧虑,时而嗟叹,时而诡变,时而怖惧,时而浮躁,时而放纵,时而张狂,时而做作。如同乐声发自空虚的箫管,地上的湿气蒸发而生的菌类。这种种形态日夜交替变化于眼前,却又说不清究竟是怎样发生的。算了吧,算了吧！有朝一日,悟解出其中的道理,那也就明白这些情态发生的缘由了。

附原文：

大知闲闲,小知閒閒；大言炎炎,小言詹詹。其寐也魂交,其觉也形开；与接为搆,日以心斗。缦者,窖者,密者。小恐惴惴,大恐缦缦。其发若机栝,其司是非之谓也；其留如诅盟,其守胜之谓也；其杀若秋冬,以言其日消也；其溺之所为之,不可使复之也；其厌也如缄,以言其老洫也；近死之心,莫使复阳也。喜怒哀乐,虑叹变慹,姚佚启态；乐出虚,蒸成菌。日夜相代乎前,而莫知其所萌。已乎,已乎!旦暮得此,其所由以生乎!

那么,各个学派的辩论是怎么产生的呢?庄子认为,都是由于辩者的"成心(成见)"在作祟。所谓"成心",也就是人的已有之见,表现为一种先入为主的观念。它产生于一定的社会思想文化背景,一经形成,便融入主体之中,并构成一种思维定势。从这种植根于主观的"成心"出发,就会导致无尽无休的是非争论。

说到这里,庄子进一步切入到问题的实质:

道,何以被障蔽而有了真伪?言,何以被障蔽而有了是非?道,何以流行了却又不存在?言,何以存在了又不被认可?看来,道,是在一知半解、小有所成的情况下被障蔽的;言,是被华而不实的浮辩之辞所障蔽的。儒、墨两家的是非争辩,他们都从各自的主观成见出发,以对方的所非为是,以对方的所是为非。与其一味地是非非是,无法得出定论,莫如以空明的心境去观照事物的本然,显示其本来面目。

附原文:

> 道恶乎隐而有真伪?言恶乎隐而有是非?道恶乎往而不存?言恶乎存而不可?道隐于小成,言隐于荣华。故有儒墨之是非,以是其所非而非其所是。欲是其所非而非其所是,则莫若以明。

庄子最后做出了结论:人不能固执一己的成见。他说:

如果把自己的主观成见作为判断是非的标准,那么,哪个人没有一个标准呢?何必一定要深谙自然变化之理的智者才有标准,愚人也照样有嘛!如果自己的见解还没有定型,就有了是非的判断,那就如同"今天到越国去,昨天就已经到了"——将没有看成有了。这种将无作有,就是神明的大禹也弄不懂,更不要说我辈常人了。

附原文:

　　夫随其成心而师之,谁独且无师乎？奚必知代而心自取者有之？愚者与有焉。未成乎心而有是非,是今日适越而昔至也。是以无有为有。无有为有,虽有神禹,且不能知,吾独且奈何哉！

7

　　最后,想说说庄子的传承弟子。

　　应该说,在学术传承方面,道家无法同儒家、墨家相比。儒家特别看重教育中的师生关系,强调"古之学者必有师","无贵无贱,无长无少,道之所存,师之所存也"(韩愈《师说》)。孔子门人之众,古今罕有其匹,素有"三千门弟子,七十二贤人"之说,这恐怕是夸张的说法；但仅在《论语》一书中露面的,就将近三十位,也足见其阵容之宏大。墨者通过上下关系,有如后世的帮派,构建传承延续思想的轨道,因而"从属弥众,弟子弥丰,充满天下"(《吕氏春秋》)。在"止楚攻宋事件"中,墨子自言,有三百门人守卫宋城之上。据清代学者考证,墨子弟子中有姓名可考者为十五人。而道家,无论是老子还是庄子,则几乎无法捕捉其起源及传承的辙迹,只是一些思想路数大致相同的,或聚或散,时往时来,声气相通,遥相呼应,逐渐成为一种思潮,一种派别。所以,庄子的弟子是多是少,比较模糊。郭沫若断定,庄子的门徒一定很多,根据是：在外、杂篇中,我们可以看出至少有四五个人的笔墨。但弟子究竟都是何许人,却语焉不详,有名有姓的仅止蔺且一人。翻检现存的《庄子》,书中正式提及的共有三处：《山木》篇有"弟子问于庄子曰"；"蔺且从而问之"；《列御寇》篇有"庄子将死,弟子欲厚葬之"。

　　魏国的公子牟,一般认为是庄子的及门传人。但也有学者推测,他曾就学于蔺且,那么,就属于庄子的再传弟子。他在河北的中山国拥有领地。《让王》篇中记载了庄子对他的评价："公子牟,万乘之公子也,其隐岩穴也,难为于布衣之士,虽未至乎道,可谓有其意矣。"

对于公子牟的身世,我们了解得实在有限。学界有人考证,他大约出生于公元前 320 年左右(唐人注《汉书·艺文志》,有公子牟"先庄子"之说,恐不确)。二十岁前后,在魏都大梁见到了略长于他的名家辩手公孙龙,两人共同参加过一些学术活动。越五六年,中山国灭于赵国,公子牟遂流落他乡;但其心中并没有完全忘怀旧日的情景,因而有"身在江海之上,心居乎魏阙之下"的说法。这期间,他曾问道于楚国"贵生主义"的学者詹何。詹何年龄较大,宗法道家学派,可能是杨朱的弟子,有的学者考证,他也曾登过庄子之门。光阴易逝,很多年过去了。魏公子牟与已经成为平原君的门客公孙龙,邂逅于赵国首都邯郸。作为庄子学说的一代传人,魏牟以其深广的学识和开阔的学术视野,同这位曾经名噪一时的名家辩者,展开了激烈的争讼。

《秋水》篇记载:

公孙龙对魏牟说:"我在年轻时候,学习先王之道;及至壮年,又通晓了仁义之行。我能把事物的同和异混合为一,亦即一般所说的'合同异';也能够以一块石英石为例,论证'坚'属于触觉,'白'属于视觉,它们完全是两码事,这就是'离坚白'。我最擅长作翻案文章,把不如是说成如是,把不可以说成可以,难倒百家的知识,困服众口的辩论。我自以为最为明达、臻于至妙了。可是,今我闻庄子之言,迷茫莫解,十分惊异。弄不清楚是我的辩才落后于他呢,还是我的知识有所不及。现在,我已经无法张口了,请问这是什么道理?"

魏牟听了,靠着桌子长叹一声,然后,仰天而笑,说道:"你难道没有听说过'井底之蛙'的故事吗?它对东海之鳖说:'我快乐极了,出来在井栏上跳跃着,再跳回去歇息在井壁砖缝里,游到水里,水就托起我的两腋、抬起我的两腮,跳到泥里,淤泥遮住我的脚踝,没过我的脚背,回头看看井里的赤虫、螃蟹与蝌蚪,它们都没有我快乐自如。我独占着一洼之水,盘踞着一口浅井,这就是最大的快乐了。先生,你何不随时进来看看呢!'东海之鳖左脚还没有伸进去,右脚就已经被绊住了。老鳖于是退转回来,对蛤蟆说:'我给你说说东海吧,千里之远不足以形容其大,八千尺之高不足以测量其深。大禹时代十年九涝,海水未见增加;商汤时节,八年七旱,海岸并未因而退缩。不因时间长短而有所变更,不以雨水注入多少而有所增减。这也是东海的大快乐啊!'浅井之蛙听了,惊慌失措,茫然自失。

"你的才智不足以判断是非的究竟,却还要探索庄子的学说,那真像让蚊虻背大山、蜈蚣渡长河一般,肯定是不能胜任的。况且,你的才智原不足以把握极微妙的理论,而自己却满足于一时口舌之便捷,这不和浅井里的蛤蟆一样吗?庄子的道理,至深至高,下及黄泉,上达青霄,无分南北,不论东西,四通八达,毫无阻碍;起于幽深玄渺的尽头,回到无所不通的境界。你却琐屑地想通过察辩来寻索,这无异于用竹管看天,以锥子探地,岂不是太渺小了吗!你还是回去吧,你在赵国应该听说过燕国寿陵的少年到邯郸学习走路的故事,他不但没有学习到赵国都城的人的走法,反而忘掉了自己原来的步法,最后只好爬着回家。现在你还不走开,只怕将要忘记你原来的技能,失去固有的学业了。"

公孙龙听了,心神恍惚,嘴张着,合不拢来,舌头翘着也不能放下,最后,急匆匆地溜走了。

附原文:

公孙龙问于魏牟曰:"龙少学先王之道,长而明仁义之行;合同异,离坚白;然不然,可不可;困百家之知,穷众口之辩;吾自以为至达已。今吾闻庄子之言,汒焉异之。不知论之不及与,知之弗若与?今吾无所开吾喙,敢问其方"。公子牟隐机大息,仰天而笑曰:"子独不闻夫埳井之蛙乎?谓东海之鳖曰:'吾乐与!出跳梁乎井干之上,入休乎缺甃之崖;赴水则接腋持颐,蹶泥则没足灭跗;还视虷蟹与科斗,莫吾能若也!且夫擅一壑之水,而跨跱埳井之乐,此亦至矣。夫子奚不时来入观乎?'东海之鳖左足未入,而右膝已絷矣,于是逡巡而却,告之海曰:'夫千里之远,不足以举其大;千仞之高,不足以极其深。禹之时十年九潦,而水弗为加益;汤之时八年七旱,而崖不为加损。夫不为顷久推移,不以多少进退者,此亦东海之大乐也。'于是埳井之蛙闻之,适适然惊,规规然自失也。且夫知不知是非之竟,而犹欲观于庄子之言,是犹使蚊虻负山,商蚷驰河也,必不胜任矣!且夫知不知论极妙之言,而自适一时之利者,是非埳井之蛙与?且彼方跐黄泉而登大皇,无南无北,奭然四解,沦于不测;无东无西,始于玄冥,反于大通。子乃规规然而求之以察,索之以辩,是直用管窥天,用锥指地也,不亦小乎!子往矣!且子独不闻夫寿陵余子之学行于邯郸与?未得国能,又失其故行矣,直匍匐而归耳。今子不去,将忘子之故,失子之业。"公孙龙口呿而不合,舌举而不下,乃逸而走。

作为庄子的高足,公子牟体道清高,所见者大,对公孙龙不明大道,浅薄无知,却热心世务,徒逞口舌之辩,严加针砭,语多讥刺。

第四章

 **道术**

描述庄子哲学、文学上的辉煌成就,发掘其道术方面的吊诡、悖论、矛盾、谜团,既充分反映了天才人物的独创性、特殊性、不可复制性,又追溯其思想文化的渊源。

第十三节

道的面孔

1

道,在道家祖师爷老子那里,是一个悬空的概念上的存在,"玄之又玄""惟恍惟惚",神秘难测。正由于它具有典型的形而上的品格,所以,老子才说:"道,可道,非常道;名,可名,非常名。"(《老子》一章)如果可以说得出来,付诸文字,那么,它就不是永恒的道了。这一论断,获得了明代的全能大儒王阳明的高度认同。当弟子问到这个问题时,他斩钉截铁地回答:"道不可言也,强为之言而益晦;道无可见也,妄为之见而益远。"

不过,老子的说法也还存在着矛盾。既然幽玄、恍惚,不可捉摸,那又怎么能够听得到呢?他曾经说:"上士闻道,勤而行之;中士闻道,若存若亡;下士闻道,大笑之,不笑不足以为道。"(《老子》四十一章)意思是,有悟性、最聪明的人,听了道,就努力去践行;悟性不高的普通人,听了道,将信将疑,半信半疑;而完全没有悟性、俗陋不堪的人,听了道,会哈哈大笑,采取鄙薄、讥笑的态度——这是很自然的,如果人人都能轻易地悟解,那还能称之为道吗?

认识是不断向前发展的。到了庄子笔下,"道",就要丰满得多,具体得多,不仅可以言说,可以听闻,可以捉摸,而且变得具象化了,直至揭开神秘的面纱,亮出了它的多张面孔。

2

第一张面孔,是生活化。这是从道的外在形态上讲的。

周昉字景元京兆人嘗寫仲尼問禮圖及行化老君像此圖渾樸古厚衣紋如鐵線大似王摩詰伏生授經圖

>>> 道,在道家祖师爷老子那里,是一个悬空的概念上的存在,"玄之又玄""唯恍唯惚",神秘难测。正由于它具有典型的形而上的品格,所以,老子说:"道,可道,非常道;名,可名,非常名。"

道也好,哲学也好,如果它是可说、可闻、可见的,能够体悟的,那就必然来源于现实生活,植根于客观实践,不可能脱离具体的事物而悬空浮置。而且,可以通过喻象性的方式,通过对具体事物的描绘加以解释。庄子的哲学就正是这样,因此,把它称之为生活的哲学。

作为先秦道家学派的集大成者,对于道,庄子同老子一样,视之为最高的精神抽象,"有情有信,无为无形","在太极之上而不为高,在六极之下而不为深,先天地生而不为久,长于上古而不为老"(《大宗师》)。但是,他又承认,道无处不在,道现身于具体事物之中,可见可闻,可说可议。

《知北游》篇记载:居住在东郭的顺子先生,这天来到庄子的家里,要同他一起讨论一下有关"道"的问题。

东郭子说:"请问先生!所谓的'道',究竟在什么地方呢?"

庄子回答得很简捷,很干脆:"无所不在。"

东郭子说:"一定要指定一个具体所在,然后才能得到认可。"

庄子说:"在蝼蛄、蚂蚁身上。"

东郭子有些不解,便问:"怎么这么卑下呢?"

庄子说:"在稊草和稗子那里。"

东郭子问:"怎么更加卑下了呢?"

庄子说:"在瓦片、砖块那里。"

东郭子问:"怎么愈来愈卑下呢?"

庄子答说:"在屎尿中。"

东郭子再不作声了。

附原文:

东郭子问于庄子曰:"所谓道,恶乎在?"庄子曰:"无所不在。"东郭子曰:"期而后可。"庄子曰:"在蝼蚁。"曰:"何其下邪?"曰:"在稊稗。"曰:"何其愈下邪?"曰:"在瓦甓。"曰:"何其愈甚邪?"曰:"在屎溺。"东郭子不应。

说到"道在屎溺",我忽然记起晚清的一则趣闻:

李鸿章特别热心洋务,十分注意钻研一些现代科技方面的名词。这天,他向一个下属询问:"这个'抛物线'是个什么名词呢?"下属旁征博引,讲了一大通,可是,李鸿章仍然没有弄懂。那个下属急中生智,脑子有些开窍了,便说:"中堂大人,你不是经常撒尿吗?撒尿时那个弧度的线条,就是抛物线啊!"李鸿章听了,开怀大笑,一下子明白了,幽默地说:"各位,你们都听明白了吧?从前的庄子,不是说过'道在屎溺'吗?原来,就是说的这个道理啊!"

当然,话是这么说,同样承认道是无处不在的,同样知道道在生活中随处可以体认,其间却有悟和未悟的差异。我们不妨假设:如果李鸿章真的悟解了《庄子》,那他还会不会那么热衷仕进,把功名利禄看作命根子,像他的老师曾国藩所说的:不分顺境逆境,不问成败利钝,"少荃(鸿章)拼命做官"呢?

禅宗对话录中,记载这样一个有名的故事:

> 那天,马祖道一法师来找慧海法师,问道:"您现在修行还用功吗?"慧海答说:"用功呀。"马祖问:"那您是怎么用功的呢?"慧海说:"饥来吃饭,困来即眠。"马祖听了,有些糊涂,问道:"只要是个人,谁不是饿了就吃,困了就睡呢?难道他们那也叫用功修行么?"慧海说:"其他人吃饭睡觉,和我的吃饭睡觉,是大不一样的。"马祖问:"怎么个不一样法?"慧海说:"他们该吃饭的时候不吃,百种需索;该睡觉的时候不睡,千般计较。这就是我们的不同之处呀。"

别人是"百般需索""千般计较",即使也是吃饭和睡觉,但那根本谈不上什么修行境界。这就是悟和未悟的区别所在。

看得出来,古今中外之道有其共通性,不见得那些深奥的至理都悬置于藐远的天庭,或者封存在象牙之塔里。正是为此,中国古人才说:"道不远人。"而且,在道的面前,无所谓大小,一粒菜籽的内蕴,可以同须弥山一样大,所以,佛经中才有"纳须弥于芥子"的说法。

报载,有人怀着无限崇敬的心情,问询一位白发苍苍的诺贝尔奖获得者:"您的成就那么辉煌、博大,请问是在哪所名牌大学、哪个顶尖的实验室学得的?"这位学者答道:"在幼儿园里。童年时节,我在这里学到了人生最基础的道理:把自己的东西,分一半给小伙伴们;不是自己的东西,不要拿;东西要放整齐;吃饭前要洗手;做错了事情要表示歉意;午饭后要休息;要仔细观察周围的大自然。从根本上说,我学到的东西就是这些。而正是这些普通至极的人生道理,为以后的路途铺下了牢固的基石。"

下面,书归正传,继续述说庄子与东郭子的交谈。

见东郭子愣在一旁,没有作声,庄子便接着上面的话题,做进一步的阐释:

"先生的问题,本来就没有触及问题的实质。有个监管市场交易的人,名字叫'获'。他向屠夫问询:在检查中,如何把握猪的肥瘦程度?屠夫告诉他,猪的下腿处难有肥膘,所以,只要用脚踩一下猪的下腿就知道了。看来,观察的所在越是卑下,就越能显示问题的实质。不要认为至道存乎物外,其实,道是绝对离不开物的。最高的道也好,最宏伟的议论也好,莫不如此。'周''遍''咸'这三个词,分别代表整体的、普遍的、共同的,说法虽然不同,表现道的实质和含义,却是毫无二致的。"

庄子接着说:

"上面,你按照你的理解问'道',我按照我的理解来说'道';现在,咱们还是再进一步,让我陪同你神游一番无何有之宫,混同一体来探讨终极无穷的道理吧,尝试着共同领会无为的境界——它是恬淡而静止的,寂寞而虚空的,谐调而安闲的。我的心志,寥然而虚寂,无所往,也不知其所往,去了又来,也不知要停留在哪里;我已经去去来来了,究竟终结在什么地方,却不晓得;置身于广漠虚廓的境界,大智之人与道相契,却不知道它的终极。

"造物者(道)与物融为一体,它们之间并没有界限;至于以一己为中心而形成物的分际,那是万物自己在互相划分界限。没有界限的形成界限,那是道散而为物;形成了界限而没有界限,那是物化而归道。说到盈虚盛衰,道使物有盈虚,而它本身并没有盈虚;道使物有盛衰,而它本身并没有盛衰;道使物有本末,而它本身并没有本末;道使物有聚散,而它本身并没有聚散。道主乎物之中,却出乎物之外。"

附原文:

庄子曰:"夫子之问也,固不及质。正获之问于监市履豨也,每下愈况。汝唯莫必,无乎逃物。至道若是,大言亦然。周、遍、咸三者,异名同实,其指一也。尝相与游乎无何有之宫,同合而论,无所终穷乎!尝相与无为乎!澹而静乎!漠而清乎!调而闲乎!寥已吾志,无往焉而不知其所至,去而来而不知其所止,吾已往来焉而不知其所终;彷徨乎冯闳,大知入焉而不知其所穷。物物者与物无际,而物有际者,所谓物际者也;不际之际,际之不际者也。谓盈虚衰杀,彼为盈虚非盈虚,彼为衰杀非衰杀,彼为本末非本末,彼为积散非积散也。"

这也就是所谓"曲终奏雅"吧——庄子又把话题拉到了道的本原上去。

综上所述,看得出来,庄子突出地强调了四个要点:

第一,道无所不在。

第二,道存在于每一具体的物象,即所谓"生活化",但又不为每一具体物象所拘囿,这体现了道的超越性。

第三,作为存在的本原与根据,道与具体事物并没有截然分割的界限。

第四,道始终恒定性地存在着,不会随着具体物象的变化而变化。

3

道的第二张面孔,表现为自然性。

这是从庄子之道的根基上讲的。庄子之道是自然的哲学,在他看来:

——天地间原本有自然的秩序,万物都处于自然、自得、自足状态——"天地固有常矣,日月固有明矣,星辰固有列矣,禽兽固有群矣,树木固有立矣",所以应该"放(仿)德而行,循道而趋"(《天道》),顺应其自然的存在方式;提倡"天人合一""物我齐一",人与自然和谐相处,反对人为地干预自然、破坏自然。

——应该宗法自然,亲近自然,任情适意,随性而发,维护性命的真实,从源头上遏止人性的异化;反对通过仁义、智巧、物质技术这些外在的东西,雕琢、改造、损毁人的本性。

——秉持自然主义立场,对于违背自然法则、扰乱自然秩序、损害人的本性的思想行为深恶痛绝,持严厉的批评、抵制态度。

三者共同的旨归,是"回归于朴",回归自然;所遵循的共同准则,都是无为,"天无为以之清,地无为以之宁,故两无为相合,万物皆化生"(《至乐》)。

关于自然的蕴含,陈鼓应指出,自然应有不同的含义,有物理的自然,有人文的自然,有境界的自然。老、庄的自然,不是物理的自然,而是人文的自然,是境界的自然。

庄子认为,为治之道,在于无为,应当顺人性之自然,而毋庸横加干涉。可是,现实的社会制度、专制政治,却都是凭着国君的意志去制定礼仪法规,并须遵照施行,这完全是扭曲人的自然之性。"其于治天下也,犹涉海凿河,而使蚊负山也。"(《应帝王》)这该是何等的荒谬!

在《庚桑楚》篇,庄子借助得道者庚桑子之口,发表对于古代的尧、舜举贤任智,干扰人的自然本性的看法:

"尧、舜这两个人,又怎么值得称赞呢？他们对贤者、能人、善行、利益的分辨,就像胡乱捣毁城墙,却种植蓬草来做屏障一样！挑着头发来梳理,数着米粒来下锅,这样斤斤计较,劳而无功,又怎么能够救助世人呢！推举贤者,人们就会互相倾轧；任用智者,人们就会互相欺骗。这些做法都不足以使民风淳厚。民众追求私利十分迫切,于是,子杀其父,臣弑其君,白昼行抢,正午穿墙。我告诉你们,大乱的根源,必定起于尧、舜之时,而其流弊将影响到千年之后。千年之后,必有人吃人的惨象发生。"

附原文：

> 且夫二子者,又何足以称扬哉！是其于辩也,将妄凿垣墙而殖蓬蒿也。简发而栉,数米而炊,窃窃乎又何足以济世哉！举贤则民相轧,任知则民相盗。之数物者,不足以厚民。民之于利甚勤,子有杀父,臣有杀君,正昼为盗,日中穴阫。吾语女,大乱之本,必生于尧舜之间,其末存乎千世之后。千世之后,其必有人与人相食者也！

在庄子看来,人的朴陋的自然本性,多为仁义的雕琢所伤害,多为文明的智巧所异化。要"回归于朴",必须剔除仁义的伪饰,去掉智巧的较量,提倡恬淡无为的社会观、自然观,反对虚伪,突出本真,除掉人为、矫饰、欺诈、做作,让天地万物本真地存在,让人本真地生活,这才是最美好的、最健康的生存境界。

与此意蕴相近,《大宗师》篇还有一段许由和意而子的对话：

意而子去见许由——两人都是上古的高士。许由问他："帝尧对你说些什么？"

意而子说："帝尧告诉我,要实行仁义之道,搞清楚人间的是非。"

许由说："那你来我这里是为了什么呢？既然帝尧已经用仁义之行、是非之念损伤、毒害了你的天生的本性,那你还凭借什么悠游于自由逍遥的路上？"

意而子说："但我还是愿意进入这个境界。"

许由说:"不是那么简单。盲瞽之人毕竟看不清楚眉目颜色,分辨不出礼服的花纹。"

意而子说:"后天的塑造,像炉锤冶炼一样,诚然会使人丧失天然本性,像无庄(古代美人)失去了美色,据梁(古代力士)失去了勇力,黄帝失去了智慧;不过,天地毕竟是公正的,虽然我的本性遭受到仁义、是非的损伤,又怎么知道,造物主不给我补偿机会,使我能改过自新,乘可成之道,来追随先生呢?"

许由说:"我不能确认你的想法是否对,不过,我可以给你讲一点道理。天道啊,调和万物,不自以为义;泽及万世,不自以为仁;长于上古,而不自以为老;覆载天地,雕琢众形,不自以为巧。你就遵循这个大道去领悟吧。"

附原文:

意而子见许由。许由曰:"尧何以资汝?"意而子曰:"尧谓我:'汝必躬服仁义而明言是非。'"许由曰:"而奚来为轵?夫尧既已黥汝以仁义,而劓汝以是非矣,汝将何以游夫遥荡姿睢转徙之涂乎?"意而子曰:"虽然,吾愿游于其藩。"许由曰:"不然。夫盲者无以与乎眉目颜色之好,瞽者无以与乎青黄黼黻之观。"意而子曰:"夫无庄之失其美,据梁之失其力,黄帝之亡其知,皆在炉捶之间耳。庸讵知夫造物者之不息我黥而补我劓,使我乘成以随先生邪?"许由曰:"噫!未可知也。我为汝言其大略。吾师乎!吾师乎!齑万物而不为义,泽及万世而不为仁,长于上古而不为老,覆载天地、刻雕众形而不为巧,此所游已。"

这番话的中心是讲,要领悟大道,就须一切顺应自然,听任自然。

庄子除了揭露仁义、是非之毒害,对于智巧,他也抱有高度的敏感与警惕。在《胠箧》篇中,他讲:

在上位的喜好运用智巧而不循正道,天下就会大乱。怎么知道是这样呢?弓箭、网罗、机关的智巧多,天空的鸟就要被搅乱了;钓饵、渔网、竹篓的智巧多,水底的鱼就要被搅乱了;木栅、兽槛、兔网的智巧多,山泽里的野兽就要被搅乱了;欺蒙诈伪、钩心斗角、诡辞强辩、坚白同异这些花样多了,世俗之人就会被迷乱了。所以,天下常常大乱,罪过便在于喜好智巧。

附原文:

> 上诚好知而无道,则天下大乱矣!何以知其然邪?夫弓弩毕弋机辟之知多,则鸟乱于上矣;钩饵罔罟罾笱之知多,则鱼乱于水矣;削格罗落罝罘之知多,则兽乱于泽矣;知诈渐毒颉滑坚白解垢同异之变多,则俗惑于辩矣。故天下每每大乱,罪在于好知。

庄子指出:

只要圣人在世,大盗就永远存在。说是借重圣人来治理天下,实际上却是为盗跖提供了大大的便利。圣人制定斗斛作为量器,盗贼却连斗斛也盗走了;制定权衡作为称量的工具,却连权衡也一起盗走了;制定印章作为信物,就连印章也一起盗走了;制定仁义来加以矫正,最后,连仁义也一并盗走了。怎么知道是这样呢?你没看见:那些偷盗腰带钩的人被处死了;而窃国大盗却成了诸侯。诸侯家里的仁义多得很呢!

附原文:

> 圣人不死,大盗不止。虽重圣人而治天下,则是重利盗跖也。为之斗斛以量之,则并与斗斛而窃之;为之权衡以称之,则并与权衡而窃之;为之符玺以信之,则并与符玺而窃之;为之仁义以矫之,则并与仁义而窃之。何以知其然邪?彼窃钩者诛,窃国者为诸侯,诸侯之门而仁义存焉。

庄子认为,"天人,一也","天与人不相胜(二者不是冲突、对立)","不以心损道,不以人助天"(《大宗师》);"无以人灭天(不要以人为去摧毁自然)";"知天人之行,本乎天(本乎自然)"(《秋水》)。这里有个规律性现象,只要谈到"天人之道",庄子总是誉自然而贬人为;凡是说到奇人、真人、至人,他们的一个标志性特征,都是顺应自然,合于自然。

在《骈拇》篇,记载了庄子这样一段名言:

> 彼正正者,不失其性命之情。故合者不为骈,而枝者不为跂;长者不为有余,短者不为不足。是故凫胫虽短,续之则忧;鹤胫虽长,断之则悲。故性长非所断,性短非所续,无所去忧也。意仁义其非人情乎?彼仁人何其多忧也?

大意是:自然的正道,在于不失其性命的真实。合在一起的不算是并生,分歧而出的不算是多余;长的不为有余,短的不为不足。所以,野鸭子的腿虽然短,若是硬接上一段,会很痛苦;白鹤的腿虽然长,若是给截去一段,那可就悲哀了。就是说,本性长的不要截断,本性短的不必接长,一切都顺乎自然,就没有什么可忧愁的。或许仁义本身就不是人的真实吧,不然,那些所谓仁人怎么会有这么多的忧愁呢!

青年学者时晓丽认为,庄子主张人以自然的方式生存,社会以自然的秩序运行。对于大自然无意识而合目的、合规律运动的诗意体察,是庄子道的来源之一。在庄子思想中,渗透着强烈的自然崇拜意识,他所重视的乃是道的自然性与自发性;他推翻了神创造说与主宰说,他把世界看成是自然地存在与运行,不使其坠入宗教的有神论中。这在人类思想史上迈进了一大步。

庄子极力反对短视、狭隘的人类中心主义,否定人类出于功利目的,对自然进行种种干扰与破坏;认为物无贵贱,都有同样的生存发展权利。他极度痛心地描绘了由于打乱自然秩序、背弃生物本性所造成的鸟惊兽窜,草木不得生长,昆虫无处栖身,万物失去生存环境的惨景,表达了他对于生态平衡的关切之情。

《在宥》篇记载：

云将到东方游玩，经过扶摇神木的枝头，恰巧遇见了鸿蒙。

云将说："我有个问题，想就教于先生。"

鸿蒙抬起头看了看云将，漫应着："嗯！"

云将说："天气不和顺，地气郁结着，六气不协调，四季又失序。现在，我想融合六气的精华来养育万物，应该怎么做呢？"

鸿蒙拍着腿，像麻雀一样跳着，转过头去，说："我不知道！我不知道！"

云将没办法再问了。

三年过去，云将再次东游，经过宋国的郊野，恰巧又碰上了鸿蒙。云将高兴极了，快步走上前去，说："您忘了我吗？您忘了我吗？"叩头行礼，希望鸿蒙能够给他一些指点。

鸿蒙说："扰乱自然的常规，违逆万物的真情，自然的状态不能保全，群兽离散，飞鸟夜鸣；殃及草木，祸延昆虫。这应该是你们治理百姓的恶劣后果呀！"

云将说："那我该怎么办呢？"

鸿蒙说："噫！修养心境，加强内心的修养。你只要顺应自然无为，万物就会自生自化。忘掉你的形体，抛开你的聪明，与外物混合，和自然元气混同，释放心神，无所计较。万物纷纷纭纭，各自回归根本。不必询问它的名称，不必察看它的真相，万物本来就是自行生长的。"

云将说："您把天道传授给我，用不言之教的静默来点化我。我亲身寻求天道，现在总算得到了。"叩头礼拜，告辞而去。

附原文：

云将东游，过扶摇之枝而适遭鸿蒙。云将曰："朕愿有问也。"鸿蒙仰而视云将曰："吁！"云将曰："天气不和，地气郁结，六气不调，四时不节。今我愿合六气之精以育群生，为之奈何？"鸿蒙拊脾雀跃掉头曰："吾弗知！吾弗知！"云将不得问。又三年，东游，过有宋之野而适遭鸿蒙。云将大喜,行趋而进曰:"天忘朕邪?天忘朕邪?"再拜稽首,愿闻于鸿蒙。鸿蒙曰:"浮游不知所求;猖狂不知所往;游者鞅掌,以观无妄。朕又何知!"云将曰:"朕也自以为猖狂,而民随予所往;朕也不得已于民,今则民之放也。愿闻一言。"鸿蒙曰:"乱天之经,逆物之情,玄天弗成;解兽之群,而鸟皆夜鸣;灾及草木,祸及止虫。噫,治人之过也!"云将曰:"然则吾奈何?"鸿蒙曰:"噫,毒哉!仙仙乎归矣。"云将曰:"吾遇天难,愿闻一言。"鸿蒙曰:"噫!心养。汝徒处无为,而物自化。堕尔形体,黜尔聪明,伦与物忘;大同乎涬溟,解心释神,莫然无魂。万物云云,各复其根,各复其根而不知;浑浑沌沌,终身不离;若彼知之,乃是离之。无问其名,无阚其情,物固自生。"云将曰:"天降朕以德,示朕以默;躬身求之,乃今也得。"再拜稽首,起辞而行。

庄子的基本观点是,天人合一,人与自然是息息相关而不可分割的整体,必须摆脱以人为中心的价值观局限,人的行为必须本乎自然,人与自然应该和谐相处。他强调人要与自然融为一体,把自己托付给大自然,融身于大自然。

庄子终朝每日,都置身于大自然之中。他从自然主义立场出发,认为生寄死归,人死了,临丧哀泣是不懂得人的本性。为此,当他的妻子去世后,他遂"鼓盆而歌",因为她安静地睡在天地的大屋子里,是真正回归了大自然。

学者何林军认为,庄子提出了影响深远的"法天贵真"的行为准则和审美原则。自然是人的肉体的家园。人之肉体、生命、子孙后代,乃"天地之委(委托、付与)形""天地之委和""天地之委顺""天地之委蜕"(《知北游》);自然更应该是人的精神的最后家园。人来于自然,最后归于自然,人死不过是结束在社会上短暂的流浪,而回到宁静的自然这一永恒的家。为人类心灵找到一条回家的路,这就是庄子美学的精髓和魅力。

4

庄子之"道"落实到社会生活,落实到处人、处己、处世上,形成了第三张面孔,这就是游世的心态。

古代士人有"进退雍容""趋舍异路"的说法,其间含有入世与出世的抉择。一般认为,儒家、墨家、法家持积极入世的取向;而佛禅与道家则是消极避世,也就是出世的。其实,这是一个比较复杂的问题,如果笼而统之地说,难免陷于表面化、片面性。不仅庄、禅的取向不尽相同,即便是老、庄并称,他们的分际也是比较明显的。在道家中,老子思想可说是入世的,尽管入世的方式与儒家有所不同,但他在政治观、人生观方面,存在着鲜明的入世的因子,首先表现为对治世之道的特殊关注。他讲"无为而无不为",着眼点在于"无不为";他讲"将欲取之,必先与之",着眼点在"取"字上。

从前,有些人读《庄》往往停留在字面上,习惯于把庄子纳入出世一途。实际上,他的出世,是有别于一般的处身岩穴、遁迹山林的传统隐逸之士的。相对于避世来说,他更欣赏的还是游世。他要"与世俗处",寄沉痛于悠游之中。他说,"唯至人乃能游于世而不僻,顺人而不失己",内在追求的是一种"逍遥游"的境界。宋末词人刘辰翁有言:"庄子一书,其宗旨专在'游'之一字。"明代思想家方以智也说:"内篇凡七,而统于游。"按照陈鼓应的说法:"庄子是以'出世'的精神入世。庄子要扬弃现实世界中的世俗价值网(如功名、利禄、权势、尊位的价值网),从中解脱出来。这种'出世'精神与宗教的离弃此世截然不同,因为庄子并不舍弃这个世界本身。"

庄子的心态是超脱的。童心,天放。他能够品味寂静,消解孤独,随遇而安。他并不主张完全脱离现实、遁入山林、隔绝世界;而是要在现实生活中保持超脱的境界,也就是所谓"游世"。这种游世,介乎出世与入世之间,是一种超越世俗、超越物累的大自由、大自在的境界。他能够做到,得意时不忘形,失意时不失志,冷眼看待得失,等量观察荣辱;"且举世而誉之而不加劝(不为之倍加奋勉);举世而非(非议、指责)之而不加沮(不感到沮丧);定乎内外之分,辩乎荣辱之境,斯已矣。彼其于世未数数然也(并没有去汲汲追求)"(《逍遥游》)。

《大宗师》篇有一段关键的话,有助于我们研索庄子的游世心态:"子桑户、孟子反、子琴张三人,相与语曰:'孰能相与于无相与,相为于无相为?孰能登天游雾,挠挑无极,相忘以生,无所终穷?'三人相视而笑,莫逆于心,遂相为友。"

作为一种共同的精神追求——相交而出于无心,合乎自然;相助而不着形迹,合于本性;进而精神悠游于物外,直至达到忘怀生死的超然境界。

他们说出了这番话以后,便你看着我,我看着你,陶然忘机地一笑,彼此心里已经灵犀互通,遂结成了莫逆之交。他们不为死生之情所悬缚,安于所化,从而获得精神的大解放。

为了对这段关键的话加深理解,下面听听当代学者南怀瑾结合儒、释、道三家的宗旨所做的既有深度又充满情趣的解说。

他说,这里是讲生命的几项原则,也可以说是几件事:

"第一项,是'相与于无相与',寓相同于无相之中。关于无相有相,庄子早提出来了,不等佛学传来。他说,哪一个人能够做到彼此相同地活在无相之中?那就是不着相,活着的这个生命,一切不着相,不被现状所迷。第一句话是做到了不着相,不着相就解脱了;解脱了以后,就万事不管吗?

"第二件呢!'相为与无相为'。光解脱了也不行啊!要能够入世,能够有所作为。虽然入世,虽然还在做一个平凡的人,一切所作所为不着相。因此,我们可以讲,道家始终处在出世、入世中间;儒家是偏重入世的,譬如孔孟,绝对懂得这个道,悟了这个道,但是偏重于入世,以仁爱大悲的心情,明知这个世界是不可救的,他也硬要济世救人。不是他笨,是明知其不可为而为之,这是圣人之行。

"佛家呢,老实讲,不管你大到什么乘,最后还是偏重于出世。道家则站在中间,可出可入,能出能入,要出要入,都可以。道家始终是站在门的中间,你说进来吗,他抽腿就出去了;你说出去吗,他拔腿又进来了。始终在这个之间,这是道家之妙。

"研究禅宗的,往往说禅宗是受了老、庄的影响,这倒不尽然。不过,禅宗与老、庄的思想非常相合,尤其禅与佛学的很多名词,借用老、庄的太多了。譬如刚才提到的'相',庄子早就提出来了。这两句话,是两个重点的观念;'孰能''孰'就是谁,谁能做到相同在无相中间玩?这是游戏三昧,游戏人间。

"第三件,'孰能登天游雾,挠挑无极'。他说,哪一个人能到天上去?要到太空云雾里头去玩玩,这还不算,还在那个虚空中腾云驾雾,挠挑无极。'无极'又是一个名称,代表无量无边的大宇宙。把这个空空洞洞的太空,无量无边的宇宙,用指头挑起来,像是我们玩铜板儿一样,随便在手里翻转。谁能够做得到?

"'相忘以生,无所终穷。'忘记了现象界的生命,'无所终穷',抓住了生命一个真正的主宰,无量无边,无尽无止。

"这个生命的几个大原则,哪个人能够做到?所以,许多修道学佛的朋友,我看他性格相近的,就建议他:去读《庄子》就好,读《庄子》比佛学好。读了佛学,太宗教化、太严肃;读了《庄子》呢,没有这样严肃,非常解脱。"

看来,逍遥、游世,既是一种人生态度,价值取向,也体现了一种生命境界。它的本质,无疑是坚守孤独、清净,以至冷漠、困穷,断然拒绝与现实世界同流合污。然而,正由于它与精神自由、生命自主同义,处于一种解脱束缚、限制的超然状态,所以,它又有着上述几个方面的逍遥自在,精神飞扬,令人悠然神往的形态,有着放弃世间种种责任、追求、欲望的轻松感。

治《庄》学者颜世安指出,作为庄子思想的重要部分,游世思想所直接针对的是"人生面临那样深广的痛苦,如何找到个人解脱的道路"的问题。

游世思想的内涵相当复杂。庄子一方面是以故意的玩世不恭态度,继承了隐者传统的心情灰暗的主题叙述,就是以轻视现实和躲避矛盾,来保护一种弱意义的生存欲求。可是另一方面,庄子又认为在这样黑暗的存在背景中,隐者传统意义的个人出路是根本不可能的。所以,庄子干脆把一种故意不肯负责任的游戏态度贯彻到底,不仅游戏地对待现实世界,而且游戏地对待个人生死,游戏地对待人生一切可能的期待。这种彻底的游戏,不只是在玩世不恭的程度上比传统隐者大大趋强,而且是干脆终结了隐者回避现实转向自我的传统思维方式。传统隐者始终小心翼翼保护着的软弱的个人生存渴望,被庄子戏谑地扔进黑暗的游戏世界之中。游戏到了这一步,它就不再只是自我保护的方法。因此,在庄子游世思想中实际上隐含着一个新的主题,这就是以带有自嘲意味的自我放逐心情,来与一个黑暗的世界对抗到底。这里的对抗不是正面反抗,而是摆出一切皆不在乎的姿态,直视黑暗世界任何可能的恶意摆布,并且以对这种恶意摆布的戏谑的欢迎,表达对这个黑暗世界的嘲讽。游世思想这一隐蔽的主题,与寻求个人内心安宁的传统的自我保护主题,在庄子文中并不是截然分开的两种叙述,而是混合在同一种词句奇诡变化的叙述之中。两种主题都是真实的,可是相比之下,以彻底的戏弄姿态对抗和嘲讽的主题,更深刻地表达了庄子对人在天地之间无路可走这一绝望处境所做的回答。

应该说,庄子的逍遥、游世,既是他的高洁应世的一种取向,也是他面对艰难时世的无奈抉择。

5

庄子之"道"的第四张面孔,是心性化。道,体现在心灵层面,进入了精神世界。

这里有三个基点:

其一,庄子对于老子的思想,有所继承,有所吸收,也有所创新,有所发展。在创新、发展方面,主要是他把老子关于宇宙本体的道,转化为心灵世界之道。学者徐复观认为,庄子主要的思想,是将老子的客观的道,内在化而为人生的境界,于是,把客观性、精神,也内在化而为心灵活动的性格。

其二,庄子与孔子不同,对于"修、齐、治、平"之类的家国政事,他了无意兴,更不想涉足所谓"立德、立功、立言"的创业垂统、泽流百代的鸿猷伟业。他所看重的不是那些社会性的外在的附加的东西,而是人的自身的生命自由,着眼于人的心性、人的情感、人的精神世界。在他看来,"个人是人生的最后事实,自己本身即是目的,而绝不是人类心智创造物的工具"(林语堂语)。

其三,他着眼于人的心性,渴求自由生命、逍遥境界,可是,由于遭逢乱世,现实中根本无法获得。那又该怎么办呢?悲观失望自不必说,他的选择余地也是特别狭小的。他同样不寄望于后世。这样,唯一的出路,就是面对自己的心灵世界了。

《庄子》成书于两千多年前,作者的思维方式、表述习惯,文本的语境以至语言,都同今天有着显著的差别;但是,我们读起来却没有隔膜之感,觉得作者就在我们身边,读着读着,他的声音、他的情感、他的思想,就会随时随地地蹦出字面。这样,我们在饱尝着作者与读者之间心灵对话的亲切感的同时,总能接触到一种超迈、旷远、从容的精神境界。看来,处在心灵旅程中的思想者,无论置身于哪个站台,总有碰到知音的希望;当然,更多的还是那种"怅望千秋一洒泪,萧条异代不同时"的悲怆感、寂寥感、苍凉感。

庄子与老子不同,他是性情中人,怀有极其鲜明的恨和爱,而且,形诸语言,诉于笔下。他在"一鞭一条痕,一掴一掌血"地抽打着生存的现世及其统治者,心中充溢着愤懑、恨怨之情,冷嘲热讽,嬉笑怒骂,有时还血气贲张,现出"时日曷丧(何时而亡),予及汝偕亡"的"愤青"架势。在《庄子》一书中,"怒"字凡四十二见,不独人的情怀激愤,怒气满腔;就连草木也是"怒生",大鹏是"怒而飞",螳螂是"怒其臂",老虎是"达其怒心",猿猴也是"众狙皆怒"。难怪前人要说《南华》是一部怒书"。而对于陷身水深火热之中的黎庶,他则充满了同情与悲悯。尽管如同朱熹所说,他"事事识得","却不肯如此做去"。但他的心还是有所系念的。系念什么?往大了说,也许是挽狂澜于既倒,解"倒悬"于当今吧!

293

在庄子的灵性思维中,多从逆向的、相对的视角和立场,质疑与否定传统的观念,彰显着鲜明的思辨性,透露出解构的冲动、批判的本能,这是主导的方面。但是,同时还往往带着一副感伤的情怀,甚至绝望的心理,有时,说着说着,就流布出来。且看《齐物论》中这一段文字:"一受其成形,不亡以待尽(意为活着等死)。与物相刃相靡,其行进如驰而莫之能止,不亦悲乎!终生役役而不见其成功,苶然(困顿之态)疲役而不知其所归,可不哀邪(耶)!人谓之不死,奚益!其形化,其心与之然,可不谓大哀乎!"仅仅七十多个字,就出现一连串的"悲乎""哀邪""大哀"字样,整个弥漫着苍凉、悲慨、失望的气氛。

再看《知北游》篇中,庄子假借孔子之口说的这段话:"山林与(欤),皋壤与,使我欣欣然而乐与!乐未毕也,哀又继之。哀乐之来,吾不能御,其去弗能止。悲夫!世人直为物逆旅(旅舍)耳!……无知无能者,固人之所不免也。夫务免乎人之所不免者,岂不亦悲哉!"左一个"哀",右一个"悲",此老心中该有多少伤恸啊!应该说,庄子之文七分洒脱中夹杂着三分无奈。这在中国古代思想史上是不多见的。

看来,解读先哲的一个便捷方式,是从人性的角度切入,把着眼点放在心性上。庄子的心灵世界极度复杂。他是相当孤独的——凡是先知和大智慧者都是孤独的,因为他们的神理过于高妙,不能为一般人所理解,其智不可及,其"愚"尤不可及。庄子的内心里,确实是丘壑纵横,风雷密布,块垒重重;只不过他善于化解,能够以理化情,随时把它们排解开罢了。不妨说,三十三篇,大都是他及其弟子对于自身命运的艰辛思索,有一些更是透彻的解悟之后的产物。

这样,要真正读解《庄子》,除了动脑子思索,还必须借助人生阅历、生命体验,形成开阔的精神空间和深邃的审美意境,以期达致读者与作者之间情感的疏通和精神的契合。闻一多说得切实而又深刻:庄子的情,"只超人才载得起他那种神圣的乡愁。所以庄子是开辟以来最古怪最伟大的一个情种";"庄子的著述,与其说是哲学,毋宁说是客中思家的哀呼;他运用思想,与其说是寻求真理,毋宁说是眺望故乡,咀嚼旧梦";"庄子仿佛说:那'无'处便是我真正的故乡。他苦的是不能忘情于他的故乡。'旧国旧都,望之怅然',是人情之常。纵使故乡是在时间以前,空间以外的一个缥缈极了的'无何有之乡',谁能不追忆,不怅望?"

闻一多进一步说:

> 读《庄子》的人,定知道那是多层的愉快。你正在惊异那思想的奇警,在那踌躇的当儿,忽然又发觉一件事,你问那精微奥妙的思想,何以竟有那样凑巧的曲折圆妙的辞句来表现它,你更惊异;再定神一看,又不知道那是思想那是文字了,也许什么也不是,而是经过化合作用的第三种东西,于是你尤其惊异。这应接不暇的惊异,便使你加倍的愉快,乐不可支。这境界,无论如何,在庄子以前,绝对找不到,以后,遇着的机会确实也不多。

正由于庄子之道是心灵的哲学,所以,我认为,读《庄》在于心灵介入,无诉之于口,而应诉之于心,要有心境的契合、灵魂的对接。而且,还应该借鉴王国维关于"人生三境界"的思路,把握住读书的三个步骤,拓展出三种精神境界:

第一种境界——依照庄子提供的思路,"先存诸己而后存诸人"。"存诸己者",首要的是去名、去争。"德荡乎名(德的失真是由于好名),知出乎争(智的外露是由于争胜)。名也者,相轧也;知也者,争之器也。二者凶器,非所以尽行也(不能够、不应该尽行于世)。"(《人间世》)

第二种境界——像庄子那样,营造虚静、空明的心态。俗世人生,苦于生死、时命、欲望、情感所构成的精神困境;而读《庄》,则可以脱离这般般苦境,而尽情享受那种超然物外的心灵愉悦,体味着庄子的游世精神、逍遥境界,培植一种"不以物喜,不以己悲","心旷神怡,宠辱皆忘"的空明心态。

第三种境界——读出一种"遗世独立"的旷邈情怀,确立"不为物役"、精神自由的人生鹄的。比如《逍遥游》篇,读着读着,很快就会"入乎其内"——庄子笔下那一系列或大气磅礴,或飘然远举,或清灵俊逸,或虚无缥缈的哲学意象,都展示出这位旷代哲人的艺术化的生命形象和终极理想。"平易恬淡,则忧患不能入,邪气不能袭,故其德全而形不亏";"去知与故(抛开智力与机巧),循天之理。故曰:无天灾,无物累,无人非,无鬼责。不思虑,不豫谋。光矣而不燿,信矣而不期。其寝不梦,其觉无忧"(《刻意》)。

当然,这些都是圣人的"至境"与"天德",常人是难以企及的;我们可以努力践行或心向往之的,是将生命的真实完全展现,去除世俗负累,不使"心为物役",活出个自在自如来。

在庄子之道中,与游世精神相呼应的,便是"游心"——"乘物以游心"(《人间世》),"游心于物之初"(《田子方》),"游心乎德之和"(《德充符》),"游心于淡"(《应帝王》),"游心于无穷"(《则阳》),"心有天游"(《外物》)等等,说的都是遵循自然的规律,顺应自然的法则,最大限度地实现精神的超越和解放。游,是一个凝聚着审美性与诗性的美学范畴。而所谓"游心",有的学人认为,可以从三个层面来理解:

一是,就心灵本身来说,实现心灵的自由,使心灵处于一种开放状态,把精神从现实的种种束缚中解脱出来。

二是,扩展它的思想空间与精神内涵,扩展到整个生命,使之升华为一种生命形态,使生命活动从封闭状态中超拔出来,体现生命的主体性。

三是,从心与物游到心游物外,营造一种和谐、恬淡、合乎自然的境界。

心灵也好,生命也好,境界也好,全都体现了心灵哲学的特征;而且,无不与证道、体道、悟道相关。

6

庄子之"道"的第五张面孔,是审美化与诗性化。在庄子哲学中,美具有核心地位。

学者周桂钿认为,从宏观上进行分类,哲学家大体上可以分为三类:求真的、求善的、求美的。西方哲学家求真的是主流,他们侧重研究客观世界的实际情况,探讨事物的本质,最终目的是要认识宇宙的本质或宇宙的终极本原;在中国,以求善的哲学家为主,比如孔子、孟子、董仲舒、朱熹等,他们都是想提出一个可以把天下治理好的理想方案,都是善的理论。而庄子,既不侧重研究宇宙的本原问题,也不愿意参加政治活动,只是追求自己的精神自由。他所讲的道,实际上是讲艺术精神。追求美,追求精神自由,是庄子哲学的核心。当代学者、思想家李泽厚也说过,庄子的哲学是美学。

美,是庄子思想中的一个重要概念范畴,"美"字在全书中凡五十一见,其中近半数是作为道之美出现的。美源于道,而道作为一种无意识、无目的,却又合于目的的精神主体,回过头来,又成了美的本质所在。在庄子那里,道是美的灵魂、美的归宿,美是道的丰标、道的至境。庄子的美学,在内由道而生发,又围绕着道来向外展开。思想、意象也好,灵感、激情也好,一经成为美的感受对象,便都是道的外化。物我一体,心与道冥,泯灭自我,与道为一。庄子有言:"澹然无极,而众美从之,此天地之道,圣人之德也。"这种美的境界、诗的境界,应该说,属于一种纯哲理境界,不具备实践的品格,并非一种实有境界。

庄子的美学,有着一系列鲜明的特点:

——以自然为基础。老子有"道法自然"之说,这个"自然",其本义为自然而然,本然如此,亦即不假人为而自成的天然。庄子除了认同并接受这一思想,又赋予它客观存在的本真的自然界的内涵。主张崇尚自然,还归自然,与自然相亲,人与自然高度和谐,而且以自然为美,还要保持自然本性,反对人为施加影响。在庄子看来,美是与自然相通的,美是对大自然灵性的一种深刻解悟;美要到大自然中去寻求;自然之物与审美之思相互贯通,随时随地都可以转化。"濠梁观鱼"与"梦为蝴蝶",展示了一个酷爱自然,永葆童心,沉醉东风,相忘江湖的生命本体。

这种双重意义上的"自然",是庄子美学的一个基点。

——从自然出发,带来美的另一本质性特征,就是素朴。庄子美学主张素朴、清淳、纯真,大巧若拙,认为"天然去雕饰"的自然之美是美的极致。《庄子》一书中多处谈到素朴:"素朴,而民性得矣"(《马蹄》);"朴素而天下莫能与之争美"(《天道》);"既雕既琢,复归于朴(《山木》)";"明白入素,无为归朴《天地》)";"故素也者,谓其无所与杂也;纯也者,谓其不亏其神也。能体(现)纯素,谓之真人"(《刻意》)。

——与自然和素朴相关联的,还有所谓"大美"。何为"大美"?指的是与天地相通的、完整的、全面的、内在的最高境界之美,是一种顺乎自然、齐一醇和、无差异、泯物我的浑沌之美。这里说的"大美",还不是壮美,也和西方美学中的崇高的含义不同;它的本质特征,是体现一种超越性——超越有限的拘缚和小我的主观偏见,归依自然之道,与天地相通;超越世俗的美丑观念,强调内在美、人格美、精神美,主张"德有所长,而形有所忘",否定以貌取人、重形轻德;认为美在心灵,最深刻、最持久的美是心灵之美。"大美",是庄子最早提出的一个原创性的美学命题。他认为,天地本来含有大美在其中,"天地有大美而不言";"圣人者,原天地之美而达万物之理"(《知北游》)。大美与至美同义,"得至美而游乎至乐,谓之至人"(《田子方》)。

——庄子以其诗意的审美情怀,着眼于生命境界的审美升华,而不屑于诉求实用主义的理性目标,更不醉心于种种世俗的利益关切,解决某些现实的具体问题。他的哲学视角与审美取向,是很独特的。他否定功利化、实用性,以无用为大用。他说:"知无用而始可与言用矣"(《外物》);"人皆知有用之用,而莫知无用之用也";"且余求无所可用久矣,几死,乃今得之,为予大用"(《人间世》)。这是一种审美性、鉴赏性的判断。这种判断不是理智的、逻辑的,而是一种情感的判断。就是说,它并不指向实用,也不表现为理智的认知,而是一种心理上的满足——这也是艺术的本质所在。

——庄子认为,作为审美主体,人必须处在精神完全自由的状态下,审美活动才有可能。"逍遥游"强调"无待",强调"游心",讲的是一种纯精神的绝对自由的审美享受。诸如功名利禄的迷惑,人事关系的纠结,礼教仁义的重负,生老病死的牵制,都会损害以至消解对美的诉求与欣赏。后世的德国哲学家海德格尔也曾说过:"在作美的观照的心理的考察时,以主体能自由观照为其前提,站在美的角度眺望风景、观赏雕刻时,心境愈自由,便愈能得到美的享受。"

——庄子美学的主体是人,但他反对人类中心主义价值观,反对以人的主观体验作为判断美的标准,从而揭示了审美的相对性。世俗人生总是把所厌恶的视为臭腐,把所喜爱的目为神奇,这种美丑、善恶、功过、是非的判断,都是人所赋予的一种社会价值判断。就这个问题,他在《齐物论》中做了充分的论证:

关于"正色":"毛嫱丽姬,人之所美也;鱼见之深入,鸟见之高飞,麋鹿见之决骤。四者孰知天下之正色哉?"毛嫱、丽姬是众人欣赏的美女,但是,鱼儿见了她们就潜入水底,鸟儿见了她们就飞向高空,麋鹿见了她们就迅速逃跑。庄子问了:四者差异如此之大,谁知道天下真正赏心悦目的美色是什么?

关于"正处":"民湿寝则腰疾偏死,鳅然乎哉? 木处则惴栗恂惧,猨猴然乎哉? 三者孰知正处?"人睡在潮湿的地方就会腰痛,甚至半身不遂,泥鳅也会这样吗? 人住到树上,担惊受怕,猿猴也会这样吗? 庄子又问了:这三者,谁知道真正舒服的住处是哪里?

关于"正味":"民食刍豢,麋鹿食荐,蝍蛆甘带,鸱鸦耆鼠,四者孰知正味?"人吃肉类,麋鹿吃青草,蜈蚣喜欢吃小蛇,猫头鹰与乌鸦喜欢吃老鼠。庄子又问了:这四者,谁知道真正可口的味道是什么?

——庄子哲学,展示着一种独具魅力的精神气质,亦即诗性的风采。"天海苍茫处,诗心一往还。"对于庄子,美是一种诗意情怀的展开。诗与哲学,实现了理想的融合与完美的嫁接。他的看家本领和拿手好戏,便在于擅长把以形象诠释人生与以抽象演绎人生完美地结合起来,以艺术化的形象反映形而上的理蕴,用"荒唐之言、无端崖之辞"和奇幻莫测的意象表述玄渺深邃的思想。

他以特殊的生命体验和无比发达的想象能力为依托,通过审美的直觉、奇异的灵感的运作,营造出一种富有精神张力、思维活力、艺术感染力的诗性空间。他的诗性情怀、诗性智慧,是悲剧化的,在他的著作里,我们可以体察到一种沉痛的心结,苦闷、郁勃以至绝望的心境。他把"现实的人生看得毫无意味。他常常在慨叹,有时甚至于哀号"(郭沫若语)。

庄子的美学思想与人生哲学是一致的,它的最终落脚点:是理想人格的建构与诗性境界的提升。这是他留给后世的一份重要的精神遗产。

庄子从存在论的立场出发,倡导可信与可爱双重价值肯定的人格主体。这种人格主体,注重理想人格的发展与完善,反对人为物役、人性异化,追求身心的绝对自由和逍遥独立、淡泊从容的精神气质。把现实的生存世界转化为审美的生存境界;把肉体生命物欲享受、感官满足转化为精神生命的觉解与欢歌;把世俗的功利计较和实用、占有关系,转化为人生的诗意把握。

而诗性境界的跃升,有赖于虚静这种自然的本质、生命的本质、艺术的本质。通过"心斋""坐忘"的途径,人的精神境界可以进入一种虚静状态。庄子十分看重这一心理素质,在《天道》篇三致意焉:"夫虚静恬淡、寂漠无为者,万物之本也";"天地之平而道德之至也";"以虚静推于天地,通于万物,此之谓天乐"。虚静,既是实现"逍遥游"的前提条件,同时又是艺术创造的重要心理特征,有了它,想象、虚构才有足够的施展空间;韵外之致、味外之旨、超以象外、含蓄蕴藉,才有可能出现。所以,《文心雕龙》中说:"陶钧文思,贵在虚静。"

学者颜翔林指出,庄子以东方民族的诗性智慧作为自我的思维方式,超越了一般的知识形式和形而上的逻辑限定。他的言说显现汪洋捭阖的审美想象和玄妙抽象的哲学思辨的完美叠合。以往美学一方面在西方旧形而上学的理性阴影下蹒跚行走,成为一个哲学背景下陪衬式的可怜角色;另一方面,它又被抛掷在"感性"的旋涡,导致诗意的丧失和审美灵感的窒息。而庄子以"逍遥以游"的寓言方式,打通实证世界和幻觉世界的界限,从而使审美活动获得超越知识和认识的绝对自由,使诗意生存和艺术人生成为可能。

现在,人们经常谈论西方哲人关于"诗意的栖居"这一哲学命题。实际上,诗意的栖居,与诗性化、审美化的生存同义,这也正是庄子美学中的一项核心内容。

一位文友看了这部分之后,笑着评说:"套用庄子的'不知周之梦为胡蝶',还是'胡蝶之梦为周';你老兄这篇文章,也是不知所言为道之面孔还是周之面孔;是庄周述道,还是借道以述庄周。原来,道亦周也,周亦道也。——庄周述道,使道生命化了,人格化了,境界化了;随之,他也在述道的同时,而把自己'道化'了。"

我说:"此论甚妙,实获我心。"

第十四节

十大谜团

  前人说:"书读百遍,其义自见。"强调的是,不厌其烦地反复读解。为此,东坡居士发明了"八面受敌"读书法:一本书的内容十分丰富,而人的认知能力有限,不可能一次就洞悉全部精髓,只能集中注意力于某一方面,"每次作一意求之";这次完成了,下一次再换一个角度,再读一遍,逐次加以突破。他在攻读《汉书》的过程中,就是应用了这种方法,每抄读一遍,都带有一个明确的目的:读第一遍,他从中学习"治世之道";读第二遍,求索用兵之法;读第三遍,则是专门研究人物和官制。读过数遍之后,《汉书》中多方面的内容,便一一通晓无遗。

  实践证明,这种方法是科学的、实用的。因而多年以来,我一直应用它于《庄子》的探赜发微,试图用它来解开庄子的千千心结。

  同世界上一切伟大的哲学家、思想家一样,庄子的人生哲学、心灵世界、生命关怀、精神境界、价值取向、思维方式、文化心理、生活态度,充满了相互纠结的矛盾。因而,我在读解《庄子》过程中,总有一种浩茫幽邈、恍惚迷离的奇异感觉,觉得其间遍布着难于索解的谜团,存在着太多的因变参数,甚至蕴涵着某种精神密码。"八面受敌法"帮助我渐渐地摸到一些门径,获得某些新的发现、新的认知、新的感悟。整个状态是,时而迷雾密布,时而茅塞渐开,时而执经问难,时而强做解人。

  人,是需要理由的动物。面对一些难解的悖论——庄子称之为"吊诡",不找出具有一定说服力的答案来,心里觉着憋得难受。

Ⅰ

  我碰到的首要谜团,是庄子何以眼睛最冷,而心肠又最热?

朱熹对于庄子,应该说是知之较深的。关于庄子,他有个概括性的评价:"事事识得""却不肯如此做去"。意思是庄子的眼睛很"毒"、很冷,穿透力很强,事事看得开;可是,却只说不做,不肯动手。清代的治《庄》学者胡文英更加明确地阐发了朱夫子的意思,他在《庄子独见》中说:

> 庄子眼极冷,心肠极热。眼冷,故是非不管。心肠热,故感慨万端。虽知无用,而未能忘情。到底是热肠挂肚。虽不能忘情,而终不下手,到底是冷眼看穿。

庄子表面上看,优哉游哉,不预世事;内心却充满着忧患意识、悲剧情怀,可说是"寄沉痛于悠闲"(陈鼓应语)。循此而论,对于所谓"眼冷",还可以从胡文英的论说中得到回答:

> 庄子开口就说没要紧的话,人往往竟算作没要紧看。要知,战国是什么样时势、风俗?譬如治伤寒病的一般,热药下不得,补药下不得,大寒、凉药下不得;先要将他一团邪气消归乌有,方可调理。这是庄叟对病发药手段。看作没要紧者,此病便不可医。

就是说,庄子并非真的冷对世情,只不过是"寄沉痛于悠闲",是在那里运用一种"对病发药手段"。

是呀!如果他真的完全脱略世情,他也许就不会那么热心讲学、授徒,参与对话、辩论,特别是著书十余万言了。——须知,际先秦之世,此岂易为哉?那么多字,且不说他和弟子们像缀网劳蛛似的,呕心沥血,巧构精思;单讲,记下这十多万字,总得数千支竹简吧?他们是怎样书写上去的?又是怎么刻制出来的?就是说,他们之所以肯于付出如许大的毅力与艰辛,还不是着眼于苍生疾苦,满怀着由衷的热望!

庄子头脑极为冷静,而情感却至为丰富。他既是一位探索精神、创新意识极强的哲人,又是一位不满现实、满怀理想、激情四射的诗人。闻一多说得特别形象:"他那婴儿哭着要捉月亮似的天真,那神秘的怅惘,圣睿的憧憬,无边际的企慕,无崖岸的艳羡,便使他成为最真实的诗人。"

眼冷心热,是庄子知人论世、待人处世的一个基本特点,在然疑之间翻腾,在冷热之际涌荡。之所以如此,当与庄子的间世或游世的人生态度紧相关联。庄子既非绝迹红尘、山林栖隐的出世者,作为一个思想家,也不是那种完全钻进象牙之塔、纯然与世隔绝、醉心于抽象思考的"老学究";而是生活在热辣辣、光闪闪、气腾腾、血淋淋的人间世里,苦闷地求索着,绝望地挣扎着,却又采取不即不离、相对超脱的游世态度。唯其置身于红尘浊世,方能看到种种乱象,从而热心关注,愤世嫉俗;唯其拉开一定距离,方能保持清醒头脑,冷眼相看,对于各种权力体系、统治方式、钻营手段、龌龊行为,保持高度的警惕,采取极端的鄙视与批判的态度。

当然,热心肠毕竟表现为一种参与意识、担当精神,说是不介入,实际上还是介入了;而冷眼,既是一种客观态度,又必然聚结为一种批评行为。诚如鲁迅先生所说的,完全超出于人间世的,是没有的。既然超出于世,则当然连诗文也没有,诗文也是人事;既有诗文,就可以知道于世事未能忘情。从这个意义上说,热心与冷眼,二者又有其同一性。出于对现实的失望以至绝望也好,强烈的悲剧意识也好,批评立场、怀疑精神也好,既可以视之为冷眼相看,又何尝不是热心以对的直接结果!如果不是热心肠,索性就视若无睹、不闻不问,或者眼睁眼闭、做哑装聋罢了,何必要持批评立场、怀疑精神,热望、失望直至绝望呢!

"感慨万端,终不下手","虽知无用,未能忘情"。实际上,这也反映出一种理论与实践、认知与操作方面的隔膜与距离。这也是中国历代知识分子绕不开的矛盾,庄子何尝例外!当然,这又是另外一个范畴的问题了。

要之,"眼冷心热"这一对矛盾概念,完整地塑造出一位伟大的思想家的人格精神、价值取向与超越意识。在权力结构无远弗届、无孔不入的笼罩下,庄子能够洁身自好,不与统治者同流合污,保持人格的高洁与独立,确属难能可贵;"他虽在人世,却和不在人世一样,眼光见地超出世俗之上,超出'形骸之外'"(胡适语)。表现出一种冷峻的历史理性和罕见的超越意识。

庄子之所以为庄子,标志、特色正在于此。

2

第一个谜团还没有彻底解开,第二个又跳了出来:庄子既然心肠最热,那就说明他还是深于情的。如果问题就止于此,那也倒是简单明了,入情入理,没的可说。可是,情况偏偏并不如此简单。当惠子问他:"人故无情乎?"庄子答复为"然。"惠子又问:"人而无情,何以谓之人?"庄子答曰:"道与之貌,天与之形,恶得(怎么能)不谓之人?"(《德充符》)。那么,庄子究竟是有情,还是无情?

看来,这里有个如何理解所谓有情与无情的问题。

很显然,后人对此认识是不尽一致的。闻一多说,《庄子》中洋溢着"一个哀怨的'情'字。《三百篇》是劳人思妇的情;屈、宋是仁人志士的情;庄子之情可难说了,只超人才载得住他那种神圣的客愁。所以,庄子是开辟以来最古怪最伟大的一个情种"。看来,他是承认庄子有情的。

而冯友兰则认为,庄子由于对万物的自然本性有完全的理解,所以无情。可是,这并不是说他没有情感。这宁可说是,他不为情所扰乱,而享有所谓"灵魂的和平"。庄子说,人之所以有情感,是因为人的知识不够,若有充分的知识,则不会有情感。按照西方哲人斯宾诺莎的伦理学说,情感是人的束缚,若人有完全的知识,就可以把这束缚打破。人之所以不能摆脱情感的束缚,主要的原因还不是人不能避免情感的发生,而更在于"心累于物",也就是情感发生后,不能为理所化,而累系于物。因此,庄子主张以理化情,所谓"安时而处顺,哀乐不能入也"。

陈鼓应指出,庄子之情有两种含义;一种是真、质、实的意思,还有一种就是感情的情。庄子所谓无情,并不是说人没有感情,只是不要被感情捆绑住。

青年学者傅粉鸽认为,庄子说的无情,是无世俗之情。世俗之情有两种,一是指由欲望、心智而生的是非、好恶之情,这种情会引发贪欲、物欲、情欲,诱导人去役心于物、醉心于名,既会惰志伤身,又能造成自然心灵的蒙蔽。因此,庄子力主去除它。第二种世俗之情,指的是儒家仁义道德所滋育之情。从这种道德情感出发,要求人们做君子、建事功,为仁义而献身。庄惠之辩中,惠子作为世俗之人,求功辨名,以一己之认识与情感评判、取舍天下事物;而庄子则随顺自然,不以物喜,不以己悲,两人之情,判然各异。对这两种世俗之情,庄子都竭力予以批判,表现为所谓无情;而对生命的自然之情,也就是"性命之情",庄子则极力赞扬与追求。这种情与真相通,可谓真情。从性命之情、自然之情、真情出发,庄子对于鲲鹏龟蝶,花草木石,都充满了感情;在他的眼里,物物皆有情,甚至整个宇宙就是一个充满情的场所。就此而言,庄子确实是天下最有情之人。

综合上述诸家观点,我觉得,对于庄子所说的情与无情,可以做如下理解,即分为三个层次来阐释——

第一个层次,从一般意义上讲。庄子所说的情,指的是一般人心目中的情感,包括七情六欲,还有《齐物论》中所说的狂喜、愤怒、悲哀、欢乐、忧愁、叹息、反复、恐怖、轻佻、放纵、张狂、造作等心理活动,由此交替演化,交织成情感、情绪。早在《诗》三百篇中就已经讲到了:"隰有苌楚,猗傩(义同婀娜)其枝。夭之沃沃,乐子之无知。"《国风·隰有苌楚》)知,欲也,情也,思虑也。说低湿之地的苌楚(猕猴桃),无知无虑,故能婀娜夭沃,枝叶茂盛。而人就不同了,有身为患,七情炽盛,百感萦怀,必然是形役神劳。准此而言,唐代元结诗云:"借问长寿翁,何方自修育?唯云'顺所然,忘情学草木'。"唐代李贺与南宋的姜夔说得更直接:"天若有情天亦老";"树若有情时,不会得青青如许"。先秦以降的心理学说认为,性不得其平而为情,情是平静的心态遭受骚扰而产生的。不平便情动于中,宛如水之因风鼓浪,气之缘热力而上腾。韩愈便曾说过,"物不得其平则鸣",庄周不平,"以其荒唐之辞鸣"。

这些情感如果不能得到正当控制,则不利于保全天性和颐养身心。释家当然更极端一些了,在佛教话语系统中,爱竟然与贪、嗔、痴这所谓"三毒"连在一起,认为它是解脱的障碍、烦恼的根本,"爱为秽海,众恶归焉"(《人本欲生经》)。看得出来,庄子所主张的无情,就是要去除世俗情感,其理想境界是"有人之形,无人之情。有人之形,故群于人;无人之情,故是非不得于身。眇乎小哉,所以属于人也;謷乎(高耸貌)大哉,独成其天"(《德充符》)。

第二个层次,对于有情无情,采取分析、辨别态度。庄子所反对和批判的是世俗之情,却并不否定"自然之情"。尽管他认为情感是生命之累,强调情感之于人类精神的诸多负面效应,但在他的思想深处,并不是全然否定情感,并非真的认为人应该绝情去欲,像后来的释家那样;而是强调应具"自然之情"。所谓"自然之情",也就是真情,亦即摒弃了矫揉造作的虚情假意的自在、自然的情感。

第三个层次,以理驭情,以理化情。且看庄子自己是怎样做的:

应该承认,他的言说同他所追求的生命存在方式、所采取的生活态度是统一的。比如他的妻子故去,他就"鼓盆而歌",这是以理化情的结果。这个理,一是想到生寄死归,生死一如——"形变而有生,今又变而之死,是相与为春秋冬夏四时行也";二是想到"人且偃然寝于巨室(从斗室里迁徙到了天地的大屋中)",我又何必在那里嗷嗷不止地号丧呢!破除了对生命的执着与妄念,因而停止了哭泣(《至乐》)。从一定意义上说,庄子之无情,乃是"太上之忘情"。

至于《庄子》是一部怒书,书中洋溢着"哀怨之情"(《后水浒传》作者陈忱语)。如果此说成立,这又该如何解释呢?学者颜翔林指出,"问题的复杂性在于,庄子一方面主张'无情',另一方面又隐喻着对至情的仰慕","庄子是一个对生命万象充满同情和仁爱之心的诗性主体,是最富有感情的哲学家和诗人"。

既然是哲人而兼诗人,又怎么可能是无情的呢!这么说来,便又回到前面的"眼冷心热"上去了。

3

庄子坚持远离政治漩涡,拒绝与官府往来,不肯"为有国者所羁",不做牺牛,态度极为决绝,没有一丝权变的表现;然而,他又奉行游世态度,明确提出"顺人而不失己"的主张。他说:"至人之用心若镜,不将不迎,应而不藏(如实反应,无所隐藏),故能胜物而不伤。"(《应帝王》)要能顺应自然禀赋而与之遨游,"无誉无訾,一龙一蛇,与时俱化,而无肯专为;一上一下,以和为量,浮游乎万物之祖;物物而不物于物,则胡可得而累邪(耶)!"(《山木》)庄子这种行为委顺、应顺时势、自然,与其精神的凌虚高蹈,其间似乎存在着尖锐的矛盾。

这又是一个谜团。

对此,学者颜世安分析认为,世界的复杂性和人自身的多向性,决定了人生心路历程的变化,我们无权选择所拥有的世界,但有权选择自己客串的角色,只有诗化的人生,才能在模糊的视线中把握心路之门。他说,庄子游离于主观世界和客观世界之中,遭遇的总是力不从心,总是失意、无奈,这使他不敢真正面对人生,只有借助理想的精神世界来寻求一种慰藉。这种矛盾、对立的处世哲学,恰恰反映了游世思想的本质。游世,表层地看,似乎庄子在以一种心如死灰的委顺,来寻求内心的安宁;而深层的意义是,庄子在彻底的游戏态度中找到的精神解脱,最终不是趋向灵魂的宁静,趋向平庸的自赞自乐,而是趋向不停顿的否定,趋向把"自我"放逐在没有任何可靠性的黑色虚无中。人的灵魂在这黑色虚无中的游荡,真正的感情是嘲讽一切。这种嘲讽不是站在干净的岸边发出的,而是通过投身黑暗的浊流,以夸张的浮滑堕落,对自己所属的整个人群进行自虐性的羞辱来表达的。

这里涉及庄子的处世观问题,其核心在"保性全生"四个字上。他之所以远离政治漩涡,"不为有国者所羁";他之所以却楚之聘,卸任漆园,都完全是着眼于此;而行为委顺,"与时俱化""不将不迎",落脚点也正是:"则胡可得而累耶!"前者是为了避险,出于被动的不得已;后者采取主动,意在安时处顺,摆脱困累。从全生保性的角度看,二者原无二致。

4

与此紧相关联,又出现了第四个谜团,或曰吊诡:

《山木》篇中,魏王见到庄子,问他:"何先生之惫邪?"结果引出庄子关于"士有道德不能行""非遭时也""处势不便"的一番议论。这似乎和庄子的价值取向、处世态度不相吻合,甚至完全悖谬——既然辞官却聘,不做牺牛,"苟全性命于乱世,不求闻达于诸侯";既然尘垢功名,秕糠富贵,珍视一己的独立人格,又怎么会有生不逢时、"处势不便"的慨叹?

对此,学术界有两种相反的思路,因而出现截然不同的种种说法。

一种是,大前提承认它的吊诡,它的悖谬。那么怎么解释呢?结果和儒家挂上了钩。比如学者傅佩荣认为:"士有道德不能行",这里的道德是指道德理想,是念书人学习之后用来济世的。这个用法比较接近儒家立场。如果是道家,则行与不行全在自己,又何惫之有?这样,就会导出两种答案来:一是,如有的学者所说,庄子是由儒入道的,思想中个别方面还存有某些儒家痕迹;二是,也存在着庄子弟子中个别人以类似儒家的观点,对先生的思想加以阐释的可能性。

学者崔大华指出,思想史上,一个本来具有鲜明思想特色的思想流派,在其发展中,逐渐吸收、渗入一些对立的、异己的思想观点,表现出某种折衷的倾向是屡见不鲜的。在先秦,庄子思想既以儒家思想为对立面,同时也是以儒家思想为理论背景而出现的。当庄子后学失去庄子本人那样独特的精神感受和理论境界时,他们就不能清晰分辨和努力坚持这种对立,不自觉地从儒家思想中吸收某些观点,表现出某种折衷倾向是自然的。

一种是,与此思路、观点不尽相同,但有其相通、相似之处,可以清末学者王先谦为代表:

> 余观庄生甘曳尾之辱,却为牺之聘,可谓尘埃富贵者也;然而贷粟有请,内(纳)交于监河,系履而行,通谒于梁魏,说剑赵王之殿,意犹存乎救世,遭惠施三日大索,其心迹不能见知于同声之友,况余子乎?

其意若曰,庄子只是弃仕而并非弃世,因而救世之心未泯。既然"意犹存乎救世",而遭逢不偶,自然就会顿兴"士有道德不能行"之叹。

一种是,不是从庄子及其后学接受儒家思想影响入手,而是着眼于分析庄子发此议论的语境及其确切涵义,这是又一种思路。

可以认为,庄子对于时君世主满怀恶感,纵使没有进行当面指斥,也完全可能抓住机会,借题发挥,予以旁敲侧击,也就是借着"何先生之惫耶"这个话头,抨击一番由于世道黑暗所带来的有志之士精神困顿、心情苦闷的不合理的社会政治现象,里面有愤慨,有悲痛,有同情。至于他的"时命、逢遇"之谈,原是话题引线,着眼点在发泄不满。

学者涂光社指出,庄子的"非惫也",基于能行"道德"的精神强势,能够不知疲倦地求索与遨游,足以笑傲王侯、睥睨势要,在精神意气上压倒魏王。他讲了个寓言:腾猿获得处势之利,就能"王长其间",反之,则危机四伏,难以自全;随后说,士人"处昏上乱相之间",须避免重蹈比干覆辙,彻底泯绝留骨高堂的企望,甘于曳尾泥涂。寓言批判了黑暗政治,宣示了庄子安贫乐道的守持,其中也包括对迫于时势而走投无路的贫士的同情。

5

庄子提出"顺人不失己""不以物害己",反对"丧己于物";可是,他又在多处提出"忘己""大同而无己""虚己以游世",这不是互相矛盾吗?

原来,这个"己",在不同场合有不同的含义。"己",通常都理解为自己,也就是我;可是,在庄子那里,"我"被看作两种形态,往往是用"吾"与"我"加以区分:"吾"是破除我执,与道合一,而"我"则相悖于道。"我"是有成心、成见的,有了成心、成见,就与自然真实的本我背离了。庄子在《齐物论》中说"今者吾丧我",意为今天的本我摒弃了偏执的"我",打破了自我中心的"我"。"吾"与"我"对称,也就是本我与语言包装之后的"我"的对称。

不失己,是强调个人的独立存在价值。庄子讲,他的精神世界,"出入六合,游乎九州,独往独来,是谓独有;独有之人,是谓至贵"(《在宥》)。这里的"独往独来",并非主张离群索居,不预世事,也不是为所欲为,一意孤行;而是要保持一种"独有"状态,就是在与人共处中保持自我,拥有自己的内在人格世界,换句话说,就是充分肯定自身的独立存在价值。

那么,庄子同时又强调,在与人相处中要能够"虚己",这又当做如何解释呢?《山木》篇中借用市南子的话,以"虚船撞舟"为喻:

一艘船在渡河时,被另一艘没有人的空船给撞了。在这种情况下,即使是再急躁的被撞者,也不会发怒。可是,如果撞船的上面有人在,那情况就不一样了:一当发现对面有船驶来,存在相撞的险情时,必然呼喊对方赶紧转舵避开;一次呼叫不听,二次呼叫不听,到了第三次就会口出不逊,骂出难听的话来。同样是撞船,原先不发怒,现在却发怒了,就是因为原先无人,现在有人。看来,"虚己"至关重要。人若能空虚自我(虚己)而在世间遨游,那么,谁还能恨怨他、伤害他呢!

附原文:

> 方舟而济于河,有虚船来触舟,虽有偏心之人不怒;有一人在其上,则呼张歙之,一呼而不闻,再呼而不闻,于是三呼邪,则必以恶声随之。向也不怒而今也怒,向也虚而今也实。人能虚己以游世,其孰能害之!

再者,庄子强调"大同而无己",这里讲的是一种生活态度,甚至是一种精神境界。像庄子《在宥》篇中所讲的:至人独处时寂静无声,行动时变化无常。引领纷杂的人群,游于无始无终的境域;独来独往,与日俱新;容貌形躯,合于万物同化的境界;万物大同,以致完全忘却了自我。

看得出来,在"虚己""无己"与"不失己"中,"己"的含义是判然有别的。

6

庄子在《大宗师》中指出,"死生,命也,其有夜旦之常,天也,人之有所不得与(不能干预)";又说"古之真人,不知说(悦)生,不知恶死;其出不訢(欣喜),其入不距(通拒),翛然(自由自在的样子)而往,翛然而来而已矣"。既然如此,那就听其自然好了。可是,他却特别注意,反复强调保身、全生、尽年,其间显然存在着尖锐的矛盾。这种生的执着与死的解脱,形成了一个两极对立的谜团,这又当如何解释?

其实,这是属于两个层面的问题:不应视之为相互抵牾,甚至两极对立。

一个层面,体现了庄子对生命价值的觉醒,是从生命可贵应该爱惜这个角度来说的,它的性质属于价值判断。德国哲学家海德格尔有言:"死把一切完成都超完成了,死把所有一切限制都超限制了。"死亡既是完成,更是一种消解,它把人生一切有价值的东西全部带走,使之消失净尽。所谓"死去原知万事空"是也。

学者杨国荣指出,以确认个体存在价值为前提,庄子将生命价值提到了重要地位,他说:"以其知之所知,以养其知之所不知,终其天年而不中道夭者,是知之盛也。"(《大宗师》)也就是生命的自然延续未因外在戕害而中断,以此为"知之盛",显然表现了对生命存在的注重。生命存在首先与感性之"身"相联系,必然相应地体现为对身体的关注。

在《让王》篇中,庄子谈道:"能尊生者,虽富贵不以养伤身,虽贫贱不以利累形。今世之人,居高官尊爵者,皆重失之,见利轻亡其身,岂不惑哉!"对于这种"危身弃生以殉物"的行径,他是颇为不屑的,讥之为"以随侯之珠,弹千仞之雀","其所用者重而所要者轻"。

而另一个层面,则是庄子从"齐物论"的视角对世俗生死观的反思和批判,揭示了"生死一如"、生与死的同一性,这个命题属于事实认定。在庄子看来,生与死不过是一种生命形态向另一种生命形态的转化;生死是同一的,同归于"道"这个本体。"道"是生命的归宿,也是万物的归宿。生即是死,死即是生,"聚则为生,散则为死","生者死之徒(同类),死也生之始","已化为生,又化为死"(《知北游》)。既然消解了生死的差异,那么,对生或者死,也就应该无动于衷。所以说:"死生无变于己。"

7

说到吊诡,庄子在对待言语问题上,表现得至为明显。这算作第七项吧。

庄子一方面怀疑以至否定语言表达的有效性,说是"道不可言,言而非也"(《知北游》),意思是,真正的"道"是不可言说的,任何具体言说,都只会使"道"受到损害,或者遮蔽;另一方面,他又不止一次地在多种场合,对于"道"做反复的阐述,有人统计,"道"在《庄子》一书中,共出现三百五十三次。既然"不可言",为什么偏要言,还要不厌其烦地反复阐述呢?

原来,"道"与"言"是一个矛盾结合体,它们的关系很密切,却积不相能。人们进入认知世界,必须借助概念、语言,所以说:"语言是人类存在的家园。"(海德格尔语)可是,语言同时又会成为人类的精神桎梏,成为认识世界的一道屏障,因而又有"我们每个人都生活在语言的牢笼里"(美国哲学家弗雷德里克·詹姆逊语)的说法。庄子似乎早就意识到了这个矛盾。他强调了两点:"大道不称,大辩不言","分也者,有不分也;辩也者,有不辩也";"天地与我共生,而万物与我为一。既已为一矣,且得有言乎?既已谓之一矣,且得无言乎?"(《齐物论》)前者表明,道不能依靠言说,有时越是言说,越容易招致误解,对道的理解,需要建立在自我心灵的内在领悟上;后者发问:既然已经是同为一体了,那么还有什么可说的?既然已经称之为"一"了,怎能说是无言呢?

要澄清这个复杂而矛盾的问题,可以遵循如下思路:

其一,"严格地说,大全,宇宙,或大一,是不可言说底(的)。因为既是至大无外底(的),若对之有所言说,则此有所言说即似在其外。"(冯友兰语)

其二,语言具有局限性,它未必能反映精神深处的本质,因此应该超越它。庄子《秋水》篇中指出:"可以言论者,物之粗也;可以意致者,物之精也;言之所不能论,意之所不能致者,不期精粗焉(不能依赖精或粗的概念来界定)。"在庄子看来,用言语表达出来的,都会使原意大打折扣("言辩而不及"),从而引申出"言尽悖"的结论。这一点容易理解,因为我们日常接触到、感知到的事物,都是立体的、多维的;可是,一当诉之于语言、文字,就成了平面、直线、单维的了;会有大量的信息、内涵被过滤掉。这是从表达角度讲,若是再把理解这一层加进去,由于读者或者听众的视角选择、理解程度上的差异,更会使得原貌的复原难以实现了。

还有第三层,叫做"不说也罢"。现代女作家萧红说过这样一件趣事:小时候,她酷爱一首唐诗,叩其缘由,并非由于它的内容,而只是欣赏它的声调和韵味。后来,有人把这首诗做了详细的分析、讲解,尽管讲得头头是道,但是她听过解释之后,却再也不想读这首诗了。原来,唐人作诗,唯适己意,并不刻意求解;好像那种神奇而模糊的虚灵境界,一经求其"甚解",哪怕是偶涉唇吻,也会倏尔消失似的。

还有两句上古时传下来的民间谚语:"山川而能语,葬师食无所;肺肝而能语,医师色如土。"那些专门为人看坟地风水的阴阳先生,面对山川、陵谷,说得头头是道,活灵活现;可是,假如山川、陵谷也能够起来说话的话,这些"葬师"便没处混饭吃了;医生之于肺肝,也同样面临着这样严峻的挑战。

此间的吊诡在于,既然"道"不能用语言来表达,那么,请问庄老先生:您的"道"不也是靠着语言来传播的吗?莫非说,您那洋洋洒洒的十余万言,并未起到阐述、流传的作用?就此,有的论者做如下阐释:《庄子》一书中无论是"寓言""重言"还是"卮言",都属于诗性语言。作为一种诗意言说的话语方式,它们已经超越了普通语言的逻辑根性和工具本性,从而跳出了"言道的悖论"的陷阱。这应是庄子及其弟子的一大话语策略。

学者林春红认为,在《齐物论》中,庄子指出了"有我"的本质是人类对语言的发明与运用,因而,他本人不得不借用语言来表达他的思考。但借用归借用,事实上,庄子还是不可避免地表示怀疑,流露出对自己所"言"的吊诡心理,以致最后终于连"庄周梦蝶"还是"蝶梦庄周"也无法分辨了。语言是人类文化的承载工具,否定了语言,也就等于否定了文化。庄子用他独特的吊诡之言,树立了一种反文化的姿态,但现实中并不可能真正否定了文化,庄子的意义在于他最先扮演起我国文化史上的反叛角色,成为与正统儒家文化相得益彰的另一个传统。

当年,唐代大诗人白居易曾以诗致诘老子:

言者不知知者默,此语吾闻于老君。
若道老君是知者,缘何自著五千文?

我欲效颦,于是套用白诗,也写下几句俚词:

道不可言还要言,蒙庄吊诡自难圆。
凭将十万珠玑字,留得千秋说梦篇。

8

与"言尽悖"相对应的,是"辩无胜"。庄子认为,辩论没有必要。本来是

"此亦一是非,彼亦一是非";可是,辩者却"是其所非,而非其所是",结果"是亦一无穷,非亦一无穷",最后双方都没有赢家,更不可能有什么结果。既然如此,那么,在实际生活中,庄子又为什么参与多项的辩论,特别是同惠子?

这真是一个待解的谜团。

庄子对于是非之辩,是持否定态度的。学者就此多有阐发与论列:

王博指出,在庄子看来,事物之间,没有同是,也没有同非,这世界是不可以用一个统一的标准来切割的。既然没有一个统一的标准,没有一个"正",又何必要争一个"正"呢?庄子一定是厌倦了这世界上的争论。他要从根本上来摧毁这些争论的基础。

杨国荣认为,争论的各方往往从一偏之见出发,仅仅抓住"道"的某一方面,各是其所是,各非其所非,所谓"辩也者,有不见也"。如此争辩的结果,则是愈辩而离道愈远,"其道舛驳,其言也不中",而作为整体的道,也往往由此而被片面化。

不仅此也,而且,还有一个辩对形式的效果、作用,亦即有没有必要的问题。且看庄子在《齐物论》中是怎么说的:

假使我和你辩论,你胜了我,我没有胜你,那你就果然对、我就果然错吗?我胜了你,你没有胜我,我就果然对、你就果然错吗?还是我们两人都对或者都错呢?我和你都不知道。凡是个人都有偏见,我们就只好请别人来评判是非。那么,我们请谁来评判是非呢?假使请意见和你相同的人来评判,他已经和你相同了,怎么评判?如果请意见和我相同的人来评判,他已经和我相同了,怎么能评判呢?假使请意见和你我都不同的人来评判,他已经和你我相异了,怎么能评判呢?假使请意见和你我都相同的人来评判,他已经和你我相同了,怎么能评判呢?看来,我和你及其他的人,都不能评定谁是谁非了,那还等待谁来认定呢?

附原文:

即使我与若辩矣,若胜我,我不若胜,若果是也,我果非也邪?我胜若,若不吾胜,我果是也,而果非也邪?其或是也,其或非也邪?其俱是也,其俱非也邪?我与若不能相知也,则人固受黮闇,吾谁使正之?使同乎若者正之?既与若同矣,恶能正之!使同乎我者正之?既同乎我矣,恶能正之!使异乎我与若者正之?既异乎我与若矣,恶能正之!使同乎我与若者正之?既同乎我与若矣,恶能正之!然则我与若与人,俱不能相知也,而待彼也邪?

基于此,庄子做出了应该取消辩论、中止判断的结论。

当然,庄子的这些意见,都是针对前人、时人、他人而发的,而并不包括自己。

学者颜翔林就此做出了剖析:"庄子主张中止判断,是对于以往的意识形态而言;而他自己常常是以自己的观念,对现象和其他观念不断地下判断的。他的中止判断,只是消解他者之见的方法,或者说是解构已经成为定论或'正见'的观念。另一方面,庄子反对各种辩士和辩论,而他自己如同所有辩士一样,非常喜爱辩论,例如他和惠子之间,无时无地,不择题目、对象,进行辩论与争执。他的辩才卓荦超群,'以谬悠之说,荒唐之言,无端涯之辞,时恣纵而不傥,不奇见之也'。因此,庄子本身也存在着矛盾和悖论。"

"庄子本身也存在着矛盾和悖论",这当是并非结论的结论。

9

庄子"本无心于艺术,却不期然而然地会归于今日所谓艺术精神之上"。现代学者徐复观的这一论断是很准确的。受其启示,我在读《庄》中碰到了第九个吊诡——

庄子在文学方面成就之高、给予后世的影响之大,是绝对出乎他的预料之外的;而按照他自己的本意,着力点也并不在此。他对于文学艺术是鄙薄的,想来这可能与他抱持"无为"的思想态度有关。无心为文,而文章上启诸子,下开百代,成为中华文苑中的绝世奇葩,说是吊诡也好,说是谜团也好,这究竟是怎么回事呢?

其实,说怪也不怪,从创作规律的角度,我们可以略窥端倪。

哲学与文学统一、结合,相融相生,互为支撑,相得益彰,这是《庄子》艺术上取得成功的关键环节。闻一多曾经指出,文学要和哲学不分彼此,才庄严,才伟大,哲学的起点便是文学的核心。那思想与文字、外形与本质的极端的调和,那种不可捉摸的浑圆的机体,便是文章的极致。

学者刁生虎认为,庄子其人其书成就卓越、地位崇高的原因,实与其所采用的独特的表意形式密切相关。那就是庄子借助以文学写哲学、以诗入思、以艺进道的方式,将自己的哲学观念进行了极为巧妙的文学转化,从而使其突破了哲学的界限,而跨入了文学的殿堂。为了突破哲学的界限,实现文学转化,做到了哲学理论的形象化,哲学概念的生命化、人格化、境界化,以及哲学语言的诗性化。

文学创作是与功利目的绝缘的。郭沫若认为,庄子"天才的秘密",就在于"不敢怀庆赏爵禄,不敢怀非誉巧拙,辄然忘吾四肢形体也"这句话上。"人能泯却一切的占有欲望而纯任自然,则人类精神自能澄然清明,而人类的创造本能便能自由发挥而含和光大"。文学创作"法天贵真",以"自然流露"为最佳。

这些精辟的分析,是与庄子的创作实践恰合榫卯的。唯其能够超越现实的狭隘的政治功利与物质功利,他才能以其包容万有的开阔胸怀,纵横如意,挥洒自如;唯其能够"法天贵真""自然流露",才能"一语天然万古新",无论是以形象状写人生,或是以抽象演绎人生,都能充分揭示人与世界的终极奥旨,具有范式意义。

中国传统文论主张,文格映照人格;"有一等胸襟,才有一等文字"。正是庄子的独立不羁的人格,追求超越性的精神价值,使他成为伟大的思想家与文学家。

而这一切，又都是不期然而然，于无意中得之的。

10

如果说，上述这些"连环结""迷魂套"还可以解开，那么，庄子的最后这个吊诡——他的"前古典"的立场与"后现代"的眼光，是怎么奇妙地结合在一起的？对我来说，可就是处于无解状态了。

我弄不明白，崇尚上古"至德之世"，置疑知识、科技，向往文明社会形成之前的敦厚质朴、无知无识的自然状态，在在都反映出前古典立场的庄老夫子，何以会在许多哲学理念方面——诸如强烈的批判精神、解构性的思维方式、包容性的学术态度、反理性倾向和多元化思想等——与当今西方的后现代哲学恰相吻合呢？

庄子的哲学思想中，含有一种虚无主义、神秘主义色彩，这使人想到西方那位后现代理论的先驱海德格尔；而作为异质文化的代表，庄子的反传统、反常规的哲学立场，又会让人把他和专门颠覆权威与真理的德里达的解构主义联系起来；庄子崇尚天道，反对权力对于人的压抑与扭曲，反对体现权力的"有为"与"机心"，又同福柯的消解权力与知识的合谋，有某些契合之处。

正如学者陈怡所分析的，从时间上来说，庄子与后现代毫无关联；但在空间上，庄子反对个人主义、人类中心主义，消解了社会上的成见，改变了人类认识的固定结构，将物质主义引向精神主义，崇尚精神自由及个性解放，这些和后现代的内涵是一致的。从这个意义上，可以说庄子是当今后现代的思想先驱。

这一现象的出现，再一次印证了钱锺书的卓见："东海西海，心理攸同；南学北学，道术未裂。"中西文化虽然思想方法、话语模式不尽相同，但从根本上来说，却自有其相同相通之处："心同理同，正缘物同理同"，"思辨之当然，出于事物之必然，物格知至，斯可以百虑一致、殊途同归耳"！

可不可以做如是观——庄子的怀疑精神、相对主义和超前眼光,他的哲人而兼诗人的气质,多向度、多元化的思维方式,个人因素固然占主导地位,属于基本成因;而从人类社会学角度看,时代、社会的因素,同样也是不可忽视的?战国中后期是社会大发展、大变革、大动荡、大交替的时代,残酷、多变、转型的社会现实,生存的困境与压力,生命的价值与意义的扭曲,理想与现实的激烈交锋,都应是酿成这种奇异的思维方式、思想观点的催化剂。

"正言若反"(《老子·七十八章》)也好,吊诡、悖论也好,它们并不牵涉对错问题,目的不在于提供知识、经验;而是作为一种思维方式、语言艺术与话语策略,最终归结到智慧层面上。我一直在思考,庄子在《齐物论》中说的那句话"是其言也,其名为吊诡。万世之后而一遇大圣,知其解者,是旦暮遇之也",真实用意何在?它究竟是宣泄一种知音难遇的旷世的悲哀?还是昭示一种坚定的自信呢?还是二者兼而有之?

不管如何解释,有一点当是确切不移的:随着时代的发展,他的超前眼光与创造性思维,肯定会越来越受到世人的理解与重视。

概括地剖析上述十个方面的吊诡或曰谜团,大别之,可以划归三类:一类是属于庄子自身(个性、情感、取向等)内在的矛盾,比如眼冷心热、有情无情、凌虚高蹈与委顺自然、前古典与后现代之类的命题;一类是庄子所提出的系列的悖论性思考,比如言尽悖、辩无胜、文无心等;还有一类,介乎两者之间,像忘己而不失己、生与死、时与命等,既具有自身内在性质,又纯属于思辨范畴的命题。统而观之,涉及人生哲学、性命之理、生命体验方面诸多重大课题。认真加以阐释、剖析和破解,有助于加深对庄子本身的认识,揭开庐山的真面。

至于吊诡现象的出现,有一些反映了对于庄子其人其书解读中的不同视角、不同认识;个别也有逻辑推理方面的问题;更多的属于传主本身固有的矛盾性。其实,作为一位绝古空今的思想巨人、文学天才,思想、言行方面呈现一些吊诡、背反情况,原是正常现象。学者崔大华在《庄子研究》

一书中,对此做了明确的分析:"任何人都是一个矛盾的统一体。这些矛盾不仅出现在这个人不同的人生阶段,甚至就在同一时刻,一个人就可能出现自相矛盾的思想或行为。"因此,"从矛盾的角度去分析、理解庄子思想,是符合实际的,是科学而合理的。我们不能因为庄子讲了几句齐生死,甚至死比生好的话,就真的认为庄子热爱死亡,如果真是如此,那么他为什么还要养生保命、曳尾涂中呢?我们不能因为庄子讲了几句齐是非的话,就真的认为庄子的头脑里没有是非观念了,如果真是如此,他为什么还要大骂当时的统治者、批评儒墨诸家学说呢?"正确的做法,应该是"把庄子视为一个活生生的、思想感情相当复杂矛盾的人看待,承认矛盾,分析矛盾,理解矛盾,这就是我们研究庄子的基本思路"。

第十五节

千古奇文

I

《庄子》是先秦时期一部精妙绝伦的哲学名著,又是一本泽流万世、传之无穷的文学精品。不过,今天看到的《庄子》,并非原初的形态。据《史记》本传中讲,庄子"著书十余万言",可是,现在传世的版本,尚不足七万言;《汉书·艺文志》中记载,《庄子》是五十二篇,现存仅三十三篇,其中内篇七、外篇十五、杂篇十一。这种情况产生的原因,一般认为,是晋代学者郭象在给《庄子》做注时进行了编纂,他把那些自认为质量不算很高的给删掉了。

现今庄学界基本认定,内篇为庄子自撰,而且成篇较早;外篇与杂篇,有一些为庄子所作,有一些出自后学之手。我很赞同当代学者严北溟的看法:年代湮远,史料残阙,要严格确定哪篇是庄子自著,哪篇是他人所作,是难得有一致结论的。好在庄子是道家学说的集大成者,这为历来所公认。他的思想对后世产生相当大的影响,正是以整部《庄子》为基础,而不是其中某一篇、某一节。也就是说,作者纵非一人,而发生影响的主体,则非庄子莫属。这样,我们就完全可以把《庄子》一书,看作是以庄子思想为主的一部具有完整体系的道家专著,而不必对书篇作者为谁去做茫无结果的烦琐考证。至于以内、杂等篇思想内容上有某些不一致为理由,而怀疑庄子思想体系的完整性,也是没有必要的。因为这种从著作中表现出思想内容的不一致,是多数哲学家的正常现象。对庄子来说,正可以通过这点来看清作为一个道家各派学说集大成者的思想特征。

纵观全书,内、外、杂篇内容各有侧重。唐代成玄英在《庄子注疏》中说:"内篇虽明理本,不无事迹,外篇虽明事迹,甚有妙理。"当代学者王钟陵认为,从艺术上说,《逍遥游》和《齐物论》无疑是内篇中最为优秀的作品,从中可以体认庄子的代表文风和意象思维特点。外篇可分为两种:《骈拇》《马蹄》《胠箧》《刻意》《缮性》五篇为一组,颇具后世能文者之文风特征;其他各篇则仍具《庄》系文章的特征,《在宥》《天运》《秋水》三篇为其杰出者。然而,与内篇相比,则均不如也。

2

面对这样一部具有世界性意义的文化元典,宛如置身一座光华四射的幽邃迷宫,玄妙的哲理,雄辩的逻辑,超凡的意境,奇姿壮采的语言,令人颠倒迷离,眼花缭乱,意荡神摇,流连忘返,不禁叹为观止。可是,要升阶入室,尽窥堂奥,又谈何容易! 在这座思想、艺术宝库里,有永远挖掘不尽的宝藏,值得人们千秋万世开发下去。借用大家都熟悉的"愚公移山"寓言中的一句话:"子子孙孙,无穷匮也。"

其一,作为"天下第一奇书",《庄子》处于超凡轶群、无与伦比的文学地位。

"天下第一奇书"的说法,是清初文学批评家金圣叹提出的。金氏把《庄子》同《离骚》《史记》、杜诗、《水浒传》《西厢记》,并列为"六大才子书"。现代的两位文学巨擘对于庄子的文学成就,也都给予极高的评价。鲁迅先生说,"其文则汪洋辟阖,仪态万方,晚周诸子之作,莫能先也",重点放在当时;而郭沫若则着眼于后世,他说,"不仅晚周诸子莫能先,秦汉以来一部文学史,差不多大半是在他的影响之下发展的";"他那思想的超脱精微,文辞的清拔恣肆,实在是古今无两"。

就此,闻一多作了详尽而周赡的论述。他说:"古来谈哲学以老、庄并称,谈文学以庄、屈并称。南华的文辞是千真万真的文学,人人都承认;可是《庄子》的文学价值还不只在文辞上。实在连他的哲学都不像寻常那一

莊子今箋

雙陽高　亨晉生甫箸

逍遙遊

其翼若垂天之雲

亨按垂天疑原作天邊寫誤倒說文垂遠邊也天垂之雲猶言天邊之雲也釋文崔云垂猶邊也其大如天一面雲也此崔譔本原作天垂之證嘗依釋文攷較六朝諸家莊子以崔本為最善此一事也文選蜀都賦高燭飛爛於天垂殆卽本於莊子下文垂天誤怵同鵬之徙於南冥也水擊三千里摶扶搖而上者九萬里

劉盼遂題

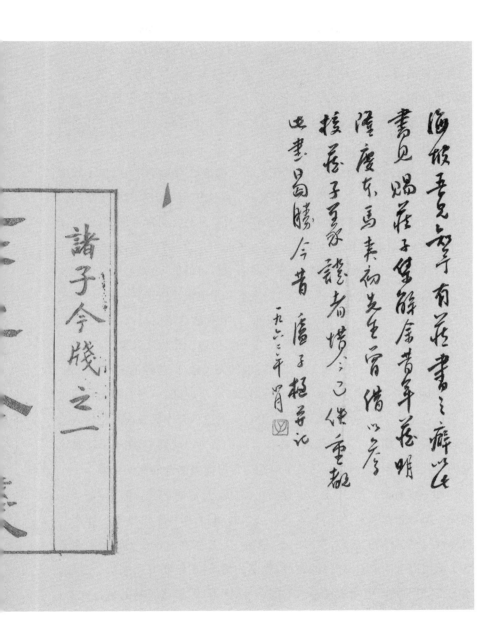

>>> 《庄子》是先秦时期一部精妙绝伦的哲学名著,又是一本泽流万世、传之无穷的文学精品。

种矜严的,峻刻的,料峭的一味皱眉头,绞脑子的东西,他的思想本身便是一首绝妙的诗。"闻一多同样认为,庄子堪称先秦第一位文学家,他说:"战国时纵横家及孟轲、荀卿、韩非、李斯等人的文章也够好了,但充其量只算是辞令的极致,一种纯熟的工具,工具的本身难得有独立的价值。庄子可不然,到他手里,辞令正式蜕化成文学了。"

而学者白本松则认为,"庄子在文学上的成就与影响,一点也不比其哲学逊色,甚至可以说,作为文学家的庄子要比作为哲学家的庄子更加高明,更加伟大。因为随着时代的变化,庄子哲学的意义可能会缩减,而庄子文学的意义,则永远不会消退;人们有时可能不喜欢他的哲学,但永远也不会不喜欢他的文学,也就是说,使庄子具有永恒价值的,最终可能是他的文学。"美籍学者刘若愚甚至认为,"可以毫不夸张地说,《庄子》一书于中国艺术影响之深,是任何一书所无法比拟的"。学者徐复观也说:"在庄子以后的文学家,其思想、情调,能不沾溉于庄子的,可以说是少之又少。"

其二,《庄子》一书实现了哲思与诗性的完美融合,达到了文章的极致。

美国学者雷·韦勒克和奥·沃伦在其《文学理论》一书中指出:"历史上确曾有过哲学与诗之间真正合作的情形,但这种合作只有在既是诗人又是思想家的人那里才可以找到。"本传开篇中就专门谈到了,庄子就正是这样的诗人哲学家,他的作品达致了诗性与哲思完美结合的文学化境。

闻一多有言:"读《庄子》,本分不出那(哪)是思想的美,那(哪)是文字的美。那思想和文字,外型和本质的极端的调和,那种不可捉摸的浑圆的机体,便是文章家的极致;只那一点,便足注定庄子在文学中的地位。"庄子善于运用离奇的形象、夸张的言辞、荒诞的情节,来绘制五彩缤纷、光怪陆离的言"道"画卷,里面散发着浓郁的诗性、诗情,闪烁着缜密的理性光彩,产生了常读常新的艺术感染力。

学者施章认为,对于《庄子》一书,"与其用哲学的眼光读他,不如以文学的眼光读他,较为得当。因为庄子的人生,他看宇宙是充满了生命,一草一木,以至一架骷髅,庄子对之都发生同情,而幻想他的生命来,这完全是艺术家的态度。庄子也常常用文学的技术来表现他的高超的意境"。

学者姚曼波说:"在《庄子》中,形象思维与逻辑思维紧密结合,水乳交融,相互补充,其契合之巧妙,如同演双簧戏的两个角色,在形象思维的一举手一投足背后,都清晰地透出了逻辑思维的理性声音。它真正是思想的文字和幻想的文字的和谐结合。"

通过哲与诗的联姻,使文学的青春笑靥给冷峻、庄严的哲思老人插上飞翔的翅膀,带来欢愉、生机与美感,灌注想象力与激情;而穿透时空、阅尽沧桑的哲学慧眼,又能使文学倩女获取晨钟暮鼓般的启示,在美学价值之上平添一种巨大的心灵撞击力,引发人们把对世事的流连变成深沉的追寻,通过凝重而略带几许苍凉的反思与叩问,加深对人生的认识和理解。

正是从这个意义上,我们说,读《庄》是一种惬意的、美妙的艺术享受。"读《庄子》的人,定知道那是多层的愉快。你正在惊异那思想的奇警,在那踌躇的当儿,忽然又发觉一件事,你问那精微奥妙的思想何以竟有那样凑巧的曲达圆妙的词句来表现它,你更惊异;再定神一看,又不知道那(哪)是思想那(哪)是文字了,也许什么也不是,而是经过化合作用的第三种东西,于是你尤其惊异。这应接不暇的惊异,便使你加倍的愉快,乐不可支。这境界,无论如何,在庄子以前,绝对找不到,以后,遇着的机会确实也不多。"(闻一多语)

其三,作为说理散文,《庄子》有多方面的创辟。

先秦诸子的说理散文,同臻妙境,各擅胜场。《论语》蕴涵深远,清通简要,属于标准的记言体;《墨子》逻辑性强,论证明确而严谨;《老子》义理玄妙,多以名言警句出之;《孟子》气势磅礴,雄辩滔滔,词锋敏锐,但有时表现为强词与独断。庄子则博采众长,以东方民族的诗性智慧,运用独特的思维方式,超越了一般的知识形式和形而上的逻辑限定,始终洋溢着艺术的精神、自由的思想和诗人的激情;汪洋恣肆,缥缈奇变,鲜活灵动,一无滞碍,从而秀出群伦,独张异帜。为此,闻一多赞誉他,堪称先秦诸子中"唯一的文学家","在庄子那素净的说理文的背景上,也有着你看不完的花团锦簇的点缀——断素,零纨,珠光,剑气,鸟语,花香——诗、赋、传奇、小说种种的原料,尽够你欣赏的,采撷的"。

为了展示周秦诸子在思维方式、语言形式、表述方法上的异同,不妨进行一番对比。即以中国哲学思想中具有始基性的"天命观"为例。这一话题,可以说,遍及儒、道、墨、法各家,百家诸子几乎人人都有所论列。

比如,孔子主张畏天知命,他曾说过:"君子有三畏",而把"畏天命"作为首要一条。他说:"道之将行也与(欤),命也;道之将废也与,命也";"五十而知天命";"君子居易以俟命";"不知命,无以为君子也"。他的弟子子夏说:"死生有命,富贵在天。"

孟子则曰:"莫之为而为者,天也;莫之致而至者,命也。"

后来的荀子,一方面说"天行有常",但又主张"制天命而用之"。

老子认为,"天道无亲,常与善人","道常无为而无不为"。

庄子关于天道与天命的观念,看不出与孔孟、老子的根本性差别。他曾说过:"知其不可奈何而安之若命,德之至也。"他的超越性在于更强调"天"没有意志,没有目的,所谓"天无私覆,地无私载"(《大宗师》),"施于人而不忘,非天布也"(《列御寇》)。但是,作为一位出色的文学家,他并不满足于这种一般化的叙述,而是选取了一种全新的纯文学方式,通过形象艺术和夸张的手法,来展示他的天命观。在《大宗师》篇,借用子舆之口,说:"伟哉,夫造物者,将以予为此拘拘也!"——曲偻发背,上有五管,颐隐于齐,肩高于顶,句赘指天。阴阳之气有沴,其心闲而无事。意思是,造物主竟然把我变成这样一副拘挛的样子!——腰弯背驼,五脏挤在背部,脸颊藏在肚脐下,双肩高过头顶,颈后发髻朝天。气血错乱不顺,可是,我却心境悠闲,全然不当回事。

"意出尘外,怪生笔端。"这是清代文艺评论家刘熙载对于庄子说理之文的确评。

除了通过人物描写、巧妙对话、现场描述以寄寓哲思理蕴,他在说理性文章中,还采取了多种特殊的表现形式。比如,《天运》篇有这么一段,劈头就提问题,一个接着一个地问个不停,堪称是屈原《天问》篇的原始版。

> 天其运乎?地其处乎?日月其争于所乎?孰主张是?孰维纲是?孰居无事而推行是?意者其有机缄而不得已邪?意者其运转而不能自止邪?云者为雨乎?雨者为云乎?孰隆施是?孰居无事淫乐而劝是?风起北方,一西一东,在上彷徨,孰嘘吸是?孰居无事而披拂是?敢问何故?

译成语体,大意是:

天在运行吗?地在静止吗?日月在争夺位置吗?那么,是谁在主导这些?谁在维系这些?谁会闲来无事去推动这些?是不是有机关操纵,而不得不如此呢?或者是顺势运转而自己停不下来呢?云层是为降雨吗?雨是为了蒸气成云吗?谁在兴云降雨呢?谁会闲着无事,乐于做这样的事?风从北方来,忽东忽西,在天飘动,谁在嘘气成风?谁会闲来无事而扇动风生?请问:这一切都是什么缘故?

庄子谈道,还惯常应用类似后代散文、骈文的铺陈、排比的方法:

> 夫道,有情有信,无为无形;可传而不可受,可得而不可见;自本自根,未有天地,自古以固存;神鬼神帝,生天生地;在太极之先而不为高,在六极之下而不为深,先天地生而不为久,长于上古而不为老。豨韦氏(传说中的古代帝王)得之,以挈(提举)天地;伏戏氏(伏羲,三皇之首)得之,以袭气母(调合阴阳);维斗(北斗)得之,终古不忒(不离轨道);日月得之,终古不息;堪坏(昆仑山神)得之,以袭(入)昆仑;冯夷(河神)得之,以游大川;肩吾(泰山神)得之,以处大山;黄帝得之,以登云天,颛顼(高阳氏,五帝之一)得之,以处玄宫(北方帝宫);禺强(水神)得之,立乎北极;西王母得之,坐乎少广(西方神山),莫知其始,莫知其终;彭祖(长寿七八百岁)得之,上及有虞(舜帝),下及五伯(春秋

329

五霸);傅说(殷商贤臣)得之,以相武丁(殷高宗),奄(才)有天下,乘东维(星宿),骑箕尾(星宿),而比于列星。

《大宗师》篇这部分文字,是集中谈道的。一开头,阐述了道的生成,道的特性——无形、无极、无限;自"稀韦氏得之"而下,展示道的无边效应。呈现在我们眼前的,简直是一场传说中的远古帝王与神祇的"群仙会",手法还属于"重言",是要借重他们来阐扬道的效应。

紧承此段,便是一个对话,讲述关于闻道、习道、体道的过程。原本是说:道,得之于书册、诵读、见闻、心得以及种种实践。可是,庄子却"以文为戏",做形象化处理,给那些枯燥的词语,分别起个怪怪的名字,变成了活生生的一大串人物:

> 南伯子葵曰:"子独恶乎闻之(你从哪里听到的)?"(女偊)曰:"闻诸副墨(书册)之子,副墨之子闻诸洛诵(诵读)之孙,洛诵之孙闻之瞻明(所见),瞻明闻之聂许(所闻),聂许闻之需役(所为),需役闻之于讴(歌谣),于讴闻之玄冥(渺茫),玄冥闻之参寥(对虚寂的参悟),参寥闻之疑始(猜测万物的起源)。"

对此,明代陆西星赞叹说:"庄子巧立名字,大是戏剧。"

学者崔大华指出,在《庄子》中,不仅具有本体论意义的、作为世界总体和根源的"道"被拟人化,被以某种感性形象的特征来规定、表述,而且对这种"道"的认识过程——理性直觉的"闻道"过程,也被拟人化,被形象化为一种具有感性特征的过程。女偊在这里讲的俨然是一个九代祖孙相传的"世家"!从"副墨"到"疑始"的"闻道"过程,是从对文字表述出来的"道"的理解开始,到对"无可本",即既是"有情有信",又是"无为无形"的某种世界总体性、根源性的实在体认作为结束。真是别出心裁,妙不可言。

3

《庄子》的卓越成就和特殊的影响力,固然源于它的深刻性、超越性的思想蕴含,但其思维方式、述学方法、表意方式与语言形式,同样具有不可忽视的作用。就是说,我们既要探索它表述了什么,同时还要研究它是如何言说、如何表述的。语言是思维方式的外壳。采用何种语言形式与述学方法、表意方式,往往取决于作者的思维类型;随着思维方式的不同,语言形式与展示方式亦将发生相应的变化。

——至为独特的思维方式。

作为人们思考问题的程式与方法,思维方式是由一定的文化背景、知识结构与个性习惯所构成的。而文化背景与知识结构又往往与精神风貌紧相联结,因此,在分析庄子的思维方式之前,有必要展示一下他的精神风貌与个性特征。宋代学者黄震曾经说过:"庄子以不羁之才,肆跌宕之说,创为不必有之人,设为不必有之物,造为天下必无之事。"这是十分确切的。

那么,我们就要问了:他何以能够做到这样?原来,在庄子的头脑里,根本没有什么既定的框范、固有的模式;他要求绝对的思想自由,"乘天地之正,而御六气之辩,以游无穷",是他的精神向往;他不仅具有浓重的浪漫主义气质和无穷的想象力,而且,那种超凡的气魄和惊人的胆略,也是令人叹为观止的,什么"长鲸跃海,天马行空",什么"摘王母娘娘的蟠桃""往上帝的金杯里撒尿",全都不在话下。

明确了这个前提,再来探讨庄子的思维方式就好说了。学术界一般的把它概括为直觉思维。这里说的直觉,是指超越于一般感性和理性,采用非分析判断、非逻辑推理的方法,通过感悟、借助诗性等途径,实现直接的本质理解和综合的整体判断,属于中国传统的一种整体认知方式。有的学者考虑到它的突破常规、冲决框范、不受时空限制,以想象、联想和逆向、侧向为其基本特征,称之为"非逻辑思维";也有的称之为"意象思维",即用某种具体的形象来说明抽象的观念或原则,实现一种由具体到抽象的认识飞跃,落实到文本上,是哲学概念的生命化、形象化、境界化。要之,庄子具有艺术家的气质,并不特别注重外在客观性的知识,以及概念的分析、剖断;他所着意的是心物冥合、道艺相间,是实际生活的体悟、主体内在的感受。而无论其为直觉思维,抑或是意象思维,又无不充盈着理性、意蕴的投影。

有的论者认为,这种直觉思维的表现形态,包括直觉的判断、直觉的想象、直觉的启发等多个方面。其基本特征其一是直接性,即心灵不经中介环节而对认知客体的直接把握。《养生主》篇有"以神遇而不以目视,官知止而神欲行"之说,其中的"神遇"即心灵的直接把握。其二是意会性,即不能以言辞表达而只能以静默之心去体悟、认知客体。"庖丁解牛""轮扁斫轮"等寓言故事,都充分说明了这一点。其三是整体性,即不以分解的方式,而是从整体上去把握认知对象。如同《天地》篇所说的"泛爱万物,天地一体也"。其四是模糊性,由于庄子不重逻辑分析,从而使其思维方式具有模糊无序的特点。《庄子》一书中,"天"等概念的多义性和"混沌凿七窍"寓言中的"混沌"等,便是典型例证。(引自刁生富、刁生虎论文)

庄子思维方式的另一重要特征,就是相对性。学者赵馥洁指出,庄子说过这样两句话:"道未始有封","彼是莫得其偶,谓之道枢。枢始得其环中,以应无穷"(《齐物论》)。意思是说,道是没有界限的,无对偶是道的关键;把握了道的关键,才如同居于圆环的中心,旋转自如,以应付无穷的差异和流变。显然,"道枢"的无偶性,决定了思维的相对性。

一是,道"未始有封也""未始有是非也"。庄子认为,道原本是没有封界的,语言原本是没有是非定准的;可是,人们为了争议是非,特意划出许多界限来。如果承认事物彼此的界限,就将难以避免是非争议;而是非的争议,正是绝对统一的道遭致败坏的原因(《齐物论》)。二是,"道枢(道的关键)"的无偶性(不能相互对立)。运用相对性思维方式,实质上就是遵循道的法则,站在道的立场上来思维,即所谓"以道观之,何贵何贱?"也就是说,事物之齐与不齐,因人的观察和思维的角度不同而异;而在客观事物那里,根本不存在什么有差异还是无差异的问题。所谓差异性,不过是认识主体从某些观察角度出发而赋予事物的。如果把事物放在道的坐标系中来考察,那么,一切差异性就消失了,万物就齐一了。

与思维方式相联结的,是视角的选取。形象地说,每个人的眼睛,实际是长在自己的心灵上。就是说,纯客观的认知与体验是不存在的。电影学中有"主观镜头"的说法,即拍摄电影时,常常选取影片中一个线索性人物(其身份往往是主角),以他(她)的视线角度作为定位的基准点。比如,《红楼梦》中就是以贾宝玉的视角,或曰"主观镜头",作为影片的基准点。如果把《庄子》一书作为一部电影来看,那么作者庄子的视角,就形成了"主观镜头"。各个篇章的人物,孔子也好,老子也好,惠子也好,王骀、曹商、蔺且、监河侯也好,还有那些古代的圣帝贤王、暴君昏上,百工居肆的能工巧匠,各个角落里的隐者畸人,他们的言行举止、角色定位,无不通过这个"主观镜头"来映现,各种事物的观察、情节的展开,也都以庄子的视线角度为基准,其间带有明显的主观色彩。

——关于哲学范畴的创设与运用。

作为一部杰出的哲学著作,庄子圆融娴熟地驾驭和掌握了整个理论大厦的基石——哲学范畴,从而把这座哲学理论大厦建造得至为和谐、严谨,而且,美轮美奂,妙曼壮观。通过范畴的创设与运用,使其独具特色的理论形态和表述方式得以充分发挥,完美地展现了它的无比丰厚的理论蕴涵,体现了闳阔的精神视野、严密的思维能力、敏锐深邃的洞察力和峻刻入微的批判锋芒。

这里体现了三个突出特点:

学者涂光社指出,《庄子》的理论范畴,主要用于表述有关精神活动、思维运作和调适人的个体生存方式的思考。其中有不少是新创设的:有的用于解脱世俗的精神枷锁,求索自由,如"游""忘";有的用于对思维规律的揭示,如"言意之辨"和"体道"之"体";有崇尚自然方面的"天""适""迹";也有用于探究生命奥秘和事物生成、演化方面的"气机"和"物化";有论证事物相互依赖又相互限制的"待";也有用于对主客体关系的思考,对个性价值的发现和伸张的"独",以及由"自"或"独"组合的概念系列:"自取""自适""自为""自乐"和"见独""独见""独有""独正",等等。此其一。

其二,范畴设置和理论组合,几乎都能体现出辩证思维对立统一的特征,从而充分展示事物的动态发展、相互转化与递进、突变,以及事物现象的丰富性、复杂性。

其三,范畴运用与其生动有致的展示方式相适应,大多具有形象性。一般都选取人们熟悉的现象、周边的事物,乃至人自身的行为、心理体验进行比拟,引申出易于理解和体认的意蕴。

——召唤结构、模糊语言的艺术特色。

作为一个艺术整体,《庄子》本文展现出"召唤结构"的纵深层面。诗性特征,其可解性本来就是多向度的,内涵与外延往往大于概念性的语言文字。学者刘生良指出,《庄子》一书从总体上看,是极其典型、极具魅力的召唤结构——作品本身具备奇幻而丰赡的未定性,读者可以在阅读中通过发挥想象力予以充实、完备和具体化。

而其所为理论文章,则突破以实证为基础、以抽象的、严密的逻辑推理为凭借的固有规范,而成为摆在我们面前的这部绝古空今的天下奇文,许多部分,用王国维先生的话说,"即谓之散文诗无不可也"。

庄子在回答问题、阐释哲理时,往往采用一种类似禅宗偈语那样的不受逻辑与常识的约束、模糊混沌的言说方式,给出一些与常识相左、看来十分悖谬的答案,如"人固无情""道在屎溺""虎狼,仁也""天在内,人在外""天下莫大于秋毫之末,而泰山为小",等等,这颇有助于突破"言不尽意"的语言局限,收取"义生文外"的效果,又可以引起对方的注意,类似现代的形式主义者的"陌生化"的做法。

再者,庄子寓言故事,一般只是做纯客观的叙述,说出某种道理后即告终结,不做结论,个中三昧留待读者自行体悟,有如禅宗的所谓"参话头",只是提出问题,答案由听者自己去寻找。

——对话形式、虚拟情境。

就表达者与接受者的关系来说,《庄子》一书的交流形式,基本上属于对话型。有的学者统计,全书共有对话一百五十八处,除《胠箧》《骈拇》《马蹄》《刻意》《缮性》《天下》六篇没有对话外,其余二十七篇大都以对话体写成。这种对话体形式,一般的都是通过与他人的相互交流完成自我意识的表达;而不像《老子》那样,缺乏自主意识的客体,顾自在那里独白。

先秦典籍中采用对话形式的很多,《庄子》的特异之处在于它的虚拟性,或者说,虚拟与实录相混合,令人真假莫辨。经常是唐人刘知几所说的,"伪立客主,假相酬答",不时地和古人、时人、虚拟的人,甚至动物、植物、髑髅、影子,或坐立倾谈,或同席而议,营造一种现实感、临场感、亲切感的氛围。它的感召力之所以大大超出晏子、孟子以及一般游士说客的寓言,正是由于它充满了隽永的谐趣、奇肆的想象、虚幻的设想、滑稽的趣味,从而愈能动人心弦。

学者宁登国认为,作为诸子之文的翘楚,《庄子》采用托言的方式,假设问对,借口代言,构建独特语境以传达抽象哲理信息,开古代文学主客自由对话之先河。同史传散文中的实录式对话相比,无论在对话主体、对话方式还是对话信息等方面,都呈现出鲜明的特色,它把文学的浪漫虚构、寓言的指事类情和逻辑的抽象推理三者融为一体,形成了一种寓"钩深索远"之旨于光怪陆离虚象之中的奇妙论证方法,使单调的说理性对话转化为"寓真于诞,寓实于玄"的审美性自由对话形式。在这种奇开妙结、形散神聚的言说方式背后,含蕴着深邃的对话意义,产生奇妙的对话效果、深远的文体影响。可以说,在庄子那里,对话就是内容本身,就是哲学思想的表达。

——对话交流也好,直接叙述也好,庄子都惯用一种回旋式思路与表意方式。

学者崔大华指出,在庄子看来,道是无形、无限的,以有形、有限的言辞难以状述,因此,需要借助"无端崖之辞"。"真理和神性一样,是永不肯让我们直接识知的。我们只能在反光、譬喻、象征里面观照它。"(歌德语)为了体悟回环运行的道,就要诱导人们进入回旋式思路;其最有效的途径,莫过于运用轮转无端、回环往复式的语言表达方式。而且,它的妙处,还在于每一个形象、每一则故事的后面,都挺立着一个意蕴丰盈的哲学观念或命题。

4

大量采用"寓言""重言""卮言"的言说形式与述学策略,是《庄子》一书最大的创新和最突出的特色。

现代庄学研究专家张默生认为,解读《庄子》最重要的钥匙,就是其中的三种文体:寓言、重言、卮言。"《庄子》三言,犹《诗经》之兴、比、赋。读《诗》而不明兴、比、赋,难获诗人之旨;读《庄子》而不明寓、重、卮,亦难窥《庄子》真义。"

如果把这部天才杰作喻为摛文缀锦的艺术花环,那么,一个个异彩纷呈的寓言故事,便是装点这只花环的紫万红千的绚丽花朵。据统计,现存的《庄子》三十三篇中,大小寓言故事多达二百个左右。这样,以全书总量不足七万字计算,平均每三百余字,就夹有一个寓言故事。庄子及其门人,正是借助这些五光十色的"三言",来阐明其观点立场、价值取向与处世准则的。

"寓言",寓道之言,也就是有所寄托的话语——托词以寓意,"藉外论之"(假借外人来论说)。为什么要这样?庄子说了,"亲父不为其子媒。亲父誉之,不若非其父者也"。亲生父亲不给自己的儿子做媒人。父亲赞誉自己的儿子,不如他人的赞誉更为真实可信。在全书中,这类"藉外论之"的寓言,占了很大比例。寓言重视文学性,多用形象思维,具有模糊性。

"重言",是借重先哲、时贤的话,以增强论说的说服力与感召力。它又占了寓言的大部分。重言重视思辨性,多以抽象思维出之。

"卮言",是指依文随势的随机之言、应变之言、无心之言、支离之言,散漫流衍,层出不穷。卮言,形象、抽象二者兼用,更具随意性。

说是"三言",但后人多以"寓言"概之。司马迁就是这么说的,"其著书十余万言,大抵率寓言也"。

"寓言"一词,最早出自《庄子》,它是作为一种语言叙述方式、述学形式出现的;后来,被应用于某种文学形式,如翻译国外的《伊索寓言》,就借用了庄子说法。二者相通之处,在于都是以寄托为依归,即对一个事实或道理并不直接说出,而是寄寓在另一个类似的故事里,人们通过故事来理解其语意;不同之处是,作为一种文学形式,后者专指用假托的自然物或故事的拟人手法来阐述某个道理。

研索《庄子》一书的文化生成及其表现形式,包括采用"三言"的述学方式,除了要充分考虑作者本身思维方式独特、想象力超群等主观因素,还应注意研索庄子所处的社会时代环境等客观条件,诸如:战国中、后期正处于"天下大乱、贤圣不明、道德不一"(《天下》),社会淆乱、思想驳杂的时代;当时面临的处士横议、百家争鸣、思想出现独立发展空间的社会发展趋势;知识界时兴论辩,需要论辩,且已产生论辩艺术,并形成党同伐异,是非淆乱不清,"与己同则应,不与己同则反;同于己为是之,异于己为非之"(《寓言》)的辩论风气;再加上语言本身的局限性,如"道不可言""言不尽意""言尽悖""辩无胜"等表达困境……

这多方面的因素,深刻地影响着、作用于庄子的话语方式和叙述策略。也就是说,庄子之所以做出这种自觉性的选择,书中之所以呈现出如下独特而鲜明的艺术特征,并不是偶然的。

首要一点,"三言"的言说方式的突出优势,是具备开放性与多义性,辞义多变,混沌模糊,这也就兼顾、容纳了多种规定性,为延展、接受多种规定性提供了可能。

采用"寓真于诞,寓实于玄"的叙述方式,"以谬悠之说,荒唐之言,无端崖之辞"出之,有助于表述自由的精神和超拔的思想。其间既有对于神话传说的改造加工,也有对于人们认为最可信的历史人物、历史事件的想象虚构,更不乏自出机杼的即兴创作,尤其善于把深刻的哲学思想寄寓在扑朔迷离、真伪莫辨的虚拟情节中,营造一种超现实的艺术氛围;并且充分运用直觉思维与超语言、非逻辑形式的内在体验和生活经验,来演绎"归趣难求"的理蕴。

比如,庄子为着阐明经世者当志于大成、要有远见与气魄的道理,便虚拟了一个任公子钓鱼的寓言故事。《外物》篇记载:

任国的公子打造了一个大钓钩,拴在一条黑而粗的绳子上,用五十头犍牛作为鱼饵。他蹲在会稽山上,投竿于东海。天天在那里垂钓,整年都没有钓到鱼。忽然间,一条大鱼来吞饵了,牵动钓钩沉下水去,奋鳍翻腾,波涛涌起,白浪如山,海水震荡,声闻千里。

任公子把这条大鱼钓上来之后,剖开鱼腹,把它腊干,从浙江以东,到岭南的苍梧以北,没有不饱餐这条鱼的。后世那些爱耍小聪明又好放言驰论的人,都惊诧莫名,奔走相告。

如果只是举着一个小钓竿,到小水沟里去守候泥鳅、鲫鱼,又怎么能够设想捕钓大鱼呢!以低微、琐碎的言论装饰一番,去追求高名美誉,这样,距离领悟大道是很遥远的。

附原文:

任公子为大钩巨缁,五十犗以为饵,蹲乎会稽,投竿东海,旦旦而钓,期年不得鱼。已而大鱼食之,牵巨钩,錎没而下,骛扬而奋鬐,白波若山,海水震荡,声侔鬼神,惮赫千里。任公子得若鱼,离而腊之,自制河以东,苍梧已北,莫不厌若鱼者。已而后世轻才讽说之徒,皆惊而相告也。夫揭竿累,趣灌渎,守鲵鲋,其于得大鱼难矣。饰小说以干县(悬)令,其于大达亦远矣。

第二点,寓言重视文学性,多用形象思维,具有模糊性;重言重视思辨性,多以抽象思维出之;卮言形象、抽象二者兼用,更具随意性。"三言"的言说方式的突出优势,是具备开放性与多义性,辞义多变,混沌模糊,这也就兼顾、容纳了多种规定性,为延展、接受多种规定性提供了可能。

说到模糊性、随意性,想起了清代顾如华的论说:"首列三言,而独以《寓言》命篇,所以自明其书强半皆寓言也。寓,如'旅寓'之寓。周(庄子)方以仁义为先王之蘧庐,止可一宿,而不可以久处,安知吾书三十三篇中,比物譬类(辩驳问难),不过如逆旅过客,而非可以索解言下者乎?'亲父誉之,不若非其父者',即以寓言解寓言大趣。若无重言,止是滑稽,与公孙龙辈何异?经纬本末,此老胸中久已明甚。所取重者何人?不外老聃、尼父(孔子)数子而已。"

这样,又引出了第三点,采用寓言、重言方式,"藉外论之",仿佛所述观点、意见皆非己出,自家并不介入,这就既可提高可信度,有利于读者接受;又能跳出是非判断的圈子,避开争辩、驳议的干扰,破除无谓的猜想,而且,能够平添一种亦庄亦谐的趣味,从而增强说服力与感染力。

比如《齐物论》中,就有这样一则寓言:

瞿鹊子问长梧子,说:"我听孔夫子说过:'圣人不去营谋那些世俗的事,不贪图利益,不躲避危害,不喜欢妄求,不拘泥于道,无言如同有言,有言如同无言,而心神遨游于尘俗世界之外。'夫子认为这些都是不着边际的无稽之言,而我认为这正是领悟妙道的行径。你怎样认为?"

长梧子说:"关于圣人之说,黄帝听了都犹惑不解,而孔丘又怎么能了解呢?你未免操之过急,就像是见到鸡蛋就想得到报晓的公鸡,见到弹丸就想煮吃鸮鸟。现在,我姑且说说,你姑且听听:何不依傍日月,怀抱宇宙,和万物契合一体,把是非淆乱置之不问,对世俗上的尊卑贵贱一体认同?众人熙熙攘攘,圣人浑朴相安,糅合古今无数变异,而自己却精纯不杂。万物都是一样,互相蕴含于精纯浑朴之中。"

附原文:

> 瞿鹊子问乎长梧子曰:"吾闻诸夫子:'圣人不从事于务,不就利;不违害,不喜求,不缘道;无谓有谓,有谓无谓,而游乎尘垢之外。'夫子以为孟浪之言,而我以为妙道之行也。吾子以为奚若?"长梧子曰:"是黄帝之所听荧也,而丘也何足以知之!且女亦大早计,见卵而求时夜,见弹而求鸮炙。予尝为女妄言之,女以妄听之。奚旁日月,挟宇宙,为其吻合,置其滑涽,以隶相尊?众人役役,圣人愚芚,参万岁而一成纯。万物尽然,而以是相蕴。"

最后一点,大胆运用神话、童话故事传说,有助于突破常规性思维的局限。《秋水》篇中河神、海神对话,已经够奇异的了;而独角兽、多足虫、蛇、风等不同物象还能相互交谈,更是匪夷所思;《至乐》篇中竟有庄子与髑髅问答,髑髅给庄子托梦的记载。无论是鸟兽虫鱼,还是风云山水,以及索隐行怪的畸人、奇幻缥缈的仙山、荒诞不经的情境,到了庄子笔下,都能有思想、有情感、善酬答、能判断,体物入微,形神毕肖,这在先秦诸子中是独一无二的。

有时,庄子还故意打乱时空、颠倒历史、混淆真相。《德充符》篇已有"鲁哀公问于仲尼"的记载,而《田子方》篇又讲,"庄子见鲁哀公"。庄子与孔子生年,至少相差一百八十年,怎么可能都同鲁哀公会面呢?显然,这是有意为之。再如《盗跖》篇中,孔子与柳下惠对话,谈及他的弟弟盗跖,事实上,他们三人本不同时。但作者却偏要这样错置颠倒地写,目的就是求得这种虚虚实实、亦真亦幻、混乱模糊的荒诞效果。——这些"如是我闻",信不信由你。

5

作为诗性化的散文,《庄子》一书气势之磅礴、声色之宏阔,令人心神振奋,目不暇接。"其说意空一尘,倜傥峻拔,无一毫蹈袭沿仍之陋。极天之荒,穷人之伪,放肆迤演,如长江大河,滚滚灌注,泛滥于天下;又如万籁怒号,澎湃汹涌,声沉影灭,不可控搏。"(宋代高似孙语)而且,变化多端,异彩纷呈。"有空写,有实写;有顺写,有反写;有淡写,有浓写;有远写,有近写;有半写,有全写;有加倍写,有分帮写等不同写法。言外立言,意中出意,层层相生,段段回顾,忽而羊肠鸟道,忽而叠嶂重峦。文法之变化,如行云流水,天马行空。"(清代吴世南语)文章能够作到这个地步,真是抵达妙境、化境了。

之所以收到如此神奇的效果,端赖于庄子善于调动、掌控各种文学手段。

——取譬设喻,驱遣意象,描形拟态,深婉多姿,有时一喻不足,实行一事数喻。清代宣颖有言:"庄子之文,长于譬喻。其玄映空明,解脱变化,有水月镜花之妙。且喻后出喻,喻中设喻,不啻峡云层起,海市幻生,从来无人及得。"比如,《齐物论》中通过子游与子綦对话,阐明对"人籁、地籁、天籁"的体道、悟道过程。应该说,这是一个十分高深难懂,更是难以表述得清楚的道理。可是,庄子通过设譬的手法、形象的描写,就使它变成一个生动有趣的审美画面。译成白话文更好理解一些:

子游说:"请问这'三籁'的究竟。"

子綦说:"大地吐出的气息,名字叫风。这个风,不发作则已,一发作则万物的孔窍都怒号起来。你难道没听到过狂风呼啸的声音吗?山陵中高低错落的地势,百围大树上的大小窍穴:有的像鼻子,有的像嘴巴,有的像耳朵,有的像瓶罐,有的像瓦盆,有的像石臼,有的像深池,有的像浅洼。发出声音来,有的像湍水冲击,有的像羽箭离弦,有的像呵斥,有的像吸气,有的像呐喊,有的像号哭,有的像呻吟,有的像哀叹。前面的风呜呜地唱着,后面的风呼呼地和着。小风则小和,大风则大和。强风吹过之后,所有的窍孔都寂静无声。你难道没有看见这时草木在摇摇摆摆的模样吗?"

子游说:"这样说来,地籁是众多孔窍所发出的声音,人籁是从箫管所吹出的声音。那么,请问天籁是什么呢?"

子綦说:"所谓天籁,乃是风吹万种孔窍,发出千差万别各自不同的声音,但都是由于孔窍自己去发声,即各个孔窍的自然状态所致。万窍怒号,发动它们的还能有谁呢?"

附原文:

> 子游曰:"敢问其方。"子綦曰:"夫大块噫气,其名为风,是唯无作,作则万窍怒呺,而独不闻之翏翏乎?山林之畏佳,大木百围之窍穴,似鼻,似口,似耳,似枅,似圈,似臼,似洼者,似污者。激者、謞者、叱者、吸者、叫者、譹者、宎者、咬者,前者唱于而随者唱喁。泠风则小和,飘风则大和,厉风济则众窍为虚。而独不见之调调之刁刁乎?"子游曰:"地籁则众窍是已,人籁则比竹是已。敢问天籁。"子綦曰:"夫天籁者,吹万不同,而使其自己也,咸其自取,怒者其谁邪?"

人籁则箫管之类,地籁则窍穴之徒,都属于物态,可以耳闻眼见;唯有天籁,才是体现自然,出乎天然,咸率自知,不借他物;才能臻致物我合一的境界,从而进入最高的审美层次。

学者傅佩荣指出:天籁是以虚灵之心接受所有的声音,已由"所听的声音"转变为"能听的主体",既超越比较之心,也化解因果观念。只有透过个人的觉悟,才能明白天籁之意。很难想象,如果不用取譬设喻、形象描绘的手法,如何才能把这样一番深邃的道理讲清楚。

汉代刘向《说苑》中通过一则故事,说明比喻的作用:

> 客谓梁王曰:"惠子言事善譬,王使无譬(不让他用比喻),则不能言矣。"王曰:"诺。"明日谓惠子曰:"愿先生言事直言无譬也。"惠子曰:"今有不知弹者,曰:'弹之状,何若(什么样)?'曰:'弹之状如弹。'喻乎(明白吗)?"王曰:"未喻也。"惠子曰:"弹之状如弓,而以竹为弦。则知乎?"王曰:"知矣。"惠子曰:"夫说者固以其知喻其所不知,而使人知之。今王曰'无譬',则不可知矣。"王曰:"善。"

——运用夸张、浪漫的手法,通过抒情性想象与叙事性想象,虚构变幻莫测的艺术世界,表现了高超的写生技巧和营构境界的能力;特别是在运用形象生动、丰美诡异、富有感染力的语言方面,可说是达到了极致。

说"大":"鲲之大,不知其几千里也,化而为鸟,其名为鹏。鹏之背,不知其几千里也,怒而飞,其翼若垂天之云。"(《逍遥游》)

说"小":在一只蜗牛的左右角上,盘踞着两个叫做触和蛮的国家,他们各据一方,为了争夺那有限的疆土,彼此争雄、血拼,直杀得尸横遍野,血流成河。(《则阳》)

说寿命长:"古有大椿,八千岁为春,八千岁为秋。"

说寿命短:"朝菌不知晦朔,蟪蛄不知春秋。"(《逍遥游》)

庄子文笔挥洒自如,善于把枯燥艰涩、深邃难解的理论,以浑浩畅达、奇趣盎然的语言出之。"发想无端,如天上白云,卷舒灭现,无有定形"(清代方东树语)。不要说并世诸子,即便是百代以下的文学家中,也罕有其匹。

请看《养生主》篇对"庖丁解牛"的描写:

庖丁为文惠君宰牛。他用手抓的时候,用肩靠的时候,用脚踩的时候,用膝盖抵住的时候,"哗啦咔嚓"的声音,进刀时骨肉分离,牛体被解开时的声音,全都合乎美妙的音律,既符合《桑林》之舞的节奏,又符合《经首》乐章的韵律。

文惠君说:"哎呀,太妙啦!你的技术怎么竟会达到这种地步啊?"

庖丁放下手里的刀,回答说:"我所追求的是'道'啊,已经超越了技术了。当我刚刚开始宰牛的时候,所看见的是一头完整的全牛;三年之后,看到的就不再是完整的全牛了;到了现在,我运用心神与牛接触,而不是用眼睛去看它,感官的作用停止了,而心神则充分运作。依照牛的自然生理结构,劈开筋骨交接之处,令其分离,引刀进入骨节之间的缝隙,顺着牛的自然结构去分解;经络聚合之处和筋肉联结的地方,都未曾用刀碰撞,更不要说大骨头了!优秀的厨师一年更换一把刀,他们是用刀切割筋肉的;普通厨师一个月就得更换一把刀,因为他们要用刀砍断骨头;如今,我这把刀已经用了十九年了,所宰杀的牛达到几千头了,可是,刀刃却还像刚刚用磨刀石磨过的一样。因为牛的骨节之间有缝隙,而刀刃并没有厚度,用没有厚度的刀刃插入有缝隙的骨节,对于刀刃的活动、运转来说,还是绰绰有余的。所以,用过了十九年,而刀刃还像新磨过的一样。虽然如此,但我操刀之时,每当遇到筋骨聚结的地方,发现难于下刀,就特别小心仔细,倍加警惕,眼神专注,动作放慢,动刀十分轻微。最终,牛不知道已经死了,哗啦一下完全解体,像是一摊泥土散落在地上。于是,我提刀而立,环顾四周,为刚才获得的成功而踌躇满志;然后,把刀擦干净收藏起来。"

文惠君说:"真是太好了!我听了庖丁的这番话,从中领悟了养生之道。"

附原文:

  庖丁为文惠君解牛,手之所触,肩之所倚,足之所履,膝之所踦,砉然响然,奏刀騞然,莫不中音,合于桑林之舞,乃中经首之会。文惠君曰:"嘻,善哉!技盖至此乎?"庖丁释刀对曰:"臣之所好者道也,进乎技矣。始臣之解牛之时,所见无非全牛者;三年之后,未尝见全牛也;方今之时,臣以神遇而不以目视,官知止而神欲行。依乎天理,批大郤,导大窾,因其固然。技经肯綮之未尝,而况大軱乎!良庖岁更刀,割也;族庖月更刀,折也;今臣之刀十九年矣,所解数千牛矣,而刀刃若新发于硎。彼节者有间,而刀刃者无厚,以无厚入有间,恢恢乎其于游刃必有余地矣,是以十九年而刀刃若新发于硎。虽然,每至于族,吾见其难为,怵然为戒,视为止,行为迟。动刀甚微,謋然已解,牛不知其死也,如土委地。提刀而立,为之四顾,为之踌躇满志,善刀而藏之。"文惠君曰:"善哉!吾闻庖丁之言,得养生焉。"

宰牛,原本是一项粗拙费力的体力劳动,可是,到了庄子的笔下,不仅展现出娴熟的技艺,而且富有审美的意味。文章富有现场感,形象生动,语言优美。"提刀而立,为之四顾,为之踌躇满志。"俨然一派从容镇定、气度超凡的大将风度,体现了一种自在自如的逍遥境界。

——作为超凡绝世的文学天才,庄子善于运用形象刻画、场面铺陈的手法,来阐明道义、展现情怀,这在《庄子》一书中,随处可见:

藐姑射之山,有神人居焉,肌肤若冰雪,绰约若处子,不食五谷,吸风饮露。乘云气,御飞龙,而游乎四海之外。(《逍遥游》)

昔者庄周梦为胡蝶,栩栩然胡蝶也,自喻适志与(欤)! 不知周也。俄然觉,则蘧蘧然周也。不知周之梦为胡蝶与,胡蝶之梦为周与?(《齐物论》)

儒以诗礼发冢,大儒胪传曰:"东方作矣! 事之何若?"小儒曰:"未解裙襦,口中有珠。"(大儒说:)"诗固有之曰:青青之麦,生于陵陂,生不布施,死何含珠为? 接其鬓,压其顪(胡须),而以金锥控其颐,徐别(慢慢地分开)其颊,无伤口中珠。"(《外物》)

宋元君将画图,众史(画工)皆至,受揖而立;舐笔和墨,在外者半。有一史后至者,儃儃然(安详状)不趋,受揖不立,因之舍。公使人视之,则解衣般礴,裸。君曰:"可矣,是真画者也。"(《田子方》)

山林与(欤)! 皋壤与! 使我欣欣然而乐与! 乐未毕也,哀又继之。哀乐之来,吾不能御,其去亦不能止。悲夫! 世人直为物逆旅耳!(《知北游》)

君其涉于江而浮于海,望之而不见其崖,愈往而不知其所穷,送君者皆自崖而反(返),君自此远矣!(《山木》)

飞扬的意象,诗性的语言,读来真是一种惬意餍心的美的艺术享受。

345

第十六节

文化渊源

I

俄国思想家普列汉诺夫在《论一元论历史观之发展》中指出："任何特定时代的智慧状态,只有与前一代的智慧状态联系中才能理解。"那么,我们要探索处于人类智慧的巅峰地位的庄子的哲学思想、艺术精神,自然也应该到他的"前一代的智慧状态",亦即属于人类思想史、学术史范畴的思想文化渊源中,去钩沉索隐,探赜发微。

庄子所在的宋国,处于中原腹地,素有"天下之枢"的称誉,它的地理条件、社会环境、文化气息,对于庄子及其学派的开放胸怀和广阔视野的形成,有着直接的影响。宋国疆域虽然并不辽阔,但其历史悠久,按其建国于公元前 11 世纪来推算,到庄子出生时,已经有七百多年历史了,历史文化积淀十分雄厚。

而庄子的故里商丘一带,一直是商、周以来我国政治、经济、文化中心之一,这里又是先秦时期多个学派创始人的诞生地——春秋末期伟大的思想家、教育家、儒家的创始人孔子,祖上为宋国商丘人;战国初期思想家、科学家、军事家、墨家学派的创始人墨翟,战国中期政治家、哲学家、名家的代表人物惠施,都出生在商丘。春秋末期伟大的哲学家、思想家、道家学派的创始人老子的出生地苦县,道家学派的重要人物列子的出生地郑州,离这里都不算远。这些大师,以其璀璨夺目的思想光辉,映照着这片中原沃土;他们的学术思想,泽被其间一代代的学人。

庄子从青少年时代开始,就亲炙那些前贤往哲的遗泽,从而获得良好的熏沐与陶冶,加上京城内外聚集着各国前来游说的名流学者,更使他开阔了视野,增益了学识,有效地提高了自身的文化素养。而他的天资颖慧,自幼即十分勤奋向学,"其学无所不窥",在广泛涉猎前代传世典籍,钻研书本知识的同时,能够直接与多个流派的学者交流、切磋,从而奠定了深厚的思想文化基础。

宋国作为诸侯国,政治上隶属于周朝,而其文化却是承袭着先世殷商的传统。这里的宋人是殷商的遗民,因而庄子思想中存贮着殷商文化的基因。钱穆认为,商俗尚鬼,信仰鬼神,带有浓重的宗教气氛,商人又好玄理,他们往往重理想胜过人生的实际。由于他们崇信鬼神,所以,其文化色彩充分地带着超现实的气韵。

殷商重视商品的生产与交易,商丘一带手工业发展比较迅速,水平也相对高超一些;其文化传统一向被视为中国浪漫主义最早的源头之一,有着鲜明的艺术风格。郭沫若认为,殷人是比较爱好艺术的民族。从殷墟所发掘出的古文物看,无论是铜器、石器、骨器、白陶,乃至甲骨上镌刻的文字,都富有艺术的风味,较之周朝文物的质拙,有着明显的差异。

《列子·说符》篇记载了这样一个故事:宋国有一个能工巧匠,按照国君的旨意,用了三年工夫,把一片玉石(《韩非子》《淮南子》说是象牙)雕成了树叶,"三年而成。锋杀茎柯,毫芒繁泽,乱之楮叶中而不可别也"。放在树枝间,大小啊,光泽啊,厚薄啊,竟然和树叶完全一样,人们分辨不出来哪个是树叶,哪个是玉片。国君非常满意,这个工匠从而获得了丰衣足食。

在这种艺术氛围比较浓重的文化环境中成长起来的庄子,文学艺术方面自然趋向于浪漫主义。当代学者顾颉刚认为:"中国古代留传下来的神话中,有两个很重要的系统:一个是昆仑神话系统,一个是蓬莱神话系统";而"庄周居于宋,偏近东方,把这两种神话都接触到了"。这一得天独厚的社会环境与地理位置,使庄子有条件广泛接触古代神话。因此,顾颉刚认为,《庄子》中的神话性描绘,乃是昆仑系统和蓬莱系统神话融合后的产物。

时晓丽在其博士论文中指出,神话是庄子思想飞翔的起点,是它的源泉之一。上古神话不仅为他的著作提供了素材,培植了他超常的想象力和多彩的语言风格,而且是庄子审美生存思想产生的土壤,直接启发了他审美人格的创造;他的自化、自生、生死的转化思想都与神话有关,但他又有所超越,在保留神话基本意义的同时,赋予其强烈的人文思想,创造性地改变了神话中的宗教观念,使之由教化实用变为审美,由神圣虚幻变为现实的生存之道。

关于庄子的思想渊源与文化成因,学者刘生良从宋国的地理环境、历史背景与文化构成,从庄子的身世、个性与文化传承等诸多方面加以探讨。认为它是以殷商文化为源头,中原文化为依托,道家文化为核心,借助商丘处于东西南北文化的交会点上这一有利条件,并广泛接受周边多种文化之影响而形成的。

说到接受周边多种文化之影响,这里要突出分析一下楚文化在这方面的独特作用。当代一大批学者对此有所论列。杨义指出,作为楚国的公族,在吴起之变中,庄子的父祖辈避乱到了宋国;而楚国文化的精髓,包括楚地的神话传说、民俗信仰、市井风情,以及楚人的宇宙体验与思维方式,对于庄子来说,都成了刻骨铭心的生命记忆与精神脐带,成为终生受用的"南国情结",有效地开发了、丰富了他的浪漫情思和想象能力。

从文学发生学的角度来探索,无分中外古今,几乎所有文学名著都和民俗生活存在着千丝万缕的联系,像中国的《水浒传》《红楼梦》,英国的莎士比亚名剧,法国的巴尔扎克和雨果的小说,乃其尤者。《庄子》作为古代文学经典,更不例外,大量的楚地原始民风民俗,都在书中得到了充分反映。

学者崔大华说,庄子和楚文化那种比较深层的、观念的联系,这个环节可能藏匿在已经模糊了的庄子的家世中。作为楚国贵族的后裔,庄子的超脱世俗、追求精神自由的思想中所内蕴着的那种袭人心扉的没落感,想象神奇、变幻无端的汪洋文字,特殊的楚方言等等,清晰地显示出他与衰落了的楚国公族及具有浪漫主义特质的楚国文化,有着完全可以肯定的很近的亲缘关系。

学者庄大钧认为,宋国特定的社会政治现实,使庄子学派深刻地认识到统治者的虚伪和凶残本质,以及等级、宗法、专制主义制度下的社会人生的黑暗;同时,他们对于西周正统文化中那些禁锢人心、压抑个性等不合理因素和现象,都十分厌恶与反感,于是,很自然地接受了相对自由开放的荆楚文化的影响。学者李严亦主"宋楚合流说",认为庄子学派诞生于宋而成长于楚,如果说宋国的社会文化气候孕育出庄子学派思想个性及文学倾向的幼苗,那么,楚文化的雨露阳光,则使它们成长壮大并趋向成熟。

《庄子》一书中,言及齐者近二十处,带有鲜明的齐文化的"胎迹"。就此,当代一批学者也强调了他与齐文化的学术渊源,认为他对于齐文化比较熟悉,而且,很有可能到过齐国一些地方。

学者蔡德贵力主"齐文化背景说",指出从语言风格上看,《天下》篇说"以天下为沈浊,不可与庄语,以卮言为曼衍,以重言为真,以寓言为广",这正是齐文化的语言风格;《逍遥游》中说到的《齐谐》,乃齐国谐隐之书,还有"齐东野语",即齐地野人之语;《庄子》里面还引用了大量或肇源于或流行于齐国的神话传说。从学术范畴上检索,齐文化中的"阴阳说",《管子》中的"静心说",齐人甘德"天圆地方说",都在《庄子》中有所反映。再就是从庄子对大海的认识、大海的描写,也可以看出齐文化的背景——如果只有宋、楚文化影响,而不熟悉齐地,那他仅凭想象,是不可能对大海进行那样深入细致的描写的。

学者孙立认为,庄子鲜明而独特的齐地文化特征,可以从远、近两个方面予以溯源。东周时期,子姓的宋国就与齐鲁文化有着千丝万缕的联系;庄子故里蒙地,既有中原文化的质素,也曾受到东夷文化的影响。从近处看,庄子与略晚于他的齐国邹衍的风格十分相近,他们具有相似的喜言神仙、善用譬喻、富想象力、风格谲怪、狡黠聪慧等特征。这些都说明庄子与齐文化有着重要的联系。《庄子》一书中直接或间接引述齐地流传的神话很多,还涉及齐地一些人物和民俗,使之增添了浓郁的浪漫色彩,是形成庄子独特文化品位的一个重要因素。

2

　　说到庄子的学术师承与知识体系，这要比历史背景、地域环境、文化土壤、人文积淀等影响更为直接，当然也更为复杂，更为纷乱。宋代朱熹甚至说："庄子，不知他何所传授，却自见得道体。"以朱子的学识造诣，尚且有"茫然无措、不知所踪"之感，更不要说后世一般的研究者了。

　　关于这个问题的探索、研究，似应首先明确两个相互联结、相反相成的基本观点：

　　其一，庄子的思想学说，并非凭空产生的，而是渊源有自。尽管他是旷世奇才，但他的思想却并非纯由天赋达成、生而知之的，就是说，同样离不开后天的滋养。它不是"黄河之水天上来"，而是在"奔流到海不复回"的前进途程中，融会思想文化发展之"茫茫九派"、滚滚众流。

　　其二，在承认这一大前提的基础之上，还应看到，庄子属于"大师无师"之类的天才人物。天才完全是个案，不可能存在复制的胎模。谓予不信，那就看你有什么办法，按照原型再造一个凡·高、歌德，或者牛顿、爱因斯坦！天才又是超越时空的，时代与环境无疑是他成长的摇篮，但同时又是他起跳、飞翔的踏板，就是说，有其独特的成才路数。朱子说的"却自见得道体"六个字中，或可透出一些个中消息——庄子的"道体"是怎么来的？自己"见得"。

　　古代中国儒家强调所谓"道统"，其基本特征是按部就班地传承、继往："尧以是传之舜，舜以是传之禹，禹以是传之文武周公，文武周公传之孔子，孔子传之孟轲。"（唐代韩愈《原道》）而道家的传统，庄周之于老聃，固然也有继承，但却是以改造、创新为其主导方面。其独特之处在于，庄子的思想学说、艺术精神的形成，既凭借于固有的学术渊源、人文积累，又超越于现实基础与传承规范，而独辟蹊径，开创新途。即便是继承，也并非简单的吸纳与传输,像物质产品那样,从一个仓库倒换到另一个仓库;而是相关者主观意志、思想观念的交错、互动与转化、蜕变;至于创新,就更需要经历一种极其复杂的撞击与扬弃的文化动力学的过程。

基于这样一种认识,那么,为了弄清庄子的知识体系、文化渊源与学术师承关系,除了充分揭示其社会环境、地域影响、文化土壤、家族背景等外在因素,就其本人来说,还需进行两个层次的研索:

第一个层次,是通过博览先秦诸子著述,弄清庄子之前与同时的各种相关的学派、学人的思想,检索其同于或近于庄子思想观点之处,进行对照式、联结式的梳理,发掘庄子对于这些思想资源的继承、批判、发展、创新的脉络,穷源溯流,寻踪察迹。应该说,这种思想史、学术发展史的研究是十分必要的,属于基础性的工作。幸运的是,这项工作,许多先秦思想史家和中国哲学史研究人士,"筚路蓝缕,以启山林",积多年之功,通过艰辛的梳理、详尽的论证、科学的辨析,许多方面都取得了比较丰硕的成果,提供了大量宝贵的资源。

不过,更为关键、难度也更大的还是第二步,也就是我们所说的第二个层次。鉴于庄子是天才型的创造性的旷代哲人,属于俯视群伦、截断众流、超迈往昔的原创型的哲学家,他的成长路径、成才规律有其独特性与唯一性。在创造思想学说、构建知识体系过程中,首先是放开度量,大胆吸收,博采众长,兼收并蓄,但又绝非集纳式的、撷花缀锦式的,囊括无遗,全盘吸纳,而是采花酿蜜,大冶熔金,极端重视选择与扬弃,在分析、批判方面下功夫。对此,鲁迅先生的概括是:"恰如吃用牛羊,弃去蹄毛,留其精粹,以滋养及发达新的生体。"在此基础上,"自出机杼,熔铸新机",耻于依傍与模仿,而创造出全新的精神成果。

这种创造历程,使人联想到世界级大文豪关于典型人物塑造的体验。巴尔扎克认为"典型是'类的样本'","在这个人物身上,包括着所有那些在某种程度跟他相似的人们的最鲜明的性格特征","为了塑造一个美丽的形象,就取这个模特儿的手,取另一个模特儿的脚,取这个的胸,取那个的骨。

艺术家的使命就是把生命灌注到所塑造的人体里"。鲁迅先生塑造典型人物也是这样做的:"决不全用这事实,只是采取一端,加以改造,或生发开去,到足以几乎完全发表我的意见为止。"对于天才思想家来说,那些学派也好,代表人物也好,不过是一个个模特儿,而最后创造出来的思想体系、艺术精华,才是"类的样本"。这里所凭借的,就是天才思想家的超常的悟性,超凡的创造性思维,超群的想象能力与整合能力。

庄子对于道家学派的批判式继承与创造性发展,是十分明显的。世称"黄老之学",《庄子》书中也有一些篇章说到了华夏的人文始祖黄帝,但纵览全书,看不出接受过他的什么影响。郭沫若说,《天下》篇把关尹、老聃称为"古之博大真人",在庄子或其后学自然是以关尹、老聃为合乎他们所理想的人格了。然而,从庄子的思想上看来,他只是采取了他们清静无为的一面,而扬弃其关于权变的主张。《天下》篇中叙述各种方术时,提到过宋钘、尹文"不累于俗,不饰于物,不苟于人,不忮(逆)于众","以禁攻寝兵为外,以情欲寡淡为内";对于世间的矛盾、纷争,持柔顺、调和态度。而彭蒙、田骈、慎到,主张摒弃人的知性与个人偏执,"与物宛转,舍是与非",秉持相对主义。庄子的思想、主张,与其有相近之处,但他能够向前推进一步,不仅主张顺世随俗,而且强调追求逍遥的精神境界,从而实现了对道家诸子的超越。

列子隐居郑国四十多年,不求名利,清静修道,他崇尚虚无,倡言无为,尊重自然,自甘贫寒,终生不仕,穷而面有饥色,但拒绝郑国暴虐的执政者子阳馈赠的粮食。清代文艺评论家刘熙载甚至认为,《列子》实为《庄子》所宗本。事实上,恐怕未必如此。庄子在《列御寇》篇中,曾借伯昏瞀人之口,告诫他不可炫智,"巧者劳而知(智)者忧,无能者无所求,饱食而敖(遨)游,汎若不系之舟"。

还有杨朱。他确立了人的个体存在的价值,明确提出"不以物累形""不以天下大利易其胫一毛"的"全性保真""重生轻物""贵己为我"的观点。由于他早于庄子,又是邻近宋都商丘的魏国人,《庄子》书中曾多次提及,论者认为不应忽视他的影响。有人甚至认为,庄、杨可能就是一人,这当然属于臆断。实际上,庄子并没有全盘接受他,而且是多有微词的。

惠施是与庄子有过直接交往的唯一著名学者。他们有同样渊博的学识,有相似的辩证思维,共同从"至大无外"的"大一"和"至小无内"的"小一"那里,领略事物"毕同毕异",破除人们固定而狭窄的视角。惠子说"物方生方死",庄子也有"方生方死"的说法。看得出来,他从这位辩友兼知己那里还是有所吸收、有所借鉴的。不过,正如学者刘笑敢所指出的:"庄子并不停留于对具体事物的探讨,而是能从更高的层次上,对世界做出更为一贯的哲学概括。"庄子批评惠子:"自以为最贤""存雄而无术""弱于德,强于物""卒以善辩为名,惜乎!"

庄子与隐者之间的关系比较密切。学者颜世安指出,从某种意义上说,庄子的思想是战国时代隐者文化的结晶。《庄子》中记述了众多的隐逸人物,这些人士及其思想,应是庄子思想活动的精神背景。庄子思想的起点,与春秋以来隐者传统在乱世寻求避祸自保,同时在逆反流俗的意义上寻求个人生活的新意义这些基本主张,较为一致。当然,庄子有其独自的思想体系和评判标准,毕竟和那些隐者不同。

庄子的思想渊源,和儒家也存在一定的关联。前辈学人章太炎有"庄子出自颜回一宗"的说法。对此,郭沫若表示赞同,他说:"我怀疑他本是'颜氏之儒',书中征引颜回与孔子的对话很多,而且差不多都是很关紧要的话,以前的人大抵把它们当成'寓言'便忽略过去了。那是根据后来所完成了的正统派的儒家观念所下的判断,事实上在孔门的一二代,儒家并不是那么纯正的,而儒家八派之中,过半数以上是已经完全消灭了。"他进一步论证说,庄周并不曾自命为道家,《说剑》篇虽然是假托,但他的后学说他"儒服而见赵王",可见他们的一派依然是自命为儒者。而崔大华则认为,对于庄子思想来说,儒学只是构成一种学术的观念背景。"学说或思想体系间的学术背景关系和理论渊源关系是有区别的":渊源关系表现为两种思想学说在基本概念、命题、思想方面的继承和发展;"而背景关系则是指一种在先的学说思想所产生的理论环境、社会后果,构成一种激起新的学说思想形成的契机、条件"。

近代学者秦毓鎏,1913年,因讨伐袁世凯,被捕入苏州陆军监狱,狱中三年,精心研究《庄子》,作《读庄穷年录》,他在《自序》中说:

> 世之论庄子者,或曰宗老,或曰尊孔,吾皆以为不然。宗老之论,发自史迁,后之人多从之。然观《天下》篇周之自述,道术出乎关尹、老聃之上,其于老聃之死,且以遁天倍情讥之,谓之宗老,周岂任哉!言尊孔者出于儒家者流,苏子瞻、王介甫至谓其推尊圣人,自居于不该不偏一曲之士,其于庄子,去之远矣。吾统观全书,未尝无推重孔子之处,亦间有不足词。谓之尊孔,不可;谓之黜孔,亦不可也。至韩退之谓周之学出于子夏,其言无可考证,殆不足信。然则庄子者果为何如人乎?吾则曰:庄子者,负绝世之知,而兼过人之情,处乱世不自得,高言放论,以自快其意者也。惟其情之过人,故受情之累也深。彼知情之累我,以我有生,欲求解脱,非拔本塞源不可,是以堕肢体,窒聪明,一生死,忘物我,浑成毁,同是非,绝情去知,同于大通,体逝合化,无所终穷。斯其为说,发前古之所未发,卓然成家,而为神州哲学之宗,谓之大知,谁曰不宜。

这番论述,理蕴的涵盖性很强。"负绝世之知,而兼过人之情","斯其为说,发前古之所未发,卓然成家,而为神州哲学之宗",其一是说:庄子的天纵之才,不是单凭师承所能达致的;其二是说,庄子哲学的崇高历史地位,应予充分肯定。

3

探讨、开掘庄子的思想文化渊源,应该承认,处于关键地位的还是老子。司马迁判定庄子学说的核心乃归依于老子,这无疑是准确的。老、庄同为早期道家的哲学大师,有着基本上相同的道论、认识论、形而上学与逻辑推理;而且,庄子在《庚桑楚》《在宥》《天运》《天道》《知北游》等十三篇中,共二十一处讲到老子,多处直接征引老子的言论,并安排这位前辈以先知、导师的身份出现在孔夫子面前,足见其对于这位伟大哲学家的推重。

学者崔大华认为,"庄子和老子都是把'道'作为一种超越人的感性经验之上的宇宙万物最后根源来理解的"。老子把"道"看作世界万物的本原,最先使之具有了客观实体的意义;庄子继承了这一思想理论,并做了进一步的发展。如果说,老子思考的重心,是对天道、世道、人道做全面的终极的理解;那么,到了庄子那里,则侧重于探寻无待、无恃的自由境界,解除人为的桎梏,实现心灵的超越。老子之道,是外在客观的,着眼于对天地之母、万物之始的探询;庄子在承认道是其他一切存在的源头的同时,又把它引申到人生方面,更多地关注于"人间世",包括对于人的生存困境、多舛命运、苦难现实、人生安顿的思考,期求寻觅一条通向精神解脱的道路。

不过,尽管如此,我们却不能径称庄子为老子的门徒。孟子曾说:"予未得为孔子徒也,予私淑诸人也。"意思是说,他未能亲登孔子之门,只是就学于子思之徒,作为隔代的"私淑弟子",得闻孔子之道。而庄子却从来没有自称是老子的传人,从他的著述中也看不出来他是如何师承老子的。我们只能说,在继承、发展老子思想过程中,由于庄子同时还接受了其他学派思想的影响,加上他的独创性的天才发现,通过新的整合、新的改造,从而奠定了他在道家学派的崇高地位。

人们说到儒、道两家,总是习惯于将孔、孟与老、庄并称。其实,庄子在道家中的地位与贡献,要大大超过孟子之于儒家。有了庄子,道家方能提升到与儒家、墨家鼎足而三的对垒态势;而且,使道家的思想在许多方面得以深邃化、心灵化、生活化,从而博得更多人的欣赏和喜爱。

学者杨义指出,《庄子》一书最早,也几乎是最多地记述了老子的言行,但这些都只能说是庄子心目中的老子,不能简单地等同于原本的老子。庄

>> > 老、庄同为早期道家的哲学大师,有着基本上相同的道论、认识论、形而上学与逻辑推理。庄子的思想文化渊源,应该承认,处于关键地位的还是老子。

子以敬仰的方式,把老子加以"庄子化"了。庄生梦蝶,迷惑于庄周梦蝴蝶,还是蝴蝶梦庄周;同样,庄子述老子,也令人迷惑于庄生述老子,还是借助老子述庄生。"这种迷迷糊糊的述学方式,使老子之学自从认了庄子这个后生之后,就变得非常有趣,非常潇洒,而为世世代代的士人所倾倒、所陶醉了";"老学因有庄学为继,而使道家的那几亩园地变化得秀色宜人,令人不禁有道家餐风饮露、多造奇才之叹"。

看得出来,在哲学思想的基本内涵、基本特征方面,老、庄二人同中有异,同而不同。鲁迅先生在《汉文学史纲要》中说:"自史迁以来,均谓(庄)周之要本,归于老子之言。然老子尚欲言有无,别修短,知白黑,而措意于天下;周则欲并有无修短白黑而一之,以大归于'浑沌',其'不遣是非''外死生''无终始',肯此意也。中国出世之说,至此而始圆备。"

至于体道的路径,老、庄则存在着明显的差异。老子之道着眼于入世,谈的多是入世之道;庄子之道更多的是思考人生,纵谈性命,着眼于精神自由,思想解放。老子是以哲人的身份、超然的视角来论道的——他侧重于论说,侧重于逻辑思辨,侧重于理论的分析与阐述;庄子更多的是生命的悟入,是从精神层面上来体道、悟道,表现为一种人生追求、生命境界。庄子的取径,主要是依靠生命体验而并非诉诸客观认知。就是说,他更重视个性自由的直观体验与妙悟,因而,并不认同逻辑推理,很多都是通过形象化、诗性化的意象来表达的。

在政治观、社会观、伦理观方面,老、庄都深刻揭露儒家倡导仁义道德的虚伪性,指出一切道德仁义都是对于人的天性的背弃与摧残。老子主张"绝圣弃知(智)""绝仁弃义",认为"礼者,忠信之薄,而乱之首"(《老子》三十八章)。他们共同认为,上古之人从来不懂所谓仁义道德,只知"织而衣,耕而食",这是人的"常性";尔后,随着社会上出现了圣人,提倡仁义,推行礼乐,导致了社会的不安与分化。不过,他们的出发点与落脚点,并不一致。当代学者李泽厚认为,老子是积极问世的政治哲学,庄子则是要求超脱的形而上学。与老子及其他哲人不同,庄子很少真正讲"治国平天下"的方略道理,他讲的主要是齐物我、同生死、超利害、养身长生的另外一套,他关心的不是伦理、政治问题,而是个体存在与身心问题——这才是庄子思想的实质。也正是从这个意义上,现当代史学家吕思勉说,"庄氏之学,与老子相似而实不同"。

老、庄都属隐者之流,但两人阅历不同,所处时代、身份背景差异很大。老子做过周王室的史官,熟谙自古及今的治乱兴衰、得失进退之理,因而《道德经》中谈政治原则的内容较多;《庄子》则异于是,其中见不到正面言说政治原则、政治方略、政治观念的内容。在对待所处时代的社会矛盾、人际关系上,对于强国与弱国、贵族与平民、都市与乡鄙、治人者和治于人者之间的看法上,老、庄也有明显的差异。

对于统治者,老子的基本出发点,是关切,是维护,是补台,他告诫人君要具备远大的眼光和宽阔的胸怀,应该效法天地,把治国理政看成是自己的本职,不能居功,不为己甚,"后其身而身先,外其身而身存"(《老子》七章);要"去甚、去奢、去泰"(《老子》二十九章),不应只满足于自己的享受,而要顾念天下百姓,关注民生疾苦。他还深刻分析了造成民众现实艰难处境的原因:"民之饥,以其上食税之多,是以饥;民之难治,以其上有为,是以难治。"(《老子》七十五章)老子还特别提醒执政者,必须有预见性和洞察力,做到见微知著,把矛盾解决在萌芽阶段。指出:"天下难事,必作于易;天下大事,必作于细。是以圣人终不为大,故能成其大。夫轻诺必寡信,多易必多难。"(《老子》六十三章)特别是老子还鲜明地亮出战胜攻取的纲领性的政治主张:"以正治国,以奇用兵,以无事取天下。"(《老子》五十七章)总之,都是以积极的态度去参与社会政治,对治国安邦提出了一整套方案,目的是使社会矛盾不致发展、激化,从而维持周室的牢固统治。

庄子则不然。作为徜徉于政治之外的逍遥哲人和自由诗人,在他的心目中,那些"暴君昏上"、贵族、政客等各种类型的统治者,即便不是罪魁祸首,起码也是打手、帮凶,都是一些残民以逞的无耻之徒,其灭亡迹象已著,不可能加以挽回。出于愤激,他不但不肯帮助他们拾遗补阙,给予救助,甚至抱有一种"时日曷丧,予及汝偕亡"的仇恨心理。面对当时污浊的现实和严重的社会矛盾,他由愤世嫉俗转向逍遥游世。他以治天下为累,说到治天下,一副不屑之态跃然纸上:"孰弊弊焉以天下为事!"他说,道的精华部分是用来治身的,它的剩余部分则用来治国,它的糟粕部分才用来治天下。"由此观之,帝王之功,圣人之余事也,非所以完生养生也。今世俗之君子,多危身弃生以殉物,岂不悲哉!"他把这种行为比喻为"以隋侯之珠,弹千仞之雀","则其所用者重而所要者轻也"(《让王》)。庄子所珍视的是生命自由:"彷徨乎尘垢之外,逍遥乎无为之业。"(《大宗师》)在他看来,离社会政治愈远愈好,只有这样,才能更好地悟"道",达到"至乐"的境界。

通观《庄子》全书,看不到有关政治的积极言论和对帝王权贵的建言献策;相反的在他的笔下,倒有大量"暴君昏上"的反面形象。庄子明确否定现实的社会政治制度以及文化生活,他所向往的是远古的至德之世。而这种"至德之世",就是没有贵贱尊卑的分野,没有仁义礼乐的束缚,没有功名利禄的争逐,人人过着无忧无虑、安闲自在的平等生活,身心获得完全的自由。其实,庄子强调"至德之世"的真实用意,与其说是要使之成为现实,毋宁说是亮出一块与现实社会针锋相对、尖锐对立的招牌,用以对于现实社会进行抨击、批判。也就是说,庄子之崇古、慕古,其意在于刺今、非今。

老、庄都崇尚无为,崇尚自然。老子说:"我无为,人自化;我好静,人自正;我无事,人自富;我无欲,人自朴。"(《老子》五十七章)庄子也说:"古之畜天下者,无欲而天下足,无为而万物化,渊静而百姓定。"(《天地》)领导者应该尽量减少施行命令,不要实行使下属负担过重的政策,对下属的各种活动尽量避免介入或干预。"故君子不得已而临莅天下,莫若无为。无为也,而后安其性命之情。"(《在宥》)他反复论证人为的危害,指出:人的干预活动,诸如络马首、削其蹄、剪其毛、绊其足,把它拴绑起来,圈进槽枥,整个破坏了自然形态,因而主张"无以人灭天"。

"无为",一也;但二人的侧重点有异——

老子说:"圣人不行而知,不见而名,不为而成"(《老子》四十七章);"夫唯不争,故天下莫能与之争"(《老子》二十二章);"圣人终不为大,故能成其大"(《老子》六十三章),后来形成"无为而治"的政治理论;老子强调:"将欲翕之,必故张之;将欲弱之,必故强之;将欲去之,必固举之;将欲夺之,必固与之";"国之利器,不可以示人"(《老子》三十六章)。这一系列政治主张,被视为一种政治策略,一种完全意义上的政治权谋,因而被称为"君人南面之术",老子本人也被奉为"中国古代政治之父"。老子学说在本质上是致用的,亦即致用以治世。

而庄子的"无为",着眼于"安时而处顺""知其不可奈何而安之若命",主张逍遥游世。庄子的无为,作为自然的本体,人生的归宿,是面对浊世的一种隐退和自守,"无为"往往是出于"无奈"。

不仅此也,徐复观还做过进一步引申:"老子的人生态度,实在由其祸福计较而来的计议之心太多,故尔后的流弊,演变成为阴柔权变之术;而庄子则正是要超越这种计较、谋算之心,以归于'游'的艺术性的生活。所以,后世山林隐逸之士,必多少含有庄学的血液。"

立足点和视角不同,观察问题、处置世务的取径,得出的结论也会随之而异。鲁迅先生说过:"柳下惠看见糖水,说'可以养老',盗跖见了,却道可以粘门闩。他们是弟兄,所见的又是同一的东西,想到的用法却有这么天差地远。"同样,老子与庄子都是面对鱼鲜,老子想的是"治大国若烹小鲜"(《老子》六十章)——从烹鱼想到治国上。"烹小鲜"不可翻动,不可烦扰,翻动与烦扰则鱼必碎烂;治大国当无为,多为之则民必受损伤,他着眼于治国理政。庄子游于濠梁之上,见到"鯈鱼出游从容",想的却是"鱼之乐也"(《秋水》),他属意于审美境界。事虽细小,却反映了两位哲学家志趣、襟怀方面的差异。老子欲以道术治国安邦,起码要营建一个小国寡民的乱世桃源;庄子却是整天想着"乘天地之正,而御六气之辩,以游无穷者"(《逍遥游》)。老子身在江湖,心怀天下,经常亮出一副跃跃欲试的求进心态;庄子却只顾编织自己的麻鞋,累了就抬头望一望窗外的荒野,寻索一番那"十步一啄、百步一饮"的泽雉的踪迹。

就二人的风格、个性而言,朱熹说过:"老子收敛,齐脚敛手;庄子却将许多道理推翻说,不拘绳墨。"老子机警,庄子豁达;老子是冷静的、抽象的、思辨的,庄子则是活泼的、灵动的。就思想表达的方式来说,晚清学者方濬颐有个很好的概括:"老之言短,庄之言则长;老之言质,庄之言则华;老之言名贵,庄之言则奇谲;老之言皆正言,庄之言则皆寓言;老之言就人论人,庄之言则以物譬人。盖其大旨宗老,而文则不相沿袭也。"《庄子》中写了数不清的鲜活人物,头角峥嵘,各有特色;而《老子》一书从头到尾,见不到一个人影,只是一个古怪的老头,在那里"嘴里吐棍——胸有成竹"。《庄子》文本最大的特点,是在哲理之外闪烁着浪漫的诗性风采,作者的想象力如凌空而至,变幻无常,令人目眩神迷,魂摇魄荡。——"书成却待凌风奏,鬼怨神愁夜悄然"(清代胡大川《幻想诗》)。

看来,老、庄之间风格及个性上的差异,实不亚于他们的思想趋向。

第五章

谁似先生百世闻

从庄子之死写到身后哀荣,薪尽火传,泽流万世。庄子在探索宇宙本体的同时,突出地树立了一种理想人格的标本——人的本体。对于他来说,死亡不是终结,而是完成。

第十七节

哲人其萎

I

转瞬间,庄老先生已经到了垂暮之年。

近年,他的体质大不如前,经济状况却依然十分拮据,亏得有几个弟子时常接济一些,才聊可勉强度日。无奈,入秋以来,一直是咳嗽不断,只好缠绵病榻。几个贴身弟子,明知师徒已经聚日无多了,更是时时守护在老师身边。

弟子们记起先生在《大宗师》篇中,曾经借助四位学友在一起的交谈,来表明他的生死观、运命观:

子祀、子舆、子犁、子来相互谈说:"谁能把'无'当作头颅,把'生'当作脊梁,把'死'当作尾椎;谁能明白生死存亡是一体的,我们就和他做朋友。"四个人相视而笑,契合于心,于是结为朋友。

不久,子舆生病了,子祀前去探视。……子舆说:"假使把我的左臂变成公鸡,我就用它来报晓;假使把我的右臂变成弹弓,我就用它来打鸟,然后烤了吃;假使把我的尾椎变成车,把我的心神变成马,我就乘坐它出走,难道我还要找别的马车吗?再说,人的得生,乃是适时;死去,乃是顺应。安时而处顺,哀乐之情就不会侵入心中。这是古人所说的解除倒悬。那些不能自行解脱的人,是被外物束缚住的。人力不能胜过天然,由来已久,我又有什么嫌恶的呢?"

不久,子来生病了,呼吸急促,看来快要死了,妻子儿女围在床边哭泣。子犁前去探望,对子来的妻子说:"去,走开!不要惊动将要变化的人(一说:无须惊恐于生死的变化,亦通)。"他倚在门边对子来说:"了不起呀,造化的力量!它又要将你变成什么?要把你送往何方?把你变成鼠肝吗?把你变成虫臂吗?"

子来说:"作为子女,无论东西南北,都要唯父母之命是从;自然对于人,无异于父母。它要我死,而我不听从,那就是忤逆不孝。它有什么过错呢?天地给我以形体,用生使我劬劳,用老使我清闲,用死使我安息。所以,那妥善安排我生的,也将妥善安排我死。现在,有个铁匠在炼铁,铁块跳起来说:'我一定要做镆铘宝剑!'铁匠必定会认为,这块铁是不吉祥的。现在有人偶然获得了人的形体,就说:'我是人,我是人!'造物主也一定会认为,这是不祥之人。因此,应该把天地当作大熔炉,把造化看作大铁匠,又有哪里去不得呢!"

子来说完,酣然睡去,又自在地醒来。

附原文:

子祀、子舆、子犁、子来四人相与语曰:"孰能以无为首,以生为脊,以死为尻,孰知死生存亡之一体者,吾与之友矣。"四人相视而笑,莫逆于心,遂相与为友。俄而子舆有病,子祀往问之。……(子舆)曰:"浸假而化予之左臂以为鸡,予因以求时夜;浸假而化予之右臂以为弹,予因以求鸮炙;浸假而化予之尻以为轮,以神为马,予因以乘之,岂更驾哉!且夫得者,时也,失者,顺也。安时而处顺,哀乐不能入也。此古之所谓县(悬)解也,而不能自解者,物有结之。且夫物不胜天久矣,吾又何恶焉!"俄而子来有病,喘喘然将死,其妻子环而泣之。子犁往问之,曰:"叱!避!无怛化!"倚其户与之语曰:"伟哉,造化!又将奚以汝为,将奚以汝适?以汝为鼠肝乎?以汝为虫臂乎?"子来曰:"父母于子,东西南北,唯命之从。阴阳于人,不翅于父母;彼近吾死而我不听,我则悍矣,彼何罪焉!夫大块载我以形,劳我以生,佚我以老,息我以死。故善吾生者,乃所以善吾死也。今之大冶铸金,金踊跃曰:'我且必为镆铘!'大冶必以为不祥之金。今一犯人之形,而曰:'人耳!

人耳！'夫造化者必以为不祥之人。今一以天地为大炉，以造化为大冶，恶乎往而不可哉！"成然寐，蘧然觉。

《列御寇》篇记载：

> 庄子将死，弟子欲厚葬之。庄子曰："吾以天地为棺椁，以日月为连璧，星辰为珠玑，万物为赍送（殉葬）。吾葬具岂不备邪（这样的葬礼难道还不完备吗）？何以加此（还有什么比这更好的）！"弟子曰："吾恐乌鸢之食夫子（我们担心老师会被乌鸦、老鹰给吃掉）也。"庄子曰："在上为乌鸢食，在下为蝼蚁食，夺彼与此，何其偏也（怎么这样偏心呢）！"

从这里可以看出庄子的胸襟该是多么豁达，观念该是何等超拔！是呀，"以道观之"，人受命于自然，理当回归自然，这没有什么可计较的。精神固然需要寄寓于形体，然而，子之"所爱其母者，非爱其形也，爱使其形者也（爱那赋予形体生机与活力的内在精神）"（《德充符》）。相对于精神来说，形体不过是一件存贮器；取之天地，返诸天地，万物死生均安处于天地的怀抱之中。从这一点出发，确实可以说，生犹死也，死犹生也。

也就是在这次临近生命尽头的师生交谈中，庄子又就着偏心、偏见这个话题做了进一步的引申：

> 以不平平，其平也不平；以不征征，其征也不征。明者唯为之使，神者征之。夫明之不胜神也久矣，而愚者恃其所见入于人，其功外也，不亦悲乎！

其言具有深邃的哲理性，较为艰涩，译成口语，大致意思是：以一家之偏心、偏见去平衡万物，这种平衡其实是不平衡的；用一家之偏心、偏见来谋求征信，这种征信其实是不足征信的。自炫明智的人只会为外物所役

367

使,只有任随天性的人才能无往而不征信。自炫巧智的明者,比不上任随天性的神者,是由来已久的;而昏愦惑昧的愚者,却依恃一己的偏见而溺于人事,终致徒劳无功,岂不是太可悲了!

被后世奉为"宗圣"的曾子有言:"人之将死,其言也善。"说的是,人到了生命的尽头,反省自己的一生,说出话来能够回归生命的本质。庄子的这番立足高远、视野闳阔的话语,同样凝聚着此生的思想洞见与生命体验,可以看作是弟子们所听到的这位哲学大师的临终遗训。

哲人其萎。他把一个混沌的宇宙纳入了博大的胸怀,而时间却在他的身上停止了走动。也正是这一年,公元前286年,庄子的祖国——立国七百六十一年的古宋,为北方的强邻齐国所灭。

先生享年八十四岁。

这在卫生科学尚不发达、医疗条件有限的上古时期,无疑称得上高寿。当代学者张岱年说过,许多中国、外国的哲学家都很长寿,这跟他们的精神境界有关。真正的哲学家,能够站在宇宙的、社会的角度看问题,视野开阔,心胸宽广,有一定的思想高度,看问题深远,凡事看得开,一般不计较个人得失,不为小事所羁绊。活得洒脱,自然长寿。庄子就正是这样。

诚然,凡是生命,都必然面临着生物的、物理的双重限定,任何强大的力量也无法改变"终有一死"的自然法则;但是,当"活无常"板着无情的面孔,一手摇着破芭蕉扇,一手提着铁索和算盘,冷冰冰地宣布这一必至的结论时,总还会遇到两个方面的严峻对抗与挑战——哲学与艺术作为人的物质生命之外的精神延伸,分别以其超越的思想和撼人心魄的魅力,习惯于对"死"之现实说"不"。而且,从哲学的角度看,生命的时间性限定也是可以超越的。古希腊哲人柏拉图就曾表达过这样的信念:"人的灵魂是不死的,它在一个时候有一个终结称为死,在另一个时候又再生出来,但是永远地不会消亡。"实体遭到毁灭,精神却永恒地传承下去。

星灭,光犹在。旷代哲人的身影在古黄河岸边一个荒村僻巷中消失了,带走了他的天才和智慧,也带走了他的全副的诗性情怀,而为后世留下了一份具有永恒价值的精神遗产、哲学与艺术的精品——《庄子》。

2

在人的整个生命历程中,有两样东西与形体相伴生成,不约而至:一者为病,一者为梦——阶段性出现的是病魔,夜夜相伴的是梦境。

如果说,病魔所带来的是精神与躯体的缠绵不断的痛苦;那么,梦境则在睡眠时通过生命律动与心灵运营,万花筒一般,无规则地、不由自主地实现着某种"幻象构成",发挥其调节、激活与诱惑作用。西方哲学家弗洛伊德认为,梦是一种完全合理的精神现象,实际上是一种愿望的满足。而对于从事形象思维与艺术创造的庄子来说,梦,作为一种艺术表现手段,更是一笔取之不尽、用之不竭的心灵财富,不仅属于清醒状态的精神活动的延伸,而且赋予种种艺术创造活动以灵感的启发和幻想的滋养。那位大约与孔子同时代的哲学前辈——赫拉克利特说得更精彩:"清醒时,我们面对的是同一个世界;而睡梦中,我们却拥有各自的天地。"

晚年庄老夫子的白昼与黑夜,是在病苦与幻梦的交相陪伴下度过的。作为心灵的财富,梦境在庄子那里,总是受到特殊的关注。那种依照旧说附丽于形体而存在的魄、游离于形体之外的魂,经常是在深夜里不期而至,织成蛛网一般的多维、多向、多彩的迷离梦境。其中所展现的,多是几十年前甚至几百年前的旧事,入梦的有老聃、孔丘,还梦见过兀者王骀、得道的女偊;也曾途经"七圣皆迷"的襄城之野,进入远古的"盛德之世",还到过平生未曾涉足的南冥、北冥。那天晚上,与老朋友惠施魂梦相交,悠悠生死几经年,一会面,两人自是有诉不尽的离衷别绪,可说着说着,就又针对一些现实中的问题争辩起来,醒后还觉得有些口燥舌干。

当年,孔夫子也做梦,到了晚年曾经慨叹:"甚矣吾衰也!久矣,吾不复梦见周公。"作为儒学的奠基人,周公是孔子最崇敬的一位古代圣人。而庄子却是以道为师,他在梦中所向往、所追慕的"古之真人",乃是天道的体现者。他对弟子们说:"古之真人,其寝不梦,其觉无忧,其食不甘,其息深深"(睡觉时不做梦,醒来时不忧愁,饮食不求精美,呼吸自在深沉);"不逆寡,不雄成,不谟士"(不违逆微少,不自恃成功,不谋虑事情);"不知悦生,不知恶死,其出不䜣,其入不距,翛然而往,翛然而来而已矣。不忘其所始,不求其所终;受而喜之,忘而复之,是之谓不以心损道,不以人助天"(不知道贪生,也不知道怕死,出生不欣喜,入土不排拒,顺其自然地来,顺其自然地去罢了;不忘记自己的始原,也不究诘自己的归宿;事情来了欣然接受,忘掉死生任其复返自然,这就是不用心智去损害道,不以人的作为去辅助天然)(《大宗师》)。

庄子还讲述过这样一场梦境:

> 昔者庄周梦为胡蝶,栩栩然胡蝶也。自喻适志与!(自己觉着得意呀!)不知周也。俄然觉,则蘧蘧然(惊疑的样子)周也。不知周之梦为胡蝶与?胡蝶之梦为周与?周与胡蝶则必有分(区别)矣。此之谓物化。(《齐物论》)

庄子述梦与设喻的目的是什么?他没有点破。我们不妨做两方面的解读:一是,用觉与梦、寤与寐,隐喻生和死——人之向死而生、向生而死,犹如人之由寐而寤、由觉而梦;觉与梦、生与死只具相对意义,实际上不过是生命状态、生命形式的转换而已。另一方面,是想要说明万物等同、物我齐一的道理:我即梦中之物,物即梦中之我,达到一种主客浑然一体、物我恍惚两忘的境界。

不论其为前者还是后者,庄子的叙述方式都充满了诗性的、浪漫的情调。对此,清初的文学家张潮别有会心,他说:"庄周梦为蝴蝶,庄周之幸也;蝴蝶梦为庄周,蝴蝶之不幸也。"幸与不幸之别,端在于有无自由,有无拘碍,是否能够任情适意,自在飞翔。应该说,这也正是庄子的寓意所在。当然,话是这样说,但又并非任何人都能做得到的:与张潮大约同时的黄周星,曾经为此作注:"唯庄周乃能梦为蝴蝶,唯蝴蝶乃能梦为庄周耳。若世之扰扰红尘者,其能有此梦乎?"

原来,这位张潮,对于庄子其人其书进行过深入的研究,怀有特别深厚的情感。他以"心斋"为号,即取自《人间世》篇;在其清言小品《幽梦影》中,他说"愿作木而为樗,愿在草而为蓍,愿在鸟而为鸥,愿在兽而为鹿,愿在虫而为蝶,愿在鱼而为鲲",用以表达他对逍遥自在、隽雅超俗的向往。这里所列举的六类草木、鸟兽、虫鱼,亦多出自《庄子》。

"庄生晓梦迷蝴蝶",不管我们如何解读、如何认知,有一点是肯定无疑的,即庄子所追寻的原是一种超现实的境界,其意在于体道、悟道、述道、弘道;可是,后来的一些道家,特别是道教人士,竟然带上沉重的物质性、功利性、目的性,以迷惘的心态、愚蠢的行为,作虚幻的求证,妄想通过炼丹服食,拔宅飞升,以求长生不死、羽化登仙,实在是可笑又可悲的。

与"梦蝶"相关联,庄子还曾借长梧子之口,提出"人生不过是一场梦"的看法:

一个人,晚上梦见饮酒作乐,早晨起来却悲伤哭泣;晚上梦见悲伤哭泣,早上起来,却游猎作乐。人在梦中,并不知道自己在做梦——在梦中,还要探讨梦的吉凶如何,醒来时,才知道原来是在做梦。只有非常清醒的人,才知道人的一生不过是一场大梦。可是,愚人却自以为特别清醒,好像什么都知道似的。整天的君啊,臣啊,真是鄙陋极啦!

附原文:

> 梦饮酒者,旦而哭泣;梦哭泣者,旦而田猎。方其梦也,不知其梦也。梦之中又占其梦焉,觉而后知其梦也。且有大觉而后知此其大梦也。而愚者自以为觉,窃窃然知之。君乎、牧乎,固哉!(《齐物论》)。

庄子还说:"且汝梦为鸟而厉乎天,梦为鱼而没于渊。不识今之言者,其觉者乎,其梦者乎?"做梦的时候,或如鸢飞戾天,或如鱼跃于渊,心里并不知道那是梦境;待到醒转过来,以为脱离梦境,进入了清醒状态。那么,我要问说这话的人:你真的觉醒了吗?

庄子的人生,是超拔、解脱的人生,又是"游于世而不僻"的人生。所谓"游于世而不僻",是指他既不脱离现世,像禅门衲子那样,完全跳出红尘之外,又不执着于浮情,汲汲于名利,一切都斤斤计较,将整个生命投入到物欲追逐、俗世纷争中去,而是保持一种不即不离、不粘不脱的悠游状态。

既然浮生如同梦境一样茫然无据,难于把握,失去它就像得到它一样偶然,既然"汝身非汝有也",那又何苦陷溺其中、执迷不悟,直至无法自拔呢!这种对于生命与梦境的深刻认知,反映出庄子迥然有别于其他先秦诸子的生命观与生死观。

3

在生命链条中,死亡是一种兼具物质与精神双重特征的现象。对于大千世界中的纯物理现象,比如星体的陨落,物种的消亡,山石的风化,源泉的枯竭,可以借助观察、实验、分析、归纳等科学的手段、逻辑的方法,予以认知和探索。而人的死亡,作为以精神因素为其本质特征的生命现象,其瞬间的心理体验、精神启悟和直觉感应,是无法传递给他人和昭显于人世的,只能眼睁睁地任凭死者带走一切,飘然而去。这样一来,要研究与把握其间的奥秘,人们就只有通过非科学、非逻辑的途径,做猜测式、直觉式的心理还原。其难度与迷惑以及不确定性,是不言而喻的。

于是,而有分别从宗教、美学、艺术理念出发,对于生死问题特别是死亡意蕴、死亡情境,进行文化哲学的多维度、多视角的剖析、判断,昭示其不同的主张,展现着各自的面目。鉴于死亡瞬间的感官知觉、心理体验是无从把握的这一生理特征,因而历代学人往往把探究的重点,更多地侧重在生命价值与死亡意蕴方面。

东晋书法家王羲之,在《兰亭集序》中感叹世事沧桑,人生多故,说:"况修短随化,终期于尽。古人云:'死生亦大矣。'岂不痛哉!"这里的古人指的是孔夫子,《庄子》中两次记载了孔夫子的这句话。其间所反映的正是儒家的重生畏死之情。儒家重视人生价值、人际关系、人世情感,而当时遭逢乱世,现实生活中充满偶然性,人们感伤于命运无法掌握,浮生若寄,生死无常,因而生出多重感慨。所谓死生之"大",乃是由于如同对待生存、生活一样,赋予死亡以社会性的理性内涵,通过追逐"立德、立功、立言"这人生的"三不朽",来体现生活的意义、生命的价值,因而有"死或重于泰山,或轻于鸿毛"的说法。

"列子贵虚。"他那一派的观念,恰恰与此相反,认为"死后之名,非所取也",完全摆脱贵贱、名利的种种羁绊,对客观存在抱着虚无的态度。在记录其言行的《列子》一书中,借用杨朱之口,说:"太古之人知生之暂来,知死之暂往,故从心所动,不违自然所好";"名誉先后,年命多少,非所量也";"十年亦死,百年亦死,仁圣亦死,凶愚亦死,生则尧舜,死则腐骨,生则桀纣,死则腐骨,腐骨一也,孰知其异";"贤愚、好丑、成败、是非,无不消灭,但迟速之间耳。矜一时之毁誉,以焦苦其神形,要死后数百年中余名,岂足润枯骨?何生之乐哉"!

杨朱主张为我、贵生、享乐,认为为我就要贵生,贵生就须享乐,即便是"死有万世之名",而"生无一日之欢",又有什么意义?他鲜明地肯定了欲望的合理性,把享乐与纵情同生死的终极价值等量齐观,开启了后世道教纵乐长生思想的先河。

老子一方面承认死亡是无可避免的,是现实的、客观的存在;同时又提出:"谷神不死,是谓玄牝。玄牝之门,是谓天地根。绵绵若存,用之不勤。"(《老子》六章)。认为虚空的变化永不停歇,"有所受而能生物"(朱熹语)的谷神玄牝不死而永生,绵绵不断,永世长存。就是说,冥冥中有一种超现实、超物质的精神存在。

大约与老子同时的古希腊哲人苏格拉底,在谈到死亡问题时,推测人死之后不外乎两种情况:一种是,死亡有如长久的睡眠,摆脱了痛苦,剔除了烦恼,再没有俗世间的折磨与不义,只有深沉的平静与安宁;另一种是,如果真有所谓"灵魂不死",那么,死后就可与古圣先贤精神往来,继续讨论哲学,那将是天下一大乐事。而略晚于庄子的古希腊另一位哲人伊壁鸠鲁则认为:"死亡不过是感觉的丧失","对于我们是无足轻重的,因为当我们存在时,死亡对于我们还没有来,而当死亡时,我们已经不存在了。贤者既不厌恶生存,也不畏惧死亡"。他们都是抱着一种超然的心态来对待死亡的。

而庄子的生死观,作为诗性生命哲学的重要组成部分,则充满了审美的思辨,蕴含着机锋玄邈的形上色彩。简言之,就是"生寄死归",死生一如。生命只是偶然的有限的历程,生是死前的一段过程,活着时宛如住在旅馆,死去就是回家了,回归永恒的家园;生与死不过是一种生命形态的变化,生死是同一的,同归于"道"这个本体。当代学者李泽厚有言:"庄子对死亡并不采取宗教性的解脱而毋宁是审美性的超越……他把死不看作拯救而当作解放。"

人生,乃是生生死死的连环套。在《知北游》篇中,庄子有言:"生者死之徒(继承者),死也生之始,孰知其纪(极)! 人之生,气之聚也;聚则为生,散则为死。若死生为徒,吾又何患!"庄子还曾几次说到"物化":有的是作为事物的变化,比如说梦中蝶变,"此之谓物化";更多时候是指死亡,"圣人之生也天行,其死也物化"(《刻意》);"若化为物,以待其所不知之化已乎"(《大宗师》)。意思是,若是已经化作某种物体,那就意味着等待未来不可知的再一变化,反正一切都听其自然,顺乎天道好了。

对于"生死为徒",后来的《淮南子》做了进一步的阐释,表述得也更为形象:"吾生也,有七尺之形,死了有一棺之土,生,比于有形之类,死,沦于无形之中。"造化创造万物,犹如陶匠合泥制作陶器,从地上取出土来做成器皿,这同它没有离地并无差异;待到陶器破碎了,变成土块,散落在地上,和器皿也没有什么差别。而东汉的张衡则在《髑髅赋》中,借庄子之口说:"死为休息,生为役劳,冬水之凝,何如春冰之消? 荣位在身,不亦轻于尘毛!"唐代寒山子的诗对此做了明确的解释:"欲识生死譬,且将冰水比:水结即成冰,冰消返为水。"

在庄子看来,"死生,命也,其有夜旦之常,天也"(《大宗师》);"察乎盈虚,故得而不喜,失而不忧,知分之无常也;明乎坦途,故生而不说(悦),死而不祸,知终始之不可故(固定)也"(《秋水》)。既然属于命定,关乎天道,也就生而不悦,死无所哀,无须存有什么感伤意味。

从这一点生发出去,庄子明确地表示了对于厚葬的批评意见。他曾借孔子之口,表彰孟孙氏关于丧事从简的做法。说"孟孙氏尽之矣,进于知(智)也。唯简之而不得,夫已有所简矣"(《大宗师》)。意思是:孟孙氏已尽了居丧之道,他比讲究丧礼的人高明多了,丧事就是应该简化,只是世俗相沿成习无法做到,然而,他已经有所简化了。

庄子提出这个问题,有着强烈的现实针对性。据南怀瑾讲解:"三代至周秦之间,对于父母的丧事,办得太严重了。棺材外面要有椁,所谓衣衬棺椁,死者有几个女儿女婿,就要盖几条被子;古代又是多妻制的,如果有二十个女婿,死者的身上就盖二十层被子。几个儿子,穿几条裤子。所以,棺材里头,春夏秋冬的衣服俱全。""棺材里都装不下。棺材外面的东西就更多了,什么茶叶啦,石灰木炭啦,各种东西,你们看都没看见过,另外还有嘴里头含的什么,手里拿的什么,多得一塌糊涂,非常复杂。"

4

《庚桑楚》篇记下了庄子的这样一段话:

"古代的人,他们的智识达到了很高的境界。什么境界呢?他们首先认为,不曾有物存在,这是最高明的见解,已经完美了,没有可能再超越了。其次,是认为有物存在,不过,却把出生当作丧失,把死亡当成回归,这已经有所分别了。再次,是认为起初是无有的,后来有了出生,出生尔后又死亡。把无有当作头,把出生当作身体,把死亡当成尾椎。谁能了解有、无、死、生本来是一体的,我就与他做朋友。"

附原文:

> 古之人,其知有所至矣。恶乎至?有以为未始有物者,至矣,尽矣,弗可以加矣。其次以为有物矣,将以生为丧也,以死为反也,是以分已。其次曰始无有,既而有生,生俄而死;以无有为首,以生为体,以死为尻;孰知有无死生之一守者,吾与之为友。

当代学者萧兵指出:在庄子看来,如果还有生和死的区分,那还不是最高的境界;最高的境界应该是"不知死不知生",或者叫"不死不生""与道为一"。庄子认为,"以生为丧,以死为反(返)",仍然有分别心,这种思想比起"以为未始有物"的最高境界来,就属于次一级的境界了。《庄子》中多处谈到"不知死不知生"或者"不死不生"的境界,如《寓言》篇中颜成子游谓东郭子綦曰:"自吾闻子之言,一年而野(不文雅),二年而从(不固执),三年而通(不受拘束),四年而物(与物混同),五年而来(前来归附),六年而鬼入(神化),七年而天成(合于自然),八年而不知死不知生,九年而大妙。"《大宗师》篇女偊向南伯子葵讲述自己教卜梁倚学道的过程:"吾犹守(坚守)而告之,参(三)日而后能外(遗忘)天下;已外天下矣,吾又守之,七日而后能外物;已外物矣,吾又守之,九日而后能外生;已外生矣,而后能朝彻(透彻通达);朝彻而后能见独(别开新境,见常人所未见);见独而后能无古今;无古今而后能入于不死不生。"由是可见,庄子生死观的最高境界,就是"不知死不知生"。

在《知北游》篇中,庄子曾借老子之口,说:

"国中有人,不偏于阴,也不偏于阳,二气调和,住在天地之间,都习惯地称呼为人,将来都是要返本归宗的。从本源上来看,所谓生命,就是有气聚而成之物。虽有寿夭之分,但两者相差几何?不过片刻而已……

"人生天地之间,犹如阳光掠过空隙一样,忽然而已。万物蓬蓬勃勃,没有不生长的；变化衰萎，没有不死去的。已经转化而生，又将转化而死，生物也好，人类也好，都会为此而悲哀。其实，应该认识到，解开自然的束缚，卸却自然的包裹，转移变化，精神消散，身体随之消逝，这是返归大本啊！"

附原文：

中国有人焉，非阴非阳，处于天地之间，直且为人，将反于宗。自本观之，生者，喑醷物也。虽有寿夭，相去几何？须臾之说也……人生天地之间，若白驹之过郤，忽然而已。注然勃然，莫不出焉；油然漻然，莫之入焉。已化而生，又化而死，生物哀之，人类悲之。解其天弢，堕其天袠，纷乎宛乎，魂魄将往，乃身从之，乃大归乎！

正因为这样，所以，对于死亡，应该采取一副超然心态，坦然以对。

在《养生主》篇中，庄子还曾假托老子故去，秦失往吊，来申抒他一己的观点：

老聃去世了，秦失去吊丧，号了三声（哭而不哀，按世俗之礼），就出来了。

老聃的弟子问："你不是我们老师的朋友吗？"

秦失说："是！"

弟子又问："那你就这样吊唁他，合适吗？"

秦失说："是呀，开始的时候，我把他当作超世脱俗的至人看待，后来醒悟到，并非如此。刚才，我进来吊丧，看到里面有老年人在哭他，就像哭自己的孩子一样；有年轻人在哭他，就像哭自己的父母一样。他们聚集到这里来，一定是情感执着，不必哭诉而哭诉。这样做，是失去本真、违背实情的，忘记了我们所禀赋的生命长短。古时把这称作逃避天理自然的刑法。正该来时，老聃应时而生；正该走时，他是顺命而死。安于时命而顺应处境，哀乐之情就不能侵入心怀。古人以生为'县'（悬），以死为'解'，他现在获得了天然的解脱。"

附原文：

> 老聃死，秦失吊之，三号而出。弟子曰："非夫子之友邪？"曰："然"。"然则吊焉若此，可乎？"曰："然。始也吾以为至人也，而今非也。向吾入而吊焉，有老者哭之，如哭其子；少者哭之，如哭其母。彼其所以会之，必有不蕲言而言，不蕲哭而哭者。是遁天倍情，忘其所受，古者谓之遁天之刑。适来，夫子时也；适去，夫子顺也。安时而处顺，哀乐不能入也，古者谓是帝之县解。"

讲到这里，庄子又特意加上一句："指（脂）穷以为薪，火传也，不知其尽也。"意思是，人的生命，有如以脂膏为薪火，烧尽了乃是一种转化，并非就地消灭了，不过是随其时而顺遂之，不足以为哀乐也。

当然，"太上忘情"，也只是限于"古之真人"；以生为"悬"，以死为"解"也好，"不知悦生，不知恶死"也好，常人是很难理解，很难做到的。绝大多数人还是讳死、恶死、畏死、避死的。《应帝王》篇谈到，郑国有一个相面的神巫，名叫季咸，能够占卜出人的生死、存亡、祸福、寿夭，说的年、月、旬、日非常准确。因此，郑国人见了他，都远远地避开，唯恐被他说中了，倒霉。记得英国当代物理学家，那个专门研究宇宙论和黑洞理论的斯蒂芬·霍金，讲过这样一段趣话："我注意到，即便那些声称一切都命中注定的，而且我们无能为力改变的人，在过马路之前，都会左右看看有没有汽车过来。"

畏死、避死的后面，是贪生、恋生，这在古今中外大多数人来说，是共同的心理。古埃及新王国时期，一座墓室里有这样的铭刻："原来喜欢遨游四海的人，现在被禁锢在斗室里；原来喜欢华服盛装的人，现在则穿着破碎的衣服沉睡；原来喜欢狂喝痛饮的人，现在置身于连水都匮乏的地方；原来权重、富有、声威赫赫的人，现在来到了永恒黑暗的世界。"铭刻反映了对生的依恋和对死的恐惧，渴望着能够死后复生，重享生的快乐。

逃避死亡,尽管这是人类永远解决不了的课题,可是,有些人却仍然幻想着要彻底征服死神,永远不和他打交道。七百多年前,"一代天骄"成吉思汗西征凯旋,踌躇满志地说:"直到如今我还没有遇到一个不能击败的敌手。我现在只希望征服死亡。"但是,这话出口不久,他就在西夏的清水县行营一命呜呼了。这又一次证明了庄子的明断:"死生,命也,其有夜旦之常,天也。"世间其他的苦难,都可以设法躲避,实在躲避不开就咬牙忍受,一挺也就过去了,唯独死亡是个例外。

不过,话又说回来,人类确实永远征服不了死亡,但是,死亡也同样战胜不了人类。英国哲学家培根说过,死亡征服不了伟大的灵魂。人类心中有许多种感情,其强度足以战胜死亡——敌忾压倒死亡,爱情蔑视死亡,荣誉感使人献身死亡,巨大的哀痛使人扑向死亡。唯有怯懦、自私,使人在还没有死亡之前就先死了。

5

佛经里有"生死疲劳"的说法,意思是,人死了不到四十九天又投胎,投胎之后又是生老病死,死了再生老病死,永远在那儿轮回,无休无止,疲于奔命。究竟是怎么回事,这倒用不着去管它,但在有生之年,摆脱不了生、老、病、死的苦痛,却是实情。而且,佛家还觉得这"四苦"不足以统括全盘,于是,又翻了一番,折腾出来所谓"人生八苦"。生、老、病、死之外,再加上四种苦情:爱别离(亲爱之人分别、离散)、怨憎会(恨怨憎恶之人反而常相集聚)、求不得(喜欢的得不到)、五蕴盛(涵盖了人的身心的色、受、想、行、识"五蕴"炽盛)。有这么多的苦相伴,难怪那个名震全球的大作家歌德,在他年届七十五岁之时,要说:"这一辈子,快乐兴奋的日子,前后算起来不足四个星期。"

整整二十五年前,我曾经历过一场重大的生命劫难,直接面对着死亡这个魔鬼的威胁。——年轻时得过肺结核,当时本已治愈,想不到三十多年之后，在原发病灶上又出了大的变故，可怕的病魔竟然"江东子弟"卷土重来，结果肺部挨了一刀。这样，我便由"五花教主"变成了"四叶亭侯"。

记得林语堂说过，读者选择作家是去寻找与自己相似的灵魂。而我卧病当时的选择庄子，除了这一点，还有战胜病魔的考量，也就是要从庄子的自然观、生命观、价值观中，获得领悟，汲取力量。除了我自己床头读解，口诵心唯；恢复健康过程中，还经常同几位文科教授、文化学者在病房里开怀纵谈，而生老病死则是当时的热门话题。

那天，我靠着枕头斜欹在床上；高先生和何女士分据着两个沙发；眼镜史坐在椅子上。交谈的开篇自然是围绕着我刚刚做过的肺部肿瘤切除手术，以及"体质强、发现早、心态好"之类安慰性的话语。我笑说，刚刚看过《庄子·至乐》篇，那里讲，滑介叔的左臂上长了个瘤子。支离叔问他，是不是讨厌这个东西？滑介叔说，生命原本是一种假借，而肿瘤是假借的生命又生长出来的东西，无异于尘垢暂时间的聚结——"假之而生生者，尘垢也"。人的死生变化，犹如昼夜的交替运行，现在这种变化反映到了我的身上，我又有什么可厌恶的！他的言外之意是，死生尚且属于正常的变化，臂上长个瘤子又算得了什么！如果说，同疾病做斗争是一场艰险的历程，那么，这番话可以看作是一曲"冲锋号"，一碗"壮行酒"。

这些靠书卷以遣有涯之生的书呆子，三句话不离本行，听了我的话，当即就从读书与疗疾的关系展开了话题。高兄年长，学问也最大，当然是由他开篇了。他说，西汉学者刘向说过"书犹药也"。宋人也有"赖得《南华》怜我病，一篇《齐物》胜医方"，"欲识道人真静处，《南华》一卷是医王"的诗句。诗翁陆游说得最为剀切，"愁得酒厄如敌国，病须书卷作良医"。意思是，心中郁积愁烦，把酒浇愁，犹如献粮资敌，只会使愁烦雪上加霜；而好的书卷如同良医，确是疗疾祛病所不可缺少的。他还有一首七绝："儿扶一老候溪边，来告头风久未痊。不用更求芎芷辈，吾诗读罢自醒然。"清代学人阐发其意，说："忧愁非书不释，愤怒非书不解，精神非书不振"，"书卷乃养心第一妙物"。

何女士接上话头,说,当然,嗜书也像用药一样,必须对症、对路。要论养心、安神,古今书卷,当以《庄子》为上上品。就按治病疗疾来说,病,有"三分治七分养"的说法。养病贵在养心。"百感忧其心,万事劳其形,有动乎中,必摇其精。"特别是那些内科疾患和心理疾病,精神、情绪、心态惊扰不宁,即使华佗再世、扁鹊重生,也无能为力。而《庄子》一书,恰恰在"解套"方面,最有办法,也最见成效。

眼镜史插言了:"孔子对于死亡问题,一向采取回避态度,当弟子子路问到他时,便很不耐烦地回答,活人的事情还没有弄清楚,活着的时候应该怎样做人还没有弄懂,哪里有时间去研究死人的事情!而庄子正好相反,他总是不待弟子发问,便主动地谈,反复地谈。有人做过统计,《庄子》一书中说到死亡问题的,竟达二百多处。关于生命,庄子重在养生、适己,明确提出'不做牺牛',反对追逐名利、冀求成功,因为那样会丧失自由,损蚀天性。而儒家就不同了,他们要把实现立德、立功、立言'三不朽',作为人生的终极目的。"

何女士认为,无论怎么理解,生命可贵,应该爱惜,这一点是没有疑问的。庄子奉行相对主义,但他却热情赞扬尊重人民生命的大王亶父,而极力反对"以物易性"的做法,因为那样会丧失人之为人的根本。所以,他在《让王》篇里说,能够尊重生命的人,即使富贵了,也不会因为享受而伤身,即使贫贱了,也不会因为贪求利禄而累害自己。现在世间身居高位的人,却唯恐失去官职,见到利禄就不顾自己的性命,岂不是太迷惑吗!

说到这里,何女士下了一个结语:"这种迷惑的人生,许多人泥足深陷,不能自拔,恐怕也是一种宿命吧。"

在另一次论谈中,何女士缺席,董博士补了进来,我们四个人再次围绕死亡问题,畅谈了各自的见解:

眼镜史从死亡的恐惧说起。他说,人们之所以畏惧死亡,在于存在一种对于死亡所引起的价值虚无的意识,因为人有思想,所以人是唯一知道死亡痛苦的动物。老托尔斯泰说过,要是一个人学会了思想,不管他的思想对象是什么,他总是在想着自己的死。动物没有思想,就感受不了这种存在论上的幻灭之苦。上帝是很残酷的,他按照自己的形象造人,却不许人们像自己一样长生不死,于是,就出现了一个普遍性的悲剧现象:终归幻灭的肉体总是羁存着一个渴望不朽的灵魂。由于人总是不满足于生命有涯而追求无涯、追求永恒,因此,才苦苦地期望着:从无意义中创造意义,从无价值中实现价值。我们说一个人"不朽",是指他通过物质或精神的实践活动,创造出可以永世流传的社会财富,从而为自己创造出一种不朽的"价值生命",死了也还能存活在后人的心中,存活在历史之中。

"你说的是儒家的思想。"高兄接上他的话题,说庄子却是另外一种观点。庄子把生看成负累,把死视为安乐,看作是回归家园;把生看作是气的凝结,像身上的赘瘤一般,把死看作是气的消散,像脓疮溃散了一样。他认为,死亡是对于人生负累的解除,死亡因此而具有了生命的价值。所以,在《齐物论》里说,谁说悦生不是一种迷惑,而恶死不是流落他乡的孩子忘了回家的路呢?庄子认为,参透生死,则世间万物莫足以扰心。"死生无变于己,而况利害之端乎!"

董博士正在作评论庄子"内七篇"的论文。他说,在《齐物论》中,庄子发问:终生忙忙碌碌,困顿憔悴,总是在追逐着什么,却连最根本的生命的意义、人生的归宿都不知道,怎能不让人悲哀!这样的人生,即便是不死,又有什么意义呢?人的肉体逐渐衰老枯萎,人的心灵、精神也随着肉体一道萎缩干瘪,这难道不是人生和生命的最大悲哀吗?人生在世,必然就是如此的昏昧吗?还是只有我如此昏昧,而另有不昏昧的人呢?——这个"灵明之问",大概也只有庄子自己能够作答,可是,他偏偏到此为止,不再往下说了。

这两次,文友们各就各位,倒也平静;可是,有那么一回,争辩到激烈处,竟然互不相让,搅成了"一锅粥"。看来,文人们打嘴仗,比"妇姑勃豀"要热闹、有趣得多。直到今天,那种动人场景,还时时浮现在脑际,致令我想要拿它与"庄惠之辩"较短量长。

于今,岁月的河川中,已是千帆过尽,昔梦追怀,只剩下雨丝风片,倒影屐痕,还在陪伴着渐近老境的文友们,在苍茫的暮色里匆匆地行走。而最令人凄怆不尽的是,在我病后的第二年冬天,高兄竟以花甲之年死于车祸,提前"物化",成了历史人物。

淡烟斜日,凭吊无踪矣!

第十八节

身后哀荣

I

在浩瀚的史海中,有些人是生前热浪喧腾,云蒸霞蔚,死后却阒然沉寂,人们淡忘如遗;而庄子则恰恰相反,在他没后两千多年,远比他在世时风光得多,喧闹得多。后世的学人对于庄子其人其书,贬之者固然所在多有,但誉之者更是为数极多,注《庄》、解《庄》、论《庄》者,代不乏人。他们不仅从哲学的层面上解读《庄子》,而且在人生道路抉择、客观事物解析、价值取向探究方面,渗透着异代同心的深情理解,回响着一声声沉重的悲慨与叹息。特别是在文学与美学方面,更是热衷于分析、判断,赏识庄子的才情,接受《庄子》的影响。正所谓:"名理孕异梦,秀句绣春心。《庄》《骚》两灵鬼,盘踞肝肠深。"(清代龚自珍诗)。郭沫若有言,秦汉以来的一部中国文学史,差不多大半是在庄子的影响之下发展的。他还说:"庄子固然是中国有数的哲学家,但也是中国有数的文艺家,他那思想的超脱精微,文辞的清拔恣肆,实在是古今无两。"

先秦诸子中,最早关注《庄子》一书的,是晚于庄子约半个世纪的赵国的思想家荀子,他对庄子曾有所论列。成书于战国末年的《吕氏春秋》和《韩非子》,引述《庄子》的内容比较多。经学者刘笑敢考证,现存的《庄子》三十三篇,至少有十四篇曾被它们引用过,占百分之四十二;如果按五十二篇计算,就是说加上已佚的十九篇,那么,被引用的假定还有六到八篇,总数达二十至二十二篇,看来,数量是相当大的。

汉初,贾谊最早在文赋中化用庄子的思想;淮南王刘安除自著《庄子略要》《庄子后解》外,还组织门客编撰了《淮南子》,同样对于《庄子》做了大量征引。特别是太史公司马迁还为庄子写了传记,并加以概括而较为全面的评论。但从总体上看,由于汉代比较重视落实,讲究"强本节用",着眼于政治化、实用性,这样一来,相对于"道"来说,把"术"就看得更重了。这从太史公的父亲司马谈《论六家要旨》一文中即可见其大概:它所强调的是"务为治",是"立俗施事",是"其为术也"。当时,"黄老治术"也好,"独尊儒术"也好,最后都落脚在"术"上,而以"道"为旨归的《庄子》,显然是不甚合乎时宜的。

特别是,"自从董仲舒的建议批准以后,汉代初叶再生出来的一切文化思想,都要站在儒家学说的法庭之前遭受审判,判定其生存或宣布其死刑。儒家哲学变成了封建制度之最高的政治原理,变成了衡量文化思想之标准的尺度。一切与这种原理相冲突的古典的学说,即使比儒家学说含有更多的真理,也要从头到尾被摧毁"(翦伯赞《中国史纲·秦汉史》)。在这种崇儒术、黜百家,其他文化思想遭到钳制的情况下,庄子之学受到冷落,对于它的研究处于沉寂状态,是势所必至的。

迨至魏晋南北朝,形势发生了急遽变化,伴随着玄学的勃兴,呈现出学者群起解《庄》、注《庄》的热潮。就中以郭象的《庄子注》,对后世影响最大。此前已有向秀、崔譔、司马彪的注,据《世说新语》记载,同时注《庄》的还有几十家,可见当日"大畅玄风"之浩荡声势。当然,解《庄》、注《庄》的着眼点并不一致,多是借托以为己用,或为弘儒,或为当时士大夫的社会生活张本,成为"清谈家的灵感的泉源"(闻一多语)。南北朝时期,颜之推在《颜氏家训·勉学》中有"《庄》《老》《周易》,总谓'三玄'"之说,并且把后出的《庄子》列为"三玄"之首。这里特别值得一提的是,作为庄子道脉、文脉的服膺者、传承者,嵇康的"越名教而任自然",阮籍的纵情遂性,以及后来的陶潜的复返自然,"二谢(谢灵运、谢朓)""二王(王羲之、王献之)"的艺术张扬,通过冲决儒家礼法的枷锁,弘扬了自由精神,滋育了任放不羁的"魏晋风度",开启了尔后千余年的清新、飘逸的诗性品格与艺术风范。

唐朝开国之后,伴随着老子登上教主"太上老君"的宝座,道家继起者而且集其大成的庄子也备受重视。天宝元年(742),玄宗皇帝下诏赐封庄子为"南华真人",尊其书为《南华真经》,《庄子》由"子学"上升为"经学",并被列为科举考试内容。当时,皇帝还下诏改离狐县为南华县(今属山东菏泽)。

泊乎宋代,庄子研究呈现新的高潮,许多学者投入到这项活动中来,写出大量学术专著,据严灵峰统计,宋代注庄、解庄、论庄著述多达六十余种。这和朝廷对于庄子的特殊眷顾与带头倡导,也有直接关系。宋代皇帝大多崇尚道教,真宗曾诏令校定摹刻《庄子释文》。徽宗还晋封庄子为"微妙玄通真君",并诏令太学置《庄子》博士。政治权力的介入,固然有利于扩展庄子的影响,但对于其学说的研究、发展,并没有多少实际价值。

有的学者从学术发展史上分析,认为处于三教争衡的背景之下,道家与道教结合的趋势日渐突出;后来道家思想又被引入禅宗,对佛禅的发展产生了深远影响;随着儒学复兴,理学昌盛,更促进了庄学与儒学的结合,一些理学家在阐扬儒家伦理道德的过程中,不同程度地吸纳了老庄的思想。在这种形势下,庄子的影响以及对于庄学的研讨,也出现了新的趋势,即关注形而上学、本体论方面较少,而侧重于认识论、人生观、精神境界和文学艺术,于这些方面着力较多。

明代以来,以儒解庄、以佛解庄、以道解庄、以文解庄,众流齐汇,使庄学研究呈现出蓬勃发展的态势。学者方勇指出,明代越到后来,越是表现为心学、佛禅与老庄思想的合流,晚明时期一大批文人学士,既承继王阳明心学宗旨,以获得心性的解放,同时又十分崇尚老庄思想,借此来表达其超然适性的人生态度和素朴求真的美学思想,这对庄学的复兴起到了有力的推动作用。

对于嘉靖、万历年间,注庄、释庄、论庄成为风气所尚这一现象,当代学者罗宗强认为:"明代后期是一个在思想潮流上发生巨大变化的时代,狂禅与纵欲,在一部分士人中相当流行。对于庄子的爱好,正是在这种风气下出现的。"他们"借着对于庄子思想的解释,加以引申,表达自己的思想,如袁小修的《导庄》,袁宏道的《广庄》,和后于他们的王夫之的《庄子通》等。

这一类著作,往往带有更多的解者个人色彩"。

清代的《庄子》研究,由宋明学人的重义理、重心性转而为重训诂、重校勘。影响较大的,前有林云铭的《庄子因》,后有郭庆藩的《庄子集释》和王先谦的《庄子集解》。方勇认为,"清代的庄子学肇始于明遗民,多为借阐释《庄子》以抒发其遗民胸臆。自康熙中后期到乾隆时期,庄子学得到了进一步发展";"而随着乾嘉学派的兴起,《庄子》考据之学便异军突起";到了清末,庄子学"在义理、艺术阐释和考据方面,都有高水平的著作问世,其中不少著作还自觉引进了近代的思想和学理,从而成为民国时期新庄子学的先声"。所谓"新庄子学",主要是指民国时期在《庄子》阐释上,对于西方新思想、新思维、新方法的主动引进和积极利用,这为庄学的发展开辟了新的路径与广阔前景。

近现代,特别是民国时期,庄学研究十分活跃,硕果累累;而在当代,庄子的研究更呈现出前所未有的繁荣发展态势。学者姚曼波指出:"庄子提出并试图解决的,是人类生存最根本、最核心的问题:人类的精神生存,人类文明进化过程中人性的保全,以及人类灵性智慧的开拓、精神潜能的开发。其哲学视野的广阔与思辨的深刻,使他的精神本体论显得博大精深,在人类哲学史上独树一帜。"在后现代的历史语境下,如何防止异化、确立本真的自我,建立以精神为核心的价值体系;以及如何正确处理人际关系、人与自然的关系、人与内心世界的关系,在在都可以从庄子思想中获取有益的启示。

一部庄学发展史表明,自秦汉以迄近现代,庄子的思想、精神,在整个中华民族的文化长河中,举凡哲学、美学、文学艺术,以及读书士子的人格心理、心性修炼、道路抉择、文化生成等各个方面,无不显现其硕大的身姿,产生深刻的影响。为此,当代学者侯外庐有言:"从其影响于中国士大夫的历史来看,实在不是'异端',而是'正统'"。

作为开创性的哲学家、反传统的思想家和天才型的文学家,庄子的学术价值、精神风貌与艺术贡献,他的直观、辩证的思维方式,追求人格独立、身心自由的精神,以及"汪洋辟阖,仪态万方"的奇文异采,永远是中华民族宝贵的精神财富。

2

从方勇的《庄子学史》中可以看出,两千年来,对于庄子其人其书的批评、研究,迄未中断。由于立足点、出发点不同——有的站在崇儒卫圣的立场上;有的着眼于教民励俗、世道人心方面;有的从社会发展进步或现实政治需要出发——批判的着眼点和侧重面也各有差异,大别之,可分为哲学角度(学术观点,如相对主义、虚无思想),政治角度(社会发展、科学文明、秩序建立),人生观角度(价值取向、人生道路、处世态度)等多个方面。在研究方法上,也是五花八门,各极其致:有的以儒解庄,有的以释解庄,有的以道解庄,有的以程朱之理通庄子之意;有的采用传统的考证方法,有的以时文(科举时代应试之文)方法,有的引进西方的哲学观念、研究方法,有的进行中西哲学的比较研究,等等。这一切,都决定了庄子批评、研究的"众声喧哗,莫衷一是"的独特现象。这种情况,不要说在先秦诸子中为仅见;即便是在整个中外学术史、思想史、文化史上,恐怕也是十分特殊的。

誉之所至,谤亦随之。庄子在世时,就曾受到好友惠施的指责。惠施是以现实的功利的眼光,来看待庄子的学问,说它大而无用,不切实际。几十年之后,又遭到荀子及其弟子韩非的批评。荀子站在儒家的立场上,斥之为"滑稽乱俗";他还批评庄子"蔽于天而不知人"。韩非则在其著作中,不点名地批评庄子:"离众独行,取异于人,为恬淡之学而理恍惚之言","天下之惑术也"。

到了汉代,扬雄以十分激烈的笔触,诋訾庄子"罔君臣之义""荡而不法"。西晋葛洪则承袭惠子的观点,指斥庄子学说不切实际,没有实用价值,就像宝剑缝不了衣服,大象捕不到老鼠,金属做的船不能凌波航海一样。而在东晋时期,就连以"真率萧闲""高古超妙"著称的"书圣"王羲之,也出于修神仙、求长寿之虚想,认为庄子的一死生、齐彭殇,是虚诞与妄作。王坦之则进一步发扬扬雄的见解,著《废庄论》,对庄子予以全盘否定,指斥"其言诡谲,其义恢诞","坏名教,颓风俗","利天下也少,害天下也多"。唐代的李磎接着又写了《广废庄论》,批判庄子对仁义、礼乐的否定,说他"诡圣败法""理自乖舛"。

宋代两个对立的学派——崇尚性理的理学和主张事功的永嘉学派之间,分歧很大,但是对于庄子,都抱持批评态度。理学家以儒家的伦理道德哲学为准绳,批评庄子的自然主义人生哲学,以及精神修养方法、人生取向、处世态度。理学的宗师程颐态度较为决绝,据说他曾宣称一生不读《庄子》。不过也未必,因为他曾说过:"庄生形容道体之语,尽有好处。"还说:"庄子,叛圣人者也,而世之人皆曰矫时之弊。矫时之弊固若是乎?伯夷、柳下惠,矫时之弊者也,其有异于圣人乎?"如果他对《庄子》真的未曾寓目,怎么会得出上述结论?朱熹对于庄子的态度比较复杂,一方面吸收庄子的学说,赞赏其奇才卓见;一方面又对其中大量观点,抨击得不遗余力,甚至认为庄周是孔子最厌恶的"乡愿"的同类、"贼德之尤"者;还说,"只是废三纲五常这一事,已是极大罪名"。稍晚于朱熹的永嘉学派集大成者叶适,说庄子"知圣人最深,而玩圣人最甚",其罪"大于诸子";所堪虑者,是"庄周之书,祸大而长存"。南宋末年的黄震,认为《庄子》乃"乱世之书",这原是说得不错的,但他竟然主张"一火焚之",就未免过激了。

明初庄学研究,包括对庄子的批评,以"开国文臣之首"宋濂为主导。方勇在《庄子学史》中有专章论述。我们从中得知,正是宋濂,在历史上第一次把庄子说成是一个"狂者";他还说:"不幸其书盛传,世之乐放肆而惮拘检者,莫不指周以藉口,遂至礼义陵迟,彝伦斁败(人伦败坏),卒掊(终于击破)人之家国,不亦悲夫!"而他的学生、同样被推尊为大儒名宿的方孝孺则批评庄子,"其辞浩浩乎若无穷,于道邈乎未有闻",不足以明道也。而翰林学士薛瑄的观点则是:"老庄虽翻腾道理,愚弄一世,奇诡万变,不可模拟,卒归于自私,与释氏同";"老子、庄子不述前圣之言,自为新奇之说,所以为异端也",尤"不可多诵""不可深溺"。

清代乾嘉之际的经学家洪亮吉,则侧重于治术。他说:"老、庄、文、列四子,实三代以后治术、学术兴替分合一大关键。老子、文子上承黄帝,开西汉之治者也;庄子、列子则下导释氏,启魏晋六朝之乱者也。唐玄宗时升老、庄、文、列四子之书为经,而无所区别,此开元、天宝治乱之所以分也。"

民国时期,由于引进了西方的哲学观点与思维方式,对庄子的批判包括各方面的评论也更具特色。这里开列出影响颇巨的三大家:

当代学者胡适对于庄子有所肯定,比如在名学方面,说"是与非是",相反相成,"含有一个真理",但批判却是多方位、多侧面的,而且也特别严苛。一方面说,"庄子的学说其实并没有什么十分玄妙神秘之处,只是粗浅的寻常道理";另一方面,对于庄子的"命定论"、出世思想,又看作"是社会进步和学术进步的大阻力","这种人生哲学的流弊,重的可以养成一种阿谀依违、苟且媚世的无耻小人,轻的也会造成一种不关社会痛痒、不问民生疾苦,乐天安命,听其自然的废物"。他还指出,庄子一派奉行的是"怀疑主义":在庄子看来,"一切关于是非真伪的辩论,都是不必要的和无效的",从而"否定了辩论的价值,否定了一切逻辑的区别,更动摇了知识的地位"。特别是他认为,"庄子等古代圣贤",阻碍了"中国人向外探求、改造自然和社会,增进人类工艺和物质进步",庄子本人也被封为"守旧党的祖师"。对此,当时有人就予以批驳,说他"未免拿西洋大礼服,披在老庄的身上,总觉得有些不合体"。

鲁迅先生在许多方面,吸收、借鉴了《庄子》中的精华,但也有所批判,主要集中在庄子的"不谴是非,以与世俗处""处于材与不材之间"的"不死不活的入节妙法",和"彼亦一是非,此亦一是非"的"糊涂主义,唯无是非观"方面。

郭沫若认为,庄子的"处世哲学结果是一套滑头主义";"人生只是一场梦""把人生说得一钱不值",也始于庄子。

与这些着眼于学术、心性、思想观念、处世态度形成鲜明对照的,是中华人民共和国成立后有些人站在极"左"的立场上,对庄子予以全盘否定,包括《庄子》的精华部分,也一律粗暴地加以"横扫"。最典型的是 20 世纪 60 年代之初,关锋从政治需要、阶级斗争的角度,对于庄子所进行的政治批判。他首先下了定论:庄子"是一个反动的思想家";然后,从哲学体系、哲学思想、哲学观点上判断:第一,"是一个彻头彻尾主观唯心主义的体系",其特征是"虚无主义、阿 Q 精神、滑头主义、悲观主义";第二,"是没落的、悲观绝望的奴隶主阶级的阶级意识的反映";第三,"他的哲学观点、所达到的结论,则都是错误的、荒谬的,没有什么可以肯定的东西";第四,"庄子的唯心主义,是最坏的唯心主义";最后说:"庄子哲学毒性最烈的,就在于使人醉生梦死、精神堕落,特别是它被裹上了一层糖衣","庄子哲学思想,是人类的精神堕落。每一个历史转折的时期,反动的没落的阶级,总是这样来毒化人类的"。通过这样全盘否定、无情批判,庄子其人其书的一切价值,就都被这个"笔杆子"一笔勾销了。

当然,我们反对对庄子全盘否定的错误做法,并不意味着庄子的一切都是正确无误的,一概都应加以肯定。正确的做法应该是客观、全面地进行分析与扬弃,"吸其精华,弃其糟粕",是其所是,非其所非,看他为中国思想文化传统提供了哪些前辈们所没有提供的有益的东西,又有哪些他应该做到也能够做到却没有做的事情。

同一切伟大的历史人物、伟大的思想学说一样,生活在两千三百年前的庄子及其哲学思想,充满着内在的矛盾,也存在着鲜明的历史局限性。

学者汪国栋认为,庄子对于权威和知识的认识存有片面性。由于他仇恨反动统治,他对曾经被利用的包括创造物质文明与精神文明的圣智与知识,也一概加以怀疑、否定与反对,主张回复原始状态。他对于社会意识的作用也有片面的认识。他反对任何约束,否定社会意识的作用,认为礼乐、仁义都是多余的,如同骈拇、枝指一样。其实,人之所以为人,正是由于人是社会的人,具有社会性和社会意识。再者,庄子在黑暗政治之下,认识当时行事之艰难,交往的困境,这是不争的事实。但在如何对待上,庄子偏向逃避一面,这应该说是消极的。对于历代中国文人人格的塑造,崇古意识与游世避祸心理,都有一定的负面影响。

庄子强调对功利的超越,认为"不治之治"是最好的治;反对"以人灭天",主张一切顺应自然,不对自然进行人为的加工,批判人类粗暴地征服、控制、掠夺大自然,是有积极意义的。但是,由此而主张绝对的安命无为,反对对大自然进行任何改变,认为人类文明的每一次进步都是以牺牲自然环境为代价,由"人类中心主义"转向极端的"生态中心主义",这也是一种偏颇。从对人生的悲叹转到对自然的屈服,从过分强调客观必然性,转到对所谓天道的盲目崇拜,从而绝对否弃人的主观能动作用,最后倒向了宿命论,这也是不可取的。

庄子出于对血腥、黑暗的当时社会的批判与憎恶,发出对远古"至德之世"的向往和重返人的自然本性的呼唤,这自有他的道理。但不应因此而慕古怀旧,认为"至德之世,同与禽兽居,族与万物并,恶乎知君子小人"(《马蹄》)最为合理,进而得出"文明原罪"的结论,把问题的产生全部记在文明的账上。文明制度是人类智慧的产物,其根本宗旨是建设一个有秩序的人类群体,推进社会的进步。至于在发展过程中出现种种偏差,甚至产生"异化",成为一种破坏力量,这并非文明本身的过错。

庄子"是个绝顶聪明的人,把一切都看得太透彻了。如茫茫人海,各人也浑浑噩噩像乌龟似的爬来爬去,忙忙碌碌像耗子似的东奔西窜,然而每个人都不知道自己忙了些什么,为得着什么。一旦省悟时,便会觉得自己所作所为是如此的莫名其妙……看开了,一切都不过如此罢了,于是,你就会不屑于任何事物,任何行动。然而,这样的社群会产生怎样的结果呢?如果每个人都像庄子笔下的南郭子綦'隐机而坐',进入到'苔然似丧其耦'的境况,那么,个人和社会岂不近于静止"(陈鼓应语)。否定社会发展、文明进步、政治改良的种种努力,对人生、世事抱持悲观、虚无态度,这也是庄子思想中的消极成分。

至于庄子的这种消极悲观情绪、虚无态度是怎样形成的,学者刘笑敢

有过深入、中肯的剖析,他说:

> 历史上常常有这样的情况,在社会发生重大动荡变革的紧要关头,许多思想单纯的人都毫不踌躇地投入了一种社会潮流,或不知不觉地跟随着一种潮流走了下去,而少数深刻的思想家却因看到的更多、想到的更远而感到进退维谷,踌躇不前。庄子的消极悲观就有似于这种情况,他比别人更敏感地感受到了社会生活中的客观必然性,更深刻地看到了统治阶级的残暴贪婪的本性是不可能改变的,更懂得自己及自己所从属的社会力量是无法根本扭转混乱的社会现实的;他也比别人更清醒地认识到每一种行动、每一种愿望都可能走向自己的反面,因此他感到强烈的无可奈何的悲哀,感到有所为不如无所为,有所求不如无所求,然而他又比别人更强烈地渴望精神的独立自由,这就造成了他思想上深刻的矛盾。从社会历史发展的过程来说,人类是完全能够认识和掌握社会发展的客观规律的,人的自由和客观必然性的统一是完全可以在现实生活中实现的,然而这一切在庄子的时代却是不可能的,"这就构成了历史的必然要求和这个要求的实际上不可能实现之间的悲剧性的冲突"(恩格斯:《致斐·拉萨尔》)。所以庄子是历史上的一个悲剧性人物,庄子思想中的矛盾是历史的悲剧性冲突的反映。庄子之所以消极悲观是因为他比别人更敏锐地看到了在当时的历史条件下还不可能正确解决的矛盾,这就形成了思想深刻的人似乎比一般的人更容易犯错误的悲剧结局。

3

庄子的悲哀,不在于遭受到后世多方面的批评。批评首先是一种关注。批评只要准确,而且具有足够的深度,那它对于学说的传播与发展是绝对有益的,甚至是必不可少的。即使有的批评,失之于期望过高、要求过苟,甚至不着边际,毫无道理,也用不着大惊小怪,眼明的读者自会慎思、明辨,决定弃取。也正是为此吧,所以,德国哲学家康德才说,他不担心被证明有错误,却担心被误解。

鲁迅先生也有过类似的论断:"文人的遭殃,不在生前的被攻击和被冷落。一瞑之后,言行两亡,于是无聊之徒,谬托知己,是非蜂起,既以自衒,又以卖钱,连死尸也成了他们的沽名获利之具,这倒是值得悲哀的。"文人或者学人,"一瞑之后,言行两亡"。而"无聊之徒"出于"沽名获利"的目的,"谬托知己,是非蜂起",确是堪叹亦堪悲的。

曹雪芹为《红楼梦》自题诗云:

满纸荒唐言,一把辛酸泪。
都云作者痴,谁解其中味?

天才人物总要为他们的超越时代而付出沉重的代价。庄子的悲哀,也正在于他的著作"解味"者不多,未能得到世人充分的、足够的理解,以至长时期地遭到冷落,无人问津;后来的情况是,出于不同需要、不同考虑,被扭曲,被肢解,被利用,被改造。

似乎他在生前就已经预见到自己学说的命运了。我们当能记得那句令人感慨生哀的话:"万世之后而一遇大圣,知其解者,是旦暮遇之也。"(《齐物论》)对此,成玄英"疏"解为:"且世万年而一逢大圣","如此解人,甚为希遇"。

学者张京华指出,庄子思想的精髓,既不是相对主义的认识论,也不是养生哲学的社会观,而是抽象思辨的本体论。庄子是以抽象思辨的本体论,而非具体某种政治主张,来实现他对宇宙万物的根据和原则的探求的。庄子代表了中国古代理论思维的最高成就。道家的巅峰不是老子,而是庄子。庄子不仅继承了老子,而且极大地发展了老子。庄子在诸子百家中的理论地位最高,而其实际境遇最差。庄子之于后世,先是被冷落,一直到两汉,寂寞达数百年,尔后,便是被借用、被改造。

实际上,这种"被改造"的情况,从庄子"一瞑之后"甚至在世时就已经在他的后学中间开始了。按照刘笑敢的分析、判断,庄子后学可分为述庄派、无君派与黄老派。除述庄派以继承、阐发庄子思想为宗旨外,无君派与黄老派对于庄子思想都曾有重要改造,有的甚至相去甚远。这在学术发展史上,也是无可奈何且又十分常见、十分正常的现象。

到了汉代,太史公可说是庄子的异代伯乐,正是依凭他的史笔,后人才得知战国中后期曾经有过这样一位旷世奇才。然而,即便是知己如太史公者,他对庄子也还存在着认识不足甚至偏颇的缺陷。学者王邦雄指出:

> "庄学"的厄运,始于司马迁的《史记》。把老、庄、申、韩同列一传,把庄子当作"老学"的生命智慧向申、韩政治权术转变的过渡人物,《庄子》是道与法之间的转关,从而造成了学术的误解,对后代的"庄学"研究产生了不良的影响。梁启超说,《史记》把老、庄、申、韩同列一传,是最得真相之见。于是,江瑔在《读子卮言》中,便认定由老转向申、韩,庄子是其中的关键。
>
> 看得出来,司马迁评价庄子,还只是着眼于政治实践方面,"本归于老子之言"和诋訿孔子、剽剥儒墨,而对庄子在抽象思辨上超越儒墨方面的价值和水平,则关注得不够,像集中反映庄子发展观、矛盾观的《齐物论》,涉及道的本根的《大宗师》,体现庄子哲学精髓、崇尚精神自由的《逍遥游》这些至关重要的篇章之所以未能列出,恐怕也和这种取向有直接关系。

晋人郭象,乃大有功于《庄子》者,他在文本的阐释与传播上,有其不可磨灭的劳绩。但他在解《庄》过程中,按照自己的理解或者需要,加杂进大量个人的私货,以致有人调侃说:"郭象注《庄子》,乃《庄子》注郭象耳!"正是由于他所秉持的基本是传统儒家的观点,因而对于《庄子》的诠释,带有明显的倾向性。比如,庄子对于现存社会、伦理、政治、人伦秩序等等,是持否定态度的,而他却从合理性的角度加以解析,做出"名教即自然"的论证。还有,如果传世的《庄子》版本确是经他手定的,把五十二篇减为三十三篇,剩下的十九篇尽皆毁弃,那么,这可就是无可挽回的罪责了。也可能出自善意,但从此以后,人们就再也见不到《庄子》一书的原貌了,却是千秋憾事。

看到儒家援庄以弘儒,释家便"照单请客",也拉拽着庄子去证佛,或者以佛解《庄》,将庄子梳妆打扮成释迦牟尼的同道。那种情景,正如宋代黄郛所说的:"道家援之以入道,儒家挈之以合儒,释家引之以证释。千歧百出,淆乱是非,豪夺巧偷,莫知所可。"

在这个问题上,魏晋唐宋各朝的道家后继人、阐释者,也有其不可推卸的责任。许多人不是把功夫下在对庄子学说的体悟上,而是如朱熹所讽刺的,他们"有《老》《庄》书,却不知看,尽为释氏窃而用之,却去仿效释氏经教之属。譬如巨室弟子,所有珍宝悉为人所盗去,却去收拾人家破瓮破釜"。

这种情况,令人联想到中国"古建"的命运。对于有价值的但已经破损的古代建筑,有些人出于愚昧无知,竟然以"发展经济,带动旅游"为名,按照现代的标准、规格进行改造翻修,名曰重建,实是破坏,所谓"建设"中的破坏,为害尤甚。历史上的庄子,也曾遭遇到类似的命运。

就中,尤以庄子及其学说被后世一些方士、术士的绑架与利用为最惨。一个崇尚自然本性、贵虚尚静、淡泊无求的伟大哲学家、思想家,竟然和那些装神弄鬼、画符念咒、烧丹炼汞、拔宅飞升、周旋于斋醮祭坛的人群搅和在一起,岂非滑天下之大稽!就连他在唐代被道教推崇者封为"南华真人",宋元之际又被封为"南华老仙",如果地下有知,他也会挺身而出、毅然反抗的——活着他不愿做献祭的牺牛,死了又岂肯成为受人顶礼膜拜的偶像!

这种情况之所以发生,有其主观与客观的双重因素,其间和对于《庄子》本文、庄子思想的曲解、误读有直接关联。本来,庄子的"道"属于境界形态,并非实有,因而不可能成为超自然的力量,而他所追求的精神自由,只在于破除我执、防止人性的"异化"。即使他在一些篇章中提到神人、真人,也只是用以体现一种精神生命境界,绝对不含宗教的色彩。诚然,庄子也讲养生之道,但他是重在顺应自然,不为情感斫伤,不为外物所滞。他也确曾说过"乘云气,骑日月,而游乎四海之外""登天游雾,挠挑无极",须知,这是文学天才的超凡想象力的产物,是形象描述、艺术构思,哪里会真正想望着展翅飞天,腾云驾雾!可是,后世的方士们,却以上述种种作为服食求仙、超升修炼的依据,把它演化为长生不死、得道飞升的神仙法术,背离庄子的思想何啻十万八千里。

郭沫若针对超然物外的庄子思想竟为鄙俗的方士之流所窃夺、利用的悲剧现象,曾发出如下的感慨:庄子"也在防盗,他来一套大法宝'磅礴万物以为一',这不仅是'藏天下于天下',简直是藏宇宙于宇宙了。然而依然给他盗了";"他理想的恬淡无为,也被盗窃了成为二千多年来的统治阶层的武器。上级统治者用以御下,使天下人消灭了悲愤抗命的雄心;下级统治者用以自卫,使自己收到了持盈保泰的实惠"。

当然,这种悲剧现象,也不只发生在庄子身上,老子又何尝不是这样!即以儒学的一代宗师孔老夫子来说,他同样也未能逃出这尴尬的命运,而且更加凄惨。活着的时候,四出弘道、求售,"累累若丧家之狗";死后,两千五百年间,一直被当成历史的傀儡,或工具,或器具,或玩具,或道具,被绑架,被利用,被肢解,被扭曲,何曾得到过片刻安宁!随之,他的命运也变幻无常,时而被捧上神坛,时又被踩在脚下;时而被圣化;时而被丑化;时而当"王者师",时而成"落水狗",像一个面团那样,被揉来揉去、捏来捏去,"种种的权势者便用种种的白粉给他来化妆"(鲁迅语),一直被历代统治者把玩于股掌之上。岂不悲哉!

4

两千多年来,庄子思想精神已经溶入中国传统的生活方式、生活习性、民间信仰、文化爱好之中,形成了丰厚的传统文化积淀,成为民俗、民风的重要组成部分。当代学者杨义谈到,先秦诸子在创造其学说的时候,除了面对有限的文字文献系统之外,他们面对的主要是异常丰富多彩的民间口头传统和原始的民风民俗。同样,今天我们在还原庄子思想、形象时,也不应忽视世代口耳相传的民间文化积淀。

我几次深入鲁西南、豫东、皖北三个地域的一些县区,一个突出的印象,是那里的有关庄子的民间文化积存十分丰厚。史志记载、口头传承、说唱艺术、图画故事等,形式多种多样,特别是大量民间传说故事,蕴含了这位古代哲人对自然的思索,对社会的审视,对人生自由的追求等丰富的内涵。此前,山东东明从大量口头传说故事中整理出四十篇有代表性的庄子遗闻轶事,被批准为省级非物质文化遗产。内容涵盖六个方面:关于庄子姓氏名号来历的传说故事,关于庄子漆园为吏和游历列国的传说故事,关于庄子隐居南华、著书授徒的传说故事,关于庄子升仙求道的传说故事,关于庄子墓、庄子观的传说故事,关于庄子相关物品及与当地风俗相关的传说故事。

在安徽蒙城,我曾亲耳听到一个"庄子求道,还家度妻"的民间传说故事,联系到京剧《大劈棺》和黄梅戏《劈棺惊梦》,发现它们的情节大同而小异——

庄周得道之后,路遇一个新寡的少妇在丈夫坟前用力扇扇子,以便及早土干,尔后改嫁。他受到了很大刺激,遂回家试探妻子田氏。他在家中,伪装病死,封棺入殓;又幻化成楚王孙,携一家僮来家款叙。田氏接谈之后,对王孙顿生爱慕之情,决定委身于他。洞房合卺之夜,王孙忽患头痛,谓死人脑髓可治。田氏乃挥斧劈棺,意欲挖取亡夫之脑。庄周突然跃起,责骂田氏,田氏羞愧自杀,庄周乃弃家出走。

说不清楚,戏曲中所述与明末文人冯梦龙的话本小说《醒世恒言》中的《庄子休鼓盆成大道》,何者为源,何者为流。关于冯氏这篇话本小说,学者金荣华做过考证,它脱胎于明代无名氏的话本小说集《咦蔗》中的《叩盆记》。当然,总的源头还是在民间说书人那里。这使人想到南宋诗人陆游的诗:

> 斜阳古柳赵家庄,负鼓盲翁正作场。
> 身后是非谁管得?满村听说蔡中郎。

还有清代温州诗人郭钟岳的《瓯江竹枝词》:

> 呼邻结伴去烧香,迎面高台对夕阳,
> 锦绣一丛齐坐听,盲词村鼓唱娘娘。

有名的"中郎"蔡邕也好,没有留下芳名的"娘娘"也好,即便是再响当当、亮光光的"权威人物",一当退出人生舞台,也会完全丧失其支配自己命运的能力,最终难免落得被后人随心所欲地恣意编排、涂红抹黑,遭曲解、被误解、受肢解的可悲下场。至于成为说书人的口头故事,在普通民众中世代流传,或者演绎成作家的话本小说和舞台戏曲,更是极为常见的现象。

关于庄子的传说,其传播渠道也正是这样。这里一个突出问题,是具有民间特色的研究方向趋于世俗化、宗教化、地域化,导致庄子在民众心目中的形象,发生了一定程度的扭曲与变形。

在河南民权的青莲寺村,自发形成的纪念庄子的庙会,据说已有一千二百多年的历史。据《唐会要·尊崇道德》篇记载,唐天宝元年(742)二月十二日,唐玄宗追赐庄子为"南华真人",其所著书被崇奉为《南华真经》。蒙泽村人为祭拜庄子,建寺一座,取名"青莲寺",蒙泽村也改名为青莲寺村。

山东东明的庄寨村，以庄子后人身份，成立了宗亲会。这里自古就流传着"二月祭生、八月祭死"的习俗——每年二月初九和八月二十四（传说为庄子的生日和忌日），前来祭拜庄子的民众络绎不绝。直到现在，每逢这两天，河南、山东、黑龙江三省八县区三十多个村的庄氏家族代表，都齐集庄子观前，叩头祭拜"庄老爷"（对庄子的昵称）。即使20世纪60年代三年困难时期，庄子观前也香火不断。在重修庄子观时，各地许多宗亲捐资献款。应该说，这种信仰的形成，来之匪易，是世世代代心理积淀的结果，绝非靠着行政指令或者金钱买动所能达致的。被神化了的庄子，在当地人心目中，成了降福消灾的神明，读书士子求他保佑高科得中，行商坐贾向他祈祷生意兴隆，种田人拜求五谷丰登，患病者叩乞消灾祛病。地方志记载，清代这里就有"庄子酒楼""庄周山木行"，民国年间建有"大宗师讲学堂""秋水浴池"等。

东明、民权、蒙城等地，当地政府十分重视，分别举办了几届庄子学术研讨会，国内外学者和庄氏宗亲会成员代表应邀出席。这些县区都分别成立了民间庄子研究会，组成一支数量可观的研究队伍，许多中学教师、方志编者、政协委员、退休干部参与进来。他们把文本研究和方志整理、地下文物发掘结合起来，取得了比较显著的成果：整理出关于庄子的大量民间传说，编辑、撰写、出版多种学术著作、论文集，还有一些书画作品；拓展了新的研究领域，如地方志中的庄子、古代诗词中的庄子、民众心目中的庄子；发掘出不少埋入地下的明清以来纪念庄子的碑碣文物；整修与新建了一些庄子观以及博物馆、纪念堂等。

这一切表明了这位平民思想家的流风余韵及其在后世民众心目中的崇高地位。

第十九节

文脉传薪

I

一个时期以来,尽管脑子里装满了"不知说(悦)生,不知恶死","死生无变于己"和"死也生之徒""方生方死""物化""知归"等旷达之论,但是,待到这部文学传记真的写到庄子之死时,心中仍不免怀有丝丝的怅惋。好在这种凄怆的感触为时不长,当我想到,就其精神与文脉千古传承、绵延不绝来说,这位平民思想家又何尝离开过人间半日!他将茫茫无际的思考空间留给了后继者,薪尽火传,斯文不坠,从而延续了整体生命。老子曰"死而不亡者寿"(《老子》三十三章),其斯之谓欤!

诗人海涅说过:"德国被康德引入了哲学道路,哲学变成了一件民族的事业。一群出色的思想家突然出现在德国国土上,就像用魔法呼唤出来的一样。"套用这句话,我们也可以说:中国被庄子引入了文学道路,文学变成了一件民族的事业。大批大批的诗人、作家、艺术家出现在中国大地上,就像用魔法呼唤出来的一样。

因成七律二首:

> 逍遥齐物葆天真,喜见蒙庄有后身。
> 呼马呼牛随世态,无功无己做神人。
> 千秋帝业今何在?一代天骄早化尘!
> 唯此布衣贫叟健,悠悠文脉久传薪。
> 神华千古仰文宗,士有庄周后世风。
> 耻做牺牛衣绣锦,不薪泽雉入雕笼;

自崖返矣君行远,以道观之吾志同。

死而不亡仁者寿,绝尘超逸耸鳌峰。

2

魏晋南北朝,就形势之混乱、人心之芜杂、世路之艰难来看,都和庄子所处的战国时代有些相似。而其时,读书士子对庄子之青睐与关注,也达到了空前甚至绝后的程度。诚如闻一多所说,魏晋时期,"像魔术似的,庄子忽然占据了那全时代的身心,他们的生活、思想、文艺——整个文明的核心是庄子。他们说,'三日不读《老》《庄》,则舌本间强'。尤其是《庄子》,竟是清谈家的灵感的泉源"。但是,当时有些玄学家、清谈家,不过是侈谈玄理、徒逞舌辩,并未能真正悟解庄子之道,而抉其神髓,窥其堂奥。倒是以文采与异行著称于世的魏晋之际的嵇康,神追心慕,身体力行,庶几近之。

说起这位嵇康来,人们会记起这样两件事:

"竹林七贤"之一山巨源,由选曹郎升迁为大将军从事中郎,出于关怀与器重,郑重地举荐了他的朋友嵇康填充空出来的位置。不料,嵇康却写下了《与山巨源绝交书》,严加拒绝,并宣告与他断交,语意决绝,词锋犀利,藉明心志。信中,嵇康详尽地说明了自己不愿做官的原因:"有必不堪者七,甚不可者二。""必不堪者",主要是着眼于生活习惯、个性癖好方面:一是好睡懒觉,"卧喜晚起",不堪差役呼唤;二是性喜"抱琴行吟"、钓鱼射鸟,不惯吏卒守候身旁;三是不堪正襟危坐,揖拜上官,又兼身上长满虱子,"把搔无已",身着官服极为不便;四是"人间多事,堆案盈几",不堪公文酬答;五是不堪"降心顺俗",吊死送丧;六是不喜与俗人共处,厌烦"宾客盈座,鸣声聒耳";七是不堪官事烦劳,"机务缠其心,世故繁其虑"。而"甚不可者",则属于价值取向、天性禀赋方面的问题:一是,一贯否定商汤王、周武王,鄙薄周公、孔子这些儒家崇奉的精神偶像,这是正统、礼教所绝对不能容忍的;二是,"刚肠疾恶,轻肆直言,遇事便发","虽欲无患,其可得乎"?

信中说他,"纵逸日久,情意傲散","又读《庄》《老》",就更加放纵而毫无拘束了。上进求荣之心,一天天地低落;而放任本性、不愿做官的情怀,倒是与日俱增。就好像飞禽、野鹿,小的时候进行驯养,容易服从约制;待到长大以后,你再把它束缚起来,那就必然急遽四顾,横踢乱蹦,即使给它戴上黄金打制的马嚼子,喂它美味佳肴,它也会愈加想望高大的树木,怀念丰茂的野草。

尽管信中申明,他不愿出仕,纯粹是为了脱略世事,借以养性全身,而并非自命清高,更不是与新朝有什么过不去。但由于其情绪愤激、语言尖刻,多处有所冲犯,最后还是为此得罪了当政的司马氏集团。显然,这封通信,无异于一篇与当权者彻底决裂的宣言,难怪"大将军(司马昭)闻而怒焉"。

另一件事,是司马氏的亲信钟会,久慕嵇康之名,有意与他结交,这天,"轻衣肥乘,率众而往"。当时,嵇康正和友人向秀在树荫下抡锤锻铁,对钟会的到来,完全不加理睬,一副旁若无人的样子。钟会自觉无趣,于是,悻悻地起身,准备离开。可是,这时候,嵇康却发问了:"何所闻而来?何所见而去?"钟会也没好气地回答:"闻所闻而来,见所见而去。"从此,结下了深深的仇隙。诚如鲁迅先生所言:"这也是嵇康杀身的一条祸根。"

嵇康对于庄子,有着特殊的尊崇与喜爱。《晋书》本传中,说他"学不师受,博览无不该通,长好《老》《庄》"。他自己也说:"老子、庄周,吾之师也";"猗欤庄老,栖迟永年"。晋人好言老、庄,但将这两位道家始祖相提并论,实始于此。作为"正始诗人"的杰出代表,嵇康存世的五十三首诗中,引证、化用、阐释《庄子》中的词句、意蕴,随处可见。特别是在思想形成与人格建构方面,嵇康从庄子身上汲取了深厚的资源。可以说,庄子是嵇康的人生导师,嵇康则是庄子思想的积极阐扬者与忠实践行者。而且,他在接受与阐发过程中,也"把庄子理想的人生境界人间化了,把它从纯哲学的境界,变为一种实有的境界,变成诗的境界";"他的游心太玄,他的求之于形骸之

阮公雖淪跡 識密鑒亦洞沈
醉似埋照 寓詞類託諷長嘯
若懷人 越禮自驚眾物故不
可論 逐寄能無慟 中散不
偶世 本自餐霞人 形解驗默

>>> 魏晋南北朝,就形势之混乱、人心之芜杂、世路之艰难来看,都和庄子所处的战国时代有些相似。而其时,读书士子对庄子之青睐与关注,也达到了空前甚至绝后的程度。以文采与异行著称于世的"竹林七贤"之一的嵇康,神追心慕,身体力行,与庄子最为接近。

内,求意足,已经不是空无,不是梦幻,不是不可捉摸的道,而是实实在在的人生,是一种淡泊朴野、闲适自得的生活"(罗宗强《嵇康的心态及其人生悲剧》)。

史载:当嵇康听说好友向秀将为《庄子》作注时,颇不以为然,他担心向秀只作章句学问,而丢弃庄子思想的精神实质,因说:"此书讵(岂)复须注,正是妨人作乐耳!"应该说,历代文人中,真正能够理解并积极践行庄子的人生观,遵行其傲然独立的人格,皈依其养性全真、顺时应命、任顺自然的思想,对其人格风范、精神境界予以极高评价的,当以嵇康为最。嵇康接受了庄子的"上与造物者游,下与外生死、无终始者为友"的人生准则,心之所适,意之所安,行之所由,与庄子的逍遥游世,是一脉相承的;而且,他和庄子同样,不做"牺牛",善用"减法",又有强烈的忧患意识、悲剧情怀和批判精神,都属于那类"热肠冷眼"的游世主义者。

庄子以相对主义的齐物思想,抛弃对名位、荣利的眷恋,化解对是非、好恶、生死、穷达的执着;嵇康则以"意趣疏远,心性放达"自遣,奉行"爱憎不栖于情,忧喜不留于意,泊然无感,而体气和平"的养性原则。庄子把富贵荣华、功名利禄,视如敝屣;嵇康亦甘愿"方外荣华","游心于寂寞"。庄子主张"游于世而不僻,顺人而不失己";嵇康则奉行"外不殊俗,内不失正"的做人准则。庄子以先王为刍狗;嵇康则"越名教而任自然,非汤武而薄周孔"。庄子认为,"君子不得已而临莅天下,莫若无为。无为也,而后安其性命之情"(《在宥》);嵇康也说,"至人不得已而临天下,以万物为心,在宥群生,由身以道,与天下同于自得,穆然以无事为业"。甚至在亲自参加体力劳动,成为劳动者一员方面,二人也完全相像。庄子家贫,靠编织草鞋为生;嵇康本传中说,"康居贫,尝与向秀共锻(挥锤打铁)于大树之下,以自赡给"。

但是,嵇康学习庄子,终究还不到家。志在养性全身,最后却以言行愤激,得罪当局,死得很惨,终年还不足四十岁,如同一颗瞬息消逝的陨星,在穿越大气层的剧烈摩擦中,刹那间放射出夺目的光焰,上演了一出短暂而惨烈的人生悲剧。时人孙登于惋惜之余,说了一句确切的评语:"君(指嵇康)才则高矣,保身之道不足。"元代学者王恽有诗云:"识短材长蓄祸机,放怀独惜养生嵇。后人莫坐谈玄罪,秋水篇中物物齐。"嵇康《养生论》中有"无为自得,体妙心玄,忘欢而后乐足,遗生而后身存"之句。

当然,嵇康毕竟还深得蒙庄之真髓,而且,从自己的人生惨境中,也接受了深刻的教训。他在受戮之前,曾有一篇写给儿子的《家诫》,嘱咐他做人要谨慎小心,免遭不测。鲁迅先生在《魏晋风度及文章与药及酒之关系》中作了摘引:

> 有一条是说长官处不可常去,亦不可住宿;官长送人们出来时,你不要在后面,因为恐怕将来官长惩办坏人时,你有暗中密告的嫌疑。又有一条是说宴饮时候有人争论,你可立刻走开,免得在旁批评,因为两者之间必有对与不对,不批评则不像样,一批评就总要是甲非乙,不免受一方见怪。还有人要你饮酒,即使不愿饮也不要坚决地推辞,必须和和气气的拿着杯子。我们就此看来,实在觉得很希奇;嵇康是那样高傲的人,而他教子就要他这样庸碌。因此我们知道,嵇康自己对于他自己的举动也是不满足的。

这里说的宦情险恶,宜多加防备,令人想起庄子在《人间世》篇所讲的做臣子的难处和"言语风波"的困扰;还有,不要参与争议、辩论,这使人想到《齐物论》篇中的"辩无胜""论而不议,议而不辩"。可见,庄子的思想已经为嵇康所接受,并认真加以对照、反省——"对于他自己(过去过激)的举动也是不满足的。"

嵇康,还有阮籍,这些竹林名士,在传播与弘扬庄子思想方面,起到了桥梁与纽带作用。由于他们都师承庄子,本人都是著名的诗人,文章作得出色,因而对于后来的文士,其影响相对就更深远一些。为此,陆侃如、冯沅君在《中国诗史》中说:"归自然,得自然……授自然,与陶潜'复得返自然'

>>>
陶潜字渊明,是东晋后期的大诗人。他在思想上接受了儒、道两家的影响,而尤以道家的影响为深。

意同,而嵇康实为先驱。"

陶潜字渊明,是东晋后期的大诗人。他在思想上接受了儒、道两家的影响,而尤以道家的影响为深。他比庄子整整晚生了六百年,但其思想、取向、人生道路抉择,却是远承这位诗人哲学家。

陶潜出身于官宦世家,祖父与父亲都曾做过太守,他出生后,家道中落。由于幼年深受儒学濡染,所以,他青年时代,在仕途中也曾怀抱"猛志逸四海,骞翮思远翥"的雄心,但很快就发现官场政治黑暗,完全与本性乖异,于是辞职隐居。后经叔父推介,他出任彭泽县令。到职八十一天,赶上浔阳郡督邮下来巡察,下属提醒他应该穿上官服,"束带迎之",他极端反感地说:"我岂能为五斗米向乡里小儿折腰!"当即赋《归去来兮辞》,挂冠而去,从此终生归隐。他从二十九岁步入仕途,到四十一岁辞官,为时十三年,所以,《归田园居》诗中,有"少无适俗韵,性本爱丘山。误落尘网中,一去十三年。羁鸟恋旧林,池鱼思故渊"之句。

从这里说的"误落尘网中"和《归去来兮辞》中写的"实迷途其未远,觉今是而昨非",看得出他对于以前一段仕宦生涯的追悔。而脱离仕途之后的心理感受,则是"户庭无尘杂,虚室有余闲。久在樊笼里,复得返自然",真正解脱了"心为形役"的困境,回归田园,重返丘山,开始了自由自在的生活。

陶潜的这段经历,特别是在追求精神的绝对自由,使灵魂逍遥在没有空间与时间之限的自然中这方面,和庄子极端相似。庄子说过,泽雉走十步才能啄到一口食,走百步才能饮到一口水,可是,也决不祈求被豢养在樊笼里。而陶潜,则是跳出樊笼,重返自然。

当代学者陈寅恪认为,魏晋时期,人们对庄子自然之道的理解,陶潜胜出一筹。确是如此。法天贵真,张扬个性,陶潜对于大自然有着极其深厚的感情。在他现存的一百二十余首诗歌和十几篇散文、辞赋里,欣赏自然、颂赞自然、享受自然的内容,占了相当大的比重,成了陶潜诗文的骨架与灵魂中枢。在大自然中劳作,在大自然中饮酒,在大自然中会友,在大自然中啸傲,他从大自然那里汲取了无穷的乐趣,心无一累,万象俱空。诸如,"衡门之下,有琴有书。载弹载咏,爱得我娱。岂无他好?乐是幽居。朝为灌园,夕偃蓬庐";"欢来苦夕短,已复至天旭","众鸟欣有托,吾亦爱吾庐","怡然有余乐,于何劳智慧";"悦亲戚之情话,乐琴书以消忧","登东皋以舒啸,临清流而赋诗;聊乘化以归尽,乐夫天命复奚疑"的句子,随处可见。

就中最有代表性的,是归隐后的《饮酒》组诗,序云:"余闲居寡欢,兼比(加上近来)夜已长,偶有名酒,无夕不饮","既醉之后,辄题数句自娱"。下面这首五言诗就是这么写出来的。

> 结庐在人境,而无车马喧。
> 问君何能尔?心远地自偏。
> 采菊东篱下,悠然见南山。
> 山气日夕佳,飞鸟相与还。
> 此中有真意,欲辨已忘言。

诗人在这里展示了向往归复自然,追求悠然自在、不同流俗的完满的生命形态的内心世界,刻画了运用魏晋玄学"得意忘象"之说,领悟"真意"的思维过程,富含哲思理趣。宋代名儒朱熹说:晋宋人物,虽曰尚清高,然个个要官职,这边一面清谈,那边一面招权纳货。陶渊明真个能不要,此所以高于晋宋人物。

诗人愤世嫉俗,心志高洁,但他像庄子那样,并没有逃避现实,与世隔绝,而是"结庐在人境",过着同普通人一样的生活。不同之处在于,能够做到无车马之喧嚣,保持沉寂虚静。那么,请问这是怎么做到的呢?答曰:不过是寄情高旷,"心远地自偏"罢了。这里固然也有生活层面上的因素,对这熙熙攘攘的社会现实,特别是争名逐利的官场,采取疏远、隔绝的态度,自然门庭冷落、车马绝迹。但诗人的着眼点还是精神层面上的,内心对于庄子所指斥的"人为物役、心为形役"的社会生活轨道的脱离,对于世俗价值观的否定,放弃权力、地位、财富、荣誉的世俗追求。

境静源于心静,源于一种心灵之隐,也就是诗人所标举的"心远"。这个"远",既是指空间距离,也是指时间距离,"凝心天海之外,用思元气之前"。心若能"远",即使身居闹市,亦不会为车马之喧哗、人事之纷扰所牵役,从而实现人的生命与自然的统一和谐。有了超迈常俗的精神境界,才会悠闲地在篱下采菊,抬头见山,一俯一仰,怡然自得。"悠然"二字用得很妙,说明诗人所见所感,非有意寻求,而是不期而遇。东坡居士有言:"渊明诗初看若散缓,熟看有奇句";"采菊之次,偶然见山,初不用意,而境与意会,故可喜也"。在这里,诗人、秋菊、南山、飞鸟,各得其乐,又融为一体,充满了天然自得之趣。情境合一,物我合一,人与自然合一,诗人好像完全融化在自然之中了,生命在那一刻达到了物我两忘的超然境界。

至于这"真意"究竟是什么,是对大自然的返朴归真?是万物各得其所的自然法则?是对远古理想社会的追慕与向往?是人生的真正价值和怡然自得的生活意趣?诗人并不挑明,留给读者去思考,在他,则"欲辨已忘言"了。实际的意思是说,这一种真谛乃是生命的活泼泼的感受,逻辑的语言不足以体现它的微妙处与整体性。这样,又把读者的思路引回到形象、意象上。寄兴深长,托意高远,蕴理隽永,耐人咀嚼。

当然,同欢娱、开朗的心境形成鲜明的对比,陶潜的物质生活却是困难与凄苦的。从他的诗文中,我们不难发现,与这样一个孤高倨傲的生命个体相依相伴的,竟然是令人心灵震颤的悲情与苦况。从他辞官归里到告别人世,二十二年间,绝大部分都是挣扎在饥寒贫困的边缘。遇到丰收年景,可以"酌春酒,摘园蔬",聊免饥寒之累;而当灾荒年月,则"夏日抱长饥,寒夜列被眠"。尝作《五柳先生传》以自况,有句云:"环堵萧然,不蔽风日,短褐穿结,箪瓢屡空,晏如也。"

这种困顿生涯,在他的诗中有全面的反映:

> 弱年逢家乏，老至更长饥。
> 菽麦实所羡，孰敢慕甘肥！
> 惄如亚九饭，当暑厌寒衣。
> 岁月将欲暮，如何辛苦悲。

诗的前面有个小序，略云："旬日以来，始念饥乏。岁云夕矣，慨然永怀。今我不述，后生何闻哉！"诗中五六两句，较为生僻，稍作解释："惄如"，饥饿难熬的样子。"九饭"，一个月只吃九顿饭。典出《说苑》："子思居卫，贫甚，三旬而九食。"下句说，盛暑时还穿着讨厌的冬装。

另有一首诗，标题就叫《乞食》，开头四句是："饥来驱我去，不知竟何之。行行至斯里，叩门拙言辞。"此情此景，竟然发生在一个世界级的大诗人身上。确实如作者所言："今我不述，后生何闻哉！"

《南史》本传记载，陶潜"躬耕自食""偃卧瘠馁有日矣"。江州刺史檀道济亲自前往探问，劝他出仕，不要"自苦如此"，而他却以"志不及也"作答。临走时，檀道济馈以粱肉，也被他挥手谢绝了。看得出来，陶潜的归隐，既出于向往自然的本性，更有逃逸人世、明哲保身的考虑。他的饥寒交迫的困境和远离官场，避之唯恐不远的心态，完全与庄子相一致。

关于他的思想，当代学者朱光潜在《陶渊明》一文中，做过精彩的分析：他"是一个绝顶聪明的人，却不是一个拘守系统的思想家或宗教信徒。他读各家的书，和各种人物接触，于无形中受他们的影响，像蜂儿采花酿蜜，把所吸收来的不同的东西融会成他整个心灵。"不过，朱光潜说，"假如说他有意要做哪一家，我相信他的儒家的倾向比较大"。对此论断，我却不敢苟同，倒是觉得他的同宗先贤晦庵先生（朱熹）所说的"靖节（陶渊明）见趣多是老子"，"旨出于老、庄"，或如陈寅恪先生所言"渊明之为人，实外儒而内道，舍释迦则宗天师也"，可能更切合实际。应该说，陶渊明的思想观念、价值取向、人生道路抉择，都是远承庄子的。

再者，他对待生命与死亡的态度，也同庄子十分相似。去世前，他写了《挽歌诗》三首,从入殓、出殡写到下葬,表现出精神上的旷达与超脱:"有生必有死,早终非命促。昨暮同为人,今旦为鬼录。魂气散何之?枯形寄空木""得失不复知,是非安能觉?千秋万岁后,谁知荣与辱"。

其中第三首尤其精彩,诗情与哲理结合,表现出一种达观的情怀和安详的心态,读来亲切感人。

> 荒草何茫茫,白杨亦萧萧。
> 严霜九月中,送我出远郊。
> 四面无人居,高坟正嶕峣。
> 马为仰天鸣,风为自萧条。
> 幽室一已闭,千年不复朝。
> 千年不复朝,贤达无奈何。
> 向来相送人,各自还其家。
> 亲戚或余悲,他人亦已歌。
> 死去何所道,托体同山阿。

他还有这样几句诗:"纵浪大化中,不喜亦不惧。应尽便须尽,无复独多虑。"说的是人归化于自然,无须在天国中求得永恒,但求能够自我超越与解脱,过着"情随万化遗"、委运任化、随遇而安的生活也就满足了。这一切,都能依稀看到庄子的形神心影。

不过,表现在饮酒方面,他们二人却有明显的差异。陶潜嗜酒如命,贪杯成性,据徐志摩在《结算陶渊明的一笔酒账》中统计,陶诗中有酒的句子多达四十六处,酒字占三十二个,其他觞、醉、斟、壶、饮、酌、杯、醑、酤等字不下四十个,加上酒字,共七十多个。诗中有酒的句子,约占全部句子的三分之一。甚至还写到死后也没有忘记饮酒,《挽歌》之二云:"昔在无酒饮,今但湛空觞。春醪生浮蚁,何时更能尝。肴案盈我前,亲旧哭我傍。欲语口无音,欲视眼无光。昔在高堂寝,今宿荒草乡。一朝出门去,归来夜未央。"说从前没有酒喝,现在酒菜摆在面前,喝不到嘴里了。

《庄子》一书中提到酒的也有十几处,《齐物论》中说,"梦饮酒者,旦而哭泣";《达生》篇有"醉酒全生"之说——醉酒的人摔下车子,虽伤而不致死;《渔父》篇有"饮酒则欢乐"和"饮酒以乐,不选其具";《列御寇》中说,"醉之以酒而观其则"。看得出来,庄子对酒还是有兴致的,起码是不厌恶、不反感,但他却绝不贪杯嗜饮。之所以如是,当是出于养性贵生的考虑。当然,也可能是条件所限,由于家贫,像颜回那样,"不饮酒不茹荤者数月"。

3

中国古代文人嗜酒者,堪与陶潜比并的,当以李白为最。不是有那么两句话吗?"太白有诗皆咏酒,渊明无酒不吟诗。"

李白的思想比较驳杂,儒道的教义与游侠之风,在他身上都有所体现。一方面要做帝王的辅弼,一方面又喜爱逍遥任性,入世与出世两种矛盾困扰着他的一生。清代思想家龚自珍有言:"庄(周)、屈(原)实二,不可以并,并之以为心,自(李)白始。"当然,就其实质来说,李白的清逸气脉、潇洒风神,超尘拔俗、崇尚自由,落拓不羁、傲睨一切的气质,主要还是脱胎于庄子。这在后期,表现得尤其显著。

宋代赵令畤所著《侯鲭录》载:

> 唐开元年间,诗仙进谒宰相,擎着书有"海上钓鳌客李白"的手版。
> 宰相问道:"先生临沧海,钓巨鳌,以何物为钩线?"
> 答曰:"以风浪逸其情,乾坤纵其志,以虹霓为丝,明月为钩。"
> 又问:"以何物为饵?"
> 答曰:"以天下无义丈夫为饵。"
> 宰相闻之悚然。

几句简单的答问,生动地展现了这位诗仙的神韵,真实地刻画出他高蹈、超拔、狂肆的精神世界。他轻世肆志,荡检逾闲,总要按照自己的意志去塑造自我,从骨子里就没有对圣帝贤王诚惶诚恐的敬畏心情,更不把那些政治伦理、道德规范、社会习惯放在眼里,一直闹到这种地步:"长安市上酒家眠,天子呼来不上船,自称臣是酒中仙"(杜甫诗句),痛饮狂歌,飞扬无忌。

这种"松柏本孤直,难为桃李颜"的天性,不肯"摧眉折腰事权贵"的傲骨,加上残酷的现实无情地粉碎了他的不切实际的幻想,使他"浪迹天下,以诗酒自适",并成为生活乐章的主旋律。而庄子笔下的那只扶摇直上、横绝宇宙的大鹏鸟的形象,就通过这位"谪仙人"展现在世人的面前。

他在《大鹏赋》中,以"南华老仙,发天机于漆园。吐峥嵘之高论,开浩荡之奇言"领起全篇,然后,挥洒夸张恣肆的笔墨,展现大鹏凭陵昆仑,"上摩苍苍,下覆漫漫","六月一息,至于海湄","溟涨沸渭,岩峦纷披"的雄强健伟的形象,以诗歌形式,重现了庄子《逍遥游》篇的意境与风采。

有人统计,李白诗歌中引用《庄子》中的典故多达七十多处。一如庄子之文,李白的诗最令我们震撼的是他的丰富、奇幻的想象力。那"手中电曳倚天剑,直斩长鲸海水开"的司马将军,那"坐令鼻息吹虹霓"的斗鸡儿,那"犹能簸却沧溟水"的大鹏鸟,那"大如席"的燕山雪花,那"三千丈"的缘愁白发,哪个形象不让人心神震撼,永怀难忘;哪个超拔的想象,奇肆的夸张,不让人联想到《庄子》的海样襟怀,如椽巨笔!

你看诗人笔下的黄河与华山:

西岳峥嵘何壮哉!黄河如丝天际来。
黄河万里触山动,盘涡毂转秦地雷。
荣光休气纷五彩,千年一清圣人在。
巨灵咆哮擘两山,洪波喷流射东海。
三峰却立如欲摧,翠崖丹谷高掌开。

>>>
李白的清逸气脉、潇洒风神，超尘拔俗、崇尚自由，落拓不羁、傲睨一切的气质，就实质来说，主要还是脱胎于庄子。

>　　白帝金精运元气,石作莲花云作台。

　　这种气魄,这种豪情,就诗文来说,除了《庄子》,真不容易找到堪资匹敌的。在表现手法上,正如清代方东树所说:"大约太白诗与庄文同妙,意接而词不接,发想无端,如天上白云,卷舒灭现,无有定型。"至于在蕴含、意境、格调方面,李诗、庄文相通相似之处,更是随地可见。诸如:

　　李白诗中抒写自由精神的:"红颜弃轩冕,白首卧松云;醉月频中圣,迷花不事君。"(《赠孟浩然》)

　　描绘超然心境的:"桃花流水窅然去,别有天地非人间"(《山中问答》);"不向东山久,蔷薇几度花。白云还自散,明月落谁家。"(《忆东山》之二)

　　反映人与自然和谐交融的闲适生活的:"绿竹入幽径,青萝拂行衣。长歌吟松风,曲尽河星稀。我醉君复乐,陶然共忘机。"(《下终南山过斛斯山人宿置酒》)

　　而《拟古十二首(其九)》一诗,则是诗人运用其天马行空般的超常想象力,以奇突诡异的意象,状写其深刻的生命感悟,集中地展述了他的颇与庄子相似的生死观与生命观:

>　　生者为过客,死者为归人。
>　　天地一逆旅,同悲万古尘。
>　　月兔空捣药,扶桑已成薪。
>　　白骨寂无言,青松岂知春。
>　　前后更叹息,浮荣何足珍。

　　诗人说,天地有如一座旅馆("逆旅"之说,始见《左传》,意为迎止宾客之处),世人居住其中,活着的都是匆匆来去的过往行人,死去的便是返回老家了。庄子有言:"生者死之徒,死也生之始,孰知其纪(极)! 人之生,气之聚也;聚则为生,散则为死。若死生为徒,吾又何患!"(《知北游》)就是说,人生乃是生生死死的连环套,生命只是偶然的有限的历程,生死是同一的,同归于"道"这个本体。至于"冥府"中那些"恒河沙数"的累累白骨,早已寂无声息;而地上郁郁葱葱的苍松,却又了无知觉,根本感受不到阳春的温暖。最后以"浮荣何足珍"这一警策之语,怆然作结。联系到《拟古》组诗中"日月终销毁,天地同枯槁"(《其八》),"石火无留光,还如世上人"(《其三》),"万族皆凋枯,遂无少可乐"(《其七》)之句,可知诗人已经彻底看穿了人生短促、世事无常、浮云富贵、瞬息繁华这些"造化的把戏"(鲁迅语)。

还有展现其自然观的《日出入行》:

日出东方隈,似从地底来。历天又复入东海,六龙所舍安在哉? 其始与终古不息,人非元气,安得与之久徘徊? 草不谢荣于春风,木不怨落于秋天。谁挥鞭策驱四运? 万物兴歇皆自然。羲和! 羲和! 汝奚汩没于荒淫之波? 鲁阳何德,驻景挥戈? 逆道违天,矫诬实多。吾将囊括大块,浩然与溟涬同科。

中心是说,日出日没,四时更迭,都是自然规律,而人是不能也不应违背与变改的。"天地与我共生,万物与我为一",因而必须委顺与适应自然精神,同自然融为一体(同科),否则,就是悖逆天道,违反自然规律。

当然,尽管李白也有"西上莲花山,迢迢见明星。恍恍与之去,驾鸿凌紫冥"的向往,但他的精神境界,毕竟与庄子的超然物外、脱略世情不尽相同。经邦济世、一展长才的宏图伟志,令他割不断同战乱中的国家、人民的缕缕心丝,时时刻刻,还不忘"三千之中有毛遂,使白得脱颖而出","吐气扬眉,激昂青云"(《与韩荆州书》)。结果呢? 却是"人闷还心闷,苦辛长苦辛"。亏得借助于庄子的超越意识和恬淡忘我、虚静无为的处世哲学,使他能寄情于诗酒风流、锦山秀水,从貌似静止的世界中看出无穷的变态,把漫长的历史压缩成瞬间的过程,以审美的眼光和豁达的态度来看待政治上的失意,达到一种顺乎自然,宠辱皆忘的超然境界,使其内心的煎熬有所缓解。

作为一个体现着人类生命的庄严性、充满悲剧色彩的强者,他一生被登龙入仕、经国济民的渴望纠缠着,却因蹭蹬穷途,始终不能如愿,因而陷于强烈的心理矛盾和深沉的抑郁与熬煎之中。而"蚌病成珠",这种郁结与忧煎,恰恰成为那些天崩地坼、裂肺摧肝的杰作的不竭的源泉。

从李白诗句"黄河如丝天际来""历天又复入东海",我想到了《庄子·秋水》篇的名句:"天下之水,莫大于海。万川归之,不知何时止而不盈;尾闾泄之,不知何时已而不虚。"由此,又蓦然联想到"韩潮苏海"这句成语。是的,无论就其才华、学识、气度,还是从诗文的气势磅礴、波澜壮阔来说,东坡居士确实称得上这个"海"字。

苏轼的思想,同李白相似,也是儒、释、道杂糅的。如若统观他的功业,基本上归于儒学的影响;而他的艺术成就,包括诗词、文赋、书画、茶、酒、棋、琴各个方面,则是颇得力于道家的庄子。说来似乎有些矛盾,其实,在中国历代读书士子身上,这种现象是普遍存在的。难怪鲁迅先生说:"我们虽挂孔子的门徒招牌,却是庄生的私淑弟子。"这一方面说明了庄子的超乎寻常的魅力;另一方面,也揭橥一条文艺传承的规律:在中华大地上,凡是才气纵横的艺术天才,必然结契于庄子。正如一切建功立业的政治家,必然深受孔、孟思想的甄陶一样。

早在少年时代,苏轼就非常喜欢庄子,在给友人信中说过:"某龆齿好道,倾心《庄子》";而且有深刻的领悟:"吾昔有见于中,口未能言。今见是书,得吾心矣"(苏辙:《东坡先生墓志铭》)。不过,在走上仕途之后,年轻气盛,踌躇满志,也曾同绝大多数读书士子一样,志在社稷,功名心切。其词云:"有笔头千字,胸中万卷,致君尧舜,此事何难?"他曾多次上书皇帝,希望"涤荡振刷,而卓然有所立"。其中有一份《议学校贡举状》,说:"今士大夫至以佛老为圣人,鬻书于市者,非《庄》《老》之书弗售也。读其文,浩然无当而不可穷;观其貌,超然无着而不可捉,此岂真然哉!"对于"庄周齐死生,一毁誉,轻富贵,安贫贱"之说,也曾表示过怀疑。

但是,尔后一连串的政治蹉跌,使他这个迁客、谪人,逐渐悟解了世路人生,一步步改弦更张,转而宿梦重温,同庄子结下了不解之缘。先是因为反对"新法",被贬为杭州通判,时年三十四岁;后来流离转徙,陆续到了密州、徐州、湖州;直到"乌台诗案"发生,被捕入狱;一番折磨过后,又被贬谪到黄州,先后到过汝州、常州、登州、颍州、扬州;五十八岁那年,又横遭贬谪,到了岭南的惠州,三年后再度遭贬,谪居荒远的海南岛的儋州。经过三十年间这十二个"州"的折磨、颠簸,终于投入了庄周的怀抱。

多舛的人生,颠踬的仕途,耗损了他的生命,摧折了他的健康。如果说有所获取的话,那便是诗文的特大丰收。如同他所概括的:"秀句出寒饿,身穷诗乃亨。"当然,还有一条,就是对庄学的领悟和把握。可以这样说,如果没有后一项,他的诗文绝对不会有如此的风神,如此的机锋,如此的超拔,如此的透辟。进而可以说,如果没有对《庄子》的领悟,恐怕很难设想,他将如何度过后半生的如水益深、如火益热的贬谪岁月。生命都不能正常地维持,又何谈创作的丰盈!

正因得益于庄子的"逍遥""齐物"之论,寻找到了精神的伊甸园、灾难的遁逃薮,苏轼的精神世界才能那么超拔、洒脱,心境才能那么旷远、达观。且听他的吟咏——这是写于以罪人身份编管黄州期间的《定风波》词:

莫听穿林打叶声,何妨吟啸且徐行。竹杖芒鞋轻胜马。谁怕?一蓑烟雨任平生。料峭春风吹酒醒,微冷。山头斜照却相迎。回首向来萧瑟处,归去,也无风雨也无晴。

途中遇雨了,没带雨具,同行皆很狼狈,唯有他从容不迫。他从中悟解到了有关人生的哲理。

还有一首《临江仙》词,也是写于黄州谪所,其下阕云:"长恨此身非我有,何时忘却营营?夜阑风静縠纹平,小舟从此逝,江海寄余生。""此身非我有",出自《庄子·知北游》。苏轼痛恨自己不能掌握"此身"的命运,整天为功名利禄而奔走劳神,亟需以庄子思想为依托,获得心身自由。而回归"江海"自然,正是他此时的真实心境。

他还有一首纯用家常俚语写的词,题目就叫《无愁可解》:

> 光景百年,看便一世,生来不识愁味。问愁何处来?更开解个甚底!万事从来风过耳,何用不著心里。你唤做展却眉头,便是达者也则恐未。此理本不通言,何曾道欢游胜如名利。道即浑是错,不道如何即是。这里元无我与你,甚唤做物情之外?若须待醉了方开解时,问无酒怎生醉!

一是说,解愁还不算达观,因为毕竟有愁要解。只有像庄子说的,忘情物我,游于自然,做到无愁要解,才称上乘。二是说,按"齐物"之说,人间本无物我之分,因而也就谈不上放情物外。

他在颍州期间,曾写过一首七古,开头四句是:"太山秋毫两无穷,巨细本出相形中。大千起灭一尘里,未觉杭颍谁雌雄。"这里阐扬的是庄子的思想。《齐物论》云:"天下莫大于秋毫之末,而太山为小。"在黄州期间,他也曾引用《齐物论》的观点,批评战国时宋玉的《风赋》:"堪笑兰台公子,未解庄生天籁,刚道有雌雄。一点浩然气,千里快哉风。"

他在散文《宝绘堂记》中指出:"君子可以寓意于物,而不可以留意于物。寓意于物,虽微物足以为乐,虽尤物不足以为病。留意于物,虽微物足以为病,虽尤物不足以为乐。"所谓"寓意",就是借客观事物以寄托自己的思想感情,在这种情况下,再微小之物,也可以产生审美愉悦;再珍

>>> 苏轼在黄州期间,也曾引用《齐物论》的观点,批评战国时宋玉的《风赋》:"堪笑兰台公子,未解庄生天籁,刚道有雌雄。一点浩然气,千里快哉风。"

奇之物，也不致带来得失的痛苦。而"留意"，亦即出于自身利害关系而产生的占有欲，则有别于审美欣赏的"寓意"，无论其为尤物还是微物，都足以为病。——"物之所以累人者，以吾有之也。"这些深邃的思想、超拔的见解，都源自庄子的人生观、价值观、审美观。

还有记游散文《超然台记》："凡物皆有可观。苟有可观，皆有可乐，非必怪奇伟丽者也"；"人之所欲无穷，而物之可以足吾欲者有尽。美恶之辨战于中，而去取之择交乎前，则可乐者常少，而可悲者常多"。根源在于"彼游于物之内，而不游于物之外。物非有大小也，自其内而观之，未有不高且大者也。彼其高大以临我，则我常眩乱反复，如隙中之观斗，又焉知胜负之所在？是以美恶横生，而忧乐出焉，可不大哀乎"！这里所说的"物内""物外"，同样也源于《庄子》。

综览苏轼诗文，脱胎于《庄子》的清言胜义，可说是比比皆是。诚如宋代邵博所言："东坡早得文章之法于《庄子》，故于诗文多用其语。"学者陶白统计：《苏轼诗集》所引《庄子》中典故、词汇，约有三千六百余处，足见其所受影响之大、陶冶之深。

当代学者李泽厚认为，"庄子的兴趣并不在于去探究或论证宇宙的本体是什么"，而"只是为了要突出地树立一种理想人格的标本"，即"人的本体"。嵇、陶、李、苏、曹五位大文豪，分别处于中国封建社会前期、中期与晚期，前后绵延一千五百年，他们所受庄子的影响，不尽相同，各有侧重。但有一点是共通的，就是接受"一种理想人格的标本""游心于恬淡、超然之境"。正是这种精神原动力，使他们面对颠倒众生的"心为物役"、人性"异化"的残酷现实，能够解除名缰利锁的心神自扰，以其熠熠的诗性光辉，托载着思想洞见、人生感悟、生命体验，以净化灵魂，澡雪精神，生发智慧，提振人心。

看得出来，这种天才人物之间的吸收与接纳，递嬗与传承，是作用于内在，而且是创造性的、个性化的。就这一点来说，师承也好，赓续也好，不会一体雷同，只能具有相对意义。即此，也充分反映了天才人物的独创性与特殊性。这一特征决定了他们之间绝对重复的现象是不存在的,根本不能"如法炮制"。就是说,只能有一,不能有二,他们在世间都已成了绝版——从辞世那天起,原版就毁掉了,永远也无法复制。

第二十节

诗人咏庄

I

翻阅《先秦汉魏晋南北朝诗》《全唐诗》《全宋诗》《全宋词》《全金诗》《元诗选》《元曲选》《全明散曲》《明诗别裁》《清诗别裁》《晚晴簃诗汇》等古籍，再加上各地的方志、史籍，粗略统计，有关咏庄的诗词曲赋，大约在两千首上下。据学者萧若然计算，仅东明、曹州、民权、商丘、蒙城等县志所载，吟咏庄子以及漆园、濮水、濠梁、钓鱼台、南华观等遗迹的，自唐至清就有近百名作者、一百五十多首诗作。近日又读到方勇撰著的《庄子诗文序跋汇辑》，广搜博采，最称完备。从中看得出历代文人雅士、官员黎庶、各色人等，对于庄子其人其书有着浓烈的兴趣，一直予以热情的关注。这里择其要者，厘为四部分，略加释解。

历代诗人颂赞庄子人格、个性、精神风貌、思想境界，倾诉景慕之情的诗篇，占有相当大的比例。

魏晋嵇康《赠兄秀才入军》第十四首：

息徒兰圃，秣马华山。
流磻平皋，垂纶长川。
目送归鸿，手挥五弦。
俯仰自得，游心太玄。
嘉彼钓叟，得鱼忘筌。
郢人逝矣，谁与尽言。

诗是写给即将参军入伍的哥哥嵇喜的。该诗分为三段。开头四句,写实境:休息在兰圃,喂马于山坡,射鸟在草地,钓鱼于长河。中间四句,写境界,写情趣,写性灵:目送飞鸿,手抚琴弦。游心于天地,随时领悟自然之道;重心在末段,表达对庄子的无限仰慕之情。最后用《庄子·徐无鬼》篇匠石运斤为郢人斫垩的典故,抒发知己难寻的感慨,与《晋书日嵇康传》中说的"以高契难期,每思郢质",完全契合。

晋夏侯湛《庄周赞》:

> 迈迈庄周,腾世独游。
> 遁时放言,齐物绝尤。
> 垂钓一壑,取戒牺牛。
> 望风寄心,托志清流。

《晋书》本传称,"湛幼有盛才,文章宏富,善构新词"。

诗中赞颂庄子"腾世独游"的超迈思想与行径。最后表明写诗的用意,在于凭借咏赞古人以寄言托志。

南朝江总《庄周颂》:

> 玉洁蒙县,兰薰漆园。
> 丹素可久,雅道斯存。
> 梦中化蝶,水外翔鲲。
> 出俗灵府,师心妙门。
> 垂竿自若,重聘忘言。
> 悠哉天地,共是笼樊。

江总为南朝陈的亡国宰相,故里在豫东考城,邻近庄子出生地商丘蒙邑。

诗篇全面概括了庄子的品格与修为。以"玉洁""兰薰"称颂庄子的"雅道"——高雅的品格;"化蝶""翔鲲",形象地描绘他的浪漫的情怀和不羁的心灵。最后,列出庄子的"却楚之聘",跳出"笼樊",不为物役,赞美他的自由精神。

唐陆希声《观鱼亭》:

> 惠施徒自学多方,谩说观鱼理未长。
> 不得庄生濠上旨,江湖何以见相忘。

诗中借"濠梁观鱼"故事,批评惠施情怀执滞,理有未达,阐明庄子"相忘于江湖"的意旨。"学多方",指有多方面学术造诣。

宋代李九龄《写〈庄子〉》

> 圣泽安排当散地,贤侯优贷借新居。
> 闲中亦有闲生计,写得南华一部书。

作者说他处于闲散境地,借得新居,干什么呢?抄写《南华经》——此一"闲中生计",殊可嘉也。

宋代寇准《南阳夏日》:

> 绿杨阴密覆回廊,深院帘垂昼景长。
> 人静独闻幽鸟语,风来时有异花香。
> 世间宠辱皆尝遍,身外声名岂足量。
> 闲读南华真味理,片心惟只许蒙庄。

寇准身为当朝宰相,万机之暇,难得有此逸趣。

诗分两部分,前头六句,备述时间(夏日、昼景)、环境(风来人静、鸟语花香)、心情(宠辱不惊、声名不计),为后两句做铺垫:闲读《南华》,深谙个中奥理,表达对庄子的仰慕之情。

宋代王安石《题蒙城清燕堂》:

> 清燕新诗得自蒙,行吟如到此堂中。
> 吏无田甲当时气,民有庄周后世风。
> 庭下早知闲木索,坐间遥想御丝桐。
> 飘然一往何时得,俯仰尘沙欲作翁。

历史上有两个田甲,一为战国时的齐国贵族,曾以暴力劫持齐愍王,后被愍王的堂弟田弗所杀;另一为汉代蒙县的狱吏。此应为后者。

《史记》载:韩安国犯法被判罪,蒙县狱吏田甲羞辱他。安国说:"难道死灰就不能复燃了吗?"田甲说:"复燃了,我就撒尿浇灭它。"过了不久,梁国内史出缺,朝廷任命安国来担任。田甲闻讯,弃官逃走。安国下令:"田甲若是不回来归案,我就夷灭他的宗族。"田甲于是袒衣谢罪。安国说:"像你这种人,值得我惩治吗?"终于善待田甲。

木索,泛指刑具。木,指"三木"——加在犯人颈、手、足上的三种刑具;索,就是用以拘系犯人的绳索。"御丝桐",指摆弄乐器。"木索"既闲,又丝竹并作,说明政简民安,气象和平。

作者误将汉代韩安国坐法服刑的梁国蒙县(庄子出生地)当作亳州的蒙城,故有"民有庄周后世风"之句。今亳州蒙城,汉时为山桑县,唐天宝元年(742)始改名蒙城。

宋代钱选《题山居图卷》:

> 山居唯爱静,白日掩柴门。
> 寡合人多忌,无求道自尊。
> 鹓鹏俱有意,兰艾不同根。
> 安得蒙庄叟,相逢与细论。

前四句写山居景况与心态；后四句表达见解，抒发感慨。"鹖鹏"出自《庄子·逍遥游》篇。斥鹖与大鹏，一小一大，各安其意；兰花与艾草，一香一臭，根性不同。

宋代郑刚中《幽趣》：

> 幽趣无人会，人应为我愁。
> 山深云易聚，市远酒难谋。
> 恃力貙惊鹿，争巢鹊避鸠。
> 老夫春睡美，蝴蝶是庄周。

作者生当秦桧擅权之际，屡遭奸党构陷，看惯了"恃力貙惊鹿，争巢鹊避鸠"的严酷斗争情势（他在《别家山》诗中有"闻说仕途巇险甚""未肯微官缚此身"之句，与此涵蕴相同），因而十分羡慕庄子的逍遥游世境界。

宋代辛弃疾《念奴娇·和赵国兴知录韵》下阕：

> 怎得身似庄周，梦中蝴蝶，花底人间世。记取江头三月暮，风雨不为春计。万斛愁来，金貂头上，不抵银瓶贵。无多笑我，此篇聊当宾戏。

词中讲的是人生态度、价值取向的选择。作者明确表示对庄子逍遥人生的景慕。

东汉史学家、文学家班固有《答宾戏》一文，讲述主客二人论辩，分别代表两种不同的价值观、两种人生选择——汲汲于功名利禄和沉潜于文章著述。"金貂"代指权贵；"银瓶"常被用来比喻男女情事，这里似应作饮酒解。杜甫诗中有"指点银瓶索酒尝"之句，相对于"万斛愁来"，作饮酒解，当更切合实际。

宋代岳珂《夜读庄子呈高紫微》：

> 蒙园傲吏御风仙,聊以卮言后世传。
> 小大升潜同此地,智愚工拙岂其天。
> 众途适正何劳问,一理观心本自然。
> 从此二经束高阁,为君终夕读名篇。

《诗》《书》二经均为儒家经典,要把经书放下,专读《庄子》,这在理学昌盛的宋代,可谓超拔独步。

宋代李壁《临川节中寄季和弟》:

> 平生旷达慕庄周,老觉悲来不自由。
> 节里忆君频梦见,遥传掬泪过江州。

临川,今抚州;江州,今九江,同属江西省。作者宋宁宗时任礼部尚书,节日期间,给在江州的弟弟李埴(季和)寄诗,抒写向慕逍遥、旷达的庄子,想要摆脱仕途羁困的心情。

宋代朱熹《梅》:

> 姑射仙人冰雪容,尘心已共彩云空。
> 年年一笑相逢处,长在愁烟苦雾中。

"姑射仙人",见《庄子·逍遥游》篇:"藐姑射之山,有神人居焉,肌肤若冰雪,绰约若处子。"这里借用来形容冰雪为容、涤净尘心的寒梅,实为作者自况。"愁烟苦雾"喻污浊的人世。

宋代何梦桂《偶成》:

> 沉水烟消宝鸭香,山窝人在水云乡。
> 鱼非惠子同鱼乐,蝶化庄周并蝶忘。
> 心了固知身是寄,物齐宁与道相妨!
> 清明即是神仙界,不用丹炉炼玉霜。

何氏为南宋咸淳元年(1265)进士,任大理寺卿,引疾去,筑室小酉源,精于《易》学。元至元中,屡召不起,终于家。这首七律当是他隐居乡间时心境的真实写照。通篇都体现了庄子逍遥游世的思想。

明代祝允明《读〈庄子·逍遥游〉》:

> 颇疑梦蝶翁,与世太相避。
> 曳尾泥中龟,岂希留骨贵!

"梦蝶翁",指庄子。诗中说他避世太深。何以见得?同是以龟为喻,他宁肯生而曳尾于泥涂之中,却不希望"留骨而贵",死后被供奉在庙堂之上。典出《庄子·秋水》。

明代徐渭《读庄子》:

> 庄周轻死生,旷达古无比。
> 何为数论量,死生反大事。
> 乃知无言者,莫得窥其际。
> 身没名不传,此中有高士。

诗的大意是:庄子本来讲,"生寄死归",不悦生,不恶死,确实是旷达无比。可是,书中却借孔子之口,说了两次"死生亦大矣",这里暴露了庄子思想的矛盾。看来,还是"无言"为妙。不过,无言也有无言的缺陷——由于"无言","没世而名不称",使许多高士受到了埋没。

诗中寓意,宛转迂回,曲折有致。

清代郑廉《漆园吏》:

> 噫噫漆园吏,身世视蜉蝣。
> 微笑谢楚人,不肯为牺牛。

> 以兹全其真,得与造物游。
> 譬彼鸿冥冥,矰缴焉所求。
> 庄生乎庄生,莘莘大人流。
> 我今读其书,犹可医穷愁。

通篇都是对庄周的赞誉。中心是说,庄子"与造物游",志存高远,洞明世事,宛如翱翔于九天的飞鸿一般;试图用爵禄、名位这些浮世贪求去网罗他,就好像用那种系绳的短箭去弋射九天的冥鸿一般,真是堪笑又堪怜的。

清代何名隽《庄楼梦蝶》:

> 天地飘茫一寄身,形骸参破梦还真。
> 三千大界谁先觉,十万馀言我自亲。
> 栩栩梦来躯亦赘,蘧蘧觉后物皆春。
> 勋华事业垂今古,未许漆园作外臣。

这也是一篇庄子赞。"栩栩""蘧蘧"均见《齐物论》篇。"十万馀言",《庄子》原为十万余言。"勋华事业",指庄子思想与文章。

清代李曾裕《漆园吏隐》:

> 烦扰苦民生,漆园怀傲吏。
> 何当起九原,与论无为治。

由当时社会民生多艰,不堪烦扰之苦,想到庄子"无为而治"的政治主张,于是,对这位漆园傲吏顿生怀念之情,真想起之于地下,同他好好讨论一番"治术"这一话题。

清代殷希文《草堂漫兴》:

> 庾园虽小足相羊，荣辱何关一草堂。
> 裘马五陵空自艳，菊松三径未全荒。
> 雨窗酌酒杯还润，花槛题诗句亦香。
> 更有南华供细读，逍遥游拟学蒙庄。

作者做过长治知县，有《和乐堂诗钞》传世。

"庾园"，是他对自家园居的称呼。北周庾信曾有《小园赋》："余有数亩弊庐，寂寞人外，聊以拟伏腊，聊以避风霜"，后世因有"庾园"之称。"相羊"，亦作"相徉"，意为徘徊、盘桓。《离骚》有"聊逍遥以相羊"之句。

诗人说，自家的松菊三径尚未荒芜（用陶潜《归去来辞》意），绝不羡慕那些豪门权贵的轻裘肥马，颇有自足、自得、自在、自适之感。最后落脚在庄子的"逍遥游"上，画龙点睛般地抒发其向往的情怀。

2

咏庄诗中，以阐释庄子思想，进而抒怀寄慨，引发个人感悟者为最多。

唐代李白的《古风五十九首》其九：

> 庄周梦胡蝶，胡蝶为庄周。
> 一体更变易，万事良悠悠。
> 乃知蓬莱水，复作清浅流。
> 青门种瓜人，旧日东陵侯。
> 富贵故如此，营营何所求！

诗篇借助"庄生梦蝶"这个话题，阐明人生如梦，梦亦如人生，世事变化无常的道理。"乃知蓬莱水，复作清浅流"，说的是世事，意为沧桑巨变；"青门种瓜人"，指邵平，原为东陵侯，秦亡后变成平民，种瓜东门外。最后作结:既然穷通、富贵随时为变,原属常态,那又何必营营役役,苦苦谋求呢!

唐代高适《宋中》:

逍遥漆园吏,冥没不知年。
世事浮云外,闲居大道边。
古来同一马,今我已忘筌。

"一马"出自《庄子·齐物论》,意为万物皆一。"忘筌"出自《外物》:"筌者所以在鱼,得鱼而忘筌;蹄者所以在兔,得兔而忘蹄;言者所以在意,得意而忘言。"筌、蹄,是捕鱼、捕兔的器具。原义是说,筌、蹄、言皆为工具,目标还是鱼、兔、意,只要得到和领会了精神实质,那么,这些工具就都可以忘掉了。

唐代白居易《读庄子》:

去国辞家谪异方,中心自怪少忧伤。
为寻庄子知归处,认得无何是本乡。

诗中说,由于领悟了庄子的思想,从而视贬谪为返真归本("知归")和回到"无何有之乡",做到了旷怀达观,无忧无虑。

白居易《池上寓兴》二绝选一:

濠梁庄惠谩相争,未必人情知物情。
獭捕鱼来鱼跃出,此非鱼乐是鱼惊。

"寓兴",是指诗中所叙,还寓有他意。诗中借用濠梁"庄惠之辩"来说事,暗喻他晚年急流勇退的内心活动,时人未必能够知晓。水獭以鱼为食,比喻残民以逞的当权者;鱼,则是诗人自喻。意思是说,庄子眼中的游鱼,

>>> 白居易《读庄子》:"去国辞家谪异方,中心自怪少忧伤。为寻庄子知归处,认得无何是本乡。"由于领悟了庄子的思想,从而视贬谪为返真归本和回到"无何有之乡",做到了旷怀达观,无忧无虑。

出游从容,自得其乐;而我这条游鱼,却是时时自危,惊魂不定。

白居易《林下樗》:

> 香檀文桂苦雕锼,生理何曾得自全。
> 知有无材老樗否?一枝不损尽天年。

《庄子·人间世》篇有言:"山木自寇也,膏火自煎也。桂可食,故伐之;漆可用,故割之。"同时还讲到,栎树以其不材得以尽其天年,意在为弱势群体应对当时险恶社会现实指出一条自我保护和精神解脱的途径。香山居士诗中阐发了庄子这一哲学思想。

宋代禅师慈受怀深有诗云:"万事无如退步眠,放教痴钝却安然。漆因有用遭人割,膏为能明彻底煎。"与此同一机理。

唐代还阳子《师勉》:

> 早向忙中认取闲,休将心力役机关。
> 花依时节重开得,水向东流定不还。
> 春色潜偷青鬓发,风光暗换少年颜。
> 须知世事堪悲叹,尽在庄周一梦间。

全诗重心在"休将心力役机关"一句。庄子《齐物论》中谈到"机心"之可怖,说是"与接为构,日以心斗","其发若机栝(弩机、飞箭)","其杀若秋冬"。诗中阐扬庄子的思想,警戒世人不要因沉溺于贪欲而心为物役,机谋权诈,钩心斗角。

借用庄周梦蝶寓言故事,解说水流花谢和"暗换青青发"的自然与人生现象,取譬新颖,寄慨遥深。

宋代宋祁《濠上》:

惠非蒙叟叟非鱼,濠上全知鱼乐无。
春水未深鱼易乐,要须真乐是江湖。

从濠上观鱼讲到庄惠辩论"鱼之乐",再从"知之濠上"落到"鱼相忘于江湖",层层递进,寓怀深广。

宋代欧阳修在七古《绿竹堂独饮》中有句云:

吾闻庄生善齐物,平日吐论奇牙聱;
忧从中来不自遣,强叩瓦缶何譊譊;
伊人达者尚乃尔,情之所钟况吾曹?
愁填胸中若山积,虽欲强饮如饫焦。
乃判自古英壮气,不有此恨如何消?

"绿竹堂"是欧阳修任职洛阳时的居室。此诗原本为哀悼妻子而作,所以,里面谈到了同样遭逢妻子亡故的庄子:即便像以"齐物"为标榜的达人庄子,在妻子故去,"忧从中来"之际,还要"鼓盆而歌";那么,"情之所钟"如我辈者,"愁如山积",填胸塞臆,就更是难以消解了。"虽欲强饮如饫焦",意为胸中愁闷,喝多少酒也浇不掉。"吐论奇牙聱",议论荒诞难解。

宋代邵雍《川上观鱼》:

天气冷涵秋,川长鱼正游。
虽知能避网,犹恐误吞钩。
已绝登门望,曾无点额忧。
因思濠上乐,旷达是庄周。

全诗都是围绕着鱼来作文章,实际上讲的是人事。"登门",指鱼跃龙门,鱼化为龙;"点额",旧说:鱼上渡龙门,未能跃而为龙者,点额而还,用以比喻仕途失意,落第而归。

诗中借助咏川中鱼的悠游自在,既不期望富贵腾达,也无"点额"之忧虑,抒写自己的旷达心境。

宋代王安石《绝句》:

万事黄粱欲熟时,世间谈笑谩追随。
鸡虫得失何须算,鹏鷃逍遥各自知。

诗中说,蜗角争持,鸡虫得失,这些细微小事,原都无须计较;还是安于自在逍遥,大鹏也好,斥鷃也好,都可以自得其乐,体现了庄子安时处顺的思想内蕴。

宋代苏轼《书晁补之所藏与可画竹》:

与可画竹时,见竹不见人。
岂独不见人,嗒然遗其身。
其身与竹化,无穷出清新。
庄周世无有,谁知此凝神。

苏轼诗文善于活用庄子思想。这首诗里就运用了庄子"凝神""坐忘""嗒然忘身"的掌故,阐明只要集中心力,全神贯注在一个对象上,作画便能出神入化的道理。

宋代黄庭坚七言绝句《寺斋睡起》之一:

小黠大痴螳捕蝉,有余不足夔怜蚿。
退食归来北窗梦,一江风月趁渔船。

前两句的故典,都出自《庄子》。螳螂捕蝉,不知黄雀在后,因此说是"小黠大痴";夔是一足兽,蚿是多足虫,诗意是说:巧或诈,智或愚,相倾相斗,与此数虫无异,很难讲谁得谁失。因此,诗人说,还是北窗一梦之后,趁着满江风月,驾着渔船,逍遥自得,远远离开那争名逐利的场所吧!

宋代李觏《早夏偶作》:

闲愁不觉过年光,强半精神似醉乡。
几度雨来成恶热,有时云断见斜阳。
古人事业尘空满,故国园林草自长。
赖得南华怜我病,一篇齐物胜医方。

作者从日常生活起居说起,讲环境,讲心境,最后落脚于读《庄》(南华经)受益。大诗人陆游也曾说:"病须书卷作良医。"

宋代苏颂《游逍遥台》:

忆昔初读南华篇,但爱闳辨如川源。
沉酣渐得见真理,驰骛造化游胚浑。
潜心四纪不知倦,闲日讲解时寻温。
其言无端极放肆,大抵顺物尤连犿。

作者暇日游逍遥台,见到了庄子的塑像,歆然顿起怀古之思,遂写了一首一千四百字的七言诗,成了古今咏庄诗中最长的一篇。诗中讲述他四十余年研习《庄子》一书的过程,描绘了他的种种心得。此为起首八句,从中可以略见全篇的概貌。"胚浑",义同混沌,指传说中宇宙形成前的景象。"四纪"为四十八年,古时以十二年为一纪。"连犿",语出《庄子·天下》篇,意谓与物相从不违。

宋代吴芾《和四二侄》:

华发萧萧日夜疏,奔驰不止欲何如。
得抛印绶心方适,归见湖山气始舒。

> 世事转头如蝶梦,人生到此似蘧庐。
> 我今已作终焉计,却悔当年赴鹤书!

作者为南宋进士,以刚直见忌,不得志于朝廷,诗中反映了这种处境与心情。

通篇贯穿着庄子的思想。诗中说,华发萧疏,奔驰不止,究竟为了什么?"蘧庐",暂住的旅舍。语出《庄子·天运》。"抛印绶""终焉计",都是说主动致仕。"鹤书",即鹤头书,指贤士的诏书。最后一句,说他后悔当年不该前往应聘。

宋代辛弃疾《卜算子·用庄语》:

> 一以我为牛,一以我为马。人与之名受不辞,善学庄周者。
> 江海任虚舟,风雨从飘瓦。醉者乘车坠不伤,全得于天也。

全词櫽栝《庄子》中不为名利外物所累的思想蕴含。

上阕取自《应帝王》篇"一以己为马,一以己为牛"之句,意为任人称之为马、牛,浑同自然,毫无物累。《天道》篇亦有"子呼我牛也而谓之牛,呼我马也而谓之马",意同,都是一切听任自然,受而不辞。

词的下阕,"虚舟"引自《山木》篇:"方舟而济于河,有虚船来触舟,虽有偏心之人,不怒。"意谓:我能忘己,视己为不存在,人亦不会与我计较。"飘瓦"与"坠车"两个典故,均出自《达生》篇:"虽有忮心者(怀恨者),不怨飘瓦(不会怪罪空中飘下来的瓦片)。""醉者之坠车,虽疾不死","其神全也"。意思是,顺应自然(得之于天),可以化解灾难。

宋代方凤《题庄子梦蝶图》:

> 素来梦觉两俱空,开眼还如阖眼同。
> 蝶是庄周周是蝶,百花无口骂春风。

诗中讲的是"齐物论"：做梦、觉醒，庄周、蝴蝶，都是空；眼睁与眼闭，也没有什么不同；言外之意是，花开、花谢也是如此。可是，百花不懂得这个道理，却在那里埋怨春风无情。

元代周权《拟古》之一：

朝菌迷晦朔，大椿阅春秋。
鹤长断则悲，凫短续亦忧。
人生贵委顺，赋予不可求。
永唯南华篇，达人谅悠悠。

朝菌、大椿寿命迥异，鹤胫（小腿）、凫胫长短不同（分别见《庄子》的《逍遥游》与《骈拇》篇），这都是自然赋予的，应该"委顺任化"，听任自然安排。《知北游》篇有"性命非汝有，是天地之委顺也"之语。"赋予不可求"，意为知足安分，不可希求造化过多的赐予，不应存非分之想。陆游即有"老夫享此七十年，每愧天公赋予偏"之句。

明代张锷《病中读南华》组诗，其二云：

适来夫子时，适去夫子顺。
指穷薪火传，未尝见其尽。
顺处而时安，悬解匪天遁。
泽雉畜樊中，岂若啄与饮！
卓哉彼良庖，恢恢然游刃。
千牛十九年，新硎验然迅。
满志善刀藏，好道技亦进。
余病思全生，斯言良古训。
缘督以为经，不随无涯震。
免殆可保身，天人那复问。

作者为山东曹州举人，自幼酷爱《庄子》。全诗一百个字、二十句，概括了《庄子·养生主》篇的全部精髓，诸如适来时也、适去顺也、指（脂）穷为薪、薪尽火传、安时处顺、悬解遁天、泽雉畜樊、一饮一啄、庖丁解牛、游刃有余、发硎新试、善刀而藏、技进乎道、缘督为经、有涯无涯、免殆保身等成语、典故，尽数涵盖在内，内容十分丰富。

清代曾国藩《沅甫弟四十一初度》：

> 左列钟铭右谤书，人间随处有乘除。
> 低头一拜屠羊说，万事浮云过太虚。

《庄子·让王》篇中，讲楚国人屠羊说（悦），以屠羊为业，在吴军攻楚，昭王逃难时，曾帮助做过事情，昭王复国后，便再三请他出来做官，他都断然谢绝，表现了安于本分、看淡功名利禄的超拔境界。曾国藩在为弟弟庆生时，说：我们应该低头跪拜屠羊说为师，学习他的高明见识和过人智慧。诗中隐含着曾氏的卓识远见与深重忧心。

3

也有许多诗人，通过读《庄》、释《庄》或者凭借有关庄子的人文景观，畅叙幽怀，寄寓感慨，既富自然之趣，又得真情之妙。

北周庾信《拟咏怀》（选一）：

> 寻思万户侯，中夜忽然愁。
> 琴声遍屋里，书卷满床头。
> 虽言梦蝴蝶，定自非庄周。
> 残月如初月，新秋似旧秋。
> 露泣连珠下，萤飘碎火流。

> 乐天乃知命,何时能不忧!

庾信《拟咏怀》,是他自南朝梁出使到北朝周被羁留的后期诗作,艺术水准很高。诗共二十七首,此为第十八首。

诗人借咏叹迷离颠倒的蝴蝶梦,宛转抒写自己对故国的思念情怀。开头四句,铺叙情境:愁肠百结,入睡艰难;而幽咽的琴声又传到耳边,就令人倍感凄凉。中间四句,抒写情怀:先说梦中的蝴蝶不是庄周,而是诗人自己;接下来运用秋和月两种意象与蝴蝶梦相衬托,描绘出一幅秋夜怀乡的画面:天上的残月分明是来时的初月,而异域的秋天亦酷似故园的秋天。最后四句,分两层写,前两句以景拟情,情景交融;后两句,以论作结,余韵悠然。

唐代李白《古风五十九首》其三十五:

> 丑女来效颦,还家惊四邻;
> 寿陵失本步,笑杀邯郸人。
> 一曲斐然子,雕虫丧天真。
> 棘刺造沐猴,三年费精神。
> 功成无所用,楚楚且华身。
> 大雅思文王,颂声久崩沦。
> 安得郢中质,一挥成风斤!

作者以庄子美学为基准,讽刺雕琢弄巧,反失其真,有如效颦东施、寿陵余子,而慨叹《大雅》不作、《颂》声崩沦的局面难以挽回。

诗中说的"丑女效颦""寿陵失步",分别见于《庄子》《天运》与《秋水》篇;"棘刺沐猴"出自《韩非子》,说是有个卫国人以自己能在棘刺尖上雕刻沐猴来欺骗燕王。诗人对这类蚀损天真、专弄小巧的雕虫小技,表示不屑;而对《诗经》中的《大雅》和《颂》则倍加推崇。最后两句,用《庄子·徐无鬼》

篇匠石"运斤成风"和郢人"无以为质"的典故，抒发自己虽有宏伟抱负，却无人理解、无人响应的悲慨。

唐代白居易《疑梦二首》之二：

鹿疑郑相终难辨，蝶化庄生讵可知。
假使如今不是梦，能长于梦几多时。

诗人写他仕途遭挫，理想破灭，整日惝恍迷离如在梦中的心境。

诗中用了两个著名的典故："蕉叶覆鹿"与"庄生化蝶"。前者出自《列子》：樵夫击毙了一只鹿，怕人发现，临时用蕉叶盖上；但等到他再去寻找时，却忘记了地方，遍寻不得，便以为自己是做了一场梦。归途中，述梦给别人听；有人就按照他说的路径去找，果真找到了。这样，便引起了一场争讼。由于案情怪诞，情节迷离，久而未决，后来郑国君主得知，便征询国相意见，国相说："梦与不梦，臣所不能辨也。"

诗人通过庄周梦蝶和郑国樵夫得鹿、失鹿并引起争讼的故事，比喻人生得失无常，有如做梦一样。

白居易《读庄子》：

庄生齐物同归一，我道同中有不同。
遂性逍遥虽一致，鸾凰终校胜蛇虫。

庄子说"万物一马""齐物归一"，诗人却说"同中有不同"，根据何在？同，是说万物都能各遂其性，自得逍遥；不同在于"百鸟之王"的鸾凰，不食腥膻，不践垢秽，而蛇虫，形象丑恶，身处污浊，犹如阴险小人。二者高下分明，判然各异，怎能齐一相等呢！"校"，同较。

唐代吕温《夜后把火看花南园》：

> 夭桃红烛正相鲜，傲吏闲斋困独眠。
> 应是梦中飞作蝶，悠扬只在此花前。

自晋郭璞诗句"漆园有傲吏"传世后，士人多以"傲吏"称呼庄子，这里是用以自诩。

诗中应用庄生化蝶典故，阐明自己的闲适自得的生活态度。

宋代蔡襄《唐公以公累出知濠州》：

> 湛湛清渠风力微，濠梁行客布帆归。
> 到官应过庄生庙，试问鹓鹏两是非。

蔡襄是北宋书法家，作为朝廷谏臣，素有"贤御史"之誉。

诗赠以公事遭受贬谪（"公累"）的"唐公"。濠州在今安徽北部，为庄、惠当年"濠梁观鱼"之地，附近有庄子庙。诗中劝慰逐臣，要旷怀达观，应以"齐物"观点看待是非、荣辱、进退之事。

宋代苏颂《碧澜堂》：

> 北渚清泠十顷波，偶来凭槛意如何。
> 且观秋水蒙庄论，休听沧浪渔父歌。

面对十顷清波，作者联想到古代两篇传世的名作——庄子的《秋水》篇和载记于典籍的《沧浪》渔父歌，"且观""休听"，态度鲜明。

《秋水》篇通过河伯与北海若的七番对话，讨论物质世界在时间、空间方面的相对性，价值判断方面的相对性，同时描述了庄子自己的超拔境界，显示其自信、自得之乐。而《沧浪》歌中渔夫劝屈原的话：沧浪之水清时，就洗濯自己的冠缨,沧浪之水浊时,就洗濯自己的双脚,意为审时度势,随波逐流,不要执著于自己的理想追求。

宋代傅察《逍遥堂五咏》之三:

> 欲识逍遥乐,都忘利与名。
> 讨论唯百氏,来往有诸卿。
> 静觉羊肠险,闲看蜗角争。
> 超然穷妙理,知不愧庄生。

从"逍遥堂"说到庄子的忘名、忘利,又联系到《则阳》篇的"蜗角相争":"有国于蜗之左角者,曰触氏,有国于蜗之右角者,曰蛮氏。时相与争地而战,伏尸数万",从而悟解人生之至理——有什么要紧去拼死拼活地争那一点点蜗角虚名、蝇头微利呢?

宋代钱时《蜗牛》:

> 雨浥蜗牛绕砌行,与吾同乐本同生。
> 挤排蛮触分疆界,可笑蒙庄自起争。

诗人从另一种视角来作蜗牛的文章,同样生动、别致,富有情趣。

他说,本来蜗牛与人同生共处,相安无事;而庄子为了讥讽战国君主的相互征伐,却在蜗角上做起了文章,挤排蛮触,强分疆界,这岂不是自起争端!

唐末五代徐夤《初夏戏题》:

> 长养薰风拂晓吹,渐开荷芰落蔷薇。
> 青虫也学庄周梦,化作南园蛱蝶飞。

诗人以自然界青虫化蝶现象,比喻庄子的蝴蝶梦,巧妙、风趣,且有深刻蕴涵。

宋代晁说之《过雁》：

> 庄周口舌过平生,择雁何为贵不鸣？
> 默默高飞宁有乐？人间生死本来轻。

意思是：庄子一生逞口舌之辩,可是,他却以缄口"不鸣"为贵；原来,他是从养性全身角度来考虑的。不过,如果真的整天"默默高飞",那还有什么乐趣呢？

宋代周必大《刻〈文苑英华〉千卷》：

> 倚树而吟据槁梧,自怜尔雅注虫鱼。
> 汝曹更作书中蠹,不愧鲲鹏海运欤！

《文苑英华》是北宋初年编的一部文学总集。南渡以后,宋孝宗曾命令专业人员修订,但质量很差。周必大在告老辞官以后,又承命带领一些学者再次进行校订、刊行。

全诗句句都运用形象、借助典故以表达思想、行迹,从中可以窥见古人作诗之妙："倚树而吟,据槁梧而瞑(靠着几案休息)。"这原是庄子说惠子的,见《德充符》篇,这里用来描述作者的编书、校订活动。《尔雅》是中国最早的一部解释词义的书,由于所涉及的语言知识不易被人理解,后代又出现了许多注释、考订著作,作者用它来说明校勘《文苑英华》之勤。蠹鱼,即蛀书虫,用以形容一同编书的读书人。"鲲鹏海运",借用《逍遥游》篇的典故,肯定、彰显同仁的精神劳作价值。

金代丘处机的《满庭芳·述怀》词：

> 漂泊形骸,颠狂踪迹,状同不系之舟。逍遥终日,食饱恣遨游。任使高官重禄,金鱼袋、肥马轻裘。争知道,庄周梦蝶,蝴蝶梦庄周。

休休,吾省也,贪财恋色,多病多忧。且麻袍葛屦,闲度春秋。逐疃巡村过处,儿童尽、呼饭相留。深知我,南柯梦断,心上别无求。

作者为金末全真道道士。所谓"述怀",就是宣示自己的人生取向和生活态度。"金鱼袋",代表官吏服色,从唐代开始,三品以上着紫袍,佩金鱼袋。"省",即省悟。"疃",村、屯。"状同不系之舟""食饱恣遨游",引自《庄子·列御寇》篇。

明代李鹏翼《无题》:

曾寄逍遥物外情,遽然化蝶有余清。
风尘不到庄生梦,浪得人间傲吏名。

作者以咏庄子为由头,抒发个人感慨。寄情物外,任性逍遥,为获得一个"傲吏"的名称,而引以自豪自慰。

晚清释敬安《西园放生池观鱼二首》之一:

春风梅柳自成村,潭影闲云对笑言。
到此忽生濠濮想,人鱼同乐是西园。

释敬安,因曾于阿育王寺烧残二指,并剜臂肉燃灯供佛,故又号"八指头陀"。

苏州西园建于元代,是一座历史悠久、富有传奇色彩的集佛教文化和古典园林建筑于一体的宗教寺院园林。"濠濮想",亦作"濠濮间想",典出《世说新语》:"(晋)简文(帝)入华林园,顾谓左右曰:会心处不必在远,翳然林水,便自有濠濮间想也,觉鸟兽禽鱼自来亲人。"与下句"人鱼同乐",均用《秋水》篇庄惠濠梁观鱼典故。

4

　　还有大量诗作,凭借历代流传的庄子的遗踪、遗闻、遗事,即景、即兴抒怀,借抒一己怀抱。

　　唐代王维《漆园》:

　　　　古人非傲吏,自阙经世务。
　　　　偶寄一微官,婆娑数株树。

　　题曰"漆园",实际上是借题发挥,表明诗人一己的生活态度。

　　诗的大意是:庄子却楚之聘,并非自命清高,孤狂傲世,而是自知缺乏经世之才,因而甘心做一个漆园小吏,婆娑宛转于漆树林间。言下之意是,借此微官,以寄形迹而已。看似咏叹古人,实乃诗人自况,当然,这也是从另一角度赞誉庄子。

　　此诗曾受到宋代大儒朱熹的激赏。朱子说:"余平生爱王摩诘诗云,'漆园非傲吏,自阙经世务。偶寄一微官,婆娑数株树',以为不可及,而举以语人,领解者少。"

　　唐代李中《经古观有感》:

　　　　古观寥寥枕碧溪,偶思前事立残晖。
　　　　漆园化蝶名空在,柱史犹龙去不归。
　　　　丹井泉枯苔锁合,醮坛松折鹤来稀。
　　　　回头因叹浮生事,梦里光阴疾若飞。

　　诗人说:庄子("漆园化蝶")、老子("柱史犹龙")都不见了,道士炼丹场所("丹井")泉枯水涸,祭神坛场("醮坛")松折鹤稀。时移世异,古观苍凉,

>>>
中国古代有大量诗作,凭借历代流传的庄子的遗踪、遗闻、遗事,即景、即兴抒怀,借抒一己怀抱。王维《漆园》实际上也是借题发挥,表明诗人一己的生活态度。

岂止人非物亦非,空留下无边怅憾。

唐代胡曾《濮水》:

> 青春行役思悠悠,一曲汀蒲濮水流。
> 正见涂中龟曳尾,令人特地感庄周。

作者行经濮水,见龟曳尾于泥涂中,很自然地想到庄子,从而怀思不尽,感慨丛生。

唐代陆龟蒙《访僧不遇》:

> 棹倚东林欲问禅,远公飞锡未应还。
> 蒙庄弟子相看笑,何事空门亦有关。

庐山东林寺为佛教净土宗发源地,晋高僧慧远居此,世称"远公",此处代指和尚。和尚出游称"飞锡"。

宋代苏轼《题清淮楼》:

> 观鱼惠子台芜没,梦蝶庄生冢木秋。
> 惟有清淮供四望,年年依旧背城流。

此为《濠州绝句》中的一首。惠子台没入荒草,庄子墓木叶凋零,作者登高临远,慨叹物是人非,感怀无限。

宋代吕愿中《南华洞》:

> 乱崖深峭水淙幽,六夏来游俨似秋。
> 安得蘧蘧一觉梦,倚岩栩栩访庄周。

想望在梦境中造访那蘧蘧然的庄周和栩栩然的蝴蝶。

明代徐渭《任公子钓台》：

公子椎牛此地留，珊瑚树底拂鱼钩，

今来沧海移何处？笑拂青山坐石头。

《庄子·外物》篇讲了任公子椎杀五十头犗牛用做鱼饵以钓大鱼的寓言。传说其地在浙江新昌县城西郊的南岩，那里有任公子钓台遗迹。

唐人诗曰："南岩寺，本沧海，任公钓台今尚在。""本沧海"，意谓原本曾是大海，今已不见。到了明代，又过去了数百年，无怪乎徐渭会发出问号："今来沧海移何处？"

明代张登云《游庄台》：

高台笔翠岁华侵，目断濠梁思不禁。

已向庄台释了悟，还因蛱蝶动微吟。

堂虚风月偏来客，径转松篁半是阴。

最爱涡湄多秀色，晴轩芳草梦中深。

豫、鲁、皖诸省，多处有庄子台遗迹。此诗中提到的濠梁和涡湄，作为庄子台的衬景，当在皖北。

明代桑溥《钓台》：

我爱庄生达，来寻旧钓台。

荒祠余瓦砾，断碣长莓苔。

梦蝶穿花去，涂龟曳尾来。

斯人不可见，汀水自潆洄。

庄子钓台亦有多处。由于庄子曾垂钓于濮水,一般倾向于钓台当临濮水之滨。而作者桑溥恰为濮州(今山东鄄城、河南范县一带)人氏。"涂龟曳尾",庄子却楚之聘,不做神龟,"宁其生而曳尾于涂中",见《秋水》篇。

明代刘教《过漆园怀古》:

> 尝怀漆园吏,今日过蒙城。
> 蝶化非真境,鱼游有至情。
> 岁月风烟老,郊原草树平。
> 前贤已尘迹,况是逐浮名。

作者道经蒙城,就想到曾在漆园为吏和留下"鱼游""蝶化"故实的庄子,足见这位前贤往哲的入人思想之深。

清代李浣《漆园怀古》:

> 漆园吏隐此仙游,忽化尻轮作转周。
> 浮世功名天海阔,淡情富贵水云流。
> 鹏搏龟曳随吾分,佛苦儒酸讵等俦。
> 轻松文章新境域,南华一卷妙全收。

《庄子·大宗师》篇,有"浸假而化予之尻以为轮,以神为马,予因以乘之(假使把我的尾骶骨变做车轮,把我的精神化为马,我就乘坐它走)"的说法,形容安时而处顺的心态。后四句说,与儒酸、释苦相比较,觉得还是道家的《庄子》文笔清新、境界高远,最称绝妙。

尾联"轻松文章新境域"的"松"字,于平仄不协,显为误植,暂从方志所载。

清代逯蓉《漆园吏隐》:

爱读南华数十篇,漆园遗迹想依然。
委形天地身将隐,寄傲林泉吏是仙。
幻化通灵醒蝶梦,逍遥得意忘鱼筌。
马蹄秋水寻何处？古观荒凉夕照边。

此篇也是对《庄子》一书的赞美。由漆园遗迹想到《马蹄》《秋水》等各个篇章;眼前唯见古观荒园,寒烟落照,一片苍凉景象。

清代刘德昌访商丘,有诗云：

我怀漆园吏,漆园今安在？
傍人指其处,望之唯蒿莱！

不是说这里未曾有过漆园,而是感叹物换星移,沧桑迭变,旧景难寻。寥寥数语,寄慨遥深。

清代李佶《庄子钓台》：

台与人俱去,名同地并留。
不知今旷野,此处果垂钩？
陵谷宁堪问,乾坤卒未休。
逍遥天际客,不愧往来游！

面对已经成为茫茫旷野的荒台遗迹,自作问答,发出乾坤运转不停而人事幽邈难寻的感叹。

清代张良珂《怀古》二首：

一抹林园带夕阳,名贤故里井泉香。
居民莫作沧桑感,此水于今尚姓庄。

读罢南华锦绣文,焚香肃拜庄周坟。

贤愚自古皆归土,谁似先生百世闻。

二诗分别咏庄周井与庄周墓。井、墓分别在今河南省民权县顺河乡和老颜集乡。

吟诵着这林林总总的咏庄诗篇,宛如出席一场以庄子其人其书为中心课题的诗词研讨会。这个生面别开的"研讨会",跨越时间地域,泯除种种界隔,规模盛大、广泛。与"会"者既有大批顶尖的以至世界级的诗人、文学家,也有历朝历代的一些达官显宦、名流学者和普通的读书士子。时间自魏晋、六朝、唐宋以迄清末民初,历时一千七八百年。

这种话题汗漫无涯,却又主旨集中、中心明确的研讨,涉及的范围,广及宇宙之大,细至虫介之微,举凡天道、人生、世情、物性,无不涵盖其中,其间尽多生命的介入,灵魂的撞击;充分地反映出特异的庄子与玄奥的《庄子》的无限的可言说性、可阐释性。而正是这种特异与玄奥,浸透着智慧与机锋,流露出狂欢与悲情、渴望与憧憬、孤独与愤懑、探索与追求,汇成了一部人生艺术化与艺术人生化的诗性盎然的交响乐。

"诗言志",诗可以兴、可以观、可以群、可以怨。从诗的认识、教化、审美作用来看,以之评庄、解庄、述庄,应该说,这是一种必不可少的形式;现在,我又把《诗人咏庄》纳入正文,作为这部文学传记的有机组成部分,我们可以通过这样一条独具特色的交流渠道,进一步加深对传主的探索与理解。

《庄子·徐无鬼》篇曾明确宣称:"狗不以善吠为良,人不以善言为贤";纵有喙长三尺,其如"不言之言""不道之道"何! 看得出来,依庄翁的本性,绝不愿意后人去言说他,议论他——"吃鸡蛋就是了,何必还要折腾老母鸡!"当然,更不希望身后存留下任何痕迹、任何影响。可是,吊诡之处在于,两千多年过去了,他的身影、他的精神、他的诗性、他的丰采,时时刻刻都活在世人的心里,每当说起他来,总觉得心神愉悦,口角生香,总能带来新鲜与感动。借用一句陶诗,可说是:"其人虽已没,千载有余情。"

这样,著文也好,题诗也好,发言也好,反正论庄、述庄、解庄之类的"研讨活动",今后千秋万代,还将不断地延续下去。

附录

庄子行年简表

为庄子作年表,洵非易事。现以当代著名治庄学者曹础基所作《庄子活动年表》为依据,略加增删、梳理,列一行年简表,以飨读者。

公元前 369 年(宋桓侯十二年)

庄周于此年前后,出生在宋国国都东北的蒙地。

关于其先世,一种说法,庄姓肇始于宋第十六代君主庄公,原为宋国公族,可能在庄子父辈或本人少年时期沦为庶人;也有学者认为,庄子先世为楚国人,大约在庄子出生前二十年,楚悼王任用吴起实施变法,触犯一些贵族利益,遭致强烈怨恨。悼王死后,宗室大臣作乱,射杀吴起并中悼王尸,论罪夷宗,死者七十余家。庄子家族可能在这场内乱中受到了牵连,遂避祸北迁到了宋国。

庄子青少年时期,家境尚丰,接受过系统教育。后来生计日见艰难,直至出现冻馁之虞,织屦、渔钓不足以自给,向监河侯借粮又横遭白眼。多数时间,是闲居索处,读书治学;同时也有一些社会交往,或辩对访谈,或深入市井民间,接触畸人、隐者、技工。

公元前 344 年

庄子与宋人惠施初次见面,当在此年前后。

关于惠施,一些学者认定,出生于公元前 390 年,至少年长庄子二十岁。但历史学家侯外庐《惠施行年略表》称:公元前 334 年,惠施三十六岁。果如是,则仅长庄子一岁。

《太平御览》四六六引《庄子》佚文:惠子始与庄子相见而问焉,庄子曰:"今日自以为见凤凰,而徒遭燕雀耳。"坐者皆笑。

公元前342年(魏惠王二十八年)

惠施此年或稍后至魏,得到惠王信任,擢为国相。庄子往见,惠施甚恐,庄子以"猜意鹓鶵"讥之。惠施后有孟诸之行,大摆排场,庄子鄙之。

《秋水》篇:惠子相梁,庄子往见之。或谓惠子曰:"庄子来,欲代子相。"于是惠子恐,搜于国中三日三夜。庄子往见之,曰:"南方有鸟,其名鹓鶵,子知之乎?夫鹓鶵发于南海而飞于北海,非梧桐不止,非练实不食,非醴泉不饮。于是鸱得腐鼠,鹓鶵过之,仰而视之曰:'吓!'今子欲以子之梁国而吓我邪?"

《淮南子·齐俗训》:惠子从车百乘以过孟诸。庄子见之,弃其余鱼。

公元前340年

宋剔成自立为君。庄子为漆园吏,大约在此前后。

漆园在蒙地,位于今河南商丘东北。
治庄学者张远山考证,庄子弟子蔺且约于此年前后出生于宋国。

公元前339年(楚威王元年)

楚威王使大夫往见庄子,欲聘其为相,庄子却之。

《秋水》篇:庄子钓于濮水。楚王使大夫二人往先焉,曰:"愿以境内累矣!"庄子持竿不顾,曰:"吾闻楚有神龟,死已三千岁矣。王巾笥而藏之庙堂之上。此龟者,宁其死为留骨而贵乎?宁其生而曳尾于涂中乎?"二大夫曰:"宁生而曳尾涂中。"庄子曰:"往矣!吾将曳尾于涂中。"

《史记·老子韩非列传》：楚威王闻庄周贤，使使厚币迎之，许以为相。庄周笑谓楚使者曰："千金，重利；卿相，尊位也。子独不见郊祭之牺牛乎？养食之数岁，衣以文绣，以入大庙。当是之时，虽欲为孤豚，岂可得乎！子亟去，无污我。我宁游戏污渎之中自快，无为有国者所羁。终生不仕，以快吾志焉。"

焦竑《老子翼·附录》：(周)显王三十年(即楚威王元年)楚聘(庄子)为相，不就，隐濠上漆园。

公元前 337 年

宋君剔成弟偃攻袭剔成。剔成奔齐，偃自立为宋君。上一年，秦孝公死，商鞅遭到车裂。大约此后不久，庄子主动辞去漆园吏职。

公元前 334 年

魏惠王采用惠施策略，和齐威王在徐州相会，尊齐为王。庄子见魏王当在此年或稍后。就其见魏王"衣大布而补之、正絜系履"及有关谈论看，似已非在职官吏。

《史记》本传中说，庄子与梁(魏)惠王同时。而惠王要年长庄子二十多岁。惠王即位于公元前 369 年，那一年庄子刚刚出生。据著名学者杨伯峻考证，孟子出生于公元前 385 年，见到魏惠王时，年约六十六，因此，惠王才恭敬地以"叟"相称。是年为公元前 320 年，惠王也已年过七十，是他在位的第五十个年头，第二年就去世了；直到其子襄王继位，孟子才离魏去齐。这段历史表明，庄子与孟子同魏惠王相见，前后相差大约十四年，因而他们失去了碰面机会。

公元前 333 年(楚威王七年)

或谓庄子是年南游楚国,并谏阻楚王兴兵伐越。

《韩非子·喻老》篇:楚威王欲伐越(威字原作庄,顾广圻引《史记·西南夷列传》及高诱《吕氏春秋·介立篇》注,证为威字),庄子谏之(庄字原作杜,杨倞《荀子》注改杜作庄,《御览》三六六引亦作庄。《文选·广绝交论》注引作庄周子)。

也有学者提出疑问:当时楚国都城在郢,距离豫东,何啻千里;另,史书《六国纪年》记载:是年楚国兴兵伐越,并灭亡之。实际情况是,楚国伐齐,进兵徐州;越则亡于公元前 306 年,即在二十四年之后。驳辩者认为,郢都固然较远,但以此否定庄子与楚威王会面,似嫌武断。《天运》篇中,庄子有言:"夫南行者至于郢,北面而不见冥山,是何也?则去之远也。"意为前往楚国郢都,向北望去,由于太远,根本见不到坐落于河南信阳的冥山。颇似亲历者口吻。至于伐齐之举,有可能威王听从了庄子谏言,遂改伐越为伐齐。

公元前 328 年

宋君偃自称为王。有人巴结他,获赐车十乘,以骄庄子。其事应在此时或稍后。

《列御寇》篇:人有见宋王者,锡车十乘,以其十乘骄稚庄子。庄子曰:"……今宋国之深,非直九重之渊也;宋王之猛,非直骊龙也;子能得车者,必遭其睡也。使宋王而寤,子为齑粉夫!"

公元前 325 年

秦惠文君自称为王,次年更元元年。庄子当在此时或稍后,在家乡见到邑人曹商。曹商归自秦国,自我炫耀,庄子讥其"舐痔得车"。

《列御寇》篇:宋人有曹商者,为宋王使秦。其往也,得车数乘;王说(悦)之,益车百乘。反于宋,见庄子曰:"夫处穷闾厄巷,困窘织屦,槁项黄馘者,商之所短也;一悟万乘之主而从车百乘者,商之所长也。"庄子曰:"秦王有病,召医,破痈溃痤者得车一乘,舐痔者得车五乘,所治愈下,得车愈多。子岂治其痔邪?何得车之多也?子行矣!"

公元前 322 年

是年或稍后,庄子或南行至楚。其时,张仪相魏,逐惠施入楚,楚王受之,后听冯郝言,复纳之宋。庄子与惠施濠梁之辩,以及"庄子之楚,见空骷髅",并与之对话,可能都在此期间。

《秋水》篇:庄子与惠子游于濠梁之上(其地在楚邑淮南钟离郡)。

《至乐》篇:庄子之楚,见空骷髅……因而问之,曰:"夫子贪生失理而为此乎?将子有亡国之事、斧钺之诛而为此乎?将子有不善之行,愧遗父母妻子之丑而为此乎?将子有冻馁之患而为此乎?将子之春秋故及此乎?"于是语卒,援骷髅,枕而卧。

公元前 312 年

庄子妻死,箕踞鼓盆而歌,惠子前往吊丧,见此情景,颇不以为然。尔后,两人又论辩"人故无情"与"有情"的问题。

《至乐》篇:庄子妻死,惠子吊之,庄子则方箕踞鼓盆而歌。惠子曰:"与人居,长子、老、身死,不哭亦足矣,又鼓盆而歌,不亦甚乎!"庄子曰:"不然,是其始死也,我独何能无概,然察其始而本无生;非徒无生也,而本无形;非徒无形也,而本无气。杂乎芒芴之间,变而有气,气变而有形,形变而有生。今又变而之死。是相与为春秋冬夏四时行也。人且偃然寝于巨室,是我噭噭然随而哭之,自以为不通乎命,故止也。"

《德充符》篇:惠子谓庄子曰:"人故无情乎?"庄子曰:"然。"

曹础基按:这次辩论,似与庄子妻死箕踞鼓盆而歌有关,故附于此。

公元前 311 年

庄子与惠施辩对五家是非,约在此年或稍前。

《徐无鬼》篇:庄子曰:"射者非前期而中谓之善射,天下皆羿也,可乎?"惠子曰:"可。"庄子曰:"天下非有公是也,而各是其所是,天下皆尧也,可乎?"惠子曰:"可"。庄子曰:"然则儒、墨、杨、秉(公孙龙)四,与夫子为五,果孰是邪?"

公元前 310 年(魏襄王九年)

惠施病故,应在此年或稍前。自此以后,庄子深瞑不言。

钱穆《先秦诸子纪年》一二五:《史记·魏世家》:"哀王(襄王之误)九年,与秦会临晋,张仪归于魏。相田需死,楚相昭鱼曰:吾恐张仪、犀首、薛公有一人相魏者也。"其言不及惠施。以施在魏地位言,犹高于三人,疑其时已先卒。然则惠施卒年,殆在魏襄王五年(惠施)使赵后,魏襄王九年田需卒前。

《说苑》卷一六《说丛》:惠子卒而庄子深瞑不言,见世莫可与语也。

公元前 309 年

庄子年已六十。此后,晚境苍凉,独身栖息故园,课徒著书以自遣。
其间,与弟子蔺且等,先后游于山中和雕陵之樊。
或谓庄子晚年尝隐居于曹州南华山。

其地有大量庄子遗迹传闻。

公元前 300 年(齐湣王元年)

或谓庄子曾辞齐湣王之聘。

南朝·陈僧人智匠《古今乐录》:"庄周齐人,湣王聘以相位,庄周谢。"同时而略晚的陆德明在《经典释文序》中引李颐云:"庄子与愍(湣)王同时。"二者均就庄子晚年而言;至云其为齐人,则不确也。

公元前 299 年

宋王偃置太子为王,即宋元君。庄子过惠施之墓,当在此年之后。

《徐无鬼》篇:庄子送葬,过惠子之墓,顾谓从者曰:"郢人垩慢其鼻端若蝇翼,使匠石斫之。匠石运斤成风,听而斫之,尽垩而鼻不伤,郢人立不失容。宋元君闻之,召匠石曰:'尝试为寡人为之。'匠石曰:'臣则尝能斫之。虽然,臣之质死久矣!'自夫子之死也,吾无以为质矣,吾无与言之矣!"

曹础基按:钱穆据《战国策·赵策》推断,宋置太子为王即楚怀王入秦之时。而庄文言及宋元君,故当在宋已置太子之后。

公元前298年(赵惠文王元年)

或谓庄子曾前往赵国,与惠文王说剑。

《说剑》篇:昔赵文王喜剑,剑士夹门而客三千余人,日夜相击于前,死伤者岁百余人。好之不厌。如是三年,国衰。诸侯谋之。太子悝患之,募左右曰:"孰能说王之意止剑士者,赐之千金。"左右曰:"庄子当能。"……庄子入殿门不趋,见王不拜。王曰:"子欲何以教寡人,使太子先?"曰:"臣闻大王喜剑,故以剑见王。"

钱穆《先秦诸子系年》一四五:唯依《赵世家》,惠文初立,年不过十一岁。今《说剑》篇谓其太子患王之好剑,乃募能说王止剑士者。量其意绪,非甚童弱。则其事最早当在惠文初元二十余年后。《世家》载"惠文二十二年,置公子丹为太子",即孝成王,不言其前有废太子事,乌得别有太子悝?且其时庄子年最少亦逾八十,而谓其远道而来,为太子治剑服三日,以见赵王论剑,而冒不测之险,必不然矣。……然则庄辛尝留赵,推其时,与《说剑》篇所云略相当,岂传说之初,本以为庄辛,而后乃误以属之庄周者耶?

曹础基按:钱氏之说可信。

公元前 296 年

赵武灵王伐灭中山。中山公子魏牟流落江湖,所谓"身在江海之上,心居乎魏阙之下"。曾问道于楚人詹何,后成庄子再传弟子,其师或即蔺且。

公元前 286 年

庄子因病辞世,享年八十四岁。是年,齐灭宋,宋王偃死于魏地温。

《列御寇》篇:庄子将死,弟子欲厚葬之。庄子曰:"吾以天地为棺椁,以日月为连璧,星辰为珠玑,万物为赍送。吾葬具岂不备邪?何以加此!"弟子曰:"吾恐乌鸢之食夫子也!"庄子曰:"在上为乌鸢食,在下为蝼蚁食,夺彼与此,何其偏也!"

《意林》引桓谭《新论》:庄周病剧,弟子对泣之。应曰:"我今死则谁先?更百年生则谁后?必不得免,何贪于须臾。"

主要参考文献

曹础基:《庄子浅注》,北京:中华书局,2007年。

崔大华:《庄学研究》,北京:人民出版社,1992年。

崔大华:《庄子歧解》,郑州:中州古籍出版社,1988年。

陈鼓应:《老庄新论》,上海:上海古籍出版社,1992年。

陈鼓应:《庄子今注今译》,北京:中华书局,1983年。

陈鼓应:《庄子浅说》,北京:生活·读书·新知三联书店,1998年。

陈宁宁等:《庄子十日谈》,合肥:安徽文艺出版社,1994年。

邓联合:《庄子这个人》,北京:中央编译出版社,2011年。

刁生虎:《庄子文学新探》,北京:中国传媒大学出版社,2009年。

傅粉鸽:《自由与必然——老庄生命哲学研究》,北京:人民出版社,2010年。

傅佩荣译解:《庄子》,北京:东方出版社,2012年。

傅佩荣:《庄子心得》,北京:国际文化出版公司,2007年。

方勇:《庄子学史》,北京:人民出版社,2008年。

冯友兰等著:《名家品庄子》,北京:中国华侨出版社,2008年。

冯友兰:《中国哲学简史》,北京:北京大学出版社,2013年。

葛荣晋主编:《道家文化与现代文明》,北京:中国人民大学出版社,1991年。

郭象注、陆德明音义:《庄子》,上海:扫叶山房印行,1922年。

胡道静主编:《十家论庄》,上海:上海人民出版社,2008年。

翦伯赞主编《中国史纲》(第一卷、第二卷),北京:商务印书馆,2010年。

流沙河:《庄子现代版》,上海:上海古籍出版社,1999年。

刘文典:《庄子补正》,合肥:安徽大学出版社、昆明:云南大学出版社,

1999年。

鲁迅:《鲁迅全集》,北京:人民文学出版社,1981年。

刘笑敢:《庄子哲学及其演变》,北京:中国人民大学出版社,2010年。

李泽厚:《世纪新梦》,合肥:安徽文艺出版社,1998年。

李泽厚:《中国古代思想史论》,台北:三民书局,1996年。

罗宗强:《当代名家学术思想文库·罗宗强卷》,沈阳:万卷出版公司,2010年。

牟宗三:《中国哲学十九讲》,上海:上海古籍出版社,2005年。

南怀瑾:《禅宗与道家》,上海:复旦大学出版社,1991年。

潘建荣:《庄子故里考辨》,北京:中国书籍出版社,2008年。

钱穆:《钱穆作品系列》,北京:生活·读书·新知三联书店,2000年。

钱穆:《中国文化丛谈》,台北:三民书局,2004年。

时晓丽:《庄子审美生存思想研究》,北京:商务印书馆,2006年。

涂光社:《庄子心解》,北京:学苑出版社,2013年。

滕守尧:《文化的边缘》,北京:作家出版社,1997年。

闻一多:《闻一多全集》第九卷《庄子编》,武汉:湖北人民出版社,1993年。

汪国栋:《庄子评传》,南宁:广西教育出版社,1996年。

王博:《庄子哲学》,北京:北京大学出版社,2004年。

王邦雄:《21世纪的儒道》,台北:立绪文化事业有限公司,1999年。

王世舜、韩慕君编著:《老庄词典》,济南:山东教育出版社,1993年。

王向峰主编:《老庄美学新论》,北京:人民教育出版社,1999年。

徐复观:《中国艺术精神》,沈阳:春风文艺出版社,1987年。

姚汉荣等:《庄子译释》,河南民权庄子研究会编。

姚曼波:《庄子探奥》,北京:人民出版社,2008年。

颜世安:《庄子评传》,南京:南京大学出版社,1999年。

颜翔林:《庄子怀疑论美学》,稿本。

杨伯峻:《论语译注》,北京:中华书局,1962年。

杨伯峻:《列子集释》,北京:中华书局,1997年。

杨伯峻:《孟子译注》,北京:中华书局,1962年。

杨国荣:《庄子的思想世界》,北京:北京大学出版社,2006年。

杨宽:《战国史》,上海:上海人民出版社,2003年。

杨柳桥《庄子译诂》,上海:上海古籍出版社,1991年。

杨义:《庄子还原》,北京:中华书局,2011年。

叶舒宪:《庄子的文化解析》,武汉:湖北人民出版社,1997年。

张恒寿:《庄子新探》,武汉:湖北人民出版社,1983年。

张洪兴:《庄子"三言"研究》,北京:学苑出版社,2011年。

张京华:《庄子哲学辨析》,沈阳:辽宁教育出版社,1999年。

张荣明:《庄子说道》,上海:华东师范大学出版社,2008年。

张松辉:《庄子研究》,北京:人民出版社,2009年。

朱谦之:《老子校释》,北京:中华书局,1984年。

《诸子集成》,北京:中华书局,1956年。

《朱子语类》,北京:中华书局,1986年。

(尚有大量单篇学术论文,恕未一一列出。)